·摆传渡记·

MEMORIES
OF HAWTHORNE

纯洁的良心

回忆我的父亲霍桑

【美】罗斯·霍桑·莱斯罗普 / 著
Rose Hawthorne Lathrop

孔谧 / 译

中央编译出版社
Central Compilation & Translation Press

图书在版编目（CIP）数据

纯洁的良心：回忆我的父亲霍桑 /（美）罗斯·霍桑·莱斯罗普著；孔谧译 . -- 北京：中央编译出版社，2024.8

ISBN 978-7-5117-4646-7

Ⅰ . ①纯… Ⅱ . ①罗… ②孔… Ⅲ . ①霍桑（Hawthrone，N. 1804—1864）— 传记 Ⅳ . ① K837.125.6

中国国家版本馆 CIP 数据核字（2024）第 092195 号

纯洁的良心——回忆我的父亲霍桑

图书策划	张远航
责任编辑	汪　婷
责任印制	李　颖
出版发行	中央编译出版社
网　　址	www.cctpcm.com
地　　址	北京市海淀区北四环西路 69 号（100080）
电　　话	（010）55627391（总编室）　（010）55625176（编辑室） （010）55627320（发行部）　（010）55627377（新技术部）
经　　销	全国新华书店
印　　刷	北京建宏印刷有限公司
开　　本	880 毫米 ×1230 毫米　1/32
字　　数	391 千字
印　　张	19.25
版　　次	2024 年 8 月第 1 版
印　　次	2024 年 8 月第 1 次印刷
定　　价	108.00 元

新浪微博：@ 中央编译出版社　微　信：中央编译出版社（ID: cctphome）
淘宝店铺：中央编译出版社直销店（http://shop108367160.taobao.com）
　　　　　（010）55627331

本社常年法律顾问：北京市吴栾赵阎律师事务所律师　闫军　梁勤
凡有印装质量问题，本社负责调换。电话：（010）55627320

前言

就形式而言，本书是朋友之间的一系列书信交流；而就其内容来看，也的确如此。这些书信的诞生，得益于社会制度这一大话题引起了我们的关注，还得益于三百千米的路程让我们之间的促膝交流几无可能。信中所展现的，与其说是论据以及预言家的学术回顾，不如说是双方经常一闪而过的见解与观点。在不止一个地方，双方发生了立场的改变，这是因为争论的一方总试图动摇对方的立场，而且有时也的确如愿以偿。因此，希望读者能耐心地接受这些立场的改变。人们普遍认为，最好不要试图将这些形式自由的书信体改成呆板的说教体裁付梓成册，因为这些书信虽然不会对其中讨论的重要话题提供崭新的事实或理论，但可能仍有其可取之处，因为它们表明，那些众所周知的事实和理论所呈现的形式是何等灵活多样，而这两位稍显求知心切的探寻者又如何为其所吸引。

罗斯·霍桑·莱思罗普

纽约，1897年2月20日

目录
Contents

前言　　//001

第一章　霍桑一家与皮博迪一家　　//001

第二章　订婚的岁月　　//037

第三章　婚后的早期生活　　//063

第四章　在塞勒姆的生活　　//110

第五章　从塞勒姆到伯克郡　　//148

第六章　雷诺克斯　　//179

第七章　从雷诺克斯到康科德　　//210

第八章　利物浦总领事　　//259

第九章　英国的岁月（一）　　//301

第十章　英国的岁月（二）　　//347

第十一章　英国的岁月（三）　　//403

第十二章　意大利的岁月（一）　　//446

第十三章　意大利的岁月（二）　　//482

第十四章　威赛德　　//516

第十五章　工作状态中的艺术家　　//549

第十六章　告别　//566

附录1　霍桑大事年表　//595

附录2　霍桑主要作品索引　//598

附录3　人物索引（原英语书页码）　//601

第一章
霍桑一家与皮博迪一家

皮博迪一家的沉着冷静激励着霍桑一家。索菲亚·皮博迪的母亲、外祖母,以及后来成为独立战争期间著名的帕尔马将军妻子的姑外婆都是。皮博迪一家与霍桑一家虽然关系很密切,但要见到对方还是很困难的。乔治·皮博迪本性中的尊严。索菲亚对有深邃思想的书籍的喜爱。朋友们出于对她的喜爱之情,

索菲亚与霍桑

经常会采摘一些罕见的花朵送到她的画室。伊丽莎白·霍桑与皮博迪一家人散步。钱宁博士对索菲亚的艺术才华与动机的欣赏。布利女士的文学俱乐部，霍桑喜欢与索菲亚一起去这个俱乐部。求婚的过程没有一刻的耽误。爱默生与韦利的拜访。伊丽莎白成了波士顿地区最有趣的人，但她依然留在家里教育女儿。

　　幸运的是，我能够收集我的母亲，她的姐姐、朋友们以及她的丈夫在年轻时期与中年时期所写的各种信件。每当我阅读这些有趣信件的时候，总会想起过去一幕幕美好的情景，每一个美好的瞬间都会让我在沉默的思考中感受到家庭的温馨与美好。这些信件充满着阳光气息，没有散发出任何阴郁的思想。很多信件内容都可以让我们知道这个国家许多著名人士在日常生活中的一些态度与生活方式。

　　当我阅读这些信件的时候，会感受到父亲霍桑的灵魂围绕着我，父亲的形象变得高大起来，也让我对他的了解越来越深入。这些书信所描绘的生活通常是比较美好的，但即便是这样美好的生活，有时也会有一些悲伤或是烦恼浸染其中。霍桑在他的人生中表现出超乎常人的忍耐力与毅力，表明他拥有着勇敢坚定的心灵与无所畏惧的灵魂。

　　几年前，当我打开这些成捆的信件时，就感受到了这些信件对我的心灵所带来的影响，因此我一定会认真阅读与保存这些信件。霍桑所关注的事情，完全可以通过信件这种间接表达的方式得到呈现。当然，这些信件也有来自我母亲对很多事情做出的解释内容，也从侧面印证了霍桑关注一些事情的原因。

　　母亲家的家庭氛围总是那么友好，充满了阳光气息。至于皮博

第一章
霍桑一家与皮博迪一家

迪家族为何吸引来自附近赫伯特大街的霍桑家族,这是一个有趣的问题。皮博迪家的人表现出来的友善举止、得体行为以及充满情感的恭维,可能都是其中的原因。这可能有点类似于钓鲑鱼,这条"鲑鱼"似乎始终保持着高冷的态度。尽管如此,霍桑还是喜欢他在查特大街听到并看到的关于皮博迪家人的一切。至于索菲亚,这位他未来的妻子,则以少女般的单纯眼神看着他,等待着他温柔的目光。

索菲亚的母亲有着强大的心智与优雅的举止,还有着一种超凡的品格力量,正是这样的品格力量让她在学校里进行了多年的教育工作,而她的孩子正是在这个过程中成长起来的。索菲亚的母亲在很多方面都有着自己的看法。换言之,索菲亚就是在这样一种良好的家庭氛围与环境中成长起来的。

索菲亚,霍桑之妻

皮博迪女士的母亲是波士顿法官克兰奇的妻子,克兰奇的妹妹则是帕尔马将军的妻子。在独立战争期间,帕尔马将军的妻子给皮博迪女士的母亲写了一封信。在这封言辞温和的信件里,饱含着强烈的情感:

帕尔马将军

德国镇，1775 年 2 月 12 日

亲爱的嫂嫂：

　　除了偶尔收到你们家一切安好的消息之外，我们已经很久没有收到你们的消息了。我想你们肯定想知道发生的一些公众事件以及有关其他人的情况。在这个可怕且沉闷的时候，根本不适合写信。我们所处的这种暂停状态似乎需要付出所有的心智能力，在目前的状况，更是很少知道别人到底在干什么。

　　帕尔马从去国会到现在已经过去两周时间了，我们再也没有收到有关他的消息。大家都已经感到非常焦虑了，其他人都想要知道他到底发生了什么事情。

　　在这样的状况下，我们非常希望宗教的力量能够帮助我们的灵魂，振奋我们的精神，让我们不会在这个动荡的时代懦弱与退缩。为什么没有与宗教或是政治相关的一些消息呢？我认为，这样的方式也许能够给我们带来许多好处，这对于大家增强彼此的信心也是有着好处的！亲爱的，我真是太蠢了！我在想你是否也会有类似的感受。但是，你现在肯定是忙着抚养孩子的，这已经够你忙活的了。请将我的爱意传递给孩子们以及我的哥哥。

永远深爱着你的小姑
M. 帕尔马

第一章
霍桑一家与皮博迪一家

在皮博迪家族里,文学、艺术与社交是三项神圣的优雅行为,很多人会拜访他们家,以便更好地向他们学习。因此,很多信件以及日记的内容都会记载相关方面的内容。但是,我们也可以从一些零碎的内容知道当时前来拜访之人的名字:"伊丽莎白是一个非常有趣的人,玛丽是一个非常聪明的人,索菲亚在画室里则是显得那么专注,每个人都想要结交她们。"关于这个时期的信件,我找寻了很久,终于找到了霍桑一家人与他们建立起友情的证据。而有关这方面的信件,则是我那位过着隐士生活的姑姑艾比·霍桑遗赠给我的。

伊丽莎白·皮博迪[①]经常会去布鲁克塞德河边钓鱼,因此与年轻作家霍桑形成了坚实深厚的友情——当时的霍桑在塞勒姆地区也受到了很多优秀人士的青睐。霍桑的母亲与姐姐都喜欢散步与读书。伊丽莎白经常会就一些高深的主题与很多优秀人士交流,她表现出来的绝对简朴的动机、无私的念头以及阳刚之气,让很多著名人士愿意与她交流。可以说,她是这个领域的鉴赏家。对于这样一位真诚的朋友,霍桑一家的女性要想隐藏她们所具有的价值,这似乎是愚蠢的。或者说,这天才的一家人要想隐藏自身的天才,是不可能

伊丽莎白·皮博迪

---

① 伊丽莎白·皮博迪(Elizabeth Peabody,1804—1894),美国教育家,她在美国开设了第一所英语幼儿园。索菲亚的姐姐。

的，因为伊丽莎白一眼就能够看出来。伊丽莎白将一封信寄到了赫伯特大街：

我亲爱的霍桑女士：

　　在将这本书还给你之前，我可以自由地阅读这本书，仿佛这本书在印刷厂摆放了许久一样。除此之外，我认为应该做出一些努力，好让外在与内在达到一种和谐状态。还有，我希望从某方面表达我对此的尊敬。你在阅读到这些故事的时候，肯定会感到非常高兴！因为，创造出这些作品的天才显然不需要各种素材，而是完全依赖一种神性的恩赐。在这本书每一页的内容里都能表现出一种神圣与美德，并且这样的神圣与美德归功于纯粹的新英格兰家庭所带来的神圣影响。在这样的情况下，要想了解一位母亲是否对此感到满足，我认为这就涉及一个神圣的问题了。不过，我想你肯定不会在意驱使我给你写这封信的强烈情感。

尊敬您的

伊丽莎白·P. 皮博迪

我的母亲也加入这样的讨论，虽然她只对那位寡妇与她那位年长的害羞女儿感兴趣。因此，要想以柔和的方式成功地表现她们的情感，同时隐藏她们的动机，这肯定需要进行多次的尝试。她仿佛将钓鱼线隐藏在叶子下面，用此方式表达自己的观点：

第一章
霍桑一家与皮博迪一家

我亲爱的伊丽莎白：

我将最近刚刚出版的《卡莱尔文集》寄给你了。这本文集是完全值得阅读的。你的母亲——她喜欢阅读这本书吗？我想让布里奇特询问一下你的母亲与路易莎的母亲的头痛到底好了没有。其实，我今天应该亲自过去询问的，但是外头刮着寒冷的东北风，因此只能作罢。亲爱的伊丽莎白，明天下午，你会与我的母亲一起散步吗？你们一起散步的时候，我能够与你聊几分钟吗？我真的很想见到你，想让你看看几个白色的花瓶里种植的好看的花朵，这肯定会让你感到高兴的。我希望你喜欢昨晚的音乐会。

永远忠实于你与路易莎的

索菲亚·A.皮博迪

我认为，皮博迪家族成员都具备一种让人无法拒绝的魅力，这一点不足为奇。我的母亲就经常过着隐居的生活，因为她的健康状况不是很好，对艺术的追求始终让她感到非常疲惫，但这也让她看到几乎没有一个人整天处于孤独的状态。与此相反，在霍桑家里，安静与沉默似乎占据了主导。出现这样的情况的部分原因可能是霍桑早年丧父，部分原因可能是一种骄傲的贫穷。这显然与他们祖辈的霍桑法官在那场"驱巫案"中扮演的不光彩角色有关。家族历史的这一污点始终是无法抹去的。还有部分原因可能是他们天生的一种优越感。我认为，这是霍桑家族在那个时期表现出安静与沉默的主要原因。

纯洁的良心
——回忆我的父亲霍桑

索菲亚的插画作品

第一章
霍桑一家与皮博迪一家

索菲亚姐妹的哥哥乔治在自己的房间里待了一年,最后因为过度运动所带来的身体消耗而去世了。乔治是一个有着庞大身体、看上去面容很高尚的人。我的母亲日后在谈到哥哥的时候,也饱含着深沉的爱意。她这样写道:

> 我们没有充分意识到他当时的疾病到底有多么严重。他根本没有表现出一个病人应该表现出来的症状。他的声音始终是那么充满活力,他没有说出任何一句抱怨的话,他也没有因为疾病而产生任何不良的幻觉。每当他遇到谁,始终会露出微笑,积极地与别人交流……玛丽与我经常会与深爱的家人在一起。他是一个面容英俊且乐观的人,跟我们讲述了有关斯威夫特①的滑稽故事。在星期五的时候,他站起来,身板似乎要比之前更加结实呢。伊丽莎白·霍桑在午茶之后给他带来了马蒂诺②女士的著作。霍桑女士的这种做法当然是非常友善与美好的。我决心在这周前去见她。整个早上,我都躺在床上阅读希罗多德③的著作……我发现母亲已经带着詹姆斯去灌木丛里一探究竟了。这是母亲多年来一直想要去的灌木丛,但她从未找到任何友善的朋友可以帮助她将这些灌木丛铲除掉。

在我母亲所写的许多信件里,经常会透露出最高层次的思想与

---

① 斯威夫特(Jonathan Swift,1667—1745),英国作家。他作为一名讽刺文学大师,以《格列佛游记》《一只桶的故事》等作品闻名于世。
② 马蒂诺(Harriet Martineau,1802—1876),英国社会理论家,通常被视为第一位女性社会学家。
③ 希罗多德(Herodotos,约前480—前425),古希腊作家、历史学家。

纯洁的良心
——回忆我的父亲霍桑

斯威夫特

马蒂诺女士

希罗多德

行为。我们可以想象一下这样的场景:一位古希腊的未婚少女正怀着愉悦的心情崇拜着众神的雕像。比如说,在写给她上文那位尚未患病时的哥哥的一封信里,她这样写道:

> 乔治,我不喜欢听你说你喜欢鄙视别人。要是你有时忍不住这样说的话,这对你是没有任何好处的。可以说,鄙视别人是一种非常危险的心灵态度。你也知道,正如华兹华斯①所说:"那些喜欢鄙视别人的人,肯定有一些他始终没有好好利用的功能。"

玛丽·皮博迪②的一封信表明了赫伯特大街与查特大街的这两个家庭的关系是多么密切。

华兹华斯　　　　　玛丽·皮博迪

① 华兹华斯(William Wordsworth, 1770—1850),英国浪漫主义诗人,与雪莱、拜伦齐名,也是湖畔诗人的代表,曾当选桂冠诗人。
② 玛丽·皮博迪(Mary Peabody, 1806—1887),美国老师、作家。她是美国教育改革家兼政治家贺拉斯·曼(Horace Mann)的妻子。索菲亚的姐姐。

我亲爱的伊丽莎白：

你无法去外面散步，这的确让我感到非常遗憾，但我希望能够在周二的时候前去看望你。乔治现在的身体状况变得越来越虚弱了，我们都知道他接下来会面临什么状况。还有，我认为有必要在力所能及的时候去外面进行一些锻炼。我们没有将各自内心的恐惧与担心告诉索菲亚，我们希望能够让她尽可能地保持愉悦的心情。你能够让你的哥哥明天过来与我们一起用餐吗？伊丽莎白（当时的伊丽莎白正在波士顿教书）希望能够在她回来的时候见到他。我们可以在周日的中午12点一起用餐。

永远真诚的
玛丽·T.皮博迪

从这点来看，这些日记与信件的部分内容的确让我们了解到霍桑当时的感受，也让我们了解到他即将喜欢的那个女人。

塞勒姆，1832年10月22日

我在古老的塞勒姆已经生活了10天时间了。贝蒂与我在7点钟的时候回到了我们的房子里。当我们走进房子的时候，我仿佛感受到自己正在慢慢地失去呼吸，因为这里的墙壁似乎要坍塌了，天花板则似乎要压在我的头顶上。但是，这里生活着我心爱的母亲，她的头发已经花白了，她的脸上洋溢着欢喜与爱意。在她的怀抱中，我们感受到无限的温暖。在9月或10

月的时候,我过着非常好的生活。我能够以一种感性的方式去感受一切,就像一片秋天的叶子慢慢掉落一样。我从我的黏土砖房里走出来,变成了这个充满着光彩与活力的大地上的一部分。

亲爱的贝蒂:

我忘记告诉你,母亲的花园一切都打点好了。她对此感到非常高兴。父亲在铲除杂草与种植植物的时候,还带着另一个男人。这个男人是我们之前没有见过的。他看上去非常友好,显得非常绅士,穿着一件绒面呢子衣服,系着一个麻纱领结。在他走进谷仓几分钟之后,出来的时候已经变成了一个浑身脏兮兮的工人,但他的面容与气质还是依然如故。他用非常得体的语言说话,对坟墓前面的那一片灌木丛表现出了丰富的情感(因为这个墓地离房子的距离本身就很近)。我真的很想了解他内心到底在想些什么,也想知道他到底是做什么工作的……已经爬到我窗户边的铁线莲正在慢慢地发芽。还有附近那些挺拔的树木——这些树木仿佛代表着永恒森林的一种象形文字——树木与花朵都在不断地生长着,知更鸟则在树枝上不停地歌唱。

艾伦·巴斯托回来的时候,给我带来了一束深红色的玫瑰花,她希望以这样的方式表示自己的心意。当时,我正躺在床上。在要喝茶的时候,我看到她与奥古斯塔一起跑过来。艾伦发现我站在窗户前,于是大声地叫着我的名字,跑了过来。当她们快步走上楼梯的时候,我能够听到艾伦大声地说:"奥古斯塔,把你的手放在后面。"当她们走进我的房间时，双手放在身后，隐藏起来，脸上洋溢着笑容。当她们走到我身旁的时候，突然将放在身后的手伸出来，将美丽的花朵放在我前面。她们每个人都给我带来了一束深红色的玫瑰花。当时，我发出的感叹声似乎深深满足了她们的愿望。此时，我想要知道，培养出像我这样一个拥有如此神性情感的人，是否值得花费15年来的辛苦与教育呢？我感觉到了这一刻所具有的神圣，也为自己能够获得如此神圣纯粹的情感而感到自豪。哦，这绝对不是所谓神秘的天意，而是纯粹的美好情感！世界上任何一台天平都无法衡量如此美好的情感，这可以说是疾病所带来的最美好的补偿了！我认为，任何痛苦本身都不具有任何美好或是值得我们去追寻的东西，相反，我们所追求的是痛苦之后所带来的各种美好的东西。我的大门是敞开的，谁会出其不意地从索菲亚的房间走出来呢？是伊丽莎白·霍桑与玛丽·钱宁走出来了。我很高兴见到玛丽，希望她能够去我的画室，但是她急着要去外面散步。霍桑女士看上去是一个非常有趣的人。于是，她们到外面愉悦地散步，回来的时候，送了我一些缠在一块岩石上面的海藻作为礼物，这些海藻是她专门在大海里帮我找到的。这些海藻就像下垂的羽毛一样。我走到了乔治的房间，想要得到他的赞许，乔治却坚持表示这些海藻是非常难看的。不过，我还是很高兴知道霍桑女士有这样一份心意。

我碰巧来到了三楼，当时孩子们已经回家了（玛丽当时还叫了两三个小女孩），她们与玛丽一起去我的画室。这些小女孩用虔诚尊敬的口吻说话的方式，给我留下了深刻的印象。她们说:"看看这个吊床!看看那幅画!看看这里的花朵!哦,是我给她这些东西的!皮博迪小姐,这是一张床吗?哦,这里的一切是多么好看啊!索菲亚去外面了吗?"我无法用语言描述这些小女孩说话时的那种声调与情感,她们说的每一句话都显得那么有趣动人。

今天早上,玛丽过来这里,送给我一束美丽的花朵,这是我一直以来都想得到的,因此我马上起床了。接着,我在画室里画了一段时间画。之后,玛丽悄悄地过来看望我,她带给我更多的美丽鲜花,其中就包括苏格兰玫瑰以及其他罕见的花朵,这一切就像一场梦。道蒂[①]先生(就是那位同意教索菲亚学习绘画的先生)也过来了,他还是那样一如既往的笑容可掬。凉爽的微风加上美丽的花朵,这一切都让他的心情显得非常美好。他说,能够在环境如此好的画室里工作,这实在是一种奢侈的享受。他在画布上描绘出了一轮明媚的太阳,阳光照射在波光粼粼的河上。接着,罗素先生也来到了我的画室。他认为,有这样一间美丽的画室以及在这样的环境下工作,肯定能够治好一个人的头痛。接着,我准备去外面拜访其他人。但当我正准备出去的时候,乔治·希拉德[②]先生却过来了,他是一个那么友善的人,我不愿意就这样离开他。希拉德先生是一个非常有意思的人。他曾风趣地说,剑桥地区的邮政局局长里德先生的生活简直就是一场"折磨"。里德先生是一个老人,年龄大约有140岁。乔治说,里德先生有时会开玩笑,让每一个

[①] 道蒂(Thomas Doughty,1793—1856),美国哈德逊河派画家。
[②] 乔治·希拉德(George Hillard,1808—1879),美国作家、律师。

纯洁的良心
——回忆我的父亲霍桑

《远眺哈德逊河》,道蒂作品

第一章
霍桑一家与皮博迪一家

乔治·希拉德

想要寄信的人必须支付50美分。如果对方信以为真，准备拿出50美分给他的时候，他就会哈哈大笑，说这只是一个玩笑而已。在希拉德先生离开之后，萨利·加德纳手里捧着一束玫瑰花过来了，她将这束玫瑰花送给我，这花是从杰克逊法官的花园里采摘过来的。她刚刚从弥尔顿地区回来，显然仍陶醉在那里美好与壮观的景色中。

永远忠诚于你的

索菲亚

索菲亚这位偶染疾病的小艺术家受到了很多人的赞扬与欣赏。为了表明这一有趣的事实，我想要引用索菲亚的姐姐玛丽写的这封信：

波士顿，1833年6月19日

我亲爱的索菲亚：

昨天下午，我前去钱宁[①]博士的家，顺便将你的画作带给他看。钱宁博士非常欣赏你的画作，让我将你的画作放在他那

[①] 钱宁（William Ellery Channing，1780—1842），美国历史上有名的牧师。钱宁因其表达清晰、热情洋溢的讲道和公开演讲而闻名，是当时自由派神学中的杰出思想家。

纯洁的良心
——回忆我的父亲霍桑

钱宁

里,好让他细细欣赏。钱宁博士身穿一件条纹外衣,他高贵的灵魂充满着美感。他用最具神性情感的话语说:"这是一项非常伟大且高尚的事业,她肯定能够给我们创作出更多的杰作。"接着,钱宁博士以非常庄重的方式静静地欣赏着你的画作,他的脸上流露出非常赞赏的神色,似乎已经沉浸在你的画作当中。简言之,钱宁博士非常欣赏你以及你在画作中表达的情感(也许,你的画作能够表达出很多语言都无法表达出来的情感吧)。钱宁博士还特别询问了有关你的情况,然后给我看了一些他刚刚从英国那边收到的一些新出版的书籍,他认为阅读这些书籍是一件艰苦的事情,因为这些书籍都非常厚。此时,爱德华(钱宁博士的弟弟)走了进来,他们兄弟俩进行了非常友好的问候。在对爱德华的想法进行一番思考之后,钱宁博士说:"爱德华,你看上去显得有点粗鲁啊,你应该更好地照顾一下自己的智慧啊!"接着,钱宁博士将一本厚厚的书递给了爱德华,这是托马斯·贝尔萨姆[①]的一本新书。钱宁博士说:"你看看这本书,这本书作者的思想深度要比一个大水桶的深度还深,可以说,这位作者是我见到的思想最有深度的人。"爱德华看上去显得有些不安,低声地回复说:"威廉,我不认为你是评判谁是最具有思想之人的合

[①] 托马斯·贝尔萨姆(Thomas Belsham,1750—1829),英国作家,一神论者。

第一章
霍桑一家与皮博迪一家

适人选。就拿上周来说,我看起来还弱不禁风。今天,我的头和脸就异常灵光。"钱宁博士有着简朴的心灵,从来都不会将别人戏谑的话放在心上,就像柏拉图所说的那样,他只是针对一些事情,而绝对不会针对人的。

永远忠诚于你的姐姐
玛丽

1838年,索菲亚给当时居住在波士顿的伊丽莎白写信,谈到了她的日常生活。这封信的内容节选如下:

> 我感觉自己与色诺芬①一起待在吊床上(这张吊床就在我的画室里)。我认为,苏格拉底是耶稣之后最具神性的人,因为他能够做到知行合一,始终让自己的思想与自身的行动相吻合……在晚餐之后,玛丽去外面"呼吸一些新鲜的空气",想要与霍桑女士一起散步,结束这个下午的时光。我则交给玛丽一项"任务",那就是在她回来的时候,记得将霍桑女士与她的弟弟一起

色诺芬

---

① 色诺芬(Xenophon,约前430—前355),雅典人,历史学家,苏格拉底的弟子,代表作有《希腊史》等。

纯洁的良心
——回忆我的父亲霍桑

带到我家来。如果霍桑准备离开,我准备送给他一些芳香的紫罗兰……

霍桑女士来这里一起散步,对玛丽说之前送给她弟弟的番红花是多么美丽。玛丽告诉霍桑女士,那些番红花是我送给她的。"这是一个非常美好的故事,"霍桑女士回答说,"霍桑本人是从来不会跟我说这些事情的。"

在晚上7点钟的时候,霍桑过来了。他看上去是那么英俊潇洒……他的到来肯定会让你记忆深刻。当他对你有所了解或是进行交谈之后,他会显得非常温顺。因此,我认为,你与他对比起来,肯定是更加出彩的那一个。

一天晚上,霍桑女士说,她给他看了萨拉·克拉克在岛上的照片。那里有一些讲述中国的书籍里的那种庞大的花朵,据说在古巴也可以见到类似的参天大树。接着,我将那些印有难看小鸟图画的书页翻过去,转移他的注意力。不过,霍桑认为这些都是值得研究的事情……

那天下午,我准备出发去见一下他的姐姐伊丽莎白,霍桑听到了这样的消息。他询问我是否会过去,然后表示如果猛烈的春风不会对我前来有所影响的话,他肯定等待我的到来。我说我会过去的。他想要知道我是否能在第二天过去。我想要去拜访玛丽,但霍桑表示他不会在那里停留太久,以委婉的方式否定了我的这个建议……(除非他能够单独与索菲亚见面,否则他不会停留太久的。)

昨天晚上,霍桑过来找玛丽,希望玛丽能够与他一起前去伯里女士的家(这是他们每周都要聚在一起的俱乐部)。玛丽表示不愿意前去。我认为，玛丽拒绝霍桑的要求，这是很不好的。我走下楼梯看了霍桑一眼。霍桑当时的那种犹如天使的形象，在我的内心留下了不可磨灭的印象。

　　孩子们刚刚过来，给我带来了一束芳香的紫罗兰。这天下午，我前去拜访了乔治。与此同时，我不得不与头痛作一番斗争。乔治问我："你现在的感觉如何？"我回答说："还好。"我没有像往常那样说："还过得去。"任何有点经验的人都不会相信我的话，因为痛苦的感受是难以隐藏的。

1838 年 5 月

　　午睡醒来之后，我来到了赫伯特大街，手里拿着一本书。当我敲开霍桑家的大门时，一位头戴兜帽的年老女人走出来，她是霍桑的阿姨。她当时正弯着腰，在花坛上劳作，播散着种子。她抬起头，脸上露出了微笑。要是她再年轻几十岁的话，笑容肯定会迷倒很多人。她对我说："皮博迪小姐，你好。"在这之前，我从未见过她。她邀请我进屋里坐坐，但我拒绝了，只是将那本书留下来，并且顺便附带了感谢的字条。

永远忠诚于你的
索菲亚

纯洁的良心
——回忆我的父亲霍桑

1838 年 5 月 14 日

今天，我有一种强烈的冲动，就是想在房间里走来走去，想着如何去布置房间里的花瓶，让各种小玩意儿的摆设显得更加合理，让整个房间给人一种更好的感觉。相比之前，我感觉自己现在更容易感到疲倦了。在今年 2 月份的时候，我去城堡山的旅行都不会让我产生如此疲惫的感觉。但是，我现在只是步行到霍桑家这么短的路程，都会感到非常疲惫。在你回来的时候，霍桑拒绝了与你一起用餐，但他表示愿意在晚餐之后见你。当他到来时，我碰巧是第一个准备走下楼梯的人。他的第一个问题就是："伊丽莎白在哪里？"他丝毫没有掩饰看不到你时所感受到的失望感。他认为这"实在是太糟糕了""难以忍受"或是"不公平"，他还在努力想着这到底是为什么呢。我告诉他你给出的理由，还说你有一封给他的信件，玛丽很快将这封信递给他了。霍桑没有打开就放入了口袋。他看上去非常英俊，脸上始终露出微笑。我向他保证一点，每天早上是进行创造性活动的最佳时间。霍桑表示，他相信自己即将前往南塞勒姆地区。"难道你不会过去吗？"他这样问我。但是，现在的春风还是非常猛烈，我的身体实在是吃不消啊。

索菲亚

第一章
霍桑一家与皮博迪一家

我亲爱的莉齐（伊丽莎白的昵称）：

现在，我的脑海里能想到的人，就只有查尔斯·爱默生[①]。他现在的身体状况给我的心灵蒙上了一层厚厚的灰尘。我希望你在明天可以告诉我，他现在是否处于病危的状态。查尔斯之前来拜访过我们，那是夜莺还在树上歌唱的时候了。查尔斯露出的美好笑容、如音乐般富有旋律的嗓音、表现出来的冷静沉着的气质，都代表着生命的一种最原始的本质。他表现出来的简朴精神——只需要认真思考一下这些东西，就可以知道我能够见到他并听到他的声音是一件多么荣幸的事情啊！他非常喜欢我们让他看到的一切东西。他用非常具有神性的情感谈论着拉斐尔创作的《圣母玛利亚》。我当时只能呆呆地坐在那里，徒劳地在脑海里进行着一番想象，尽量将他的每一句话记在脑海里，让他感觉我正在感受着他那大海般的沉着冷静。但在第二天，就有人告诉我，他的身体正处于一种非常危急的状态。在他离开我们的当天晚上，我就告诉了玛丽。我感觉自己失去了一块宝石，这就是我当时的唯一感觉。我不知道玛丽想要从他身上学到什么东西，但我能肯定一点，要是我从他身上能够学到更多的话，这肯定让我能够更好地描绘出古巴的天空，将那里热带气候的每一缕阳光都生动地表现出来。他带给我的感觉，只有艾丽莎·德怀特之前让我产生过；当时的德怀特女士看上去是那么美丽与充满活力，我能够感觉到她的美弥漫了整个房间，而我则置身于那

[①] 查尔斯·爱默生（Charles Emerson, 1808—1838），美国思想家、文学家拉尔夫·爱默生的弟弟，死于肺结核。

纯洁的良心
—— 回忆我的父亲霍桑

《圣母玛利亚》,拉斐尔作品,藏于西班牙普拉多博物馆

个房间里,因此我也是充满美感的。这一切似乎是查尔斯的灵魂所散发出来的美感。我就此搁笔了。

索菲亚

1838年6月1日

一天下午,伊丽莎白·霍桑过来与玛丽一起出去散步,但玛丽不在家,母亲陪着伊丽莎白外出散步。这是伊丽莎白第一次来到我的房间,她似乎对我房间的摆设感到非常满意,还特别喜欢房间窗户外面的那些榆树。她看上去是一个非常风趣的人。母亲带着她前去古老的清泉附近散步,在回来的时候,她们手上捧着深红色的海葵与蓝色的紫罗兰,还有一些楼斗菜。她们在清泉附近遇到了约翰·金先生与他的女儿,金先生他们也在采摘野花。母亲则向他们介绍了伊丽莎白。但是,伊丽莎白只是抬着头,没有怎么回答。虽然金先生在返程的时候一直陪着她们,但伊丽莎白几乎就没有怎么说话。金先生送给母亲一些色子柱花,对伊丽莎白说:"我亲爱的朋友,我必须让你的花束像皮博迪女士的一样美丽。"于是,他将一些花放到了伊丽莎白的手上。

在霍桑于中午时分前来看望我们家小姐的前一天,我从未见过如此充满阳光的一个人。他对我说:"索菲亚,你们的爱情很快就要修成正果了——可能是明天或是后天啦。"当时,我对别人了解我们的事情感到有些惊讶,事实上我也一直希望看到这样的情况。霍桑向玛丽提出建议，希望能够在同一天前往海边，玛丽同意了。霍桑说他没有跟他的姐姐谈论这件事，但他在回家之后会马上告诉她的。他想要早点回去，然后好好散个步。想象一下这样的进展！

他说，他有一封将要完成的信件，这封信是写给你的。但在你给他写信之前，他不愿意就这样贸然将这封信寄给你。他似乎迫不及待地想要收到你的来信，因为他表示，从你回来之后，就一直没有收到你的来信。玛丽前去赫伯特大街，邀请伊丽莎白一起散步，但没有见到伊丽莎白。她的母亲说，伊丽莎白不想出去，因为现在的风很大，阳光又太强烈了，而南边还积聚着乌云呢！（我认为，这是世界上天气最美好的一天了！）我真的很想抽她一耳光！当玛丽在第二天带着郁金香回来的时候，路易莎告诉她，伊丽莎白为昨天无法一起散步的事情感到非常遗憾。

与艾比·霍桑一次偶然的成功会面，让索菲亚感到非常高兴。索菲亚在信件里这样写道：

> 她是一个非常随和的人，还不辞辛苦地将一些头像的雕刻拿来给我看，其中就包括华兹华斯的头像，这是我之前从来没有见过的。
>
> 伊丽莎白还特别询问了有关乔治的情况，让我给乔治送去几本书。她问我们有没有非常想念她。我应该会在这里逗留两三个小时。她与我一起走向楼梯，走出了大门，然后在门廊上

聊了一会儿。她的阿姨正在花园里种植着什么。

伊丽莎白·皮博迪的来信始终以直白的方式将友善的情感表现出来，并且还表现出了许多美好的情感。她在信中表示，面包与思想都是同等重要的。下面这封信就能够将她的这一观点表现出来：

波士顿梅尔特大街53号，1838年

我亲爱的索菲亚：

你充满着友善情感的来信值得我马上给你回复，但我无法给你回复类似内容的信件。今天晚上，虽然外面刮着风暴，但乔治与苏珊·希拉德还是去了音乐学校学习，让我一个人在家里自娱自乐。我希望霍桑能够过来。我到现在还没有见到他呢。昨晚，我与萨利·加德纳以及杰克逊小姐一起品茶，杰克逊小姐非常喜欢你画的那幅弗拉克斯曼的画作。为什么塞勒姆地区的人没有鸡笼，将那些鸡都关在鸡笼里面呢？五六只鸡所生下的鸡蛋可以满足你对鸡蛋一年的需求。我想要得知有关霍桑的一些消息。今天，我与卡彭先生就谈论了有关霍桑的一些事情。卡彭先生也挂念着霍桑。我希望你们的事情能够尽快公之于众。

始终忠诚于你的
伊丽莎白·皮博迪

纯洁的良心
——回忆我的父亲霍桑

索菲亚这样回复：

1838 年 7 月 23 日

威廉·怀特在周六到达了这里。为什么你不通过他将斯图亚特的《雅典》送到这里来呢？他表示听说爱默生正在期待着另一个救世主。你对爱默生的那段演说进行的粗略的概括，足以唤醒死者。我知道爱默生的演说会震撼人心到什么程度。我对玛丽说，我认为爱默生的说法是正确的。玛丽大声地说："你简直就是亵渎！""你真的认为这是亵渎吗？"我说道，"没有啊！"玛丽回答说："按照你的说法，这就是《福音书》啊！"难道这不是一句非常有水平的话吗？当女仆在伯里女士家里干一些跑腿活的时候，她看到了霍桑进门，也许是要向他们进行道别的拜访。霍桑当时看上去容光焕发。霍桑说他准备带上我的日记（这是在古巴的时候写的），然后再带回来。但是，我有

《雅典》，斯图亚特著

那么多的作品,他不可能都带去啊!

伊丽莎白·皮博迪在冬天回到塞勒姆地区之后,就开始对隐居在赫伯特大街的某些人展开了情感方面的攻势。当她写下下面这封信的时候,脸上肯定会露出不同寻常的表情:

1838年11月10日,星期六

亲爱的路易莎:

你知道我想要编织这些鞋袜与修补这些鞋子——我想我能够在有空的时候,前去你家做好这项工作。我还要感谢你为我购买了这些材料。你告诉我这些材料花费了多少钱,我会照原价给你的。我认为在漫长冬天的四到五个晚上,我就能完成这项工作了。

当伊丽莎白醒来的时候,请给她留下这张纸条,还要放好玫瑰花与书籍。当霍桑过来吃晚餐的时候,记得给他这张我写给他的纸条。霍桑说他今天要进行写作,因此我希望能够让他安心写作,不要打扰到他。我们都不希望在他进行伟大的创作时打扰到他。我在想,如果大家在晚上玩惠斯特桥牌的时候,霍桑要对此进行怎样一番准备,才能更好地得到灵感女神的垂青呢?

永远忠诚于你的
伊丽莎白·皮博迪

当霍桑打开这张纸条,阅读起来之时,我们可以想象一下,霍桑这位像蕨类植物那样过着隐士生活的人的内心会产生多大的震动。这样的情景真是很有趣的。这一切仿佛松鼠都被唤醒了、猫头鹰也被叫醒了、狐狸被惊醒了,这些动物都会纷纷对霍桑的震撼产生怜悯之情。路易莎可以说是三个人当中健康状况最好的人了,她的手脚非常灵活,可以迅速地进行缝纫与刺绣的工作,因此在别人生病的时候,她很体贴地为别人缝制衣服。可能,当路易莎看到这封信的时候,不会感到晕眩或是产生强烈的情感。霍桑的母亲虽然平时已经过着隐士一样的生活,但若是看到了这封信之后,肯定也会将自己裹得更加严实了。伊丽莎白那双美丽的眼睛看上去肯定更加美丽了。不过,为了证明这三个人是否躲在"蕨类植物"之后(正如事实证明的一样,霍桑本人对此并没有什么想法),我想要将路易莎更早时期的一封信引述下来。

给缅因州雷蒙德的玛丽·曼宁的一封信,请理查德·曼宁先生代为转交。

塞勒姆,1831年3月3日

我亲爱的阿姨:

萨米叔叔已经从波士顿回来了,目前正住在罗伯特叔叔的家里(罗伯特是他的弟弟,早年与霍桑是好友)。当我们看到他的时候,他的情况要比我们想象中的更好一些。我们都很高兴见到他并与他在一起,我们也会想办法让他在这里过得开心。

我们所住的地方相距不远,他可以随时得到我们的帮助与陪伴。纳撒尼尔也会过去看望他,我很多时候也在那里待着。整个冬天,母亲都会去那里看望他。我记得当时天空刮着恶劣的暴风雪,道路根本行不通了。路上的积雪几乎与房子一样高。我想要给你写更多的话,但我的时间已经不够了。就此搁笔了。

始终尊敬你的
路易莎

克服内心的羞涩,勇敢地向友善的人表达友善的情感(哪怕是在某种程度上这样做)的行为,可以通过下面这封信得到一些验证:

亲爱的伊丽莎白:

　　当你在周六晚上外出的时候,我希望你能够很快回来,并在第二天晚上与我们一起相聚。你可以做到吗?要是能够见到玛丽,我肯定会感到非常高兴,虽然我真的很盼望能够见到她,虽然我没有足够的勇气去询问索菲亚,但也许你可以帮我这样做。请特别告诉我有关你父亲的情况,我们都急切地想了解他的健康状况,我们都想知道乔治现在的情况到底怎样了。就此搁笔了。

永远忠诚于你的朋友
伊丽莎白·霍桑

以下是伊丽莎白·皮博迪的回信:

我亲爱的 E:

我想,在那些女生都离开之后,我可能无法去你那里与你一起度过这个晚上了。你知道的,明天会出现月食。我希望你能够在下午的时候来我这里。墓地那里是一片开阔的地带,可以看到月食,我很高兴你能够过来陪我一起欣赏。昨天,我收到了纳撒尼尔·霍桑的消息。在下雨的那一天,他与另一位先生被困在伯克郡的一家旅馆里。他没有被雨水淋到,可以说,这是非常幸运的一件事。

永远忠实于你的
伊丽莎白·皮博迪

在伊丽莎白·皮博迪回到波士顿之后,索菲亚继续给她写了很多封信件:

我并不认为我成为自身想象的俘虏。当我知道某个想法是错误的时候,我就会想办法抛弃这样的想法。当我忠实于自己内心的想法时,我会感觉自己仿佛置身于天使般的韦利[①]所处的天堂。我想要去看望亲爱的伯里女士,因为她给我寄来信件,希望我能够过去看望她。伯里女士坚持陪着我走向楼梯,

---

[①] 韦利(Jones Very,1813—1880),美国诗人、散文家、牧师,超验主义运动的积极参与者。

第一章
霍桑一家与皮博迪一家

然后费尽力气地陪着我走路，最后为我打开房门，又非常恭敬地向我致意，仿佛我就是尊贵的维多利亚女王，或是霍桑本人一样！我亲手描绘出来的易卜拉欣①的面容看来表达了许多情感（当时，索菲亚刚刚完成了《温顺男孩》这幅画，受到了很多人的赞赏）。

那天下午，韦利先生前来喝

韦利

《温顺男孩》

---

① 易卜拉欣（Ilbrahim），伊斯兰教的先知，即犹太教及基督教中的亚伯拉罕。

· 033 ·

纯洁的良心
——回忆我的父亲霍桑

茶。他一开始感到很苦恼，但我们都纷纷安慰他。他与乔治的对话是非常具有神性的，他们似乎能够感受到天国世界里的光芒，因为他满脸笑容地看着乔治。每当他看着乔治的时候，他的脸色都非常好。我们跟他说，我们非常喜欢他创作的十四行诗。韦利微笑着，然后说，除非我们真的是因为在阅读这些诗歌的时候感受到了上帝的声音，否则这一切是徒劳无功的。"既然我给你们看了我所写的十四行诗，"他对我说，"我想你应该让我看看你创作的画作了吧。"玛丽将我的图画本以及《埃斯库罗斯》（这是我用弗拉克斯曼的颜料所创作的一幅不错的画作）拿给他看。韦利非常喜欢这幅画。我跟他说了我创作的《易卜拉欣》这幅画，他说他非常喜欢《重述的故事》[①]这本小说，也非常喜欢里面的这个人物形象。昨天，霍桑过来了。他说："我要去伯里女士的家，但你绝对不能过去。因为现在的天气还是比较寒冷的。在这样寒冷的天气下，你绝对不能外出。"我对霍桑说，我本该要去的，若因自己身体抱恙而无法前去，我会感到遗憾。霍桑哈哈大笑起来，说我不应该有这样的想法。但是，我始终坚持自

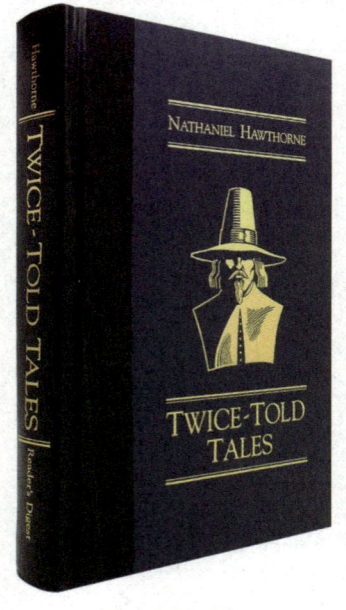

《重述的故事》

[①]《**重述的故事**》（*Twice-Told Tales*），霍桑的一部短篇小说集。1963年，美国导演西德尼·萨尔科将其拍成了恐怖题材的电影。

己的想法。霍桑知道我要是去的话，肯定会生病的，因为外面的天气实在寒冷。与此同时，我穿上了厚厚的衣服。父亲用柔和的方式告诫我，我也用柔和的方式进行反驳。当我准备好了之后，霍桑说他为我能够前去而感到高兴。玛丽当时也将行李打包好了。当时，我感觉整个人充满了活力，感觉自己要比之前在俱乐部度过的许多个晚上都要更好一些。霍桑表示，这肯定是一种对比的精神状态，才让我有这样的感觉。我对他说，这只是一个简单的事实而已。我们走路的速度比较快，因为我感觉自己的双脚似乎踩在空气中，走起路来不需要什么力气。这可能是因为我在白天的时候没有感到多么疲惫。晚上的月光非常皎洁明亮。除了我的拇指与脸颊感到有些寒冷之外，身体的其他部位都没感到任何的寒意。霍桑说，要不是他的鼻子感觉到有点冷的话，那么这一切将是非常完美的。他从来不相信上帝会让人类处于一种痛苦寒冷的状态，只相信上帝会通过适度的考验来让人类变得更好一些。"因为上帝会让天空刮起这样的风，但他也让羊毛为我们提供了温暖的衣服。当你外出的时候，我们都希望有一个温暖的天气。"霍桑的话是不是很甜蜜呢？霍桑与我一起走到了客厅，伯里女士见到我们之后显得非常高兴。霍桑是一个非常随和的人，与伯里女士进行了一番交谈，他看上去是那么友好、高兴、富于美感。伯里女士拿出一些植物的标本，让玛丽与我好好地欣赏一番。霍桑则走到桌子旁边，将光线调得更亮一些。我们真的非常想念你，伯里女士也是这样说的，我也能够感受到她当时内心的想法。他们真的对韦利先生缺乏足够的了解。当我们准备离开的时候，霍伊斯先生对霍桑说，他希望没有任何事情能够影响到他下个周六再次前来的想法。"哦，不会的。"霍桑回答说，"这已经成为一种习惯了。要是我不过来，我肯定会感到不习惯的。"霍桑这么会说话，肯定会让伯里女士听了非常高兴的。我也为霍桑能够这样说而感到高兴。当我们走出伯里女士的家，天气变得没有那么寒冷了，我们怀着愉悦的心情回到了家时，霍桑说他希望能够在周五的时候与我一起外出散步，但他也担心散步可能会对我的健康造成不良的影响。我对他说，我们为晚上要与他分别而感到失望，霍桑听了哈哈大笑起来。他说，他无法在今晚去见韦利先生，因为他还要阅读一些书，他在周一与周二晚上已经有约了，因此没有时间阅读这些书。我对此感到很遗憾。

永远忠实于你的

索菲亚

第二章
订婚的岁月

霍桑与索菲亚订婚了,但在一年之后才公布此消息。索菲亚拜访在波士顿的朋友,霍桑也前去波士顿拜访他的朋友。华盛顿·奥斯顿对索菲亚的才华表示深深的欣赏。伊丽莎白前往康科德拜访爱默生,并将这里描述成一个天堂般的地方。班克罗夫特①先生告诉爱默生,霍桑的文学才华是与众不同的。索菲亚感受到了幸福的爱意,满怀热情地进行绘画。霍桑给索菲亚的信件。

班克罗夫特

---

① 班克罗夫特(George Bancroft,1800—1891),美国历史学家、国会议员、美国海军部部长。曾是霍桑在波士顿海关工作时的同事和好友。代表作有《美国历史》《美国宪法创建史》等。

纯洁的良心
——回忆我的父亲霍桑

霍桑在波士顿海关工作时留下的部分剪贴簿。当霍桑与索菲亚公布订婚的消息后,朋友们感到非常高兴。

  现在,霍桑与他未来的妻子已经订婚了,这已经成为一个既定的事实,但他们只对一两个人透露了这个消息。索菲亚悄悄地前去探望她在波士顿的朋友。但是,伊丽莎白当时居住在牛顿地区。索菲亚给伊丽莎白寄去了这样一封信:

波士顿西大街,1839 年 5 月 19 日

我亲爱的莉齐:

  两天前,霍桑过来了。他说当他来到我们家的时候,发现小鸟都已经飞走了,这实在是一件让他感到非常惊讶的事情。他说在敲门之前的半个小时里,他一直坐在走廊上,因为他认为我肯定能够感觉到他的到来,会自然地走下楼梯来迎接他。最后,霍桑厌倦了等待。"哦,若发现你不在这里,实在是一件不好的事情。"可以肯定的是,要是我见不到他的话,会让我感到难受的。我很高兴你为他的到来感到高兴。他跟我说,他应该在第二天早上前去画廊[①]。我在早上8点钟的时候见到了他。我们冒着刺骨的春风一起回到家,他后来确信这么做会让我生病一周。所以晚上,他再次前来看望我,想要知道寒冷的春风是否让我感冒了,但我并没有感冒。卡罗琳·塔潘正忙着照顾她的孩子,因此在接下来的半个小时里没有下楼。当她下楼的

[①] 索菲亚每天都要很早过去,避免遇到拥挤的人群。

第二章
订婚的岁月

时候,显得非常随和,霍桑也是。卡罗琳非常欣赏霍桑。霍桑说他在今天早上的时候应该前去画廊的。我在8点之前出发,发现画廊里空无一人,只有威廉·拉塞尔先生。霍桑大约在9点钟的时候过来,因为当时外面的天空非常阴沉,他认为我可能不会过来了。但是,当他过来之后,天空已高高挂着太阳。在10点钟的时候,画廊里的人越来越多,我们就出去了。霍桑接着用独断的口吻说,我应该去骑马。

华盛顿·奥尔斯顿[①]非常欣赏索菲亚的艺术才华。伊丽莎白在拜访爱默生的时候,就在一封信里提到了这点:

华盛顿·奥尔斯顿

马萨诸塞州康科德,1839年6月23日

我感觉自己终于来到耶稣的山峰了!但是,我更像耶稣基督的门徒那样,满身灰尘地匍匐在地上。我在波士顿的时候感到非常疲惫。于是,我在周一早上前去雅典娜图书馆的画廊。晚上的时候,霍桑过来了,说他想要在周六下午前去奥尔斯顿

---

① 华盛顿·奥尔斯顿(Washington Allston, 1779—1843),美国画家、诗人。代表画作有《海上风暴》《午夜月升》等。

画廊。我在周二晚上前去奥尔斯顿家里。当时，奥尔斯顿显得非常高兴，兴致也非常高，人看上去就像夏日的晚风那样柔和。当他听说你已经摆脱了疾病所带来的痛苦之后，非常高兴，急切地想要知道你最近又创作了什么画作。我说你目前正准备创作好几幅画，但你不愿意透露自己的具体计划。奥尔斯顿说，如果是这样，那么你肯定会勇敢地将这些计划变成现实的。他还说，同时产生创作几幅画的念头是非常好的，因为你可以在创作不同画作的时候变换思路，这可以给你的心灵带来一些休息。我给他带去了《重述的故事》这本书，用来交换我没有看过的书。他说他一直都渴望进行富有想象性的写作，每一个阅读到这样书籍的人都会感到非常高兴的。此时，我才突然想起，我忘记随身带来《纪念物》这本书，因此只能读《美人鱼》与《烦扰的心灵》这两本书的部分内容给大家听。在昨天的茶会之后，我几乎没有怎么坐下来。直到爱默生先生让我谈谈对霍桑的看法，并且告诉我班克罗夫特说霍桑是海关官员中最高效、最优秀的人。请你将班克罗夫特这样的评价告诉居住在赫伯特大街的霍桑。爱默生似乎对霍桑有着非常友好的态度，但是他没有阅读过霍桑的作品。当时，爱

《烦扰的心灵》，霍桑作品

默生的心情非常好，我希望在一两天之内能够说服他，让他阅读霍桑创作的所有书籍。当时，爱默生处于一种非常愉悦的状态（虽然他尚未从去年冬天过度的劳累中完全缓过来），但他始终保持着勤勉的态度。爱默生没有对奥尔斯顿说出任何一句不好的话，所说的都是一些美好的事情，并且还谈到了奥尔斯顿身上具有的最高价值。爱默生说，韦利不允许别人修改他的诗歌。即便如此，爱默生还是选择了韦利的一些诗歌，勇敢地将其重组起来。爱默生说："这将会变成一卷非常有文学价值的书。但是，霍桑表示，韦利经常说这样做是徒劳无功的。我发现自己无法忘记他经常说的这句话。但是，他总是经常地重复这样的话。事实上，他的诗歌还是很有文学价值的。"之后，爱默生还背诵了韦利的一些演说内容，谈论了韦利处理文字语言方面的方式。看来，我之前的想法还是太愚蠢了，感觉自己一直在错误的思想中被蒙蔽了两个月！爱默生真是一位非常睿智且大度的人。哦，他是那样优秀、杰出与美好！

永远爱着你的姐姐
伊丽莎白

索菲亚在塞勒姆地区的时候进行了下面的回复：

1839年6月29日

对于你在画廊里没有见到霍桑，我感到很遗憾。但我为你见到了奥尔斯顿先生感到高兴。他对我的健康状况的关心是多么友善且让我感到鼓舞啊！我很高兴得知，爱默生先生对于我们的造物主没有说出任何所谓的异端邪说。因为对于像爱默生这样的杰出人物来说，他始终紧跟这个时代的潮流，而不是生活在过去的时代，因此，他绝对不会说出任何违背基督教基本教旨的话。

当其他拜访者都离开的时候，霍桑过来了。当时天空刮着猛烈的春风，因此他不愿意让我外出，担心这会让我再次患病。但是，我们还是达成了一致，那就是他独自前去伯里女士的家里做客。要是我们不说的话，你肯定不知道霍桑为此做出了多么大的牺牲！如果你明白事实真相，就绝对不会指责我们两人没有顾及别人的感受。我跟霍桑说了班克罗夫特对他的评价。霍桑脸红了，回答说："班克罗夫特先生实在是过誉了！"在霍桑离开之后，我阅读了贝蒂纳·冯·阿尔尼姆①的作品。我认为，对阿尔尼姆这个人我们不应该妄作批评，相反，我们应该接

阿尔尼姆

---

① 贝蒂纳·冯·阿尔尼姆（Bettina von Arnim，1785—1859），德国浪漫派作家、出版家、作曲家、歌手。代表作有《歌德与一个孩子的通信集》《国王的书》《致已解散的普鲁士国民议会》等。

受与相信她。她是一个天才,热爱生命,追求爱意,渴望得到鼓舞。如果任何人在我面前批判她,我肯定会主动远离这样的人。因为这样的批判仿佛将我推向了悬崖,后面则是深不可测的大海。周二,达蒙会来画室,给予我一些辅助性的帮助。

7月5日。昨天是重要的一天(因为7月4日是美国的国庆日),但是这座糟糕的城镇却没有为举办庆祝活动拨出任何经费,甚至连敲响钟声的活动都没有!于是,愤怒的民众都纷纷将国旗下半旗,然后宣布他们将去教堂敲响钟声。接着,民众就在中午与日落时分敲响了钟声。教堂的钟声非常洪亮,我在下午听到钟锤撞击发出的响亮声音。每一个美国人都应该为庆祝国庆日而感到高兴,这一天是铭记着国家历史的最伟大的一天!一些美国人的心灵已经处于一种沉睡麻木的状态,因此,他们需要被钟声、鼓声或是充满爱国主义情怀的演说唤醒。

今天,达蒙表示希望完成圣乔治与乌娜这两幅画,要求我不断地释放自己的绘画才华,因此我整个上午都在绘画。在绘画的过程中,我的脑海里突然闪现出一匹马的形象。我想,要是我将这匹马画出来,他会有什么样的感想。乔治说,这样的构思是非常棒的。我的想法就是让圣乔治整个人物展现出一种最为深沉的冷静和无比自信的沉着,但是这匹马的形象则应该是充满活力与力量感的,马匹的鼻孔在充分呼吸,"似乎表达出一种难以驯服的傲气"。我说,整幅画应该表现出一种权力的力量以及冷峻的感觉。如果我成功地创作出这幅画,你肯定要对此进行一番评论。到目前为止,乌娜这幅画的形象要比第一稿的形象更为丰满一些。你无法想象我在创作这幅画的时候内心是多么悠闲，下笔是多么从容。在那样的状态下，我感觉自己能够画出任何内心想要画出的人物形象。下周，如果这些画的轮廓还没有完成，那么我就要开始用油画的方式去创作了。我感觉自己正处于创作的巅峰期。哦，我感觉自己是如此幸福！但是，从周二到现在，因为天气的原因，我还没有骑过马呢。亲爱的贝蒂，我这样牢牢地抓住希望的尾巴，是否有点过分一厢情愿了？请你看看这样的希望会将我引领到什么地方吧！在我过去生病期间的那些天马行空的想象力，始终都无法超越这样的命运。在我的人生里，我的内心始终坚持这样的信念："今天很好，但明天会更好。上帝知道明天应该给我带来什么。"如果你感到我过去认为我们不应该为了别人而过上忙碌的生活，那么你就是误解我了。这是一个自然的过程。我们应该了解自身的想法。在我看来，我们应该更好地专注于当下，过好每一天，然后将其他的事情都交给上帝。

现在，我才真正深刻地意识到被爱着是一种什么样的感觉。爱意的声音会以一种最为柔和的方式呈现出来，对爱意的否定其实就是对整个世界的否定。爱意的气息能够让我们自然的身体以及灵魂的羽翼变得更加丰满，这让我感觉自己能够在天国光芒的照耀下翩翩起舞。

下面，我将霍桑的一封信里的内容节选如下：

第二章
订婚的岁月

下午 6 点钟

这是多么美好的视野啊!感觉就像梦幻天使一般。你用手上的画笔追随内心的想法创造出来的画作,的确可以算得上是一种奇迹啊!好似天国中一个精灵的显容,拥有着天使般的脸庞与躯体,而不单纯是纸上的绘画。在我看来,这幅画的人物形象仿佛就是守护天使,匍匐在上帝的脚下,指着我们所生活的这个地球,向上帝恳求赐给尘世天国的祝福——恳求上帝让我们不再长久分离,让我们能够相聚在壁炉旁……

波士顿,1839 年 9 月 9 日晚上 8 点半

今天,我不在长码头上,而是在一个比较远的地方。我的上司已经下达命令,要求平息一艘烧煤船上的船长与铲煤工人爆发的反抗……好吧,我已经平息了这样的反抗,宣布既往不咎。因此在明天,我就要回到长码头的办公室了。我不是要回到之前的那艘盐船——它已经不准启动了,而是要去往另一艘船,我可能要在那里待上两个星期左右。盐船上的盐非常雪白,我认为盐这种东西存在着一种神性。

波士顿,1839 年

你的智慧不存在于这个世界上,它已经超越了其他人的想

象,以一种喷涌的方式展现出来。因此,当我收到你的作品时,感觉这是上帝赐给我的启示,这是非常确定的。显然,你所阅读的书让你深有感触,这肯定也会让其他人有类似的感想。但是,别人的想法却根本不会改变自己的想法,每个人都有属于自己的一些想法,谁也不应该想办法去改变别人的想法。你依然是我亲爱的索菲亚·霍桑,你的灵魂与智慧所散发出来的气息就像野花散发出来的芳香一样。我认为,这是一种只有上帝才能散发出来的美好,绝不是凡夫俗子能够做到的……如果整个世界都在找寻着一个名字,我认为任何其他名字都无法比你现在这个名字更加适合你了。你就像野花那样美好。你天生就拥有这样的名字,我需要付出巨大的努力与牺牲,才能将我的姓氏冠在你的名字后面。

当你的名字变成了索菲亚·霍桑的时候,它让我的灵魂震撼。有时,我会情不自禁地重复这个名字,总是会给我带来一种全新的美好感觉。我想我可能没有用非常清晰的文字表达自己的想法,因为我一大早起来就开始辛苦地工作了。你比我聪明,肯定知道我想要表达的意思……

纳撒尼尔·霍桑

霍桑与索菲亚订婚的消息在一年之后才公布,推迟这么久才公布,是因为他们一开始也认为需要一段时间的准备,还要尽量避免这个消息在赫伯特大街引起其他人的惊愕。因为霍桑已经习惯了过去隐居的生活,因此,如果让他做出任何方面的改变,如改变单身的状态、进入婚姻的生活、置身于别人的评论当中，这必然会让他产生一种恐惧感与挫败感。

我从霍桑的日记里往前找，在一本名为《1839年剪贴簿》的皮革封面的备忘录里找到一篇日记。这本剪贴簿记录着霍桑在这个时期作为波士顿海关的过磅员与称重官的工作。这个职位是当时的海关税务征收员班克罗夫特任命他的。

1839年2月7日

昨天与前天，我都在对圣约翰地区过来的托马斯·罗德号纵帆船船上的煤炭进行称重。这是一艘黑色的肮脏船只。船上的煤炭堆满了整个船舱，堆积起来的煤炭看上去就是一大堆黑色的矿物质。船长贝斯特是一个面容英俊的年轻人，他的同伴正在快速地说着一些含糊的英文，我认为，他可能说着类似于英文的语言，总之，他在那里噼里啪啦地说了一大堆话，他的语言含混不清，我根本听不懂。爱尔兰工人正在将煤炭铲入海关的两个盘形燃烧室里，然后运送到船上，其他人则通过手推车将煤炭搬到马车上。第一天，我走到码头，丝毫没有感受到寒冷。昨天，我坐在船舱里，可以透过防水壁的空隙看到装载着煤炭的货仓。这个货仓的景象真是让我大吃一惊！无论从哪个方向走，船舱的距离都不够三步左右，里面装满了各种木桶，没有一个是干净的，里面可能都装着船只在航行时使用的粮草，还有很多水壶、木制小桶、厨师所用的工具，还有厨房用品——这一切看上去是那么肮脏，沾满了炭灰。船上还有两三层左右的卧铺以及一些毛毯，这些是我之前没有想到的。

纯洁的良心
——回忆我的父亲霍桑

波士顿海关大楼，霍桑 1839—1840 年间在此工作

霍桑在波士顿海关大楼工作的画像

船舱里有一个煮东西用的火炉，火炉里还有一些煤炭正在燃烧着。煤炭真是一种极好的燃料，能够像木头那样燃烧，不像纽卡斯尔地区燃烧沥青。这艘船的厨师是一个满脸胡子的中年男人，他一边注意着煤炭燃烧时的火势，一边在水里洗着碗碟。但是，这些水似乎是之前清洗过肮脏之物后剩下来的——都是排水沟槽里面的水。在他们休息的时候，船舱里的爱尔兰工人就会透过开阔的窗口伸出头，大声地喊着"厨师！"。他们想要一杯水喝或是抽烟。此时，厨师就会拿出一根较短的黑色烟管，将一些煤炭放在里面，然后将这根烟管塞在这位爱尔兰工人的嘴里。我坐在靠近火炉的长凳上，船舱里其他人几乎都是装卸工，他们的工作就是将船上的煤炭搬运到岸上去，让马车

运走。船舱里排放着厚厚的木板,木板上有着我们所能想象到的最为肮脏的东西,但是乘客就是乘坐这样的船只从新不伦瑞克抵达这里的。今天的气温大约是零度,有时也会让我感到寒冷。不过,总体感觉还是很舒适的,在回家的路上,我不得不经过几条人群拥挤的街道,我的脸上还沾着一些炭灰。对于那些在码头上有生意往来的人来说,码头管理员的办公室是他们必须去的地方,也是他们在开始工作之前必须先来的地方。他们一般会在这个办公室待上一到两个小时。办公室里有一个烤箱,还有一张放着许多文件的桌子和几把椅子(因为一些船只的经纪人经常会过来),这些东西就是整个办公室的所有家具,当然这里还有一份报纸。

1839年2月11日

在海关办公室谈论有关酗酒的问题。吉布森谈到他哥哥脚痛,而且最后因为脚痛做了截肢手术。格拉夫顿少校谈到他的祖先最早于1632年定居在塞勒姆地区的事情。他说自己从小就观察祖屋那里的一个麻雀窝。在过去30年里,每当他回到塞勒姆地区的时候,都会专门去看这个麻雀窝。这个麻雀窝就在房子的屋檐下,他当年将双手放在这个麻雀窝里,还曾经抚摸过那些小麻雀呢。最后,他发现那个麻雀窝不见了,还为此感到非常悲伤。当我听到他这样说的时候,内心忍不住产生了一个疑问:那个麻雀窝里面的麻雀是否还是原先建造这个窝的麻雀的后代呢?如果真是这样,那么这些麻雀后代表现出来的生命力的坚忍,足可以媲美绝大多数人类了。

纯洁的良心
——回忆我的父亲霍桑

1839年2月15日

在海关办公室,派克先生讲述了一个有点恐怖的故事:在塞勒姆地区的海格大街上发现的一具没有头颅的人类骸骨,这件事大约发生在8年前。我认为这是他们在建造一栋大楼时,挖地基的时候发现的。这具尸体的残骸埋在地下1.2米左右。派克曾向居住在附近、大约80来岁的老太婆打探消息。这位老太婆到残骸挖掘出来的地方看过之后,用手抚着头,大声地说道:"这么说,他们终于找到了那位可怜的法国人的残骸了!"接着,这位老太婆兴奋地告诉旁边的人,大约在75年前,有一位年轻的法国人曾与塔能特船长一起出海,并与船长一起居住在塞勒姆。据说,这位法国年轻人非常富有,衣着也非常符合那个时代的潮流。在一段时间之后,这位年轻的法国人不见了,塔能特船长表示,这个年轻人是去了其他地方,并在那个地方被人杀害了。在之后的两三年里,人们发现这位塔能特船长突然变得富裕起来,但是他将自己的财富挥霍在花天酒地上,最后在穷困潦倒中死去了。现在,当年那一代人几乎都已经去世了。在许多年之后,一些人曾在这位年轻人生前所居住地方的附近进行挖掘,一些工人发现了一具人的骨骸,很多人认为这就是那位年轻法国人的残骸,也有很多人认为他就是被那个塔能特船长谋杀的。但是,他们并没有想要去找寻其他的残骸,之后也没再发现任何有关这方面的线索了,直到派克先生碰巧发现了这一个事实。在这些残骸里,最先被发现的是一根腿骨。根据派克的描述,这条腿的残骸被发现的时候是水平放置的，因此残骸的头部应该埋在房子的某个角落里。现在，我回想起来了，当他们进行最新挖掘的时候，挖了一个浅井。最后，他们把找到的所有残骸拼凑起来，还是很不完整，但是人的形状还是显而易见的。在整个挖掘过程中，我们没有发现任何衣服的残片。

1839 年 2 月 19 日

派克先生是一位个子不高的人，但身体非常结实，扎着一个领结，情绪比较容易激动。他的前额有一个印记，这个印记虽然较大，但覆盖的面积不大——我的意思是，他有一个看上去不太平滑宽阔的额头。他的脸庞有点黑，给人一种气色不好的感觉。但他是一个比较随和与友善的人，经常能用强有力且深刻的方式表达自己的观点。他有着一头粗硬的黑色头发，发际线的位置也留着浓密的头发。可以说，他给人的感觉是比较沉着且睿智的。他患上了哮喘病，除此之外，他有时会遭受中风的侵扰。这样的疾病有时迫使他在睡觉的时候也要坐着。如果他平躺着睡觉，那么他肯定会中风。当他从中风中醒来的时候，感觉自己的头部正变得越来越胀，仿佛即将要爆炸了一样，这会给他带来巨大的痛苦。此时，他有着清醒的意识，但无法大声喊叫让别人帮助他——此时他的喉咙发不出任何声音了。在这个时候，除非他能够得到别人的帮助，否则他肯定会死去的。在经历了一番剧烈的身体颤抖之后，一旦别人将他扶到一个坐着的姿势，他就会从刚才的疾病发作中恢复过来。如果他在家里的时候发病了，那么别人前来帮助的概率就会大大

纯洁的良心
——回忆我的父亲霍桑

降低,因为即便有人听到他发出的声音,也不大可能认为这是他在疾病发作时的求救声。对于任何一个普通人来说,这两种疾病都会让人感到痛不欲生,但是,他却始终保持着积极乐观的心态,向往着生活的美好。

他是一名卫理公会派教徒,有时也会前去教堂的布道讲台发表演说。他始终虔诚地相信,自己能够从神性中得到必然的救赎。上个周日,他说要去州立监狱给那些犯人做一场布道演说。

谈到他的政治倾向问题,他表示自己在见到任何人的时候,都不会怀有恶意。他说自己没有憎恨别人的能力,内心有的只是强烈的情感。他经常说的一句话就是"每个人都肯定有一位母亲,而这位母亲深爱着他"。他就是一个如此坚忍、顽固但又天性善良的人。

在城市里叫卖着的小贩正在用一种老套的方式对前来收税的稽查员说话,进行各种推诿。他们对这些收税员说了一大堆话,夹杂着自己的一些看法。这个叫卖小贩似乎在脑海里思索着什么,看看是否遗漏了什么重要的事情,于是突然想到自己的孩子不见了。"我们丢了一个孩子。"他说。他说这话的时候,希望得到别人的怜悯和安慰。接着,他告诉在场的每个人,要是人们见到走失的孩子,千万不要将孩子留在家里过夜,而要将孩子送到这个办公室来。他说:"要是你们将孩子留在家里过夜,那么丢失孩子的父母就会心急如焚,这是一件非常残忍的事情。"他对别人说,尽管自己的肺部出现了问题,但还是要尽一切努力将这个事实说出来。他完全从自身的角度去看待公众，认为这是他与公众进行交流的方式。当然，这些都是他自己认为重要的事情，但其他人肯定也有自己认为重要的事情。

一位老人带着一根1米多长的鱼竿在长码头上钓鱼，这根鱼竿的钓线刚好能够进入水面。这位老人穿着打补丁的衣服，是一件陈旧的黑色外套，他的表情似乎表明，他根本就不指望钓到什么鱼，而只是将钓鱼作为打发时间的消遣活动而已。总的来说，他看上去应该是一个过着贫穷生活、急切需要别人帮助的人。他整个下午都在钓鱼，但是他所钓上来的也只有一两条比目鱼，比目鱼也在太阳底下烤干了。有时，他会手脚利索地将钓线拉上来，结果拉上来的是一条杜父鱼。很多男孩都围在他的身旁，专心地看着他的一举一动，然后对他的运气不时品评一番。但是，这位老人对此毫不理会，依然沉着冷静地钓鱼。过了许久，这位老人收拾好鱼饵还有那两条被太阳烤干的比目鱼，站了起来。此时，你会认为他可能要回家了；但是，你错了，他只是想要到码头的另一边去钓鱼罢了。他再将钓线抛在一艘船的下面，然后还是像之前那样死寂，等待着鱼的上钩。他的脸上始终没有什么表情，始终显得那么平静，似乎整个世界都与他毫无关系。他没有做其他事情，也没有表现出多大的喜悦，只是从长码头的一端走到另一端，然后找个位置坐下来，将鱼线撒在水面下。他也没有什么所谓的钓鱼技巧，反而显得有些笨拙。

码头上有很多让人无法忽视的东西，比如堆积起来的一大堆棉花包，这些都是一艘新奥尔良船只运送过来的，这些棉花包堆积起来的高度大约有六七米，足足有一栋房子高了。当然，码头上堆放着亚麻籽油的盒子，也有一艘船运送过来的钢铁。过磅员站在磅秤前面，认真地记录着这些东西的重量。站在一艘船的甲板或是栏杆上，看着这个码头的时候，你可以看到整个码头仿佛都堆满了许多卡车与手推车，这些运输工具专门用于搬运这些船只卸下来的货物，或是将这些商品运输到城市的各个商店里。长码头里的各种工作是繁忙的，也是非常辛苦的，代表了生活中不那么优雅的一面，但这样的工作却能够给每个人带来日常生活的必需品，比如盐、腌制海产品、油、铁、糖浆之类的东西。

在长码头前方的位置，有一艘破旧的单桅帆船，这艘单桅帆船已经被改造成了一间小商店，专门用于售卖木制品，这些木制品是在欣厄姆地区制造的。这艘单桅帆船就漂浮在水面上，有时也会停靠在码头边；当另一艘船想要靠过来的时候，它就停在码头的中央位置。这间帆船商店在那里已经经营好几年了，商店的主人在船上生活。

相比于其他船只来说，纵帆船往往会有诸如贝奇、艾玛·詹、萨拉与埃利斯等名称——这些可能是船主人的妻子、女儿或是情人的名字。这是他们个人的事情，但是大家都抱着看戏的态度来看待。当然，一位商人的高桅船显得比较大气且气派，这位商人也对此感到高兴。如果他没有这样命名自己的船只，似乎他对家庭就不是很重视。现在，贝奇、萨拉、安等这些名字在过去似乎是家人的名字，但现在都变成了类似于船

第二章
订婚的岁月

只的名字了。

长长的平底船将盐装载到船上之后,(这艘装载着盐的船)就会沿着梅里马克河将盐运到新罕布什尔州的康科德。在这艘船上,有一个身体结实、来自乡村的年轻人,他第一次见到这样的港口,显得非常兴奋。但是,他的行为举止又显得非常精明与老成。他的另一位朋友已经跟随着船只去过每一个港口了。他们一边交谈一边工作。

那艘名为提比略号的双桅横帆船是从英国的一个港口过来的,船上大约有70来个工厂女工,她们被运到这里,到这边的工厂工作。一些女工的脸色显得比较苍白,但面容还是清秀的;也有一些女工看上去有点仪容不整。这些船只里的人往往是通过码头楼梯上岸的。之后,这些工厂女工就乘坐出租马车或是公共交通工具,前往伍斯特火车站。她们纷纷向带她们过来的约翰告别。她们不断地挥舞着手帕,告别了这一段漫长的海洋旅程。

一个有点无礼且粗俗的年轻职员总是戏弄其他人,经常会咒骂那些搬运工与劳工(当然那些搬运工与劳工也都丝毫不尊重他)。我觉得,这个年轻人肯定也不是什么正派的人。

一艘烧煤船上的一个船员,腰上系着一条腰带,腰带上的皮革护套里还放着一把小刀。也许他是用这把刀吃饭的,也许这把刀只是他防身的武器。

一位年轻的水手熟练地将锚放好,那是一个很沉重的锚。他的手腕与胸部有海军徽章的文身,他穿着一件天蓝色的丝质短外套,还佩戴着一个天鹅绒的领结,打着一枚胸针。

一位70来岁的老水手，他曾在英国海军服役7年（因为他出生在英国），在我们国家生活了9年。他曾经到过世界的很多地方，比如说，我就问过他是否到达过红海，他说自己在1803年的时候，曾经驾驶着一艘单桅帆船，带着伊顿将军去过那里。他的头发是棕色的，没有一根白发。因此，要是别人不知道他的年龄，肯定只会认为他50岁左右。他是一位很有风度的人，为人比较安静，但他的双眼却观察着所有事情，经常会进行一番思考。可以说，他是一位穿着短袖上衣与水手服装的哲学家。他给人一种忠于职守的感觉，始终兢兢业业地履行自己的职责，将完成职责视为自己的天职。他似乎对世界上发生的大事不是很感兴趣，他是一个没有孩子的鳏夫。他对很多事情保持着友善的心态，能够从中立的角度去看待问题。他总是抱着一种平和的心态看待世界各地发生的事情，绝对不会让这些事情影响到自己的心情。他曾说，希望自己能够死在海上，如果那样，别人就不需要为埋葬他而操心了。他是一个怀疑主义者。当我问他是否希望能够再活一次的时候，他用疑惑与冷漠的方式进行了回答。他说，他在他的祖国英国的约克郡待过两三年，发现他哥哥的孩子都过着非常贫苦的生活，于是给了他的侄子们60英镑。他说："我的身边有太多这样的贫穷朋友与亲人了，而我也始终过着贫穷的生活。"这位老人代表他的船长勤奋地记录着阿尔弗雷德·泰勒船上每一天的货物。每当货物搬运下来的时候，他都会说："记下来了，先生。"他经常会向那些搬运工、手推车车夫以及那些铲夫打招呼，有时，也会分给他们一片细纱，有时是其他一些小玩意儿，有时会是一把

第二章
订婚的岁月

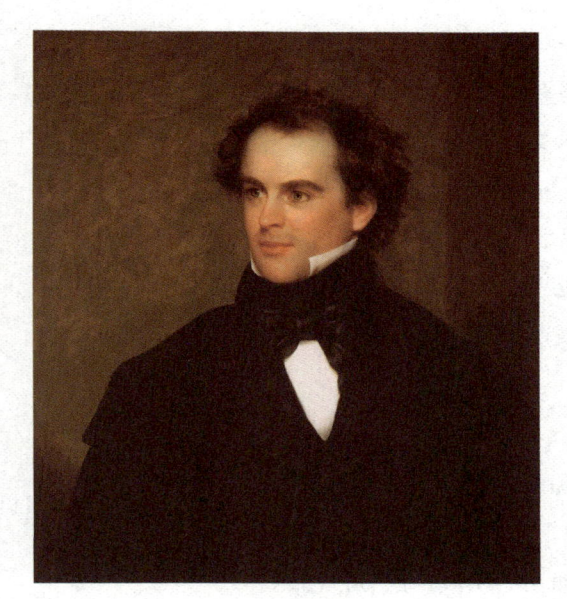

1840 年时的霍桑

1846 年时的霍桑

锤子,有时则是一些铁钉;有时,他还会从船上带来一些糖浆。后来,船长还责备他不要拿这些东西给别人。当他在记账的时候,同时还与别人交谈,这让他显得很忙碌。他在船上的甲板静静地走来走去,似乎他这个人完全属于这艘船,而不属于其他任何地方。接着,他会坐下来,与别人谈论着有关天气的情况,谈论着他最近或是之前的一次航海经历,还有许许多多有趣的事情。我们躲在主桅杆下面的阴凉处,静静地聆听他说的故事。

索菲亚从弥尔顿地区给霍桑写了如下这封信:

1841年5月30日,周六上午

我最亲爱的:

寒冷的天气让我今天没有去教堂……因为我看到你在布鲁克农场那里,整天与农场那些人生活在一起的时候,我就希望与你组建一个我们的家庭。这是你值得拥有的一个神圣的家,每个人都需要这样的家。绝大多数人不喜欢农场那里的生活方式,但是你那得体的举止与随和的性格可以包容那里的一切。我清楚地知道,现在你过的生活并不是你真正想要的生活。可以说,当你与那些优秀的朋友在一起的时候,你的脸上表现出来的甜美笑容与友善行为,给我留下了深刻的印象。但是,这是你作为旁观者或是倾听者所表现出来的行为,而不是作为他们的朋友所表现的。你宁可不使当下的美感黯然失色,克制了自己最纯真骄傲情感的流露，这一点我完全能察觉得到。

M.L. 斯特斯在一本日记里，就记录了索菲亚在那一天的生活情况：

> 今晚，我看了你的《温顺男孩》，我真的非常喜欢这幅画。你是否经常看到霍桑呢？那晚在农场的时候，他没有说更多的话，这实在是太可惜了。只要想想水面上倒映的美丽月亮以及那些美丽的树木，就让人感到无比激动。

当霍桑与索菲亚订婚的消息传播出去之后，艾伦·霍普[①]描述了大家对霍桑的看法：

> 你今后的记录除了对日常生活循规蹈矩的描述外，更该添加一些其他话题。我没有亲眼见过霍桑，但我读过他写的书。我非常喜欢他对那位朋友（指书籍）表现出来的柏拉图式的情感。他似乎离我

艾伦·霍普

[①] 艾伦·霍普（Ellen Sturgis Hooper，1812—1848），美国女诗人，美国"新英格兰超验主义运动俱乐部"成员。

很近，因为他不仅是一个梦想家，还是一个务实之人，他会实际地向那些大家都不关心的人表达自己的问候。我很高兴得知他现在的健康状况良好，因为我真的非常欣赏他的才华。可以说，他是这个世界上唯一一个不能被称为傻瓜的人！

索菲亚在创作诗歌方面的才能，让她给自己未来的丈夫写下了这首诗歌：

> 上帝给予一个人最大的恩惠，
> 就是让他慢慢地等待心灵的释放，
> 让他祈祷自己能够实现更高的自我控制，
> 以优雅的方式让所有的杂音变得和谐。
> 没有什么比他描绘的世界更加美好，
> 他的情感慢慢地感染每一个读者。
> 天国纯粹的情感仿佛从他身上
> 流淌而过。
> 我的朋友，你已经进入了一种最高的思想，
> 感受到了永恒法则的核心。
> 你那充满韵律的直觉散发出光芒，
> 仿佛帕特莫斯岛上的约翰所领略的一切。
> 我怀着谦卑之心，
> 希望能够得到你的认可。

索菲亚在塞勒姆的时候给伊丽莎白写了一封信，讲述自己的夏

第二章

订婚的岁月

《风景》，索菲亚 1832 年作品

纯洁的良心
——回忆我的父亲霍桑

日远足旅行已经结束了。

自从我回家到现在,就从来没有拿起过画笔。我现在仍能毫发无损地站在母亲面前,这让我由衷感恩。在我的一生中,母亲始终是那个最关爱我的人,始终那么友善地对待我。对我来说,母亲所做的很多枯燥的事情,比如那些劳累,对我来说都是非常具有美感的。我发现,没有比我们的爱意无法表达出永恒的美感更加让我们感到可惜的了。

第三章
婚后的早期生活

霍桑与索菲亚的婚姻得到了所有人的祝福。给迦勒·福特女士与索菲亚母亲的信件，描述了他们在康科德老教区的生活情况。乌娜①的出生。爱默生、梭罗与霍桑在老教区附近结冰的河流上滑冰，表现出了不同的性格。马萨诸塞州冬天的活力与壮观的景色是非常美丽的。霍桑在晚上给妻子阅读经典书籍，并且一直持续下去。外面的朋友经常前来拜访。霍桑夫妇拜访在波士顿与塞勒姆地区的亲戚朋友。玛丽·皮博迪成为贺拉斯·曼的妻子。索菲亚描述了乌娜对塞勒姆与波士顿地区众朋友的友好印象。返回老教区居住重新

乌娜，霍桑夫妇的第一个孩子

---

① 乌娜（Una Hawthorne，1844—1877），霍桑夫妇的第一个孩子，也是大女儿。

纯洁的良心
——回忆我的父亲霍桑

霍桑故居标牌

第三章
婚后的早期生活

霍桑故居位于美国康科德镇

纯洁的良心
——回忆我的父亲霍桑

唤起了他们享受自然与平和生活的乐趣。

在索菲亚与霍桑 1842 年 7 月 9 日结婚之前的时候,索菲亚在老教区的房子里给当时居住在塞勒姆地区的迦勒·福特夫人写了下面这封信:

7 月 5 日

我亲爱的玛丽:

你之前说,当我回到自己家之后,你就再也收不到我的来信了,这实在是大大地误解我了。我要告诉那些对我来说很重要的人,我依然深爱着他们。今天,我感觉自己就像一只要腾飞的凤凰!

霍桑已经来这里了,他看上去就像带来了天启的天使,他很柔和又那么充满力量。这仿佛让我感觉自己实现了只有诗人才能实现的梦想。只要想想,我可以让他欣赏我创作的画作以及我的雕刻工具的情景,就简直让我无比幸福。霍桑是一位公正且严格的评论家。可以说,他是我见到过的最为真诚与优秀的评论家!康科德地区的"天使"就是伊丽莎白·霍尔[①]了,

[①] 伊丽莎白·霍尔(Elizabeth Sherman Hoar,1814—1878),美国编辑、诗人、作家。亨利·梭罗的同学,查尔斯·爱默生的未婚妻,著名政治家塞缪尔·霍尔之女。曾任美国超验主义运动杂志《刻度盘》的编辑。

她是最为合适的人选。她对每一个细节都充满浓厚的兴趣……

永远忠诚于你的
索菲亚

下面这段记录是索菲亚的一些朋友写的,真实地记录了他们的婚姻所带来的幸福:

亲爱的索菲亚:

你知道的,我这个人并不习惯告诉别人我对他们的感受,但我内心强烈的情感迫使我不得不告诉你我对你们婚姻的感受。你与霍桑先生的婚姻,可以说是这个世界上最充满美感的事情了,这是我们每个人都希望看到的,也是我一直以来希望看到的。虽然我没有亲眼看到你的丈夫,但我非常关心他的一举一动。他肯定是一个举止得体、充满虔诚精神的人,一想到这些,便让我对霍桑先生心存敬意。也许,你正沉浸在新婚的快乐当中,而忽视我这位朋友所送来的祝福。也许,我们以后见面的次数会越来越少(我们之前见面的次数就不算多)。我始终都关注着你们的幸福!

永远忠诚于你的
E.S. 霍普

霍桑夫人(也就是之前的索菲亚)在老教区房子居住时所写的

信件与日记,向我们描绘出了一幅美好的生活情境图。

康科德,1842 年 12 月 18 日

我亲爱的玛丽(指的是塞勒姆地区的迦勒·福特女士):

在我回到家、回到我们美好的"天堂"之前,我希望能够再次见到你。我想要跟你简明扼要地说说我现在的快乐生活。在我们回这里之后,我亲爱的丈夫就认真地投入写作当中,我也获得了难得的休闲时间。在我们聚在一起吃晚餐之前,我都无法见到他。在这段时间里,我必须认真地缝制衣服,因为我在整个夏天至深秋时节,都没有碰过绣针,也没有拿起过画笔在画布上进行过任何绘画。在这段时间里,没有任何人打扰我们,只有伊丽莎白·霍尔女士偶尔前来拜访我们。除了伊丽莎白·霍尔女士之外,爱默生偶尔也会过来看望我们。可以说,我们非常希望他们能够经常过来看望我们,因为与他们的交流是非常愉悦且富有价值的。爱默生所说的话,给人一种非常舒适自然的感觉,仿佛日落那样随和,或是像百灵鸟发出的优美歌声一样。

一天晚上,也就是我们回到老教区房子的两天之后,乔治·希拉德与亨利·克利夫兰过来坐了 15 分钟左右。他们是在前往尼亚加拉大瀑布的旅途中顺便过来的。当他们看到附近美丽的花朵与古色古香的教区老房子的时候,感到非常羡慕。他们非常喜欢我们挂在墙壁上的那些圣母像,还参观了霍桑的书房,沿着外面的那一条宽阔的道路走了一圈。我

们完全不介意他们过来参观,因为他们过来没多久就要离开了。我们始终都非常热情好客。我们沿着那一条波光粼粼、静静流淌的河散步,四周显得非常安静与孤独,整个世界似乎只有我们几个人是有生命的。我们坐在参天树木的阴影下面,感觉我们是那座古老的大修道院的合法继承者,因为这座修道院的历史已经非常悠久了,一代一代地传承到了我们手上。树梢在微风的吹拂下不停地晃动着,似乎在欢迎我们,成千上万的叶子发出沙沙声,仿佛在我们的头顶上就有一条潺潺流动的小溪。但是,自然界的美丽与芳香对我们来说还是次要的,虽然我们非常喜欢自然景色。在我丈夫的脸上以及双眼里,我能够看到一个更加美好的世界,在这样的世界里,任何其他的世界似乎只是不完整的复制品。在这种幸福、平和与休闲的生活影响下,我没有向大家继续描述霍桑的短篇小说《莉莉的追求》中的女主人公"莉莉娅·费伊"。我们一起漫步到树林深处。女仆莎拉是一个有品位的人,因此我们有了一位好的同伴。当我们跑到大路的时候,或是我在音乐盒发出的声音下跳舞的时候,莎拉会说,看到我们两个人像孩子般快乐,这也让她感到非常快乐。

12月30日。我亲爱的玛丽,从我上次给你写信到现在,已经过去两周时间了。我真的认为我会在今天完成这封信,但我真的不敢百分之百地肯定。我那位在楼上的"魔术师"依然在认真地从事着写作工作。在下午与晚上的时候,我会与他一起待在书房里。可以说,这间书房是我们整个家最美好的地方了。我们会一起欣赏着金黄色的夕阳慢慢地沉入西边的山丘,

纯洁的良心
——回忆我的父亲霍桑

欣赏着河流在整个过程中所发生的景色变化。最近,我们一起来到了那条现在已经冰封的河流。我的丈夫在河面上滑冰(我认为他滑冰的技术非常好),他以轻盈的身姿在冰面上滑来滑去。他裹着一件外套,看上去非常优雅。他会绕一个圈子来到我跟前,然后又绕到另一个地方,滑冰速度很快。我们果园里的草地就像一片小小的冰封"海洋",我们也经常在这片冰封的"海洋"上玩一些游戏。有时,我们会在阳光渐渐消失的时候,在冰面上玩一些体育游戏,飘落的雪花发出乳白色的光芒,天空中仿佛飘着宝石一样。在太阳完全消失之后,才是欣赏美景的最佳时候。我们呼吸的空气是那么清新,这里的氧气是那么充足!在很多时候,也会有其他的滑冰者(其中就有不少年轻人与男孩)他们同我的丈夫一样,在自然面前,都没有了往日的羞涩,就像国王那样来去自如地滑动。一天下午,爱默生、亨利·梭罗与霍桑一起来到了结冰的河面上。梭罗是一位经验丰富的滑冰者,他甚至能够在冰面上跳舞,还能做出一些跳跃动作。他的滑冰能力是毋庸置疑的,但我却认为他的一些动作不是很熟练。霍桑跟在梭罗后面,他穿着一件外套,就像那些动作笨拙的古希腊

亨利·梭罗

第三章
婚后的早期生活

雕像，显得有点严肃。最后是爱默生。显然，爱默生看上去有点疲惫了，因为他甚至无法在冰面上挺直身子，差点摔在冰面上。最后，爱默生来到一旁休息，他对我说，霍桑就像一头老虎、黑熊或是狮子——简言之，他认为霍桑类似于希腊神话中的森林之神萨梯，看上去永远都不会感到疲倦，要是换成其他人，肯定会累个半死的。接着，爱默生脸上露出了让人印象深刻的微笑，说："霍桑是一位真正意义上的绅士，他能够优雅地面对一切事情。"

在第一场暴风雪之后、积雪还不是很深的时候，我们一起步行来到树林。冬天的树林非常美丽，我们在沉睡谷里找到一个雪梯，立马就变成了孩子。我们像往常那样玩得非常开心，这样的快乐时光实在太美好了！有时，在吃早餐之前，霍桑会在结冰的草地上滑冰。昨天，在他外出之前，他说天气不是很好，有点阴沉，可能有暴风雪。但在半个小时之后，奇迹出现了。天空中的乌云完全散去了，出现了灿烂的阳光。在太阳还没有从山丘上升起来的时候，整个天空仿佛变成了一朵庞大的玫瑰花。无论从东、西、南、北哪个方向来看，每一个方向都像慢慢成熟的玫瑰花。我马上跑出书房，冰封的草地也仿佛变成了一朵玫瑰花，倒映着天上红彤彤的太阳。我的丈夫见到这样的景象之后，也马上冲出房子，欣赏这美妙的景色。这样的画面让我们感觉自己仿佛置身于天堂。

在晚上的时候，我们聚在一起，欣赏着满天的星星。我们头顶上悬挂着的星星闪闪发亮，这些星光罩在月亮上，仿佛一张张泛着暗黄色的白纸。霍桑坐在壁炉旁，认真地阅读着有趣的书籍，客厅里还摆放着好看的铜制花瓶，花瓶里放着一些蕨类植物。除了爱默生有一次过来拜访之外，没有其他人会在晚上前来打扰我们。接着，霍桑会读书给我听。现在，我们只阅读过去那些英国作家写的作品。我们发现，这些英国作家创作的作品，为我们当代作家的创作提供了许多灵感与原材料。可以说，过去那些作家都是非常具有思想的，不是在一本书里只表达一种思想。莎士比亚的伟大是毋庸置疑的，斯宾塞的作品则充满着音乐的韵律。（只有当弥尔顿去了天国之后，我们才敢说不喜欢弥尔顿的作品。我们认为弥尔顿所描述的天堂肯定与上帝的天堂存在一定的区别。）可以说，霍桑的智慧与才华使他有了洞察一切的敏锐眼光。现在，我才慢慢了解他的这种能力。我之前只是看到他的表面而已，现在我能够像剥开谷壳那样，看到里面的精华了。当他给我阅读书籍的时候，会做出最为深刻的评论。他的声音是那么洪亮，在我听来就像美妙的音乐！即便他在阅读一些悲伤的内容，但通过他的声音，我还是感觉到这是最高尚的思想。在霍桑阅读自己的作品时，你就能明白霍桑到底是一个怎样的人！但是，真实的霍桑是无法从他的作品中被完全了解的，因为作品里只能描绘他的影子而已。他真实的一面并没有完全展现在他的作品里。

始终忠于你的朋友
索菲亚·A.霍桑

附注：霍桑也将他的问候传达给你的丈夫。

康科德，1843年4月6日

我最亲爱的玛丽：

　　昨晚，我收到了你在4月2日寄来的信件。可以说，你的来信触动到了我内心最为柔软的部分，让我的内心产生共鸣。亲爱的玛丽，你简直是世界上最了解我的人。你这种感知别人心灵与理解别人的能力，简直就是上天赐给你的。你有着多么纯洁的灵魂啊！要是按照斯威登堡[①]的思想，你简直就是一颗美丽的星星！我从来不怀疑你就是从天国慢慢沿着阶梯来到尘世的，就像雅各布当年也是沿着梯子慢慢下来的。你能够像那些梦境里的天使那样，可以进入天国，也可以下到俗世。

　　亲爱的玛丽，请你想象一下我的丈夫在现实生活中的情况吧，因为他的为人在很多时候都被他的作品所掩盖了。可以说，我的丈夫就像一口不断冒

斯威登堡

[①] 斯威登堡（Emanuel Swedenborg, 1688—1772），瑞典科学家、哲学家和神学家。代表作有《天堂与地狱》等。

出清泉的泉水，有着孩童般纯真的情感。他的情感是非常热烈的，就像太阳锻造出来的宝剑，能够穿透一切，能够看清人世间的百态。他在对待任何事情的时候，都会放下成见或是党派的狭隘利益，就像小鸟那样自由自在。因此，他拥有着更为非凡的智慧，更像上帝所创造出来的狂风与阳光那样不偏不倚地保持公正。他的嬉戏玩耍就像弥尔顿所描述的"天国里那些纯真的年轻人"一样。但我不需要刻意地描述他所拥有的智慧，我也无意专门去探寻他的智慧。当我冷静下来思考的时候，我会认为他的智慧代表着某种最基本的力量，这是一种始终在创造的能力，虽然我们无法说清楚这一切创造是从什么时候开始的。他有着真诚、坦率且优雅的举止。关于他这方面的优良特点，我无法一一跟你说清楚。他宽宏大量的品格、刚柔并济的性格，这始终让我感到心醉。可以说，他是一个具有非凡人格魅力的人，一个有着坚忍意志与不屈不挠精神的人。

我们非常愉悦地度过了这个冬天，经常会阅读书籍给对方听，最近我们又在学习德语。我只对德语有一点了解，刚好能了解词句基本大意，有时表达还会显得很不恰当。不过，我在德语发音方面比较好。我的丈夫始终耐心地帮助我走出语言障碍所形成的森林，帮我走出这样的迷宫。因此，我们以最为有趣的方式相互学习，我将这称为通往知识的康庄大道，还说这条康庄大道终于被我们发现了。整个早上，霍桑都在书房里写作。你最近有没有看到《民主评论》杂志上的文章呢？在3月刊的杂志上，就刊登有霍桑所写的《人生的进步》一文。乔纳森·菲利普斯告诉伊丽莎白说，他认为这是一

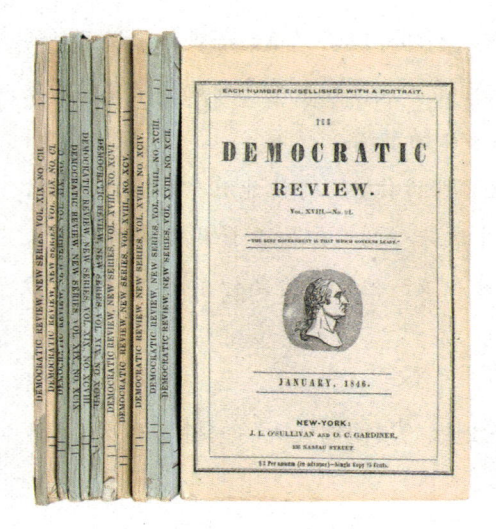

《民主评论》杂志

篇非常优秀的文章。他阅读了这篇文章之后,就开始将我丈夫之前所写的文章都收集起来阅读了。霍桑在4月的《民主评论》杂志上发表了《天国的铁路》一文,这篇文章是非常独特的,里面包含着深邃的思想。能够亲耳听到他用真实的情感朗诵自己的手稿,这实在是我的一大幸事。

整个冬天,伊丽莎白·霍尔女士只过来与我们喝过一次茶,我也很少见到她本人。你也知道的,在冬天的乡村地区,道路是非常崎岖难行的,只有那些穿着高筒靴的人才能应对这样的路况。要是某人在走路的时候一不小心,就可能会一脚陷入了"天国的世界",而另一脚则踩在了"月亮"之上。因此,在很多时候,我的活动范围也仅仅局限在大路上,我那位童心未泯的丈夫会为我打扫积雪,让我可以走在一条平坦的道路上。这段时间,梭罗经常过来做客,他是一个非常有趣的人。从1月份开始,爱默生先生已经前去南方了。因此,我们已经将近3个月没有见到他了。

除此之外,我最近一直饶有兴趣地教导我那位爱尔兰天使阅读与写字。她就像布尔克那样聪明,她的进步也回报了我的努力。她是那么可爱与温柔,能够在家里见到她那张可爱的笑脸,这是让我感到非常开心的事情。

霍桑对我说,我必须告诉你,若是他能够在天国里见到你的话,他肯定会感到非常开心的。但他更希望你能够在夏天的时候过来与我们共度一周。他说,这是你了解他的最好方式了。

在给当时居住在波士顿地区的皮博迪夫人的一封信里,索菲亚这样写道:

5月

我亲爱的母亲:

我发现,除非我能够给你送去一大束色子柱花,否则我的内心是无法得到满足的。于是,我拿出了我的糕饼盒子,将色子柱花塞在里面。霍桑与我在晚饭之后一直忙着在河岸边采摘这些花朵,这里离过去独立战争的地点只有两块地的距离。现在,当我回想起这件事的时候,才发现这原来也是莉齐最喜欢的野花。每当我想到你们俩现在每天只能待在书房里,我的内心就感到很不好受。不过,伊丽莎白喜欢在乡村地区生活,这里的男女对她来说就像野花,但我不知道那些真正的野花是否会在山丘或是斜坡上长出来。但是,你所居住的地方就有一个花园,那里的花朵在你的照料下肯定会开放得非常美丽。今天,我们收到了路易莎·霍桑寄来的一封信,她在信里说那只名叫巴利西占卜的猫已经死了。我们准备让这只猫的表亲皮格温来为它哀悼(霍桑与他的家人一样,是非常喜欢猫的,那只死去的猫的名字就是霍桑起的)。

在写给福特女士的一封信里,霍桑夫人这样写道:

8月11日

亲爱的玛丽:

在我前去拜访希拉德一家人时,你的长信寄过来了。我担心你现在身体抱恙,但你始终都没有忘记我,因为我始终深信你对我的爱意不会因为疾病而受到半点影响。

任何流行性感冒或是传染性疾病都没有入侵我们这间古老的房子里,虽然这些疾病经常会在康科德的村庄里蔓延开来。我认为,这是天使扇动着她那双充满治愈力的翅膀,搅动着贝塞斯达的湖水,让我们周边的空气变得纯洁起来。我们的这个夏天过得非常开心。最初前来拜访我们的是我的父亲,他在这里停留了一周时间。他做事情喜欢讲究秩序,他喜欢在室外工作,将覆盖着苔藓的木板拿出房子外,然后发挥自己在机械方面的专长进行创作。除此之外,父亲还准备了一些黏土,我可以用这些黏土来制作普通人像或是一些英雄人物像。我开始制

纯洁的良心
——回忆我的父亲霍桑

作霍桑的半身雕像。接着就是安娜·肖[①]女士（也就是 S.G. 沃德）前来拜访。她没有扎起一头的金发，而是让这些头发在她的脖子与脸庞上飘动，看上去就像戴安娜女神，或是欧若拉。一切事情都显得刚刚好。在她来到的那一天，爱默生也来我家一起吃晚饭。爱默生所表现出来的影响力与容光焕发的安娜相得益彰。爱默生对安娜美丽的头发赞不绝口，他之后说出了安娜的头发美丽的几大理由。在爱默生离开之后，天气变得温暖起来，于是我们走到树荫下面的草地上。安娜伸展四肢，睡在草地上，将手臂靠在一个板球边。在太阳下山的时候，我们来到了河流岸边的阶梯上，然后一起漫步到沉睡谷。之后，我们再次回到草地，此时星星已经在我们的头顶上闪耀着明亮的光了。安娜再次躺在草地上，用手指着天上最闪亮的星座。现在，我们真的每天都期望着路易莎·霍桑的到来。除了我们的朋友过来拜访所占用的 3 周时间之外，在其他时候我们都没有什么访客。7 月 9 日是我们的结婚纪念日，这一天的

安娜·肖

[①] 安娜·肖（Anna Howard Shaw，1847—1919），美国妇女选举权运动领袖、著名医生。

第三章
婚后的早期生活

天气非常好。在晚上的时候，天上的月亮发出皎洁的月光，奥尔斯顿先生就是在这天晚上去世的。自然都以这样美好的景色来向奥尔斯顿先生告别。

最近，霍桑没有怎么写作，而是将大部分时间用在打理花园上了。你可以想象到，霍桑种植的蔬菜是非常可口的。亲爱的玛丽，我可以坦白地说，我从未吃到过如此可口的蔬菜。试想一下，当阿波罗要去牧羊或是耕种土地的时候，那么我们完全有理由相信这样的食物是无比可口的。我则会培育花朵，这些花朵也非常漂亮。我们经常会乘船在河上游览，有时还会采摘一些睡莲；最近我们会采摘红花半边莲，这些花朵的边缘有着深红色的"斗篷"。

我最近刚刚读完了兰克[①]所著的《教皇的历史》一书。我也是很偶然地读到这本讲述关于教会历史的书。我跟丈夫说，希望他能够从书房里找一本有关这方面的书籍。霍桑给我找到了一本名为《改革家路德》的书，于是，我接着阅读这本书。我又从神学图书馆里借了几本书来阅读。在阅读的时候，我一直对那些所谓的伟大神学家的著作里透露出来的狭隘宗教

[①] 兰克（Leopold von Ranke，1795—1886），德国历史学家，也是西方近代史学的重要奠基者之一，被誉为"近代史学之父"。代表作有《教皇的历史》《奥图曼与西班牙王国史》等。

纯洁的良心
——回忆我的父亲霍桑

思想感到反感。最后，我还是选择专门阅读兰克的著作。兰克的著作显得思想更加全面丰富，让我对整个欧洲大陆的宗教历史有一个比较全面客观的认知。

当苏珊·希拉德在这里的时候，伊丽莎白·霍尔也过来了，她还是像莎伦的玫瑰那样美丽，虽然比之前瘦了一些。艾勒里·钱宁[①]与 E 都住在这条道路上的一座小村庄里，他们拥有一亩地。艾勒里是一个非常有魅力、非常随和的人，他经常在那里辛勤地劳动。E 负责管理一所招收了几名学生的学校。他们过着快乐的生活。

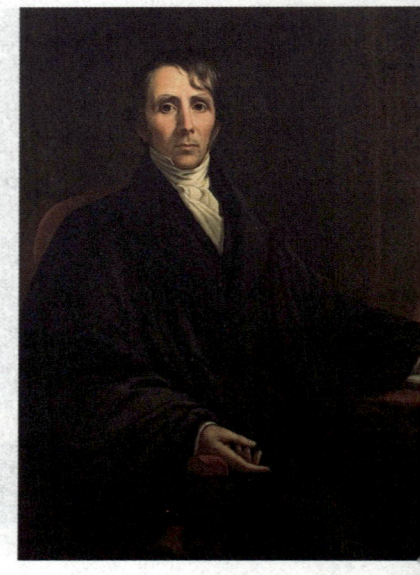

艾勒里·钱宁

10 月 15 日

亲爱的玛丽：

昨天，我收到了你为皮博迪夫人作的《安魂曲》（这与霍桑女士没有什么关系，而与慈善家乔治·皮博迪[②]有关系）。之

[①] 艾勒里·钱宁（William Ellery Channing, 1818—1901），美国著名诗人、作家、牧师、宗教思想家、社会改革者。
[②] 乔治·皮博迪（George Peabody, 1795—1869），美国金融家、慈善家。

第三章 婚后的早期生活

后，我就想着马上给你回信了。我们谈论了天国的情况以及尘世的阴影，但谁也没有怎么当真。大家认为，如果我们笃信的仁慈天父突然间变成了一种黑暗力量——一种阴郁的力量，那么我们马上就要面临死亡了，灵魂在另一个层次里获得解脱了。此时此刻，当耶稣基督的精神存在于泥土中的时候，能够让每个人感受到小天使与神性的存在。只有上帝知道我是否怀着最为虔诚的心去信奉他。相比于我现在所过的生活，天国的生活可能会显得黯然失色。我无法想象要脱离当前的生活，而让自己的灵魂盲目地相信另一个世界的存在。我感觉自己此时此刻就身在天国的世界里。哦，我对此没有丝毫的怀疑，因为如果我有丝毫的怀疑，那么阴影就会蒙蔽我的双眼。

乔治·皮博迪雕像，位于美国马里兰州的巴尔的摩市

我现在的健康状况非常好。在早餐之后，我连续画了两三个小时画。现在，我正在抄写爱默生所写的《恩底弥翁①》。在晚饭后，我与霍桑一直散步到下午5点钟。

下面这封信就谈到了索菲亚的姐姐玛丽，此时的玛丽已经成为

---

① 恩底弥翁（Endymion），古希腊神话人物。常年于小亚细亚拉塔莫斯山中牧羊和狩猎。其事迹见希腊、罗马古典著述。

纯洁的良心
——回忆我的父亲霍桑

贺拉斯·曼①的妻子了。

亲爱的玛丽：

　　我不知道你是否感觉到，我对你这位亲爱的姐姐从小到大所给予的特别爱意。看到你现在如此幸福，我非常开心。我对你的爱意始终是那么热烈与深沉。你的无私与大度、你那默默的奉献精神，还有你追求真理与仁慈的心灵，都对我造成了深远的影响！当我看到你年复一年地辛勤劳作、变得越来越消瘦的时候，我就感觉内心仿佛被刺刀穿过了一样。但是，你有勇敢的心灵，从未说出一句抱怨的话或是贬低过什么。我对你的敬意是那么强烈。我看到你失去了往日轻盈的步伐，变得越来越严肃与悲伤，我不知道该怎么做才能让你恢复往日的精神！直到最后，我才发现你一直以来独自背负着多大的压力。当我得知你订婚的消息之后，我感觉自己身上的"翅膀"都要张开了，我的整个身体都变得轻盈起来。

贺拉斯·曼夫人前去欧洲新婚度假之后，回到了家。霍桑夫人给她写了下面这封信：

---

① 贺拉斯·曼（Horace Mann，1796—1859），美国教育家、政治家、教育改革者，被誉为"美国公立学校之父"。

11月7日

亲爱的玛丽：

　　昨天中午，我亲爱的丈夫去了村子里回来没多久，我就收到了你即将回到家的消息了。那艘蒸汽船即将载着你回来了！请你想象一下我当时的兴奋之情吧，我简直无法用语言去表达。我敢肯定，你一定会过来看我的。爱默生先生特别委托我，让我那位亲爱的姐夫贺拉斯·曼前去康科德的演讲厅发表演说。爱默生说，霍尔先生告诉他，他从未听过比贺拉斯·曼先生的演说更加震撼人心的事了。他说："因此，每个人都希望贺拉斯·曼能够过来发表演说。"请你事先告诉我，你的丈夫有没有特别喜欢吃的食物，如果有的话，我可以特意为他准备一些。可以说，我现在忙着去做各种事情的忙碌程度，可能只有押沙龙[①]忙着躲避他的追捕者的程度可以相比。

永远爱着你的
索菲亚

在此期间，索菲亚写给母亲的信件就一直没有停过。

[①] 押沙龙（Absalom），《圣经》中是大卫王的第三个儿子，以色列国王，被认为是全国最英俊的人。

纯洁的良心
——回忆我的父亲霍桑

11 月 19 日

我最亲爱的母亲:

　　印第安人这片土地的夏天真的是非常美丽啊!这里清新的空气与安静的气氛让我感到心旷神怡。今天早上,我们起床的时候,看到了乳白色的日出,天空上挂着的星星在慢慢升起的太阳光辉下,变得渐渐惨白起来。当然,变得越来越惨白的,还有天上挂着的那一轮圆月。我们在五六点钟起床的时候,整个天空仿佛变成了一片银黄色,一切事物仿佛都在这样清澈且充满芳香的空气中飘浮着。我是一个习惯早起的人,因此,当太阳升起来的时候,我已经干了许多活。

　　我希望你能够过来看看,我丈夫的书房现在是多么美好啊!今年冬天,当我们放弃在客厅里待着的时候,我在丈夫的书房里挂上了两幅画:一幅是描绘科莫湖的画,一幅是描绘罗蒙湖的画。这两幅画是我专门为丈夫画的。书房的中央摆放着一张桌子,桌子上面摆放着一盏用深红色布料覆盖的灯。一天,那张有一定历史的桌子在我丈夫有力的手臂压迫下,终于破碎了。不过,霍桑修好了这张桌子。在墙壁的一边还挂着《克瑞斯[1]》的画像,画像的对面就是玛格丽特·富勒[2]女士送来的铜制花瓶。下午,当太阳的光线照射在书房的时候,我们可

---

[1] 克瑞斯(Ceres),罗马神话中的神祇,和希腊神话的狄蜜特相对应,为萨图尔努斯和俄普斯的女儿,拉丁语中的"谷物"一词来源于她,俗称谷物女神。

[2] 玛格丽特·富勒(Margaret Fuller,1810—1850),美国记者、文化批判家、超验主义运动者、女权社会活动家。代表作有《夏日湖区》《19 世纪的妇女》等。

第三章
婚后的早期生活

以清晰地看清楚这些画的每个细节,那感觉实在太美好了。晚上,当天上的星星与月亮充当了太阳的时候,柔和的月光与星光洒进我们的书房,让我们仿佛感受到了基督教世界里最为美好的东西。我坐在一张雕刻着花纹的古老椅子上(据说,这张椅子是当年跟随"五月花"号一起漂洋过海来到这片大陆的,之后一直由霍桑家族所有),每当我抬起头,就可以看到天上的两颗星星就在我的视野之中,它们散发出来的光芒,让我产生了一种爱意与怜悯之心。在这种充满着智慧的环境下,谁能够想象出一种更加幸福快乐的生活呢?这种柔和与持久的幸福感觉、那位无所畏惧的诗人所做的坚持与努力,必然会将生活中的一切疲惫与倦意一扫而光。这样的念头让我们感受到了一种全新的美好,让我们感受到了内心的纯洁与纯粹。像我丈夫这样的人,拥有着神圣的使命与高尚的情操,必然会让我们感觉每天似乎生活在天国世界里。可以说,我的思想深度距离我丈夫的还有一大段的距离。

12月。不管其他人过着怎样的生活或是有着怎样的活动,我根本不在乎。在我们这间温馨的小屋里,我每天都可以穿上天鹅绒长袍,在头发上佩戴珍珠,得到我丈夫的欣赏与赞美,这一切足矣。可以说,这就是一个真正的妻子的世界。晚

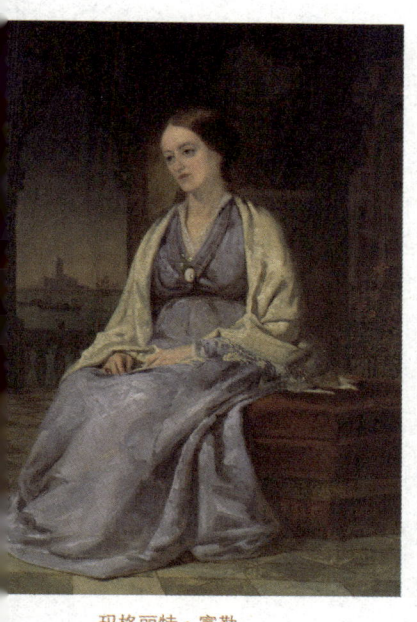

玛格丽特·富勒

纯洁的良心
——回忆我的父亲霍桑

餐后，我的丈夫前去雅典娜图书馆。当他回来的时候，他会坐在客厅里，阅读贺拉斯·沃波尔[1]写的一些文章。之后，他还会去木柴房那里劈柴。此时，我透过窗子，看到乔治·布拉德福德[2]正走在大街上。他是前来一起喝茶的。布拉德福德有着美好的品格，这让他始终都深深吸引着我们。正如我丈夫所说的，我们可以通过布拉德福德本人去观察自然的世界，而且这样的观察不会产生任何的折射或是得到错误的效果。今天早上，我感觉到水是非常冰凉的，而不是往常那种寒冷，我知道那些小顽童肯定从井里偷去了一些水。女仆从爱默生夫人那里拿来了一本名叫《巴黎的神秘故事》的书籍，我花了整个晚上阅读这本书。我已经见到了艾勒里·钱宁夫人，她是一位非常美丽的人。她的一条小狗名叫罗密欧，这个名字是S.G.沃德女士起的。我从艾勒里女士那里借来了一本讲述神圣女性的书籍。在《民主评论》杂志上，有我丈夫所写的一篇名为《祭坛之火的崇拜》的文章。我真的迫不及待地想要阅读刊登在这份杂志上的这篇文章。我丈夫的才华就像火焰一样，显得那么妙不可言。今天早上，当我起床的时候，再次看到月亮挂在天边，隐约地发出一些光亮。接着，我继续缝衣

贺拉斯·沃波尔

---

[1] 贺拉斯·沃波尔（Horace Walpole，1717—1797），英国艺术史学家、文学家、辉格党政治家。
[2] 乔治·布拉德福德（George Bradford，1845—1887），美国土木工程师、摄影师、自然史学家。

第三章
婚后的早期生活

服,直到玛丽给我带来了一些纯净的水。太阳完全出来之后,月亮最终消失不见了。今天,我穿着棉衣、戴着暖手筒、披着女士披肩前去画廊。在喝完茶之后,我丈夫阅读了琼斯·韦利关于莎士比亚剧作《哈姆雷特》的评论。今天早上的天气非常好,阳光洒在一片白色的土地上,就像红宝石照在珍珠上面发出的光芒。我丈夫非常喜欢与欣赏这样的自然美感。可以说,我丈夫很少会对天气、事情或是一些人感到完全满意。每当我看到丈夫流露出快乐的表情时,我也必然会感到非常高兴。可以说,任何不完美的事情都不会让他的内心感到满意。在他看来,六翼天使怎么可能是不完美的呢?在早餐后,因为外面的道路还有一些积雪,我没有外出散步,而是决定认真履行一名家庭主妇所应该履行的责任。我丈夫在外面用铁铲将一些积雪铲走(他将一大堆雪都铲走,这其实也考验着他的力量)。接着他又到木柴房里锯木与劈柴,然后给我从水井里打上来一些水。可以说,对于我丈夫这位"六翼天使"来说,这样的粗重活,让他就像一只迷途的羔羊一样。我一直绘画直到下午1点钟。此时,天边的阳光由紫色慢慢变成了金黄色。今天,在吃完晚餐之后,霍桑前去村子里走了一圈,回来的时候带来了《塞勒姆公报》这份报纸。在这份报纸上,一些人竟然厚颜无耻地将我丈夫说成是"柔和的纳撒尼尔·霍桑"。我简直无法想象到底是谁竟然如此厚颜无耻地对我的丈夫进行评价。毋庸置疑,我的丈夫霍桑的确是一个柔和之人,但"柔和"一词所具有的狭隘意思并不能充分、全面地代表我的丈夫。因此,这样的描述很容易给读者们留下一个错误的印象。与往常一

纯洁的良心
——回忆我的父亲霍桑

《塞勒姆公报》

样，在太阳下山之后，霍桑去户外进行锻炼，直到天完全黑了之后才回来。接着，当我在缝纫衣服的时候，他阅读了《暴风雨》①的部分内容。在晚上的时候，霍桑跟我说起了他小时候在缅因州雷蒙德地区的童年生活。他还让我喝了一些布里奇先生带来的名酒。今天，我丈夫阅读了《维洛那二绅士》②的部分内容。不过，我不是很喜欢这本书的内容。我猜想，当莎士比亚创作这个剧作的时候，内心肯定也会产生一种诡异奇怪的心情。不过，莎士比亚创作这个剧作也有可能只是觉得有趣而已。我给佛伦女士写了信，告诉她我的丈夫准备创作《孩子的朋友》的故事。这个故事讲述了兰克先生的人生，并且还提到了他创立主日学校的故事。可以说，只要我的丈夫认真去写一

---

① 《暴风雨》(*The Tempest*)，英国剧作家莎士比亚的悲喜剧作品，一般认为《暴风雨》最早出现在 1610—1611 年之间，也被认为是莎士比亚最后一部独自完成的戏剧和悲喜剧，因此被称为"传奇剧"。
② 《维洛那二绅士》(*Two Gentlemen of Verona*)，英国剧作家莎士比亚的早期喜剧作品，于文艺复兴运动期间的 1594 年创作。该剧是莎士比亚第一部以爱情与友谊为主题的浪漫喜剧。

第三章
婚后的早期生活

些故事,那么他就能化腐朽为神奇,让这个故事深入读者的智慧与精神领域当中。我一直在客厅里为丈夫缝制宽松的上衣,直到黄昏。今天,女仆不在这里,我们可以充分地享受二人世界。霍桑帮我在壁炉里生好了火。我则在厨房里热了一下米饭,然后满心愉悦地吃着丈夫做的面包。霍桑大声阅读了《爱的徒劳》[1]这本书的内容,然后说这出戏剧在自然界里根本没有任何可以支持它的基础。今天太阳只是偶尔出现了一阵,很快就被乌云给遮挡住了。霍桑煮了一些土豆来做早餐。请你想象一下这个情景:霍桑低着头,在厨房的炉子边忙活着,而他的双眼始终要盯着那个炉子!不过,霍桑煮的土豆可以说是我吃过的最好吃的土豆了。在晚餐的时候,我们没怎么热早上做好的土豆,但这些土豆还是可以吃的。除了土豆之外,我们还吃了一些肉、奶酪与苹果。今天是圣诞节,我认为这一天是一年当中最为神圣与充满美好祝福的一天。当太阳从东边升起来的时候,东边的天空似乎冒出了一大团黑色的乌云,这让我觉得这一天的天气可能不会太好。但是,我的想法错了,事实证明这一天的天气异乎寻常的好。在这一天,和平似乎降临在世界各地。没有任何人去做发动战争的事情,大家都似乎遵循着自然的规律,响应着"保持安静,做好我们自己"的原则。我想要在晚餐的时候,为丈夫做一碗巧克力酱,但是霍桑建议说,我们在圣诞节这一天最好不要煮东西吃。下午1点钟的时候,我们一起去村子里,霍桑去雅典娜图书馆,我则去爱默生夫人

---

[1]《爱的徒劳》(*Love's Labour's Lost*),莎士比亚早年的一部喜剧。

纯洁的良心
——回忆我的父亲霍桑

《爱的徒劳》,英国画家托马斯·斯托萨德作品

第三章
婚后的早期生活

的家（当时梭罗正在爱默生夫人家里吃饭）。在回家的路上，我看到远处似乎有一个人正在走过来。最后，我们的晚餐吃了果脯、面包与牛奶，这一顿晚餐是非常丰盛且美好的。我的丈夫真是太好了！无论处于什么样的环境里，或是面对任何情形的困境，他始终都能够保持优雅的灵魂，没有表现出任何的不满或是不悦。在下午的时候，他给我带来了一些信件，其中一封信是 E. 霍普女士寄过来的。她在这封信里讲述了她阅读我丈夫写的《祭坛之火的崇拜》一文之后的感想。我们的座右铭是"为了你的炉子去奋斗"，而我们所唱的歌曲就是《苏格兰古战歌》。这的确是非常美好的一天。之后，女仆回来了。今天早上，当我们醒来的时候，发现窗外下着很大的雪。外面的树木挂着厚厚的白雪，整个大地都是白雪皑皑的。在下午的时候，有人敲我们家的前门。当时，我感到非常吃惊，因为在下这么大的雪的情况下，道路难走，怎么还会有人过来呢？当时，我认为这肯定是政府那边的官员。当我打开门的时候，有人说："霍桑在吗？"来者是艾勒里·钱宁博士。此时，霍桑从书房里走出来，我们一起坐下来交谈。钱宁博士表示，他喜欢下大雪带来的感觉。钱宁博士的样子有点像蓬松的熊，但是他的脸上与往常一样，洋溢着笑容。他带来了几本小说与评论杂志，这些都是玛格丽特·富勒女士寄给艾伦·钱宁夫人阅读的。当我们在下午 3 点钟吃饭的时候，钱宁博士不肯留下来一起用餐，执意要走。

今天，当我在画室里绘画的时候，风又刮起来了，呼呼的风声吹着世间万物，天上的乌云遮蔽着阳光。这样的天气着实让我的精神感到有些疲倦。最后，我不得不在12点半的时候放下手中的调色板，走上楼梯，来到书房找我的丈夫。当时，霍桑正在认真地挥笔写作。我为打扰到他的工作而感到很不好受。之后，我们一起外出散步，一位邻居邀请我们乘坐雪橇前去城镇。我接受了邻居的这个邀请，我的丈夫却表示拒绝。当我们经过邻居家的时候，几个小顽童又出现了。之后，我发现一个有点像贾维斯先生的人站在山丘上。我们一起去邮局，我丈夫在那里阅读了希拉德先生寄来的一封信。我们在雅典娜图书馆一直待到下午2点钟，之后迎着狂暴的风回到了家。这天晚上，我们没有进行大声阅读，因为外面刮的风发出的噪声很大。

1844年1月1日。今天早上，一切终于安静下来了。一直在咆哮的风终于平息下来，仿佛就像过去一年沉重的呼吸在午夜时分终于慢慢消失。今天，当我从雅典娜图书馆回家的路上，我遇到了巴特利特先生。巴特利特先生大方地邀请我一起乘坐马车。在路上，他谈到了乔治·布拉德福德对霍桑的崇拜。今天早上，我在画室度过了一段愉快的时光。我感觉一切事情都朝着正确的方向发展，自己内心盼望的事情都在慢慢实现。我相信，我的丈夫肯定能够在这个早上有更多的收获。当他从书房出来与我一起吃饭的时候，他说他从未有像今天这样盼望着去写作。不过，在这之后，爱默生前来拜访。

第三章
婚后的早期生活

1月9日

我亲爱的母亲：

我将爱默生先生寄来的信件都记录下了日期。我的丈夫要帮希拉德先生送去一份预算表格，里面装着他准备寄给《格拉汉姆杂志》的编辑格里斯沃德[①]的一封信。格里斯沃德担任这本杂志的编辑之后，写信给我的丈夫说，希望他能够为这份杂志撰稿，使杂志的品位能够更高一些。他说，正是出于这样的考量，他才鼓起勇气诚邀我的丈夫成为这份杂志的撰稿人。他承诺给我丈夫的稿费报酬是一页纸5美元，并且表示在这些文章出版之后，可以随时交付稿费。现在，《民主评论》杂志的经营状况不佳，无论撰稿人写的文章多么长，最多也只能付2美元的稿费。因此，霍桑再也无法继续给《民主评论》杂志撰写较短的小说故事了。除此之外，《民主评论》杂志还经常拖欠稿费，这实在让人感到失望。霍桑上一次所写的那篇文章真是充满了天才的才华（这篇文章只有4页而已）。但是，霍桑认为，这篇文章最好刊登在《民主人士》这份较为严肃的杂志上，而

格里斯沃德

[①] 格里斯沃德（Rufus Wilmot Griswold, 1815—1857），美国文选编者、编辑、记者、诗人、批判家。

纯洁的良心
——回忆我的父亲霍桑

不是刊登在其他刊物上。"为什么你没有将最近写的一篇文章寄过来呢？"霍桑对这样的问题感到很不耐烦。我也希望能够再次阅读霍桑讲述一个有着冷漠之心的人的故事。即便到现在，我也不知道霍桑到底写了多少文章。我从一开始就给自己定下了一条规则，那就是绝对不去询问他写作方面的事情。因为，当我进行绘画的时候，我也不喜欢别人打扰。不过，霍桑经常会跟我说起这些事情。有些时候，当他给我大声朗读一些故事的时候，还是不会将一些内容读出来。我完全能够理解他这样做的原因，因为他在进行艺术创作的时候，内心肯定是会有所保留的，不愿意将自己所想的一切内容都透露出来。我能够感觉到，我丈夫的创作其实与我的绘画没有什么区别，只是他用语言去描绘人物的轮廓，让人物的形象慢慢地丰满起来。整个过程是非常鼓舞人心的，也需要拥有极大的灵感与天赋。只有极少数人能够像我丈夫这样，始终保持足够的耐心去做这件事。我认为，霍桑正是以这样的方式创作，才让他没有在语言的风格与素材的选用方面给读者一种华而不实的感觉。霍桑内心世界清澈且真实的画面，因为语言或是其他方面变得模糊不清了。他希望将遮蔽着读者眼睛的帘幕拉开，让读者看到微观的自然世界，然后用娴熟的手法将这样的世界一一展现出来。因此，我可以说，霍桑在艺术品位方面有着卓尔不群的天赋，是我认识的人当中最没有瑕疵的。现在，请你认真地看看吧，以后必然会有很多评论家谈论着纳撒尼尔·霍桑的文学天赋！

　　我亲爱的母亲，路易莎·霍桑给我寄来了一些上等的丝质法兰绒，让我做一些衬衫，但这些布料似乎不够做衬衫。这些布料的价格约是1美元1米。爱默生夫人说，你可以在特雷蒙特大街的雅各布商店里买到那样的布料。我真心希望自己能够穿上这样优质的衣服。我还要耗费很多时间来缝补我长袜的窟窿。

1月21日。要是那些信使没有迷路，我想在今天写信。现在，寒冷的天气仿佛让整个地面都冰冻起来了，我的丈夫不同意我走出家门，于是我只能在这个快乐的"笼子"里，做一只歌唱的快乐小鸟了。我想在长长的客厅里来回走动（此时，猛烈的狂风通过透风的窗棂吹了进来），这似乎弥补了我不能外出所带来的一些遗憾，至少我可以感受到外面的一些空气了。昨天，我感觉自己似乎见到了钻石的颜色，因为当阳光照射在冰柱上的时候，我能够看到折射出来的彩虹般的颜色。我在画布上描绘出了恩底弥翁这个人物。我的丈夫以极为文雅的语言咒骂着咆哮的狂风以及极为寒冷的天气。不过，我的丈夫更多感受到的非难是源于道德层面的，而不是身体不适方面的。他就像手持着大马士革利剑的人，勇敢地在这寒冷的天气中披荆斩棘前进。我从未见过任何人有着像他这样好的体魄，他不是单纯的身体上的健壮，也并未拥有野蛮的力量，而是因为他身体的每个部件都处于一种极为和谐的状态，就像快乐歌唱的小鸟一样。如果我丈夫现在的健康状况很糟糕，我肯定会担心他的，但他现在的健康状况实在是太好了，因此，我也没有什么好担心的。如果我还能继续活着，如果太阳还能继续从天上露出来，那么我肯定能够在本周内完成《恩底弥翁》这幅画像

（这是我用淡棕色的单色调画的，展现出了人物较为完整的形象，表现出了画家的功底）。我会让我的丈夫将这幅画带到波士顿（除非我那位杰出的姐夫贺拉斯·曼在进行演说的时候，会带上这幅画）。这幅画比较轻，但不能交给那些马车夫来保管。在这幅画裱好之前，我不希望任何人看到它。达格特必须迅速完成这项工作，但他就像一头驴一样顽固且脾气暴躁。但是，除了他之外，没有谁能够像他那样做出更好的画框了。除了画框之外，他的人工费就高达 100 美元。如果说这样的人工费只需要 1 美分的话（其实也就是 1 美分而已），我很高兴出这笔钱，因为这能够表达出我内心的想法。当我将这些快乐与充满希望的日子记录下来的时候，是多么幸福啊！我能够感觉到恩底弥翁的脸上仿佛闪耀着灿烂的笑容，他的身体似乎处于一种沉睡的状态，他的灵魂似乎沐浴在阳光之下，他身体的每一条曲线似乎都展现出一种完美的美感——从某种意义上说，这代表着我的生活。但是，为了《恩底弥翁》这幅画，我肯定要向人借一点钱的（因为我的丈夫是绝对不会让我去卖这幅画的）。

3 月 16 日

我最亲爱的母亲：

你那华丽的箱子已经送到了，里面的熟牛肉是我最喜欢的，还有你寄过来的薄饼也非常可口，霍桑喜欢得不得了。昨天早上，我带乌娜前去看望她的父亲。保姆说她看上去就像一朵白色的玫瑰花那样美丽。霍桑在见到他的女儿之后，感到非常惊喜！我的丈夫希望父亲能够告诉那些杂志经纪人，他肯定订阅了《民主评论》这本杂志——父亲是在免费订阅的名单当中的。在过去3个月里，这本杂志一直没有寄来，他们已经停止刊印《圣诞节宴会》这个栏目了。父亲应该订阅了3月份左右出版的《格拉汉姆杂志》吧，里面就有霍桑写的《地球的大屠杀》一文。如果你们得到了那本杂志，可以寄来给我们看看吗？我们现在还没有看到呢。

8月

你离开我们之后没多久，孩子上床睡了3个小时。在这3个小时里，我做了很多事情。我们吃了马铃薯、玉米、红萝卜、欧洲越橘做成的布丁——这顿饭还是很丰盛的。我丈夫充当厨师。他有着一双明亮的眼睛、拱形的眉头，还有着充满光泽的头发。他正式宣布晚餐开始，说话的口气仿佛他创造出了整个世界一样。我一手抱着孩子，不时地看着他。除了一个印有枝叶图案的碟子被打碎了之外，没有发生其他事情。我发现霍桑在这个全新的"工作"中做得不错，虽然他将那把象牙柄的小刀放在水中的做法不是很好，还有将银制盘子留在最后清洗，而不是一开始清洗的做法不是很对之外，其他都做得很好。我用婴儿车将乌娜推到了大路上，她显得非常高兴。在凌晨4点钟的时候，乌娜醒了一阵子。当我第一次睁开眼睛看着她的时候，她的双脚似乎都"跷到了天上"。我整理好餐桌上的东西，然后为丈夫煮牛奶、烧热水。在吃早餐的时候，乌娜坐在婴儿车上，一脸的愉悦。乔治·普雷司各特从他母亲那里带来了一些印第安人做的蛋糕，当时我们正在餐桌上吃东西。霍桑还在厨房里工作时，霍尔上校与他的小儿子也过来看望他。上校大约停留了1个小时，没有与我们共进晚餐。当晚，我们煮了一些羊肉以及一些带壳的大豆与玉米吃。

8月20日。你的船只终于在昨晚抵达了。我真的很想找一位黑人来做女佣。我丈夫表示，他不希望我继续找无辜的人来做女佣，因为之前找的黑人女性都被奴隶主带回去了，这是一次非常惨痛的经历。霍桑说，那些年老的黑人女性在被奴隶主带回去之后，可能会遭遇更加残忍的虐待。如果你找到了一些想在我们这样的贫苦家庭里做女佣的黑人女性，那么我会在9月份的时候请她来。霍桑现在充当我的厨师与用人，我不好意思叫亲爱的玛丽过来拜访我们。现在，霍桑都不允许我进入厨房半步了。谁都知道煮东西与洗碗碟等工作是没有半点诗意可言的。我也绝对不允许霍桑为除了我之外的任何人做这样的工作。现在，我们唯一能够赚钱的方式就是想办法省钱了。霍桑表示，他现在存的钱应该能够应付到9月左右。在这之前，我们将过着比较安静的生活。可以说，这样的生活虽然贫苦，却让我感到非常知足与快乐。我可以肯定一点，霍桑在所供职的海关办公室的工作，绝对不是一个挂名职务。他在那里实打实地做了许多工作。当我在楼上坐着的时候，或是带着孩子外出散步的时候，我感觉自己就像一个女王，因为我的丈夫始终充当着我的用人。我们根本无法支付到其他地方旅行的费用了。你也知道,我们无法过上比现在更加节俭的生活了。

霍桑夫人还给迦勒·福特女士寄去了一封信:

来自美妙的天堂

我亲爱的玛丽:

在我认识的人中,你是我最想要赠送画的人(索菲亚之前送了玛丽自己画的一幅画作为礼物)。你的来信给我带来了最为纯粹的乐趣,因为这让我感觉到了你与我心灵的快乐。哪怕一个人一辈子只能做一次这样的事情,那也是值得的……我们度过了最为幸福的冬天。在每一个漫长的夜晚,我的丈夫仿佛就像神奇的莎士比亚那样,将我的沉闷与无聊全部打发走了。霍桑每天给我阅读莎士比亚的戏剧作品。你甚至无法想象他是怎样给我朗读这些戏剧的。我可以坦诚地说,我之前对莎士比亚的作品并不怎么了解。我的丈夫很高兴地告诉我,他本人也对莎士比亚不是很了解,虽然他一辈子都在认真阅读着有关戏剧方面的作品。在我丈夫的阅读与帮助下,我以一种全新的方式感受到了这些作品中的宏大、美感、智慧以及幽默。每一页里面的人物形象都是充满生命力的,而不是干巴巴的。在霍桑大声朗读的时候,我则在一旁认真地缝纫。每当我缝好一件衣服的时候,就会拿起这件衣服给霍桑看。此时,我的脸上就会洋溢着微笑,然后调皮地瞥霍桑一眼,说:"你猜,这件衣服是为谁做的呢？"

早餐是在上午9点钟吃的，在下午3点钟的时候我们才开始吃午饭，而且没有喝茶，因此我们在晚上9点钟的时候才吃晚饭。在第二天，我也打破了之前对水果的忌口，就吃水果当成午饭。在晚上，我们吃了一些非常可口的食物。脸上总是洋溢着灿烂笑容的爱默生、表情散发出光芒的艾勒里·钱宁博士以及伊丽莎白·霍尔女士都偶尔会过来做客。即便如此，我也从来不会觉得在物质上有任何匮乏的地方。我那位始终保持着甜美笑容且聪明的仆人——我的丈夫在做这些家务活的时候，始终是那么开心，哼着优美的小调。我不知道未来有什么在等待着自己，但我知道上帝肯定在未来指引着我前进，我也从来不担心自己会失去什么，也从来不会杞人忧天，认为一些不好的厄运会降临在自己的头上。我还记得泰勒①神父所说的下面这一段激动人心的话语："天国距离我们并不遥远，我们就像茫茫大海中的一个小水瓶。永恒、天国与上帝其实就

泰勒

① 泰勒（Edward Thompson Taylor，1793—1871），美国著名牧师、禁酒主义者。

在我们身边，我们每个人身上都充满了上帝所具有的神性。让那个薄薄的水瓶破碎吧，那么我们就能融入这个汪洋大海里面了。"上周，贺拉斯·曼也前来康科德这里发表演说。他看上去是世界上最为幸福的人。他娶了玛丽这样贤惠的女子为妻，他还有什么可求的呢？

我永远是忠实于你的朋友。

索菲亚

霍桑一家离开了教区老房子前去拜访他们的亲戚。霍桑比妻子提前来到了塞勒姆地区。索菲亚在写给霍桑的信件中说道：

波士顿，8 月 15 日

……昨天，你的来信简直让我高兴得仿佛置身于天国的世界里——可以说，这样美好的天国世界是任何伟大的诗人都无法想象的……你未能待在这边，实在是一件很遗憾的事情，因为艾瑟顿先生在那晚 8 点钟的时候前来拜访，他希望能够见到你。皮尔斯[①]先生也在这座城市里，同样非常渴望见到你。当我带上乌娜去拜访艾瑟顿的时候，乌娜马上认出了艾瑟顿先生，并且还希望艾瑟顿先生跟她玩老鹰捉小鸡的游戏。在这之后，一个送信的人送来了一张卡片，上面写着"给乌

[①] 皮尔斯（Franklin Pierce, 1804—1869），美国政治家、民主党人、第 14 任美国总统。霍桑与皮尔斯是一生的朋友。

纯洁的良心
——回忆我的父亲霍桑

皮尔斯

约翰·奥沙利文

娜·霍桑"。接着,就是威廉姆斯女士前来拜访。她希望我能够传递对你的无限仰慕之情。她希望我们能够在 8 月的时候前去缅因州拜访他们。我已经带着乌娜来到大街上好几次,她总在找寻着婴儿或是小狗的身影。她是如此美丽,每当我看到她的时候,总是会忍不住惊叹起来。弗兰克·肖说,乌娜是上帝创造出来的最完美的礼物,就像拉斐尔所描绘的最为完美的婴儿。今天早上,伯爵给你寄来了一封信(这位伯爵就是约翰·奥沙利文[①],霍桑一家经常以他的头衔来称呼他),他在信中也提出了一些很好的建议。还有一些"明目张胆的野兽"(这是霍桑对一些出版商的称谓)寄来的信件。但是,我会帮你回

[①] 约翰·奥沙利文(John O'Sullivan,1813—1895),美国专栏作家、编辑和外交官。

第三章
婚后的早期生活

信的。感谢最近新出台的规定,我的回信不需要耗费我们任何金钱。

霍桑夫人在赫伯特大街待了几天之后,给她的母亲写了下面这封信:

塞勒姆,11月19日

……一直以来,父亲都给予我们无微不至的照顾,直到我们上了马车之后才回去。戴克先生与我们同行。我对他说,他是否想去见见乌娜,如果想的话,他可以跟我们坐在后面。戴克先生同意了,在马车上始终与乌娜进行着交流。乌娜看上去是那么美好与端庄,她的那双眼睛非常深邃,简直是深不可测。不过,戴克先生最后微笑着,表情不乏怜爱地说,这样的情况会让她的父亲说"这位极优雅的女士"。戴克先生旁边的一位老人问他,乌娜是不是他的孙女。乌娜似乎很喜欢这个老人,每当他说话的时候,她脸上都会露出微笑。当我们抵达塞勒姆地区的时候,戴克先生就前去找寻我的丈夫了。不过,我远远看到了一大堆人,其中一些人还在耳朵上戴着珍珠耳环,这些珍珠耳环看上去比较优雅,耳环下面吊着一个很大的类似于盖子的东西。在这个过程中,戴克先生的脸上始终露出微笑。

在我丈夫的记忆里,这是第一次与他的母亲吃饭!这可以说是一个孩子所能创造的一个奇迹!乌娜的祖母抱着她,好让我们其中一个人能够顺利地吃饭。当我吃完晚饭之后，轮到我抱着乌娜，让她祖母吃饭。乌娜的祖母认为她是一个美人坯子。我相信，乌娜的容貌肯定不会让她感到失望的。她的祖母还说，乌娜是她所见过的孩子中最为美丽的。乌娜第二天早上醒来的时候，脸上露出了灿烂的笑容，她的笑容仿佛深入了她的祖母以及伊丽莎白阿姨的内心深处。我丈夫此时感觉到灵感的闪现，因此马上就去写作了。我丈夫从未像现在这样看上去如此英俊。今天，乌娜穿着非常好看的衣服，我们去拜访她的姨婆鲁斯·曼宁。路易莎表示希望乌娜长大之后，要做到内外兼修，不仅要容貌美丽，而且也要做到心灵美丽。我认为路易莎的说法是非常正确的。这里的一切是那么美好，大家都非常喜欢乌娜。

在塞勒姆地区的时候，索菲亚给霍桑写了下面这封信：

波士顿，12 月 19 日

……如果我扪心自问，今晚是否应该给你写信，我的回答可能是斩钉截铁的"不"。当我们的孩子入睡之后，我们都需要利用这段安静的宝贵时间去做许多有用的事情……我发自内心地感谢上帝赐给我如此美好的命运。你满足了我对这个世界的一切要求……现在，乌娜与她的阿姨伊丽莎白一起下楼了，她看上去是那么美丽与可爱。当她靠近一张椅子的时候，就用双手扶着椅子，保持身体的平衡。有时，她会突然放开双手，享受接下来短短几分钟的平衡状态，然后她就会跌倒在地面上。

C.斯图斯与安娜·肖已经过来见过乌娜了。昨天，我将乌娜带到了威廉·斯托里①先生的家里，斯托里先生认为乌娜的双眼是极为美丽的，并且说他还从未见过有着如此美丽双眼的孩子。他甚至表示，乌娜这双美丽的眼睛能够表现出极为丰富的情感。斯托里最后说，乌娜的双眼就像拉斐尔在油画作品中创作出来的那些完美的婴儿一样。

威廉·斯托里

克尔顿先生再次来这里，想要见到你。也许，你现在不接受任何人的拜访的做法，是非常有先见之明的，因为这样，就不会有谁可以打扰你了。你什么时候回来呢？希拉德先生说你答应过他会再次回来的。不用过多久，你肯定会回来的。

永远深爱着你的妻子
索菲亚

在回到家后，索菲亚这样写道：

---

①威廉·斯托里（William Wetmore Story, 1819—1895），美国雕塑家、艺术评论家、诗人和编辑。

纯洁的良心
——回忆我的父亲霍桑

康科德，1845 年 1 月 26 日

我最亲爱的母亲：

那些珠宝正是我最想要的东西。人们喜欢把这些宝石或是珠宝当成珍贵的礼物，这实在是有点令人费解。但在这样的场合中，世人做出这样的选择是正确的。普雷司各特夫人每天都在给予我一些帮助，并且不允许我付给她任何金钱。当然，她所给予我的帮助，也是我用金钱无法回报的。普雷司各特夫人始终是一位有着强烈责任心的人，但是这样的责任感似乎也让她背负着沉重的负担。她亲自打扫我的厨房，为我煮一些可口的食物。从这些方面来看，普雷司各特夫人真是一位倔强的人。她送给我们一些印第安人的蛋糕以及牛奶面包，或是她碰巧得到的一些精美的小玩意儿。乔治也非常大度地帮助我做一些跑腿的活（因为我不能叫那些顽童去做），而且他还很好地照顾了那条名叫里奥的狗，每天让这条狗吃得很饱。因此，当我们回来时，这条狗看上去非常健壮，现在它只需要拥有一个英雄般的灵魂，就能成为狗中的霸王了。真正让我感到惊喜的是乌娜的茁壮成长。每个早上，当她醒来的时候，都会伸出小手，指着《圣母玛利亚》的画像，接着她会用小手指着《罗蒙湖》这幅画（我之前已经将这幅画搬到了我的房间里），然后才是《阿伯茨福德》。当乌娜在观察着这些图画的时候，都会看着我的脸庞。乌娜的另一个动作，就是将她的手指放入我的嘴里，希望我能够亲吻它。她经常将她的手指放入自己的嘴巴，

第三章
婚后的早期生活

自己亲自己。接着，她的脸上会露出扬扬自得的笑意，用她父亲的话来说，就是自鸣得意。某天晚上，当外面的树木都变成了白皑皑的枝形吊灯之后，天色慢慢地暗了下来，我们在屋内点燃了柴火。在那个时候，我们看到一轮明月从山丘上慢慢爬了上来，正对着我们的房子，那些白皑皑的树木仿佛成为我们通向月亮的一条大道。请你想象一下当时那种壮观的景象吧！冰晶闪耀出来的刺眼光芒仿佛让星星坠落，

《乌娜与狮子》，威廉·斯科特作品

然后又被这些树枝全部困住，仿佛一千多轮闪亮的半月形在发出光芒。乌娜碰巧看到了这样的景象。我真的希望能够将当时乌娜脸上的惊喜与笑容描述给你！当月亮越升越高的时候，乌娜伸出双手，依然兴致勃勃地谈论着之前的月亮。那天晚上，我们没有点灯。第二天早上，我问乌娜，月亮去哪儿了，乌娜将头转向窗户边，脸上露出了疑惑的表情。昨晚，我这位小天使伸展四肢躺在地板上，自娱自乐，玩耍起来。现在，乌娜就像一头小狮子那样健康，每当我想到这点，内心的喜悦就会让我随时跳起舞来。你给我的那半片玻璃，让我的丈夫非常着迷，他说这肯定是上帝创造出来的杰作。

纯洁的良心
——回忆我的父亲霍桑

在给福特女士的一封信里，索菲亚这样写道：

（感觉置身于天堂）1845 年 5 月 4 日

我亲爱的玛丽：

我要说，我丈夫与我非常期望能见到你。但我建议你在街道两旁的树木都长出了青绿的叶子后再过来。因为我希望你能够看到我们这一片安静的伊甸园在夏日的装扮下呈现出的美感。随着季节的变迁，这一切会自然而然地发生变化。这里的麦加樟树会不断长出青绿的叶子，还有那些白杨木也会蓬勃生长。在每个温暖的早晨，我们可以看到植物鹅黄色的叶子散发出金黄色的光芒。不过，因为这是我们最后一次在这座古老的房子里居住了，你一定要在最好的季节里前来参观。树木下的草地已经是一片绿油油的了，在阳光的照射下，仿佛一大堆绿宝石闪烁着光芒。你肯定想要过来看看我亲爱的小宝贝在绿草地上奔跑的样子或她在草地上大声歌唱的有趣样子吧。乌娜认为这就是世界上的天堂，而她的父亲则是世界上的亚当，她则拥有着整个地球。现在，乌娜已经慢慢脱离了之前的幼稚状态了。

1845 年 12 月 7 日

我很高兴得知那封信给你带来了满足感。事实上，语言都无法描述乌娜脸上散发出来的美妙光芒。她现在说话已经很清晰了，话语中表现出来的智慧让人非常震撼。她的父亲有一天说，乌娜就像一本启示录。有时，我会模仿故事书里面的人物对她说："我的小宝贝，放下你的牛奶瓶。"乌娜在听我说了几次这句话之后，就开始自言自语地说："我的心肝宝贝，放下乌娜的牛奶。"如果我在说那句话的时候，漏掉了她的名字，那么她肯定会纠正我的。她经常说："鲍比·沙夫托已经出海了①，叫他快点回来，然后娶了乌娜！"她说这话的时候脸上露出诙谐的表情。她的父亲告诉她，他绝对不允许鲍比娶他心爱的乌娜。

---

① 源自一首英文儿歌。

第四章
在塞勒姆的生活

奥尔科特

塞勒姆再次成为他们的家。乔治·威廉·柯蒂斯在欧洲期间寄来的信件。索菲亚在给霍桑的一封信里表达了她对目前生活完全满意的状态，表示虽然过着贫穷的生活，要面对许多生活上的小烦恼，但她依然能够感受到无限的爱意。丹尼尔·韦伯斯特在塞勒姆发表的演说。奥尔科特[①]的独白。梭罗的演说。身为民主党人和地方官员的霍桑，遭到一些不明就里之人的信件攻击。霍桑就这个问题给贺拉斯·曼写信。最优秀的公民都积极地想要维护霍桑的声誉。乔治·米莱的信件描述了霍桑作为一名官员与

[①] 奥尔科特（Amos Bronson Alcott，1799—1888），美国作家、教师、哲学家和改革家，同时也是废奴主义者和女权拥护者。代表作有《与孩子关于福音书的对话》《学校纪律》《康科德岁月》等。

普通人的形象。

霍桑一家再次回到了塞勒姆地区，在此又居住了几年。

1846 年，华盛顿的生日

我最亲爱的母亲：

虽然外面有咆哮的暴风雪，但你的礼物还是安全送到了。能够收到你的来信，我真的无限感恩。因为我在报纸上读到了有关贺拉斯·曼先生步行来到码头的消息，担心他可能会在此行之后患病。当我得知他在这次出人意料的洗礼之后依然健康状况良好的消息，紧绷的心弦才松了开来。我原本以为，在他进行了多场演说之后会感到疲惫不堪，因此进行这样的洗礼活动可能会给他的健康造成打击。我始终怀着简朴的信念，相信上帝可能会拯救他。我的丈夫找到了《圣诞宴会》这本书，可他先拿到的是这本书的第二卷，我会将这本书送给目前在纽约的父亲，让他转交给你。事实上，这本书的第二卷是先印刷出来的，因为他构思出的全新的故事或文章集中被选入第一卷，所以写作及定稿晚于第二卷。关于大家对

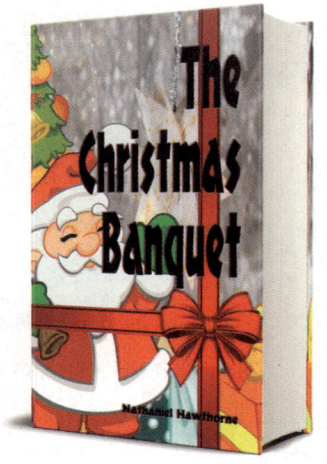

《圣诞宴会》

我丈夫才华的质疑，我从来都是充耳不闻，因为他始终是一个具有文学天赋的人。我很高兴地看到，这些散落的文学"珠宝"现在终于被收集起来了。

祖纳人的图像出现在了椭圆托盘的茶具之上，这些都是从国外引进过来的。乌娜在用手端起茶杯时，显得非常熟练与优雅。上周，路易莎·霍桑、我与戴克夫人聊了一整天，在此期间，乌娜的表现就像一位成熟的淑女，虽然她有时抑制不住孩童玩耍的一面。戴克夫人给了乌娜一些好看的银色玩具，乌娜将这些玩具摆成了茶具的样子。丽贝卡·曼宁（乌娜的小表妹）也在那里。乌娜说："在康科德，祖纳（其实就是乌娜）会走到果园里，将采摘下来的苹果放在那个小篮子里，然后带回去给爸爸妈妈吃。"接着，乌娜带着一副胜利者的口吻说："还有爸爸的小船！"

乔治·威廉·柯蒂斯[①]写的下面这封长信，可以清楚地让我们了解这些人有趣的个性。

罗马，1847年1月14日

我亲爱的朋友：

在阳光明媚的夏日航程中，当大西洋的海水就像瓦尔登湖的湖水那样波光粼粼、像地中海上的月光倒映在镜子般的

[①] 乔治·威廉·柯蒂斯（George William Curtis，1824—1892），美国作家、演讲家、政治家。代表作有《华盛顿·欧文传》《美国学者于政治及时代的职责》等。

第四章
在塞勒姆的生活

海水上时，我会感触良多。我想象着我们一路上就是以这种方式前往法国、意大利以及瑞士的！在我们航程的某一天，我们经过直布罗陀海峡——这是我们在连续 28 天的航行中第一次见到陆地。我们距离那片陆地是那么近，船只行驶的速度很快。即便如此，我们还是能够清晰地看到西班牙土地上那些深灰色的棕榈树以及圆圆的塔楼，这些塔楼是古代西班牙人为防备摩尔人进攻而建造的。在另一边，则是非洲大陆上那些孤独险峻的山脉轮廓。在接下来几天的晚上，我们依然在广阔无垠的大海里航行，但那样的陆地景色却始终出现在我的梦境世界里，挥之不去……在第 45 天的时候，我终于踏上了法国的土地。当我离开这艘船的时候，我的内心还有一些遗憾。有一位船员的年龄与我相仿，我在船上的时候经常借助他的手表来记录星星隐没的时间，因此我与他成为很要好的朋友。当我们来到马赛的时候，这里的一切都是那么古香古色……当然，我在这样一座城市里也看到了所有城市的共同要素：许多人、许多房子、许多街道、许多广场。但是，这里的人的表情与其他地方的人的表情不大一样。晚上，我与那位水手朋友一起穿过了几条狭小的街道，其中一些过道就像不规则的图坦卡蒙宫殿。在一间规模很小的商

乔治·威廉·柯蒂斯

店门口的两边坐着几位老姑娘，她们一边聊着八卦新闻一边在编织服饰。在她们不远处，还有一位年老的法国商人，他穿着一条天鹅绒短裤与一双长长的靴子。这条大街的宽度刚好能让马车通过，有人在街上谈论着什么。这里的一切就像世外桃源那样美好与愉快。在佛罗伦萨的每一天，我都会去画廊里欣赏画作，这里的画廊对每个人都是免费开放的。在这里，我可以看到拉斐尔创作的伟大作品。他在画作中表现女性的母性与温柔，这是任何复制品都无法表现出来的。当然，我也无法用言语去真实地表达当时的感受。正是从拉斐尔的画作当中，我对完美母亲形成了一种概念：带有人类母性与天国尊贵气质的结合。当然，其他的一些圣母像画作也很优秀，但是这些画像描绘的只是一些母亲与天使。不过，只有当你欣赏拉斐尔的画作时，才能感受到画中男性的形象都带有一些女性的柔美。拉斐尔有着一双洞察一切的慧眼，正是透过他的这双慧眼，我们才能欣赏到凡人无法欣赏到的天国世界。

　　我可以给你寄去这封信，这实在让我感到太高兴了！我离开那个地方之后，反而愈加感受到大家给予我的强烈爱意与关怀。我已经给霍桑夫人回信了，感谢她寄来充满善意的信件。这样友善的信件永远都不会来得太迟，我也为收到克劳福德的信件而感到高兴。他想要表达他对霍桑夫人的敬意，表示应该给她写一封信，或是写信给霍伊夫人，然后让霍伊夫人转交给霍桑夫人。请记得将我的名字告诉乌娜，因为乌娜在对康科德的草地的遥远记忆里可能会将我当成一尊半人半羊的牧神。某天，乔治·布拉德福德寄来了一封非常有趣的信，这让我对我

第四章
在塞勒姆的生活

们的老家最近发生的事情有所了解。每当我想起老家的时候，过往的记忆是那么美好与柔和。我很期望读到艾勒里·钱宁博士的新书，但我肯定他无法抽空前来罗马待 16 天时间的。我不得不就此搁笔了，我对此深感遗憾。

乔治·威廉·柯蒂斯

在前去看望母亲的路上，霍桑夫人给丈夫写了下面这封信：

波士顿，7月

……昨天，我终于收到了你极为友善的来信。我不需要从远离日常生活的角度就能知道，我们的命运是多么受到上帝的祝福。每个母亲都没有我这样的待遇，因为不是每个母亲的孩子的父亲都像我丈夫这样。因此，当我有了这样优秀的丈夫之后，我身上的担子轻了许多。难道我不是一个身体健康、脸色红润的人吗？即便是当我的那两个小孩大声尖叫时，我也不会为此担心，因为我丈夫会帮助我解决好这样的事情。现在，我更能够感受当我是个孩子的时候，母亲所经受的各种烦恼了。当时，你肯定每天都在为我们的健康与正常的生活而感到烦恼或是焦虑吧。你天生是乐观的人，任何苦难与痛苦都无法改变你这样的天性，你的存在就是为了让这个世界变得更加光明与美好。乌娜也会经常想起你。"哦，我必须回家看望爸爸！哦，妈妈，我们什么时候才能够回到塞勒姆呢？"乌娜与我一样，

纯洁的良心
——回忆我的父亲霍桑

朱利安，霍桑之子　　　　　4 岁时的朱利安·霍桑

都为见不到你而感到悲伤。朱利安①现在还不会走路，但他似乎也懂得一切事情，现在已经开始牙牙学语了。

霍桑夫人早年常与一大帮朋友开心地互动与交流，全身心地投入艺术与文学方面的创作，这与她在成为母亲之后过着贫苦生活的贤妻良母形象形成了鲜明对比。在写给皮博迪女士的一封信里，她就谈到了那个时段的幸福快乐生活。

塞勒姆，1848 年 9 月

多拉·戈尔登（朱利安的保姆）会将这封信带给你的。她

---

① 朱利安（朱利安·霍桑，Julian Hawthorne，1846—1934），美国作家、记者。霍桑夫妇的儿子，也是他们的第二个孩子。代表作有《霍桑和他的圈子》《尘土》《朱利安·霍桑自传》等。

第四章
在塞勒姆的生活

为了使我方便，延迟了前往波士顿的行程，因为霍桑想着要前往坦普尔地区拜会米勒将军。但是，霍桑最后又没有去那里。霍桑会在伊丽莎白的书上写一篇文章，但不会收取任何费用。玛丽·查斯带着乌娜与我一起前去纳军，看看丽贝卡·金斯曼的小屋。这是一个温馨的小屋，小屋坐落在山顶上，能够俯瞰一望无际的大海。乌娜来到这里之后，就像飞翔的海燕一样，到处乱蹦乱跳。她的头发在阳光的照射下，就像飘浮的黄金在闪闪发光。海面上那些海燕的羽毛则是灰色的。你说得很对，我现在感觉非常幸福，我无法要求太多了。任何艺术或是美感都无法超越我现在的日常生活，因为我有这么好的丈夫与孩子，他们每天都在向我诠释着艺术的真正含义。我根本没有任何想要离开家到外面找寻美好东西的念头。这不是因为我不喜欢到其他地方去欣赏各式的美感，而是因为当我回到家之后，我每时每刻都能感受到这样的美感，因此我并不会特意去追求这些东西。

1848 年 11 月 19 日

上周的每一天，我都想要去波士顿，却因各种状况而一再延迟。其中一个原因就是丹尼尔·韦伯斯特[①]要来这里发表演说。我认为必须等到聆听他的演说之后再出发。我很高兴自己做了此决定，因为韦伯斯特的演说的确震撼人心，某些

[①] 丹尼尔·韦伯斯特（Daniel Webster，1782—1852），美国政治家，曾两度担任美国国务卿。

纯洁的良心
——回忆我的父亲霍桑

丹尼尔·韦伯斯特

演说内容甚至让人耳目一新。他的演说主题是关于宪法的——这是一个比较崇高的话题。你知道,韦伯斯特就是以宪法的解释者而闻名的。他就像古埃及的神柱那样站在讲台上,身材魁梧,没有任何花花公子的矫情,充满着尊严与冷静的气质。他简要地概括了我们联邦政府组建的事实。在演说即将结束的时候,他的声音突然高亢起来,那双幽深的眼睛突然发光。他慷慨激昂地表示,建国时期的那些年轻爱国者是多么具有政治远见与常人难以比拟的智慧,创造了这样一个伟大的国家!韦伯斯特就像一头壮心未减的狮子在讲台上走来走去,声调中似乎饱含着一种被压抑的愤怒。他提到那些反对宪法的人时说:"如果这些人不是疯子,那么他们就是最邪恶的人!"韦伯斯特摘下帽子,放在手上,一直用手握着帽子,只做出了一个手势——当他谈到了美国鹰徽旗的时候。此时,他抬起手,指向天空,仿佛一只老鹰正在空中自由地翱翔。他说:"谁会区分马萨诸塞州的老鹰、伊利诺伊州的老鹰、弗吉尼亚州的老鹰或是新罕布什尔州的老鹰呢?难道它们不是美国的老鹰,不是美国的旗帜吗?无论谁想要放弃这面旗帜,都请让他站出来!"韦伯斯特在说出这些字眼时的声音就像一串猛烈的炮弹，瞬间，台下的听众爆发出一阵雷鸣般的掌声。霍桑作为这个演讲的负责人之一，在周一的时候去了西牛顿地区，聆听了贺拉斯·曼在那里的演说。

索菲亚在写给当时居住在华盛顿的贺拉斯·曼夫人的一封信里这样说：

> 难道现在的国会议员不是比过去变得更糟糕了吗？现在的国会议员在国会里总是说着一些恬不知耻的谎言，总是想着抓住别人的把柄来攻击对方。在我看来，从新一届的国会开始到现在，这样的情况就持续到了现在。不过，我们的国会议员倒也不像法国国会议员那样，不会做出类似于猴子的愚蠢行为。一两周前，乔治·皮博迪夫人举行了盛大晚宴，她邀请我们前去参加。我听说皮博迪先生已经将穆里约那一幅美轮美奂的画放在一个光线最好的地方，并且还搭建了一个临时的演讲台，开放他们家的图书馆，方便访客随时阅读。当我走进这个图书馆的时候，里面就像黑夜那样一片漆黑。我唯一能够看到的物体，就是在临时演讲台那边有光线照着的《圣母玛利亚》画像。这代表着一种宣告。可以说，这幅画里面的每一抹色彩都具有神性。这幅画所展现出来的神圣以及力量，就代表着这幅画本身所具有的特性与杰出之处。画中的玛利亚的眼神是那么清澈，她的双手交叉在一起，放在胸前。画中人仿佛就是真人，她似乎根本不是画在油布上面。画中的玛利亚所展现出来的精神力量与神性的美感是那么强烈。可以说，这是我见过的

最伟大的一幅画了。

索菲亚的一封信里的部分内容也谈到了一场演说以及一次伟大的革新：

我丈夫买了一张票，然后与我一起前去！奥尔科特先生在大约一周前与我们共度了一个美好的晚上。在我的要求下，他饶有兴致地谈到了他在年轻时候的一些生活以及在大街上贩卖东西的情况。在上周一晚上，大约有6名女士与绅士前来，他们都在斯通先生的家里集合。汉纳·霍奇女士、J.C.李夫人还有另外两名我不认识的夫人。在场的还有弗洛丁汉姆[①]先生、威廉·希尔西比先生、夏克福德先生、派克先生、斯特里特先生还有我的丈夫，当然在场的还有斯通先生以及他的儿子。奥尔科特先生表示，他会首先从耶稣的出生地说起，然后阅读了弥尔顿的一篇颂歌。接着，奥尔科特先生退回到一角。在接下来的大约1小时45分钟里，大家交流着各自的思想。斯通先生谈到了"艺术性"一词所具有的价值。因为，在他看来，"艺术家"一词与"工匠"一词是存在着巨大的差别

弗洛丁汉姆

[①] 弗洛丁汉姆（Nathaniel Langdon Frothingham，1793—1870），美国牧师、超验主义者。

的。我认为，他这样自言自语的独白式言论是很有趣的，而且他说话的逻辑思维是非常清晰的。这天晚上，梭罗也要发表演说，然后与我们待在一起。梭罗之前的演说是那么引人入胜。他在演说中将大自然一些极为微妙的细节都展现出来了，比如灌木丛、松树、阳光、晨雾、阴影、露水、春天的气息、松树在微风吹拂下发出的美妙声音等。梭罗的演说让我的耳朵仿佛在聆听着美妙的自然音乐。我仿佛感觉自己置身于一片灌木丛与清净的幽谷当中！在演说过程中，梭罗克服了自身的傲慢，始终表现得那么柔和、简朴，充满了旷野的气息，表现出了一个天才所应该具有的品质。在演说中，他那双蓝色的眼睛仿佛在闪闪发光，似乎在窥探着自然界每一个隐藏的美好细节。要是在以前，我肯定会觉得他这样的眼睛是非常不像话的。

霍桑夫妇的一些信件，将他们因遭遇公众误解而承受的压力也表现出来了。但是，任何错误的公示或是判断都没有扰乱他们平静的心灵。在下面这封信里，我们就能感受到霍桑夫人在写下这封信的时候，内心所处的一种轻松状态。

1849 年 6 月 8 日

我亲爱的父亲：

今天，霍桑通过电报得知了一个消息，那就是他被上级轻率地解除了职务。我已经给母亲写信了，告诉了她这个消息，因为我担心她可能会从其他渠道了解这件事，然后会对此感到担心。我们根本没有为收到这个消息感到半点沮丧,我们也更不会为此感到半点焦虑。你可以从我给母亲的那封信里看到,我们对这件事抱有多么乐观的态度,对未来充满着多么强烈的希望,我们始终都在期望美好的事情会出现在生活当中。现在,雄鸡已在黎明啼鸣了,我必须上床睡觉了。我之前已经给母亲写了一封长信。我们现在一切安好。

永远深爱着你的女儿
索菲亚

索菲亚写给母亲的那封信没有完整地保存下来,但我们还是找到了部分内容:

……今天,我们收到一封电报。这封电报会让我们打算在雷诺斯居住的计划变得更加容易接受,因为我们可以完全凭借自身的努力在那里生活。因为那位老将军(指当时新上任的美国总统泰勒)已经罢免了霍桑的测量员职务。千万不要对这个消息感到任何困扰,因为我们都没有为这个消息感到有任何的困扰。霍桑从一开始就不怎么喜欢这份工作,因此当他得知了自己被罢免的消息之后,反而大大地松了一口气。因为,他的内心深处也始终相信会有更适合他的工作出现。至于我本人,你知道我始终是一个充满希望与信念的人,只要我拥有我的丈夫以及我的孩子,那么我始终感觉自己就像拥有了无限的精神财富。我们怀着一种兴奋的心情去欣赏这个乡村的夏天景色。

第四章
在塞勒姆的生活

我们可以让乌娜在田野里玩耍,这也是乌娜一直期盼要做的事情。与此同时,新任命的测量员还没有来,因此霍桑现在还没有完全离开。

自从这个消息传来之后,我还没有见过霍桑如此快乐。在过去很长一段时间里,他感觉自己似乎受到了诸多的束缚。他认为自己作为一个男人,始终不应该为从头再来或是重新振作这样的事情感到恐惧,或者我应该说,他始终相信自己的智慧与头脑。因为他的脑袋里面装着许多金子,或者说有一个尚待挖掘的宝矿。正如玛格丽特·富勒女士所说的:"我们都是大海里的一滴水。"我们现在非常好,过着无比幸福的生活。"我们的内心充溢着信心,对未来充满着希望,能够更好地应对任何人的目光。"(莎士比亚的这段话似乎就是对我们说的,当然,我忘记了他的原文,这里只是说出大意。)

毕竟,这似乎是以一种不可避免的天意形式降临到我们身上(一些人只能在背后对此事推波助澜,足见其恶行难见天日)。在面对不可避免的天意时,我始终不会以一种无可奈何的方式接受,相反,我会怀着一种愉悦的心情接受。毫无疑问,这是发生在我们身上最为美好的事情了。在这之后,我们就能在此基础上重新去创造我们的生活,就像神话故事里的那位少女一样,始终怀着最美好的希望。

我亲爱的母亲,我就写到这里了。你千万不要为我们的遭遇而感到任何焦虑。此时此刻,我也许不应该告诉你这样的事情,就是怕会让你担心。但是,我担心你会从报纸或是其他人口中得知这个消息,因此我认为最好还是让我来告诉你吧,这样，你在得知这个消息的时候就不会感到那么震惊了。

永远深爱着你的女儿
索菲亚

6月10日

我亲爱的父亲：

下面我要跟你说一个内幕消息，这是霍桑一位友好的辉格党成员朋友在无意中告诉他的。也许，你也知道现任总统在当选之前，就曾表示他绝对不会无故地解雇任何人，即便是要解除任何人的职务，也只能是因为此人的不诚实或是不忠于职守。因此，现任总统做出了这样的承诺之后，选择投票给他的人都认为他会信守这样的承诺。你也知道，在我国历史上，还从没有过像泰勒总统这样，在上任之后就随意解除别人职务的情况；即便是在杰克逊担任总统的时候，这样的情况也没有出现。但是，现任总统之所以解除一些人的职务，就是因为他们属于辉格党成员，而不是因为这些人的品格或行为有任何不端正的地方。这就是民主党人当政之后所采取的行为：因为政治原因而解除别

泰勒总统

第四章
在塞勒姆的生活

人的职务。辉格党始终不同意这样的行为，始终表示任何公职人员只有在行为不端或是不诚实的情况下，才应该遭受解职。因此，在之前的时候，每当某个公职人员遭到解职时，人们会认为他是一个诡计多端的人或是一个缺乏诚信之人。就目前的情况来看，针对霍桑的这些指责都是空穴来风、无中生有。因此，那些想要解除霍桑职位的人，就想办法杜撰了一份极为荒谬的报告，并且让他们的一些同党签名，秘密地送到内阁。还有一些不知廉耻的报纸也宣扬这样的事情，说霍桑之前经常在杂志与报纸上写一些政治文章。

每个人都知道，霍桑一辈子从来没有写过什么政治文章，可以说，他的笔下从来没有写过任何与政治有关的文字。当然，霍桑所在城镇的居民对此是非常了解的。但是，真正会让你感到愤怒的是这些报纸所捏造的事以及很多人昧着自己的良心去做伪证。这些人在这样诽谤霍桑的文件上签名。最让人感到不齿的就是那位 C.W.U 先生，他的行为已经彻底证明了他是一个骗子、最无耻的虚伪之人，他过去总是表示自己是霍桑最友善的朋友。他出面证实了那份报纸的报道内容是真实的，还有塞勒姆地区的 30 位所谓的绅士也签名认可这份报纸的内容！其中就有 G.D、年轻的 N.S 以及 R.R 先生。你能够相信吗？这些人都知道报纸上的报道是不真实的，这些报道是完全错误的，但是，这些人为了所谓的党派利益，为了要解除霍桑的职务，竟然昧着良心做伪证，让这位总统相信解除霍桑的职务是有理有据的。他们根本没有想到这样的事实会被别人发现。地方检察官看到了这份报纸，他是一位辉格党成员，他与霍桑是文学层面上的朋友。这位地方检察官将此事告诉了塞勒姆地区的一位辉格党成员，此人也是霍桑的朋友。因此，那些人的"阴谋诡计"就这样在同一个党派更有良知之人的揭发下败露了。

霍桑以非常沉着冷静的态度面对这一切，因为他知道自己作为民主党人，早就预计到了这样的结果。但在昨天，当他前往波士顿，了解事情的来龙去脉之后，他内心的愤怒之情被激发出来了。他说，这种针对他品格的攻击是懦夫行为，并且还以这种阴谋诡计的方式去做，更是让他感到无比愤怒。他决定用自己的笔去揭露这样的事实、揭穿这样的谎言，将这件事的来龙去脉告诉公众。

永远深爱着你的孩子

索菲亚

6月17日

我最亲爱的母亲：

你在11日寄来的充满爱意的信我已经收到。你能够用"塞翁失马焉知非福"的心态去看待我们的遭遇，这是一种非常积极的心态。我感觉"在灾难的视野与愿景之上"，肯定会有更美好的事物在等着我们（正如伯里克利[1]对阿斯帕西娅[2]所说

---

[1] **伯里克利**（Pericles，约前495—前429），雅典黄金时期具有重要影响的领导人。他的时代也被称为伯里克利时代，是雅典最辉煌的时代，产生了苏格拉底、柏拉图等一批知名思想家。

[2] **阿斯帕西娅**（Aspasia，前470—前400），雅典政治家伯里克利的情妇。她的智慧为苏格拉底所赏识。

第四章
在塞勒姆的生活

伯里克利　　　　　　　　　阿斯帕西娅

的）。因为，我丈夫能够满足我内心的最高理想，而上天的仁慈又始终保佑着我的孩子。只要他们能够安好，其他的一切都是次要的。仿佛我永恒生命之路上开满的水仙花，任何粗鲁的践踏都无法将其扼杀。我为我的丈夫感到自豪。他始终站在道德的制高点上，鄙视那些以卑鄙行为来陷害他的人。那些为了党派利益而耍阴谋陷害他的人，必然会陷入但丁所描述的炼狱里的绝望泥潭里。他们试图制造更多的阴谋，只会让他们更深地陷进去。我经常会想，那些阴谋诡计之人这辈子是否能够再次洗干净自己的手。我的丈夫认为他之所以遭到解职，就是因为他是一个民主党人（你很清楚他一直都是一位忠实的民主党人，而不是那些墙头草），他始终认为这样的事情其实就是政治方面的斗争。但这样的方式还是让我感到惊讶，因为泰勒将军在竞选总统的时候,曾经承诺过不会因为政治观点而解除任何人的职务,只会解除那些不诚实或是不履行职责的公职人员的职位。正是有了泰勒将军这样的竞选承诺,霍桑那些辉格党朋友以及他的民主党方面的朋友,都认为他不会受到大选的影响。霍桑不可能主动参与到这样的政治斗争中来,根本不会主动招惹任何政界方面的人;他也从未出于政治原因而写过什么政治评论文章或是发表过有关政治的演说。但即便如此,那些阴谋诡计之人还是在暗地里实施他们的阴谋。他们将莫须有的指控加在我丈夫头上,将这样的文件送到华盛顿,还有塞勒姆地区30名违背了良心的人在上面签名,希望能够任命帕特南取代霍桑的职位。

6月21日,星期四

我最亲爱的母亲:

你没有收到我之前寄给你的信件,这真的让我很失望。但是,这件事的发展形势让我顾不得那么多了。因此,我现在必须告诉你一些事情。你从没像现在这样耳边高频出现"霍桑先生"的字眼。现在,整个国家的舆论起来了,人们纷纷表示反对解除霍桑的职位。现在,我有一个好消息告诉你,那就是霍桑被解职的建议在华盛顿那边暂停了,因此霍桑要么能够恢复原职,要么就能在一个更好的职位上任职了。在华盛顿,政府遭到了欺骗,他们根本不知道做的事情是要解除霍桑的职位;塞勒姆地区的那些人的行为如此隐蔽与狡猾!我简直无法跟你

第四章
在塞勒姆的生活

详细讲述这样一个让人感到厌恶的故事。不过,这一切已经不重要了。那些人的阴谋诡计全部落空了,他们的计划失败了。霍桑的名字在这片土地上家喻户晓。现在,所有支持他的人纷纷站出来了,霍桑也感觉自己出名了。萨缪尔·霍普[①]之前就一直为霍桑奔走。霍伊先生也为此在长达10天的时间里往返于波士顿,专门与我的丈夫讨论这件事。忙于处理这件事也让霍桑从费德里克(霍桑的弟弟)去世的悲痛中走了出来(费德里克是非常崇拜与尊敬霍桑的)。我是在膝盖上给你写这封信的,因为我还要照看朱利安,而今天也可以说是一年中最热的一天。现在,我只能跟你说再见了,我恳求你在山中度过炎热的7月份。要是你继续居住在西大街,那对你来说实在是太热了。我们一家人现在很好。当我见到你的时候,会跟你详细地讲述这件事的。到目前为止,霍桑没有离开海关办公室,新任官员的任命也还没有抵达。

永远深爱着你的孩子
索菲亚

---

① 萨缪尔·霍普(Samuel Hooper,1808—1875),美国实业家、国会议员。

纯洁的良心
——回忆我的父亲霍桑

霍桑的出生地,美国马萨诸塞州的塞勒姆

第四章
在塞勒姆的生活

纯洁的良心
——回忆我的父亲霍桑

附注：为了将表面上受人尊重之人的卑鄙阴谋伎俩展现出来，我必须告诉你如下情况：此人从华盛顿那边带回了一份文件，他复制了这份原始的文件。然后，他让塞勒姆地区的商人同意支持让米勒担任收税员。霍桑作为港口的测量员，了解这些商人。霍桑说过"在我看来，最好的人选是……"这样的话。当时在场的是一些有头有脸的商人，也是负责任之人。在复印版本里，U先生则将霍桑的那句"在我看来，最好的人选是……"的话删除了，而将这说成是塞勒姆地区所有商人的一致决定。史蒂芬·C.菲利普斯[1]在文件上签名。于是，U先生就拿这份文件来证明霍桑缺乏诚信，所以让他遭受弹劾！U先生还试图寻找我丈夫阻碍米勒这个任命的证据，但他是不可能找到的。最后，他想要找一个所谓的污点证人。你之前听说过有人以如此可悲的方式去逃避责任的吗？可以说，我们根本无法形容这个人的肮脏程度。正如我丈夫所说的，此人是他见过最无耻的小人，他在每个方面的行为都无耻到了极点。最后，在U先生回到华盛顿之前，政府就已经恢复了霍桑的职位。我相信埃弗雷特先生将会明白这件事的前因后果，知道他收回第一份文件就是一个不公正的行为。查尔斯·萨姆纳[2]参议

史蒂芬·C.菲利普斯

---

[1] 史蒂芬·C.菲利普斯（Stephen C. Phillips, 1801—1857），美国政治家、众议院议员。
[2] 查尔斯·萨姆纳（Charles Sumner, 1811—1874），美国政治家、律师、演说家、参议院议员、共和党人、废奴主义者。

员在谈到U先生的时候说道:"那是一个油嘴滑舌、口蜜腹剑的小人!"

霍桑在某个时候写信给了当时在马萨诸塞州西牛顿地区的贺拉斯·曼先生:

塞勒姆,1849年6月26日

查尔斯·萨姆纳

我亲爱的先生:

　　我刚刚收到了你的来信。你在信中表示希望重新恢复我作为测量员的职位。

　　当我跟伊丽莎白说那些事情的时候,我是非常认真和诚恳的。我真的不愿意看到你介入,与K先生或是U先生达成什么协议,或是与当地的党派成员达成什么协议。但是,当我回到这里的两三天之后,发现事情的发展与我之前预想的不大一样,舆论都非常支持我,都希望能够达成有利于我的协议,至少那些原本反对我的人也不得不做这样的打算。昨天出版的《艾克塞斯日报》就谈到了希望政府能够给我提供比之前我被剥夺的职位更好的职位。现在,我认为要想保持尊严,就不能接受任何形式的妥协。因为,要是我接受一个更好的职位,那么空缺出来的职位肯定是通过解除另一位民主党人的职位来腾出来的。如果真有这样的空缺职位,这样的指控肯定又会针对我。因此，只有恢复我之前的职位，才能完全伸张正义。这也是政府最容易做到的一件事，因为他们现在已经暂停了对我继任者的任命。即便最后达成了妥协，这样的妥协也不应该是与我达成的，而应该是与帕特纳达成的，结果是给他在海关安排一个职位——他的职位要比我现在职位的薪水更高一些。我有理由相信，海关收税员会同意这样的安排。也许，我这样的想法有助于恢复梅雷迪恩之前的职位。

我不想将你牵扯到这件事里来，也不希望我的任何朋友在这件事情上为我出头。但从整件事来看，要是你能够按照米尔斯的建议那样做，我也非常感激。当然，当你利用自身的影响力来帮助我的时候，我也感觉自己必须接受原先的职位。我希望你能够相信一点，那就是不允许你为我说半句好话。即便我知道自己没有能力去完全反驳官方的不当行为，我也不愿意别人替我这样做。

索菲亚与孩子们很好。演讲台的经理们想要知道，在国会开会之前，你是否有空前来这里发表两场演说。

永远忠诚于你的朋友

纳撒尼尔·霍桑

塞勒姆，1849年7月2日

我亲爱的先生：

从我目前所掌握的各种可信消息，我认为辉格党一些成员以及我的一两名下属正准备捏造一些针对我的全新指控。你给政府部门写一封信,要求他们给一份这些指控内容的复印件,好让我可以及时地回应,这难道不是公正的做法吗?(除了这些莫须有的指控之外)我根本没有什么需要解释、辩护或是否认的。我想过要通过登报的形式驳斥这些指控,但这会引发持续时间较长的争议,即便最后能够证明我的清白,也会让我恢复原职变得更加困难。因此,我认为最好的方法就是以这样的方式去应对这些指控,如果你能够帮我找到这样的指控文件的话。

给你带来这么多的麻烦,实在让我过意不去。但是,你应该记得,一开始是你主动提出要帮助我的,而不是我强求你这样做的。

永远忠诚于你的朋友
纳撒尼尔·霍桑

下面这封信的内容不是很完整,因为信件里提到了一些收集名人签名的内容。

……在昨天送去了这些文件之后,我突然想到,我应该告诉你关于签署这些文件的先生们在政治品格方面的一些细节。签名的人包括 B. 巴斯托尔,他现在担任山核桃木俱乐部的副主席,还是民主党城镇委员会的成员。威廉·B. 派克是民主党县委员会的主席。T. 伯奇莫尔是民主党众议院地区委员会的主席。B.F. 布朗在官方文件上的签名表明他是民主党州立委员会的成员。他们在我们当地的政坛上很活跃，并且非常熟悉政界里面的……（下面的签名有点模糊，无法辨认）。

关于伯奇莫尔写给我的信件，我想要说几句。伯奇莫尔先生在过去的 25 年里，一直在海关办公室担任职位。他虽然只是名义上的海关总管，但他实际上却是这个机构的创办人。正是因为他杰出的业务能力以及对海关营收方面所有细节的精通，所以他才能够将海关管理得越来越好。他是一位正直且受人尊重的人……（下面的内容有些比较模糊，无法辨认）。因此，我希望能够与政府的相关人员就这方面达成一些共识，希望你们能够以尽量好的方式去对待他们。当然，他的信件可能已经送出去了，但是信件中最好不要提及他与海关办公室之间的联系。因为他在海关办公室里担任职务，因此政府很有可能认为他不是一位真正有官阶的人。

我的继任者还没有到来，我的敌人现在也显得比较平静，我对于他们下一步的动向可以说是一无所知。

贺拉斯·曼夫人给索菲亚的来信今天送到了。

附注：上面提到的诸位先生都有着较高的社会地位，在政治领域内也有着崇高的威望。比方说，你可能还记得塞勒姆演讲时的副主席巴斯托尔先生，他曾经介绍过你。

第四章
在塞勒姆的生活

霍桑雕塑，位于美国马萨诸塞州塞勒姆

纯洁的良心
——回忆我的父亲霍桑

塞勒姆，1849 年 8 月 8 日

我亲爱的先生：

我的情况其实很简单。即便我们从现有的较少资源表明的直接证据去看，都应该可以对这件事有一个大致的了解。我认为自己在这段时间应保持缄默，并不会因此遭到别人的排斥或是有了成见。我希望能够以尽量简短的方式告诉你这件事的来龙去脉。

U 先生指责我因为几位巡视员拒绝支付党派费用，就暂停了他们的职务，并且断言我通过一位信使将这封暂停他们职务的信件送过去了。U 先生还表示，当这几位巡视员缴纳了党派费用之后，我收回了暂停他们职务的请求。

我可以证明这是一个直接与我有关的问题。作为海关办公室的主要负责人，若是从收税员办公室的角度去看，我们应该要了解财政部的那封来信所要传递出来的信息，正是财政部的指令才让我们暂停了这些巡视员的职务。我们有两位官员在那个职位上，他们都是民主党人，都是有一大家子要养活的人，并且没有其他的经济来源。作为官员，他们的行为是无可指摘的。正是出于这样的原因，我不愿意看到他们失去目前的职位。因此，为了能够服从财政部下达的命令，同时又不毁掉这两个人的前程，我选择了在一年中比较清闲的时候暂停了他们的职务，但并没有因此而解除他们的职务。通过这样的方式，他们能够重新回到正常的工作状态，并且通过工作成绩来证明自己的能力。我专门下达了一道与此相关的命令，这些命令的本意并不是要马上执行，而是首先要与副收税员以及海关总管进行一番商量。海关总管在知道这件事之后，他认为出于各方面原因的考量，这两位官员应该保留原职，等待财政部那边下达的进一步命令。至于责任承担方面，我们完全是按照收税员部门的规章去做的，我对此没有任何反对意见。在我看来，这件事应该就此结束了。

但是，有人说，我是在某些人的怂恿之下，才决定暂停这两位官员的职务，并且说出了此人的名字。我已经要求此人做出相应的解释，他立即公开宣称，这是一次深思熟虑的行为，并且他与那两位官员的关系也非常好，他认为自己有责任告诉他们。但是，他却以最明显的方式表示，他在这样做的时候没有得到我的允许或是知会我。他表示，如果我要求他这样做，他随时都可以出来作证。我并不想知道他与那两位官员之间到底聊了些什么，我将他所说的证据视为可以洗脱我任何嫌疑的证据，因为这些事情是发生在他与那两位官员之间的。我的想法是（当然，我的想法可能是一种误解，但这是基于对一些势利政客的认真观察以及对海关关于党派利益方面、严格自律方面的了解之上），真的存在某种阴谋的行为，目的是能够赶走那些拒绝服从权威的巡视员，他们采取的方式就是要求辞职或是暂停职务。其中一位巡视员违背了自己的良心，在U先生与他的同党的威胁与恫吓下，将所谓的罪名直接引到了我身上。U先生在他写给财政部的备忘录里，就认定且坐实了这样的谎言，它似乎表明我就是这背后一切的始作俑者。但是，我认为

U先生得到的这些"证据"根本不能证明我有什么过错。

海关总管（也就是我之前写信给你谈到的那位伯奇莫尔先生）在一周之前就站出来了，高兴地表示自己愿意在任何时候站出来，说明我做出那些决定背后的立场。其他据说在海关办公室充当信使的人依然还在职位上。此人是一位过磅官与检量官，其年薪在1500美元左右。他是一个贫穷之人，他在这个职位上也只干了大约两年，但是他的收入全部用于偿还曾为他人充当背书人所欠下的债务。他现在希望得到几百美元，好去加利福尼亚州，或是在其他地方有一个更好的开始。尽管如此，如果我去找他，他依然会帮助我的。当然，他宁愿等待自己遭到解职的那一天。这件事显然会在国会开会前发生。与此同时，我在这些事情上根本没有任何要达成的目标，也没有任何重大的目标需要他做出这样的牺牲。我已经失去了测量员的职位，对于恢复原职也没有抱很大的期望，也没有想能够继续在这个岗位上干下去。我的目标其实很简单，只是能够在参议院为自己辩护，从而让参议院撤销对我继任者的任命，这会让公众明白我是因为一些不充分的理由而遭到解职的。如果U先生能够给我这样的解释机会，或者如果不给予我这样的机会，那么我也会尽自己最大的努力去做，利用报纸来公开这件事，从而还自己一个清白。我相信自己肯定能够成功。

我很快就会顺从你友善的邀请，前去看望你。我这次写信并不是要谈论上述事情，而是因为我想要写一本教科书。总的来说，这是一本写给年轻人的书，因此，我想认真聆听你的意见，这对我来说非常重要，这样我才能更好地完成这本书。只要有可能，我会尽快找到一个健康、有趣且廉价的住所。我想搬到乡村地区生活，然后与可恶的城市生活永远告别。现在，我的母亲已经不在这里了，我也没有了继续在这里居住的原因。

索菲亚与孩子们现在一切安好，请将我最美好的祝愿送给曼夫人。

我永远都是你们忠诚的朋友
纳撒尼尔·霍桑

附注：请原谅我给你写了一封篇幅如此冗长的信件，但我很高兴看到你能够了解这些事实，这会让你不致受到外界信息的影响。

在这里，我会插入与此事相关的一些信件，虽然这些信件是写于1884年的。

罗德岛普罗维登斯，9月15日

亲爱的莱思罗普夫人：

……关于纪念喷泉，或者说纪念碑（庆祝《小镇唧筒的自述》一书）的仪式，因为布鲁克斯夫人去世，我们无法前往，但我相信你们肯定能够圆满地做成这件事情。我的某个计划可能已经比较成熟了，但这些年来却因各种原因始终无法采取实质性的行动。也许，我们最好还是要继续等待。毕竟，只有在那些诽谤中伤害你父亲的可悲之人从这个地球消失之后，一切真相才会大白。让我们对此保持足够的耐心吧！那些恶意中伤别人的人都会迅速消失的，"他们的怒气所喷射出来的恶意"必然会让他们自取灭亡。这些人根本不了解你的父亲，因此他们会选择性地对此失明或失聪。惠特兰博士表示，在现在的塞勒姆大街，只有一些对事实真相一无所知之人才对你的父亲怀有恶意。但是，你的父亲却一点都不像我：

"他是一个没有什么自我意识的人，
仿佛就在森林里游荡，想着去追逐野兔，
最后却来到了黑暗的巢穴入口。
他听到了黑熊发出低沉咆哮的声音，
最后在血肉之躯中躺了下来。"

顺便说一下，我曾经发现萨维奇女士完全忘记了霍桑谈到有关海关办公室工作经历的事情，没有提及镇上水泵的事情。因此，我将《红字》一书放入了我的旅行袋里（她不见了自己的这本书）。两三周之前，我去她家做客，给她阅读了这本书的部分段落。之后，我就前去拜访穆丽特先生，我将这本书留下给他，因为他已经好多年没有看这本书了。我认为你肯定想要看到他写给我的信件，于是我将他写给我的信件随信寄给你。

永远忠诚于你的朋友
乔治·H. 霍尔登①

亲爱的莱思罗普女士：

昨天晚上，当我在搜寻文章的时候，无意中发现了我们那位"双眼明亮"且内心高尚的朋友穆丽特寄来的一封信件，我相信你肯定会想要阅读他的信件，因为这些信件是他所写的。因此，我将他的这些信件随信寄给你了。穆丽特先生的听力不是很好，因此他很少出去。在我居住于塞勒姆地区的12年时间里，我可以肯定从未见过他走出过大街。事实上，我认为之前从未听过他这样一个人，直到我搬到了普罗维登斯居住之后，才知道有这样的人存在。某天，我在《公报》办公室里听说了他这个人，于是想办法了解了这个人的一些资料。我了解到，他是一位很了不起的读者。《哈帕》杂志曾经给我寄过罗尔夫所写的关于莎士比亚剧作的评论，我发现其中有三四处的评论是相同的。因此，我希望穆丽特先生能够接受这样的文章。穆丽特先生并不是通过喋喋不休地谈论莎士比亚或是拿破仑，从而会让你父亲感到厌烦的人。相反，他是非常欣赏著名剧作家的人。他拥有许多关于剧作的书籍，一有时间就认真地阅读。穆丽特非常喜欢阅读过去英

---

① 乔治·H. 霍尔登（George Henry Holden, 1848—1914），美国博物学家。

纯洁的良心
——回忆我的父亲霍桑

国诗人的作品（当然，我并不是指乔叟或是斯宾塞那个时代的英国诗人）。我认为，他能够依靠记忆背诵上千句诗歌。我每次摁他家门铃的时候，都没有机会见到他，因此我只能通过信件的方式描述他。

请记得我跟你说穆丽特先生之前，你跟我说的那个有关非洲神物的故事，这个故事与你父亲生前的一些事情存在着联系。

永远忠诚于你的
乔治·H.霍尔登

塞勒姆，1884年9月10日

亲爱的霍尔登先生：

在1850年，我有幸能够获得《红字》这本书以及"作者本人所写的祝福话语"。当然，这份礼物是非常珍贵的。但这本书的命运与很多书的命运如出一辙，就是被人借了之后就再也没有归还了。看到从这本书的最初版本到去年发行的最新一个版本的归宿，都证明了我还是有必要过一种隐居的生活的。在过了这么多年之后，我仍然在阅读那本书的时候，感受到了真正意义上的阅读乐趣。当时，阅读这本书的乐趣来自我对海关办公室引导性章节

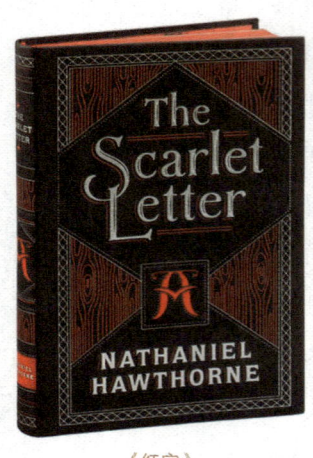

《红字》

的熟悉。整个阅读过程仿佛让我感觉回到了那个时代,并重新活了一次。作者以娴熟的手法描述了那些场景,让我有一种历历在目的感觉。当我阅读这本书的时候,经常会停下来为一些精妙细致的描写哈哈大笑。霍桑在这本书中进行的生动描述,让我能够对书中的人物形象有一个极为直观的感受,因为这些人物形象与创作这些人物形象的作家一样,都非常鲜明生动。我甚至可以更为直观地说,当我阅读这本书的时候,感觉书中的内容仿佛就发生在昨天。霍桑的《家长制的老人》是多么真实啊,《向后倾斜椅子》与《有时入睡》等文章是多么生动细致啊!当然,我们偶尔也会听到一些人对此发表一些鄙视的看法。但是,这些文章或是书籍里的生动描写,会让那些批评者就像那些不愿意阅读作品的懒惰之人一样。不管别人阅读这本充满幽默情感的书有怎样的感受,那些多年如一日观察生活的人必然能够感受其中的精妙与诙谐之处。关于《经验丰富的船长》的故事,正如霍桑所说的:"每一天,作品都会让我发笑或是发出由衷的赞叹,因为他作为一名讲述故事之人表现出了无与伦比的天赋。"霍桑所谈的正是书中那位名叫史蒂芬·伯奇莫尔的船长,他是一位商店的老板。他们的故事都非常离奇。正是霍桑拥有这种无与伦比的讲故事能力,才让读者手不释卷。我已经知道很多人在阅读这本书的时候哈哈大笑,每个人都对霍桑的文学才华表示由衷的敬佩。

永远忠诚于你的

乔治·W. 穆丽特

我亲爱的霍尔登先生：

你希望我能够就"为了霍桑牺牲自己利益这件事的一些细节"详细地谈论一番。

在所有人和事安排完成之前，霍桑是绝对不会与海关办公室的任何人进行特殊的来往的。理查德·林赛得到了上级的任命，要担任测量员，而我则前往海关办公室工作。所有这些必要的文件都已经送到了华盛顿，一切都是按照正规的程序完成的，因此我们随时可以得到任命确认的通知。

在之后的一个阶段，有人提出要让霍桑担任测量员。很多人想要急切地促成此事。为了达到这个目标，林赛必须想办法退出原先的岗位。最后各方一致同意，我则成为最后一个"绊脚石"。林赛与我本人是非常好的朋友，我们的关系始终非常好。他愿意为霍桑腾出这个职位，是我之前没有想到的，如果他一开始就有此想法，这肯定是有问题的。我在这件事情上处理得非常小心，因为我之前一直在当地收集支持他担任测量员的人的签名。因此，我自愿提出放弃在海关办公室任职，支持霍桑担任测量员。但我必须说明一点，在整个过程中没有任何私人交易。

最后，为了尽快完成这个迫切的目标，我提议，林赛与我本人同时退出，让别人来代替我们。我希望我的朋友能够明白，我从来不要求别人与我一样做出牺牲。我的退出请求遭到了很多人反对，但这是我得出的最后结论。无论在任何情况下，我都不会改变自己在这件事情上的立场。之后，我还要想办法去说服林赛，让他对这样的安排感到满意。我表达了自己的退出只是权宜之计，否则让霍桑担任测量员的目标就不会实现。

现在，我们要做的只是给华盛顿方面写信，要求撤销我们的候选人资格，然后对霍桑担任测量员以及霍华德担任海军军官的提议表示支持。在他们的任命下来之后没多久，林赛与我本人就被任命为霍桑手下的巡视员。

在那个时候，我将对霍桑的任命视为一项顺应党内意志的行为，以及与一位文人之间友情的体现。因为当时已经有越来越多的人欣赏他的文学才华，而他也逐渐成为文学夜空里一颗冉冉升起的新星。

我从未为当初放弃自己的任命感到半点遗憾。在接下来将近4年的时间里，无论是在工作上还是在生活上，我都能近距离地观察霍桑的言行举止。他留给我的美好回忆远远胜过我当初做出的一些卑微牺牲。霍桑的沉着冷静、对抽象事物的洞察力以及他那柔和与愉快的声音（他说的话可以说是人类最为悦耳的）经常在我的脑海里回荡。

永远忠实于你的朋友
G.W. 穆丽特

第五章
从塞勒姆到伯克郡

霍桑想要在海边安家,但最后却来到了伯克郡的高山上,他依然过着快乐的生活。詹姆斯·R.罗威尔的来信。塞奇威克是这个世界上最友善的朋友。在霍桑夫人写给母亲的一封信里,赫曼·麦尔维尔重新恢复了人生的斗志。霍桑夫人写给丈夫的一首诗歌。

霍桑一家人做好了要回到乡村过上安静生活的计划,他们恳求霍拉肖·布里奇[①]帮忙找寻一处靠近大海的房子。因为霍桑始终希望能够与大海为邻。布里奇在一封写给霍桑的信件里就谈到了这件事:

霍拉肖·布里奇

[①] 霍拉肖·布里奇(Horatio Bridge, 1806—1893),美国海军将军,与霍桑、朗费罗是在波登大学时代的同学,也是霍桑文学作品的忠实读者。

第五章
从塞勒姆到伯克郡

美国新罕布什尔州朴次茅斯海军船坞，
1849年8月6日

我亲爱的霍桑：

　　……我帮你找到了一座房子，我想你应该会比较喜欢的……这座房子能够看到美丽的海景。如果你能够租下这座房子，那么这应该会让你感到非常满意……现在，我们忙着在这边装修新屋，如果能够再次见到你，我们肯定会感到非常高兴。布里奇夫人与我热烈欢迎您与夫人前来这里居住。请将我的爱意传递给乌娜与尚未出生的朱利安。

永远忠实于你的朋友
霍拉肖·布里奇

布里奇夫人下面这封信并没有标明写信的年份，这封信可以说是这个时期霍桑朋友来信中的一封比较典型的信件：

费城，7月1日

我亲爱的霍桑夫人：

　　昨天，我从非洲邮局那边得知，你没有收到我今年夏天放在温斯罗普家里的一封信。你之前肯定一直认为我可能忘记了这件事，但我是绝对不可能忘记这件事的。我会确认你给我寄来的每一本书的消息。我发自内心地感谢你寄来的书籍,这给我带来了无限的愉悦感觉。我知道霍桑作为一名作家所拥有的名声,我也曾为他创作的《温顺男孩》的伤感情节而流下眼泪。当我阅读这本书的时候,被其中的情节深深地打动,我甚至念给我们家那位年老的保姆听,她多年来都是我们全家的一位耐心的聆听者。多年来,我一直过着清心寡欲的生活,但是当我阅读霍桑的这本书时,我感觉内心的想法全部被激发出来了。我开始怀疑自己是否可以冷静地阅读接下来的一页。此时,那位年老的保姆用滑稽的愤怒口吻说:"那些可怕的人类!"当她拿下眼镜、擦掉眼睛中的泪水时,我也会哈哈大笑起来。我们从阅读中感受到了更为真实的人性,我也能够安然地面对很多事情。我非常喜欢霍桑先生的作品,因为他的作品会让我发出笑声,也会让我哭泣。布里奇经常提到霍桑先生的大名。顺便说一下,布里奇今年9月份就要前往地中海了,我希望到时候能够跟他一起去。

永远忠诚于你的朋友

C.M. 布里奇

当霍桑一家面临困境的时候,霍桑夫人马上收到了一位最亲密朋友寄来的一封信件。我将这封信件节选如下:

斯塔顿岛，1849年9月10日

我亲爱的索菲亚：

感谢你的来信。最近，我一直思念着你，也很高兴得知你们接下来一段时间的计划。在我收到你的来信之前，我就对泰勒将军以及他的一些忠实追随者感到愤怒，因为他们的很多做法都是出于政治利益以及党派利益的，根本没有顾及公众的利益，这必然会给很多人带来不幸的结果。我很高兴你们要前往雷诺克斯这个地方，那是一个美丽的地方，我在那里有很多亲密的朋友。我亲爱的索菲亚，人生就像一出悲伤的戏剧，至少我是这样认为的……我们认为，鲍勃（也就是罗伯特·肖[①]上校）需要摆脱这样的家庭影响，因为他没有任何兄弟，也不愿意将他送到普通意义上的学校。于是，我们帮他选择了靠近纽约福德汉姆的耶稣会学院，那所学院里有150名学生，还有很多神父教授他们知识，照顾他们的日常生活起居。我将弗兰克寄给我的一张支票随信寄给你，他希望霍

罗伯特·肖

[①] 罗伯特·肖（Robert Shaw，1837—1863），美国南北战争期间，服役于联邦军（北军）的军官，最终官阶为上校。

桑先生能够接受他的这点心意,因为他知道如果他面临这样的命运,霍桑先生肯定也会毫不犹豫地这样做。他并没有恳求你接受他的这份心意——因此,如果你们真的不愿意接受这份心意,那么你们可以寄回来。我只是希望他的这笔钱有 1000 美元,我亲爱的索菲亚,当我想到像你丈夫、佩奇以及其他这样优秀的人,因为缺乏金钱而不得不过着悲苦的生活,这让我感到非常愤怒。如果这样的考验最终能够给人们带来好处,那么这样的考验还是可以接受的,但很多时候这样的考验会彻底扼杀一个人。莎士比亚就曾对此感同身受,他曾这样说:

"我厌倦了工作,我真的希望一个安乐的死亡。
但是,我从小就出生在贫苦家庭,
因此,我无法得到任何可以让我感到欢乐的东西。"

我亲爱的索菲亚,愿上帝保佑你。尽管泰勒将军给你们家带来一些考验,但这一切会过去的。

请相信我永远是忠诚于你的朋友
S.B.S

伊丽莎白·霍尔女士与爱默生的弟弟查尔斯订婚了,但查尔斯在很年轻的时候就去世了。伊丽莎白·霍尔女士就霍桑一家要离开康科德一事写了一封充满遗憾的信件:

……记得让霍桑以及美丽的乌娜记得我。你们3个人在康科德已经度过了一段美好的岁月，我也曾与你们一起有过欢乐的时光，这些我无法忘怀。无论发生什么事情，请保证我们都不会失去联系。

永远忠诚于你的

伊丽莎白·霍尔

……我真的很想见到你与霍桑先生，还有你那可爱的乌娜以及她的小弟弟。我之前在塞勒姆地区的时候，曾两次前去拜访你们，但都没有见到你们。当《古屋青苔》一书出版的时候，我身在纽黑文。当时，我的朋友几乎都在阅读这本书。我了解霍桑的作品，正是在他的影响下，我下定决心要成为一名作家。我希望能够讲述发生在老教区居民的生活故事，讲述一些其他书籍没有谈到的内容。父亲非常喜欢霍桑的作品，曾经专门写信跟我谈论这件事。请将我的敬意传递给霍桑先生，我真的非常感谢他创作了这本书。从5月6日到30日，爱默生将会待在巴黎地区，之后前往伦敦发表6次演说，看望那里的朋友并欣赏那里的景色。我对此感到衷心的高兴。爱默生之前

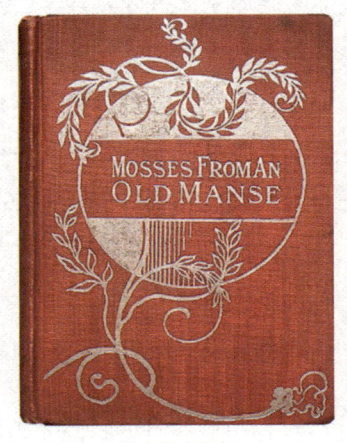

《古屋青苔》

纯洁的良心
——回忆我的父亲霍桑

的来信显露了其内心的拉马丁①情怀。

永远忠诚于你的

伊丽莎白·霍尔

罗威尔女士长期以来都是我母亲亲密的朋友,她也给母亲寄来了一封充满情感的信件。我本想要做一些节选,但其中的部分内容实在充满了强烈的情感,让我无法舍弃:

拉马丁

我们是多么幸福啊!上帝始终让我们感受到了持久的爱意,让我们重新回归到了一种纯真无邪、慷慨大度以及充满信念的状态……我已经看到了有关公告的一张照片,玛丽当时正在阅读着有关救世主即将到来的内容……玛丽是所有女性中最为典型的。我非常喜欢罗马天主教散发出来的那种情感,而这样的一种情感也始终对她拥有非常强烈的吸引力。这样的一种情感应该是每个人深层次生活原则的根基……詹姆斯现在一切安好,他说现在很快乐,每个了解他的人都知道他有着随和的性格……当我感觉良好与自身强大的时候,我会有一种非常好的自身感觉,这种感觉就像观看地图册一样,仿佛整个世界就在自己的眼前……我喜欢靠自己的双手去工作,喜欢钉钉子、

① 拉马丁(Alphonse Marie Louise Prat de Lamartine,1790—1869),法国著名浪漫主义诗人、作家和政治家。

粘贴物品、擦拭或是挖掘东西。这些工作仿佛能够满足我内心对做某些看得见的事情的一种渴望。我的母亲经常告诉我，我命中注定就该嫁给穷人做妻子，因此我必须掌握许多技能，从而应对日后的艰苦生活。

……难道6月份不是一年当中最美好的月份吗？难道6月份不是自然界举行嘉年华活动的月份吗？在6月，大自然的一切都是那么美好，充满了无限的生命力。每一棵树似乎都剥落代表过去的陈旧的皮肤，绽放出美丽的花朵。当微风吹过的时候，树枝仿佛因为自身散发出来的生命力而微微颤抖。这些树木本身充盈着强大的内在生命力，它们在为自身的生命愉悦而颤抖。在这样的日子里，难道你不会歌唱着"美好的爱意"吗？在这样的月份，难道大自然不像你的贴身侍从，让你的心灵感受到每一种你能想象到的欢乐情感吗？大自然表现出来的这种持久与炽热的生命活力，深深地满足了我的内心盼望，让我的整个躯体仿佛都充满了无限的力量。我感觉某些事物正在这个世界上悄然出现，否则为什么这一切显得那么热情，甚至连平时不起眼的野草此时也处于最佳的状态，那些一望无际的绿色小草或是庞大的橡树，似乎都在发出绵长的音调。大自然的一切事物仿佛都在歌唱和跳舞。在空气中飞舞的小昆虫以及漂浮在水上的那些长腿蜘蛛，此时都专注于觅食。微不足道的蚂蚁或是甲虫像勤劳的人类一样在囤积食物，不断地跑来跑去，有时甚至毫无缘由地进行玩耍，只是为了乐趣。总之，空气中的一切似乎充满了无限美好的气息。毋庸置疑，那些可怜的家伙可能被它们的父母责备，因为那些父母此时也正在家门

纯洁的良心
——回忆我的父亲霍桑

口晒着太阳呢。在我看来，甲虫似乎总是过着一种愉悦的生活，它们在出生后的两三年里，都是以吃地下的腐物为生，最后才长出翅膀在空中飞舞。它们在成长中觅食的过程，也为那些树木的蓬勃生长带来了许多养分。一想到这样互利共生的情景，就让我的内心感到非常欣慰，因为我们人类必须通过杀戮动物才能满足食欲，而自然界通过这样一种完美的循环告诉我们，还有和我们完全不同的一种生存方式。我亲爱的索菲亚，这的确是一次非常漫长的散步啊！我之前承诺过要将詹姆斯写的十四行诗随信寄给你，因此，我现在将这首十四行诗也一并寄给你。

永远忠诚于你的

玛利亚·怀特

乔治·S.希拉德给霍桑寄来了下面这封信。在信封上，我的父亲写着希拉德的名字以及"红字"，表明他对朋友的批评与赞美是多么感兴趣。在信封的另一面则写着"信仰"。可以说，没有谁比我的父亲更加忠诚于他的朋友了。

波士顿，1850年3月28日

我亲爱的霍桑：

你真的写了一本非常优秀的书！若是从文学才华的角度去看，你的这本书超过了之前创作的任何一本书。这是一本充满了强烈悲剧意味的书，包含着你深刻的洞察力、成熟的创作技巧以及对人类心灵的真实了解。我认为，这本书肯定会在我国的文学领域占据重要的地位，甚至可以被称为"悲剧的开山鼻祖之作"。若是从智慧的角度去看，你则让我感到非常困惑。你作为一个身心健康之人，到底是怎么培养的对人类的心灵观察能力呢？你到底是如何获得这样的认知的？在阅读这本书的过程中，我有时会想你的内心肯定还有很多隐藏起来的悲伤情感，你的灵魂深处肯定始终存在着一个忧郁的角落。这样的角落是你平时绝对不敢进入的。当我看到你的时候，你给我的印象就是像亚当在伊甸园那样的健康快乐。就我的阅读品位来看，我真的希望你能够更多地生活在更加光明的世界里，能够与更多人进行轻松的交流，欣赏一些让人内心发笑的画面。这会让你创作出一个散发着类似于《小镇唧筒的自述》这样的故事。但是，当我急切地等待着你这样的作品时，必须感谢你创作出的《红字》散发出来的悲伤且不同寻常的情感——这样的情感是最吸引我的，让我在阅读过程中爱不释手。

永远忠诚于你的

乔治·S. 希拉德

霍桑在雷诺克斯所租房子的房东也给霍桑夫人寄来了一封表达欢迎的信件：

纯洁的良心
——回忆我的父亲霍桑

亲爱的索菲亚：

自从我们来到这里之后，我就一直找寻着你内心想要找的房子，我希望你选那间红色的房子，因为虽然它的建筑面积不是很大或是没有那么便利，但这座房子有一个小花园。你之前对想要租的房子有一个大体的描述，塔潘先生也专门找过霍桑先生，我希望能够告诉你有关这间房子的详细情况。这间房子的2楼有4个光线充足的卧室，但是没有壁炉，不过在冬天的时候，你们可以通过煤炉取暖。这间房子所处的位置非常好。你也知道，这座房子能够看到一个湖。通向这座红色房子的路上平时来往的行人并不多，因此也不会有什么人打扰你们。也许，你与霍桑先生想要亲自过来看看这座房子——如果你们真有这样的打算，我们将很高兴欢迎你们的到来。我只能说，这里的一切如此美好。我还要表达我们对你们即将到来的欢迎之情。

永远忠诚于你的
卡洛琳·塔潘

霍桑一家希望能够在风景宜人的山丘或是草地上寻找一座新房子，房子所处的位置必须远离城市街道以及喧嚣的人群。在他们眼中，这才是最为理想的生活居住地。霍桑一家搬到雷诺克斯的事情很快就提上了日程，他们选中了那间红色的房子。我想要引述一段描述这座房子以及在房间里所能看到风景的文字。因为斯托克布里奇地区的一份报纸不久前对霍桑当年居住的这栋红色房子进行了一番描述：

站在斯托克布里奇一座古老的酒店的阶梯上，可以看到一座橡木做梁子的房子被烧毁后残存的木料，但是，这些烧毁的木头却像黄金那样被当地人珍视。每一个经过这个地方的游客都会停下脚步，饶有兴致地欣赏一番。贴在残存木料上的一张标语解释了这一切发生的缘由，"此处是纳撒尼尔·霍桑当年居住的房子"。霍桑当年居住的这座房子距离斯托克布里奇大约有不到一千米。这座房子是在两个月前被大火烧毁的。这原本是一座一层半的房子，坐落在一个空旷的农场上。这里居住的是一位老农民，他是一位"书虫"。当他居住在这里的时候，这座房子不知为什么着火了。这座房子成了这个地方的一个地标，因为纳撒尼尔·霍桑在1850—1851年在这里生活了一年半的时间。很多人会专门前来一睹霍桑居住过的房子，虽然他们现在只能看到这座房子被烧毁之后的废墟。

沿着斯托克布里奇西边的一座豪华的宅邸走640米左右，就是一条经过一座典型的新英格兰城镇的弯曲小路。道路的两旁都种着松树，每当微风吹过，就可以听到树海发出的声音。很多苹果树已经成熟了，结出了很多红色的苹果。在果园中间的山坡位置，可以俯瞰著名的"斯托克布里奇碗"。这是一个圆形的山中小湖，四周都是一些山丘，它们是地下室墙壁与砖制的支撑。在这些支撑与基础之上，正是一座不起眼的房子——纳撒尼尔·霍桑所住的房子。现在，这座被烧毁的房子留下的废墟并不显眼。平时，不会有本地人前来这里看这样的废墟，但是每到节假日，就会有一些专门从纽约、波士顿或是西部一些城市来的游客在经过这个地方的时候，让马车停下来，下车欣赏一下霍桑当年所居住的这座房子，虽然这座房子的废墟已经渐渐地埋在绿色的青草之下了。

从塞勒姆前往雷诺克斯，这是一段截然不同的人生选择。这是从充满历史感的一个地方转移到了一个充满美丽自然景色的地方。我父亲在这里写的书也表达出了一种纯真、平和以及充满荣耀的情感，他赞美着这片天空与土地。可以说，当我父亲在这个地方生活时，他构思出一些复杂的故事情节，仿佛找到鹅卵石一样容易。他远离了之前那些自以为是之人的长篇大论，转而面向了安静的大自然世界，独自聆听大自然发出的声音。他按照自然教导他的原则，聆听着比人类总结出来的格言更加伟大的原则——这比很多人所表现出来的行为更具美感。他说，当他置身在这座"红色房子"时所看到的美景很难让他专心去创作。当然，这里的景色可能让他产生了无法言喻的神圣感。但是，如果我的父亲将他的那种人性力量以上帝的视角表现出来，那么他则能更好地把内心的想法表达出来。我们可以从他的作品中嗅出自然的芳香，欣赏到自然的景色。当然，这只有当我的父亲生活在这样的小城镇或是小村庄时，才能创作出这样的文字。

即便当霍桑夫人感到焦虑的时候，她写的一些信件也依然会给家人带来快乐，依然能够让我们感受到她所具有的人生智慧：

我亲爱的莉齐：

我刚收到你的来信，感到非常高兴。你在信中说，母亲可能

第五章
从塞勒姆到伯克郡

会在今晚过来。我真的希望她能够在今晚平安到达这里。但是，因为我们这里每天早上的雾气很重，因此，在波士顿地区可能会下雨。现在，我就要写信给父亲，希望父亲能够前去橡树厅，或是前去已经准备好衣服的被服间，给霍桑买一些衣服。可以说，霍桑现在简直没有一件像样的衣服，我逼着他穿什么衣服他也不同意。当然，我在这方面是无能为力的。现在，他也认为有必要添加一些衣服了。如果母亲在周一还不能过来，那么这件事无从谈起了。

关于那几本书，真的很抱歉。但是，我也没有得到任何人的帮助。提克诺尔出版公司[1]已经请人绘制插图了，霍桑认为他们已经启动了此项工作，并花费了部分金钱，因此，现在要想改变这个计划为时已晚。霍桑说，他只能遵守这样的协议，无法做出任何的改变。但是，如果你想要在不需要霍桑改变主意的情况下完成这件事，并且出版方愿意接受，霍桑肯定也是没有意见的。菲尔德斯[2]先生也对《神话故事》一书没有任何意见，因此我不知

菲尔德斯

---

[1] 提克诺尔出版公司（Ticknor & Co.），1832 年由美国人威廉·提克诺尔出资成立的一个小型出版社，后来詹姆斯·菲尔德斯加盟，成立了"提克诺尔 & 菲尔德斯出版社"，也是美国第一个向国外作家支付版税的出版社。因出版过拉尔夫·爱默生、霍桑、亨利·詹姆斯、亨利·朗费罗、斯陀夫人、亨利·梭罗、马克·吐温等文化巨匠的作品而闻名。
[2] 菲尔德斯（James Thomas Fields，1817—1881），美国出版家、编辑和诗人。提克诺尔 & 菲尔德斯出版社合伙人。

纯洁的良心
——回忆我的父亲霍桑

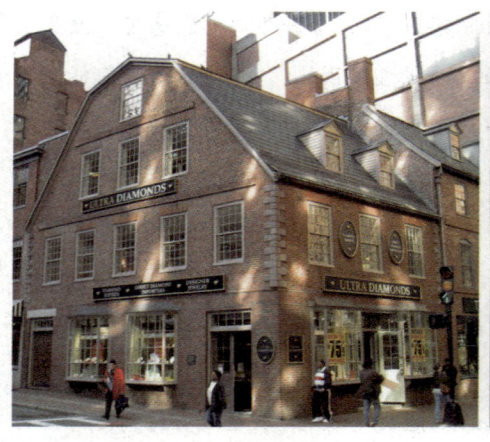

提克诺尔 & 菲尔德斯出版社旧址，
如今已是波士顿市历史性建筑

提克诺尔

提克诺尔 & 菲尔德斯出版社的标识

提克诺尔 & 菲尔德斯出版社，位于美国波士顿市特里
蒙特大街 124 号（1873 年绘）

道霍桑现在是否想要进行创作。我从来不过问他在文学创作方面的事情，但我知道他在这么热的天气下，是不怎么愿意创作的。

愿上帝保佑你们所有人。

索菲亚

周日

我亲爱的母亲：

对于孩子们来说，这实在是沉闷的星期天，这一天没有灿烂的阳光，他们总会郁郁寡欢。我给他们讲故事，给他们看我在油画布上画的《伊利亚特》《奥德赛》以及《赫西奥德》等画作。我希望你有空过来看看，然后扮演"失望巨人"与"冷漠夫人"的形象。现在，孩子们坐在背靠大门口的椅子上。朱利安的一条腿并着另一条腿，摆出一副漠不关心的样子。乌娜也处于心不在焉的状态。他们正在谈论着他们的"囚犯"，用非常粗哑的声音说："好了，那我们应该怎么处置他们呢？""每天狠狠地打他们！"这两个人的小身板加上他们有趣的说话方式，与他们稚嫩的脸庞一比较，就让我感到非常滑稽可笑。我听到乌娜告诉朱利安关于基督徒的束捆是"淘气的束捆"。一到周五，朱利安仿佛立即变成了哥伦布，跑出门外找到一些木头，然后在他发现的一个所谓的"小岛"上建造一个十字架。朱利安说："当我下船的时候，我双手要拿着的那把宝剑在哪里呢？"（此时的朱利安大约4岁到5岁。）

星期六,20 日

今天有猛烈的暴风雪。早上,我给孩子们阅读了斯宾塞[1]创作的《圣乔治与乌娜》《乌娜与狮子》《亚瑟王子》与《灰姑娘》的故事。孩子们一边摇着木马,一边认真地听着我的故事。朱利安骑在木马上,活像一个真正意义上的国王。乌娜则站在朱利安一边,介绍着神仙的食物。在下午的时候,我给他们阅读了《天使与孩子》《小猪倌》以及《小伊达的花朵》等故事。孩子的父亲则给他们阅读了《黑色的阿姨》的部分内容。晚上,丈夫给我阅读了蒙哥马利著的《亚当与夏娃之死》部分内容,还阅读了克雷布[2]写的一些故事内容。

周二,22 日。今天终于放晴了,阳光灿烂。孩子们带上

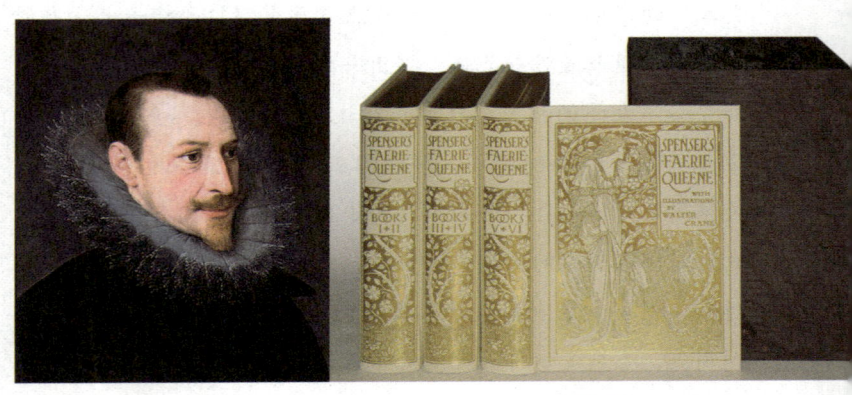

斯宾塞　　　　　　　　《仙后》

---

[1] 斯宾塞(Edmund Spenser,1552—1599),英国著名诗人、桂冠诗人。代表作有《仙后》等。
[2] 克雷布(George Crabbe,1754—1832),英国诗人、韵文故事作家、博物学家。

第五章
从塞勒姆到伯克郡

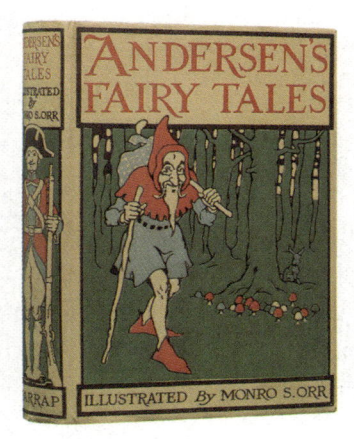

《安徒生童话故事集》　　　　　　　克雷布

他们的草篮子，去外面采摘花朵。他们出去了一段时间，在回来的时候带回了一大束美丽的鲜花，其中就包括野草莓树的花朵、银莲花、紫罗兰以及豪斯顿花。

这天下午，孩子们与他们的父亲去树林与山丘上散步，带着一些野草莓花回来了。朱利安给我带回了月桂花，让我做一个花冠戴在他父亲的头上。

23日。朱利安将他收集到的贝壳与一些动物的残骸放好，就像一头野狼那样用锤子敲打着什么。然后，他讲了自己收集这些东西的故事，帮我整理床铺，给我拿了一些棉花来填充布料，看着塔潘先生种的那些年幼的树木。当他的父亲从楼上的书房下来，就与他一起玩耍。整个晚上，当丈夫给我阅读《懒散城堡》[1]一书的时候，我便在一旁编织衣服。

---

[1]《懒散城堡》(The Castle of Indolence)，是苏格兰诗人、剧作家詹姆斯·汤姆森（James Thomson，1700—1748）的诗歌集。

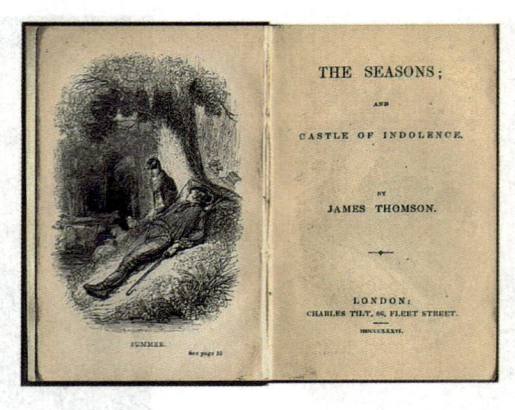

《懒散城堡》

我最亲爱的莉齐：

  塞奇威克夫人对我在这边的生活充满了友善且强烈的兴趣。她与丈夫经常来我们这里做客。塞奇威克先生给霍桑送来许多报纸。我希望你能够告诉我，高大的安是否可以帮我们做些工作。她谈到自己现在无法参加教会的活动以及领圣餐。我知道她是无法离开这些宗教活动的。当她在这里生活的时候，肯定会感觉自己仿佛置身天堂。在一年中的多数时候，这里的天气都非常好。我经常会想：

  "时间仿佛倒流，最后带来了黄金般的回报。"

  这里的一切如此美好。现在，天空中出现了金黄色玫瑰般的黄昏。远处的山丘沐浴在一片蔚蓝色的雾气中。湖面很平静，但偶尔也会荡漾出涟漪。现在是割晒干草的时候了，孩子们喜欢走出家门，与那些晒干草的人一起玩耍。哦，对孩子们来说，这真是非常幸福快乐的时光啊！空气中弥漫着即将被晒干的三叶草与其他青草散发出来的芳香。现在,朱利安的皮肤被晒成了深棕色。可以说,他现在的肤色就跟栗子色没什么区别了。我们在这里的生活是如此舒适幸福,以至于我想象不到比现在的生活更加舒适与满足的生活了。上周六下午,我们一起在湖边欣赏风景。乌娜与我找到了一些月桂花,将它们编织成一顶桂冠。乌娜将这顶桂冠戴在她父亲的头上。湖面四周的山丘上长着许多月桂树。现在,我们养了12只小鸡,我们每天都会喂2次小鸡。我们在出发的时候,往往是以纵队的方式前进。我们也给每只小鸡进行了命名,它们分别叫雪花莲、王冠、王后、公主……那只名叫雪花莲的小鸡看上去很可爱,长着白色的绒毛。霍桑将今天称为秋分。

霍桑夫人的母亲在收到来信之后很快进行了回复:

1850年6月8日

我亲爱的女儿:

伊斯特·斯特里奇昨天给我带来了你的信……我希望你有时间尽情享受美好的天气。每当我想到你现在过着悠闲、舒适与幸福的生活时,就让我感到非常快乐。虽然现在你肯定也要面对各种烦恼与忧虑,但我希望你能够用更多的快乐与美好去消除内心的烦恼。我希望更多美好的精神能够将你丈夫内心的困扰全部赶走,让他的灵魂充满着神性的祝福与美好的情感!霍桑必须继续进行文学创作。你也必须尊重那些卑微之人,因

纯洁的良心
——回忆我的父亲霍桑

为帮助这些人，能更好地减轻他们所背负的重担。每当我想到那些在厨房工作的女佣的地位要比我更低的时候，我的内心就充满了羞耻感。要是没有那些卑微之人为我们做面包，那么，那些有识之士或是有天赋的人又能做出什么来呢？请替我亲吻可爱的孩子们。告诉他们外祖母每天都想念着他们，外祖母每天都希望与他们一起散步，一起去采摘美丽的花朵，一起前去树林、山丘或是田野上欣赏风景。我希望他们从小就能感受神性的精神，感受星光璀璨的天国世界，希望他们能够怀着感恩的心灵去审视旭日与夕阳。愿上帝保佑你们所有人。

永远深爱着你的母亲

8月1日

我最亲爱的母亲：

在过去的两周时间里，霍桑不让我去做任何事情，而让我静静地休息，这让我的内心很不好受。霍桑根本不允许我感受任何烦恼或做任何体力活，而是坚持要他一个人做好。霍桑说，在仲夏如此炎热的天气里，他无法静下心来创作。现在，他只是将脑海里闪过的一些思想迅速记录下来，之后慢慢地进行探究。除此之外，霍桑依然没有恢复到原先精力充沛的状态。过去这一年对霍桑来说是充满考验的一年，对我来说也是如此（因为政治诽谤方面的事情）。我也还没有找到自己的最佳状态，霍桑的文学创作似乎也处于一种压抑的状态。但是，

第五章
从塞勒姆到伯克郡

大自然的神秘力量肯定会让我们慢慢地恢复最佳状态。霍桑认为之前在塞勒姆地区生活时期的很多事情依然困扰着他……是的，我们在这里生活也能找到许多极为友善的朋友。其中，塞奇威克一家人所表现出来的伟大品格，可以称得上是最为真实的朋友了。他们一家人是非常乐观的，喜欢欢笑，他们就像夏日的阳光充满着热情与欢乐。他们照顾着我们在这里的生活，仿佛他们就是我们的父亲、母亲、兄弟与姐妹。我们也融入这种友善的爱意中。当我们在面对一些紧急情况的时候，要是没有他们的帮助，真的不知道怎么办才好。我告诉你这些情况，会消除你对我们在这里生活的担忧。塔潘先生是一位天生乐善好施的人，有着最为愉悦的性情，他那双羞涩的深色眼睛似乎总是对我们闪烁着热情好客的微笑。可以说，有他这样的朋友，我们每天过得非常舒适愉悦。唯一让我感到有点遗憾的，就是我现在所住的地方离你有点远。我希望你能够来这里住一段时间，这样，你就不用忍受那边的酷暑了。在这里，我每天早上可以为你煎一个新鲜的鸡蛋，还有新鲜的牛奶。你还能喝到从蜂巢里采集的新鲜蜂蜜，我们的果园里还种植了新鲜蔬菜，这里的红醋栗肯定能让你干燥的嘴唇变得湿润起来。除此之外，你在这里还能过上平和的日子，获得充分的休息，可以在凉风习习的树林中安静地散步。你可以坐在三叶干草的谷仓旁边，看着你那可爱的外孙在空地上玩耍，享受天伦之乐。你可以看到给孩子们吃通心粉时的有趣画面，听到孩子们爽朗的笑与低声的嘟囔。这肯定会让你感到非常愉悦的。

上个周六晚上，奥沙利文先生来我们这里做客。我们上次听到有关他的消息时,他还在新奥尔良,患上了黄热病。因此,他前往古巴的行程也不得不耽搁数月了。现在,他正在保释期,还要在12月的时候回来受审。奥沙利文先生在那天晚上回到了斯托克布里奇。在周一的时候,一辆马车过来载着我们去菲尔德斯夫人的家里,因为菲尔德斯夫人也是奥沙利文先生母亲的一位老朋友了。我们受到了极为热情的招待。乌娜与我在这里待了一个晚上,奥沙利文先生带着霍桑与朱利安回去了,因为霍桑不想留下来过夜。我之所以要留下来,就是因为想要去一个冰穴里参加火把狂欢节,但相比于这个狂欢节,我更想见到奥沙利文先生。我们的这一趟旅程是非常有趣的。菲尔德斯夫人带着我去欣赏小说《霍普·莱斯利》[①]中的艾弗尔当年牺牲的地方,因为这个地方距离她家不是很远(这个山丘上生长着许多月桂树),艾弗尔牺牲的地方是靠近山顶处的一块岩石。孩子们都非常喜欢这趟旅程,他们表现得非常乖巧,沉醉于这样的景色中。大人们认为,世界上没有比朱利安更好的男孩子了,也没有比乌娜更优雅的女孩子了。

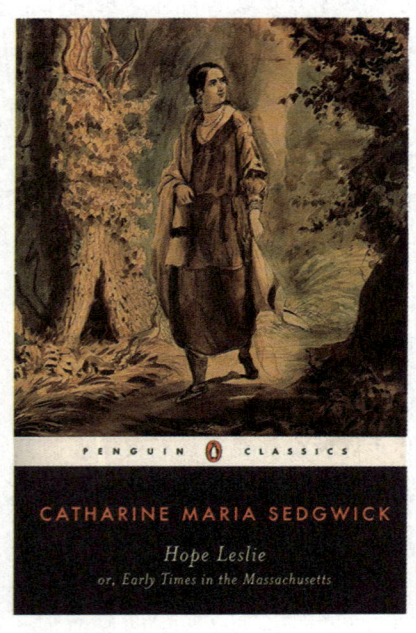

《霍普·莱斯利》

[①]《霍普·莱斯利》(*Hope Leslie*),美国女作家凯瑟琳·塞奇威克(Catharine Sedgwick, 1789—1867)的小说。

"他们既不是太羞涩,也不是太粗鲁",这句话是菲尔德斯夫人说的,"而是刚刚好"。那里有一头体形庞大的纽芬兰狗,这条狗的名字就叫英雄,朱利安非常喜欢这条狗。他想要骑在这条狗的后背上。另外一条雪白色的狗则叫费伊,看上去也是一条非常活泼有趣的狗。菲尔德斯夫人家的面积很大,有用天然橡胶装饰的房间。按照奥沙利文先生的说法,它能够容纳许多客人一起过夜。可以说,这充分体现了菲尔德斯夫人的热情好客。这座房子位于树荫下面,在树荫后面是一个四周环绕着树林的小谷地,谷地上面则是桂冠山。这里到处弥漫着乡村的浓郁气息,可供休憩的座椅随处可见。还有许多弯曲的小路,能够看到胡沙托尼克沙河,这条河流就像平原上面的一粒珍珠。晚上,奥沙利文先生带着我去看望哈利·塞奇威克夫人。塞奇威克夫人是一位优雅的女性,脸上总是闪耀着光芒。我之前一直没有机会见到她,现在可以说是终于了却了这个心愿。我还看到了罗伯特·塞奇威克小姐与阿什伯纳斯先生,之前他们曾去海伍德拜访过我们。

我们来到一座大桥上,看到手上举着火把的人群已经走出了冰穴,整个画面就像一大群星星从天空中掉落下来,然后碎成了许多发着光的碎片。奥沙利文先生也说出了与我内心想法一样的话。我们一直等到这群人走过来。我们看到了查尔斯·塞奇威克小姐与她那些友善的女同学登上了一辆公共马车,前往雷诺克斯。她们手举火把,火光照亮了她们清秀的脸庞。她们穿着颜色鲜艳的衣服,看上去那么美丽,就像一束束艳丽的花朵。当她们一一向人道别时,年轻的绅士纷纷发出欢呼声,举起手中的火把大声喊着"万岁"!查尔斯小姐真是一位可爱的女士!她的脸庞红了起来,看上去非常羞涩，就像她手中举的火把一样。总之，她是那么可爱、友善与快乐，仿佛是一朵充满着蓬勃生命力的玫瑰花。在她们头上，是在清澈的夜空中闪耀着光芒的群星，这些星星仿佛围绕着地平线，感受到了这些火把发出来的热量。月光从东边的天空升起来了。在天空的北面，极光就像一朵巨大的百合花迅速绽放。这真是非常罕见的奇景。之后，我们来到了哈利·塞奇威克小姐身旁。她站在那里，接受参加这个活动的其他人的问候。每一位年轻绅士的手上都拿着一支火把，他们的脸庞也被火光照得像是一朵朵鲜红的玫瑰。他们在如此年轻的时候，就应该充分享受这样的快乐时光。这些年轻人散发出来的活力与欢乐，就是年轻本身最好的证明！此情此景，便是这次旅行的意义所在。我发现，斯托克布里奇的每个人都喜欢我们的朋友奥沙利文先生。在这些人心目中，他就是一个非常友善且受欢迎的人。正是通过奥沙利文先生，我们才有机会认识这些人。

永远深爱着你的

索菲亚

9月4日

我最亲爱的母亲：

　　今天，霍桑与麦尔维尔[①]先生前往皮茨菲尔德一起吃饭，

[①] 麦尔维尔（Herman Melville，1819—1891），美国小说家、散文家和诗人，也担任过水手和教师。代表作有《白鲸》《泰皮》《比利·巴德》等。与霍桑是一生的好友。

第五章
从寨勒姆到伯克郡

是塔潘先生用自己的马车载着他们去的。早餐后,我前往海伍德,想要找一辆马车。因为你知道,塔潘先生之前表示,如果我们会驾驶马车,就可以使用这辆马车。我发现詹姆斯坐在马车前面的座位上,心想这次是没有机会了。但是,当我定睛一看,是塔潘先生准备前往皮茨菲尔德。

麦尔维尔

他非常热情地对我说,他回来是要接一位先生的。对某些人来说,这并不是什么特别的礼节,但对塔潘这位性情羞涩的先生来说,他不希望自己被介绍给麦尔维尔先生。听塔潘先生这样说,我觉得非常有趣。我相信,那个人在认识麦尔维尔先生之后,肯定会认为麦尔维尔先生与他之前想象的完全不一样。麦尔维尔先生是一位友善且有趣的人。因为,我们认为麦尔维尔先生就是这样的人。麦尔维尔先生是一个真诚且温暖的人,有着充满智慧的心灵;他是一个真诚、勇敢且有敬畏心的人,待人柔和谦虚。我认为麦尔维尔先生是一个伟大的人物,但我不敢保证别人也有类似的看法。或许,我应该说,我不敢肯定他是一个伟大的人。当然,在我看来,这只是我个人的观点而已。麦尔维尔先生有着深刻的洞察力,但真正让我感到惊讶的是,他的双眼看上去不是很大,眼神也不是很深邃。他似乎能够以非常精准的方式观察世间万物。至于他是如何充分运用那双不是很大的双眼去观察事物的,我也不是很了解。他的那双眼睛看上去不是很锐利,也没有什么特别之处。他的鼻子很挺拔,相貌很英俊,他的谈吐能够让人知道他是一个充满理智与情感的人。麦尔维尔先生身材魁梧,身板挺直,给人一种随和、勇敢、充满男人气概的感觉。当他与别人交流的时候,经常会做出各种手势动作,表达自信的力量,有时甚至会陷入自己所谈论的主题中不能自拔。他的活力有时会变成一种独特的安静眼神,我从未见过有人露出那样的眼神。那是一种内向且黯淡的眼神,会让你感觉他能感受到你内心最深层次的情感。那是一种奇怪且懒散的眼神,但那个眼神透露出来的力量却是独一无二的。那种眼神似乎并不是要穿透你的心灵,而是要将你带入他的内心世界。昨天,我看到他用那样的眼神看乌娜好几次。他说,马修斯先生正在为《文学世界》期刊撰稿,因此

《文学世界》

他准备前去伯克郡。马修斯在发表于下期杂志上的文章里,将霍桑称为"高尚的忧郁先生"。你也知道,你所读到的内容只是引言。那么多人坚持认为霍桑是忧郁的,这也着实是一个有趣的现象,因为现实生活中的霍桑根本不是这样的人。也许,因为霍桑是一个喜欢沉思的人,喜欢沉思的人看着像忧郁的样子?特别是像霍桑这样一个"内心始终燃烧着智慧火焰的人"(我这里是引述霍桑自己说的话),更是如此了。霍桑能够看到人类遭受的诸多苦难,并对这样的苦难表达自己深深的怜悯之心。在我看来,霍桑似乎总是处于某种未来遥远的情绪中,就像一个迷途的六翼天使。虽然他这一生从未体验过任何邪恶,但他却有着神性的智慧,能够看到所有邪恶,并为这些邪恶的存在而感到悲伤。

在母亲早年写给父亲的一些信件里,就有她亲自写在老式纸张上的一首诗歌,这首诗歌显然表达了她内心的情感。

六翼天使与鸽子

一个六翼天使从更高的空间里迷失了,落到了地球上。
受到内在微弱却又强大冲动的刺激,
他不知道自己应该从哪里离开人群,
不知道应该从哪些人中找寻世界的眼泪。
但是,他身上拥有神性,内心没有任何恐惧。
他遵循内在纯真无邪的冲动。

他向芸芸众生歌唱天国的声音。
他从不认为这是他的本事，
而是认为这是来自更高法则的展现。
他的双眼有着天国美好的色泽，
展现出光芒，带来美好的祝福。
当他知道上帝派他下来的原因之后，
就像一颗星星脱离了原先的环境。
他是孤独的，他远离着人群。
他简朴的性情无法解决凡人面临的复杂关系。
他只想过这种充满爱意与赞赏的生活。
凡人忘记了上帝是他们一切力量的源泉。
他的心灵世界充满了无限的灵感，
他感知了天国美好的世界，回想起美好的家园。
他知道自己不会受到空间的束缚，
但他等待，且相信创造万物的爱意。
看吧，一只白鸽飞到他的手臂上，扇动着翅膀。
白鸽的双脚似乎从来不需要休息；
六翼天使将白鸽放入他的怀里，
他感受白鸽带来的温暖，他露出了微笑，说：
"是的，天父！上天只能让那些志同道合的人在一起。"

"我的鸽子"是我的母亲给父亲起的昵称，因为父亲曾经找到了一个刻有白鸽图样的印章。母亲在与我交流的时候，经常会笑着谈到这件事。

第五章
从塞勒姆到伯克郡

霍桑的生活几乎没有受到俗世的玷污,这是因为霍桑是一名预言家,他知道什么是罪恶。也许,只有朱利安那颗天使般的心灵和纯洁的生活,才可以与他毫无罪恶之心的心灵相比较。这也是我认为人只有经过了罪恶的重大考验之后才能拥有智慧或是善良本性的观点是非常荒谬的。我认为这样的观点是在亵渎神明,也是不可饶恕的罪恶。我们在上周六并没有如期收到《文学世界》的期刊。我真的很想阅读那篇《高尚的忧郁先生》的文章。可怜的阿姨啊(指的是霍桑夫人的阿姨皮克曼),我从不认为,当人们在文章里将莎士比亚与霍桑并列提起是对莎士比亚的一种贬低。不过,他们两人也根本没有进行比较的必要性,虽然任何两个伟大的人物都有许多进行比较的理由。毕竟,那些拥有创造性灵魂的人是没有什么本质区别的,因为他们有着相似的天才直觉,追求真理,都能够感受上帝的灵魂。我认为另一个莎士比亚不可能在这方面做得如此圆满。即便是这样卑微的我,也曾将自己的思想与莎士比亚进行过比较。但是,请你千万不要跟皮克曼阿姨谈论这件事。因为她并不相信思想是一种绝对意义上的事,因此,她要么认为我发疯了,要么就是过于自大了。

永远深爱着你的
索菲亚

纯洁的良心
——回忆我的父亲霍桑

左起：菲尔德斯、霍桑、提克诺尔

第六章
雷诺克斯

雷诺克斯那边的朋友经常会前来拜访或是寄信过来，当时一个文学团体要求霍桑离开这里，但霍桑对于这些挑剔之人的做法根本无动于衷。霍桑在创作《七个尖角阁的老宅》一书的时候，会大声地朗读给妻子听。霍桑给威廉·B.派克写了一封长信。赫曼·麦尔维尔虽然住的地方不是很远，但他给霍桑写了一封非常有趣的长信。

麦尔维尔

在伯克郡居住期间，霍桑的作家朋友中最好的就是曼斯菲尔德[①]了。他曾对霍桑夫人谈到与霍桑之间

[①] 曼斯菲尔德（Lewis William Mansfield, 1816—1898），美国作家、诗人、散文家。代表作有《清晨一瞥》《乡村的信件》等。

纯洁的良心
——回忆我的父亲霍桑

的友情给他带来的乐趣。从这封信里,我们可以得知看似无聊沉闷的时间是如何变成美好时光的。我引述他这封信里的一些段落:

家里,1851 年 1 月 15 日

亲爱的霍桑夫人:

你如此关心我的作品,实在让我有点受宠若惊。在此,我要说,我非常欣赏你对我寄给你的那篇《彭迪森的信件》的评论观点。虽然这已经是很久之前的事情了,但现在终于有时间让自己无所依附的心灵找到可供消遣的活动。《乡村的信件》可能会在当代有所影响,但绝对不可能流芳百世。最近,我一直在阅读巴特勒①主教写的《类比》一书,我每天在思考这本书里表达出来的思想。我不敢确定霍桑写的《七个尖角阁的老宅》一书是否会将我的专注力从那本书里转移出来……巴特勒主教的这本书非常好,我希望在冰霜覆盖大地之后,自己仍在阅读这本书。可以说,我与大自然一样,始终过着忙碌的生活。

某天,在给某位女士写的一封信里,我读到了一些人对霍桑的《七个尖角阁的老宅》一书的情节的看法,这让我忍不住大笑了许久……这些人认为"《七个尖角阁的老宅》一书的情节只是为了表达出深层次的诅咒思想"……你谈到了"深红色的日出",还谈到了"金黄色的日落"等。我很高兴能够从霍桑

---

① 巴特勒(Bishop Butler, 1692—1752),英国圣公会主教、神学家、护教家及哲学家。

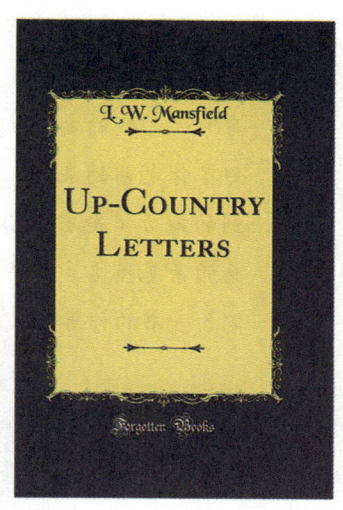

第六章
雷诺克斯

曼斯菲尔德的《乡村的信件》

巴特勒主教

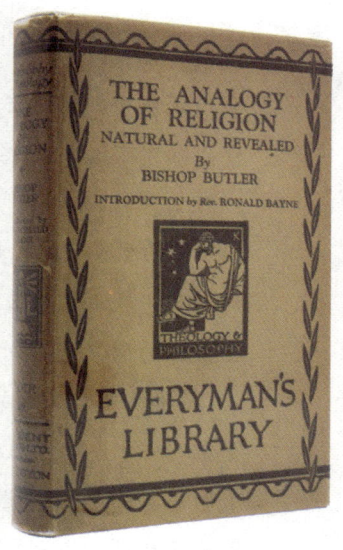

巴特勒主教的《类比》

这位如此优秀的作家处了解到日出有着不同的颜色。在我的那本小书里，我谈到了"清晨升起了夹杂着银白色与玫瑰色的旭日"……我的妻子让我将她的爱意传递给你，她也妥善地保管好了你之前的来信。她将你的来信保管在一个任何人都无法找到的地方（她有点小小的嫉妒），但不管怎么说，她都想要霍桑的亲笔签名。请将我的敬意转达给创作出《七个尖角阁的老宅》一书的作者。

永远忠诚于你的
L.W. 曼斯菲尔德

家里，1月22日

亲爱的女士：

我认为，要是霍桑知道了我准备给他写一封关于慰问的信件，他肯定会露出微笑的。当然，我并没有这样的本意。但是，我对于《教会评论》的一篇文章还是有点不满。不管霍桑是否在乎我的观点，但我对此事表达出自己的观点，会让我的内心得到满足。我不认为霍桑能够完全生活在自己的世界里，而不去理会他的朋友感受到的冒犯。这件事涉及我之前给你寄过去的《乡村的信件》里的内容。现在，我要说一点（我是两万名受尊重之人当中，敢说出这一事实的人），那就是霍桑在这两种情形下所添加的个人描述内容让我对霍桑的文章产生十倍的兴趣。因为霍桑那么谦逊与真诚，有着那么细腻的描写，所以阅读他的文章，会让我感觉那些无法理解他的人的愚蠢之处……

请原谅我给你写了一封长信，请相信我永远是你真正的朋友。

L.W. 曼斯菲尔德

在此期间，我的母亲在记录着每天发生的事情：

1月2日。今天早上，东边的天空出现了一块云团，看上去就像靠近地平线上的一条金鱼。接着，我与孩子们一起建造雪屋，一起用铲子铲出一条路。

1月5日。在日出的时候，我与孩子们一起外出散步去见他们的父亲。在路上，我给孩子们讲了圣女热纳维耶芙[①]的故事。

1月10日。在晚饭前，我与孩子们一起沿着道路散步，给他们讲述了苏格兰女王玛丽的故事。

1月11日。我丈夫给我阅读了《重述的故事》第三个版本的前言内容。当然，霍桑的阅读仍然是完美的。

1月12日，周六。我丈夫在下午3点钟时从书房走出来了。能够见到他，真的让我感觉非常好。我带着亲爱的朱利安一起走到了威尔科克斯的谷仓。朱利安与我都非常享受那里的景色。山丘在微弱阳光的照射下，散发出柔和的色泽，白雪在

[①] 圣女热纳维耶芙（Genevieve，约422—约502），法国巴黎的主保圣人，还是个小女孩时就已经决定终身不婚，而且把时间都用于祈祷和沉思上。

纯洁的良心
——回忆我的父亲霍桑

巴黎圣斯德望堂正面的圣女热纳维耶芙雕塑

第六章
雷诺克斯

清晨阳光的照射下反射出银白色光线，而在夕阳的照射下则反射出紫罗兰的颜色。朱利安弯下身子，舔着雪的味道，然后大声地叫喊着："哦，这白雪的味道实在太好了！"我发现朱利安非常喜欢这些闪烁着光芒的雪球。"妈妈，这些雪花仿佛就飘浮在空气中！"朱利安说。霍桑接受了别人的恳求，为对方寄去亲笔签名并开始思考别人要求他创作自传的请求。

1月13日。在这天晚上，我丈夫说他准备给我朗读他的作品《七个尖角阁的老宅》。这让我的内心产生了一种难以言喻的快乐。

1月14日。当孩子们上床睡觉后，我丈夫再次拿出他的手稿。我始终为丈夫创作出深刻的作品而感到骄傲。我盼望着霍桑能够继续朗读这本书，好让我继续进行深入的思考。霍桑在朗读一个传奇故事的结尾，他的朗读是那么形象，那么具有力量，仿佛有种优雅与魅力贯穿其中，听得我有点神志恍惚。霍桑拥有爱丽丝那样的视野和敏感的思维，对现实也有着那么真实的感知！那位坚强、英俊且强大的莫尔虽然面临着无法改变的命运，但仍然发出了"无辜之人要为罪恶承受痛苦"的声音。这句话听上去是那么阴暗，却又如此真实！

1月15日。我整天在家里缝纫衣服，脑海里一直想着莫尔说的那句话！今天的夕阳非常壮观，就像一个炽热的大火球挂在天边。晚上，霍桑再次朗读了他的手稿，这给我带来难以名状的快乐感受！在我丈夫那双极具洞察力的双眼里，世间的一切是那么明朗清澈。我丈夫始终能够从混沌的水里捞出来无价的珍珠！

1月16日。今天的太阳就像一个巨大的红色火球，仿佛变成了三伏天的太阳。朱利安整天待在家里，因为他的天然橡胶已经用完了。我整天盼望着丈夫在晚上给我朗读手稿，因为霍桑的朗读每次总能够给我的心灵带来强烈震撼。但让我感到遗憾的是，他已将手稿读完了，因此没有其他手稿可以继续朗读了。今天早上，朱利安坐在一张小椅子旁边，然后走到他父亲的膝盖前。朱利安说出了一句非常有趣的话："我想要成为爸爸的一个伞菌！"我丈夫提出今晚朗读《萨拉巴》[1]这本书。我对此感到很高兴，虽然我一直以来不是很喜欢骚塞的作品，但我喜欢那些熟悉的感觉。不管我丈夫给我朗读什么内容，只要能够听到他那音乐般的声音，我的心灵总是能够感到无限满足。今天，塞奇威克女士也前来拜访我们。

1月18日。今天早上，我带着孩子前去路德家。我们来到了谷仓，终于找到了他。当时，路德正在谷仓那里磨着燕麦。孩子们看到那匹马拉着踏车推动着磨盘，这让他们既悲伤又愤怒。

《萨拉巴》

---

[1]《萨拉巴》（Thalaba the Destroyer），英国浪漫派诗人罗伯特·骚塞（Robert Southey，1774—1843）的作品。

第六章
雷诺克斯

1月22日。今天的天气不冷不热。早上,安娜·格林出现在我的家门口。我很高兴见到她。她在我家待了2个小时,之后就离开了。在晚上的时候,赫曼·麦尔维尔过来了,安娜也再次来我家做客。

1月23日。安娜·格林很早就过来了,希望我们能够与她在这一温暖与灿烂的日子里一起外出散步。我们带着孩子前去湖边,一路上进行了非常有趣的对话。晚上,安娜与卡洛琳·塔潘①过来了。我们喝了一点香槟酒、吃了煎鸡蛋(她们以为香槟酒就是普通的饮料而已)。卡洛琳说她希望整个冬天能够喝到这样的饮料。

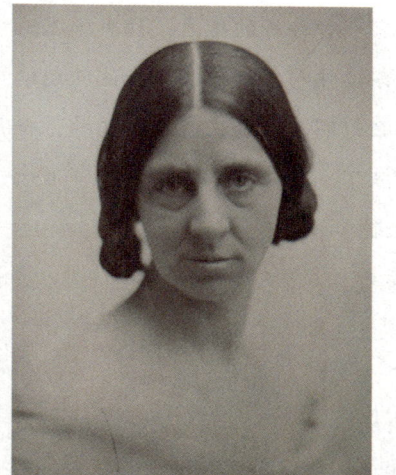

卡洛琳·塔潘

1月24日。这天晚上,我丈夫给我朗读了德·昆西②的一些作品,这让我的内心感到了无限满足。

1月26日,周日。我阅读了《七个尖角阁的老宅》一书的全部手稿。

1月29日。今天下起了一阵暴雨,谁能想到在这样的天气下,萨拉·肖竟然敲响了我家的大门。安娜·格林之后也过来了。

---

① 卡洛琳·塔潘(Caroline Sturgis Tappan, 1818—1888),美国超验主义运动者、诗人、艺术家。
② 德·昆西(Thomas De Quincey, 1785—1859),英国著名散文家和批评家,代表作有《瘾君子自白》等。

德·昆西

我简直无法表达自己见到她时是多么高兴。在与萨拉·肖分别4年之后，能够再次与她进行有趣、愉悦的对话，这实在是太好了。

2月1日。这天晚上，我丈夫给我朗读了狄更斯的《大卫·科波菲尔》的部分内容。我简直无法表达自己内心的喜悦情感，因为我丈夫的声音似乎总是有一种神奇的魔力，让我深深地陷入其中，无法自拔。霍桑的朗读技巧真的很棒。在他的朗读中，书中每个人物的形象是那么鲜明，他的声音抑扬顿挫，将人物最为深刻的一面都呈现出来了。我认为，霍桑的胸口可能藏着一把加百利的竖琴①。每天晚上，没有比聆听我丈夫的朗读更加美好的事情了。

2月5日。我丈夫回复了来自肯塔基州的罗伯特·奥戴尔的一封信。奥戴尔在来信里任命霍桑为普雷司各特文学协会的名誉会员。我还与孩子们一起散步到

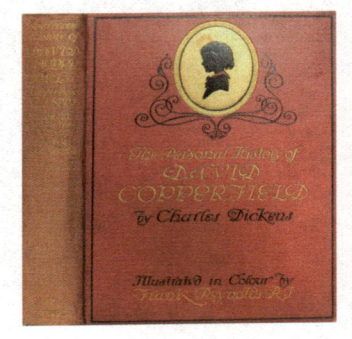

狄更斯的《大卫·科波菲尔》

---

① 加百利的竖琴（Gabriel's harp），加百利是一个传达天主信息的天使。他也被认为是上帝之（左）手，因手的灵活，弹奏竖琴出神入化。这里借以形容霍桑的声音极具磁性魅力。

第六章
雷诺克斯

了湖边。

2月9日。霍桑的《七个尖角阁的老宅》一书的两个样稿已经寄过来了,我怀着强烈的兴趣再次阅读了一遍。可以说,霍桑这本书更加具有典型的个人写作风格了。

2月12日。今天,我们全家人一起外出散步,霍桑和乌娜一起来到湖边,朱利安与我则来到了房子里可以被阳光晒到的一边。今天的夕阳散发出金黄色的光芒,非常美丽。

2月19日。我丈夫带着孩子来到了结冰的湖面旁。晚上,他大声地给我朗读了《力士参孙》①一书的部分内容。

3月3日。今天是乌娜的生日。她已经7岁了,我丈夫在晚上开始给我朗读《华伦斯坦》这本书的部分内容。

3月5日。提克诺尔先生将霍桑的5个雕刻头像寄过来了,头像上霍桑的表情显得那么忧郁。

3月8日。塔潘先生认为霍桑的肖像看上去更像丁尼生。

3月10日。塞奇威克女士给我带来了伊丽莎白·巴托尔的一封信。这天晚上,我丈夫给我朗读了蒲柏的书信录。

3月12日。赫曼·麦尔维尔在黄昏时分从皮茨菲尔德过来

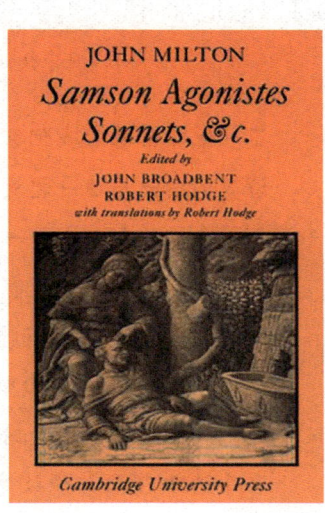

约翰·弥尔顿的《力士参孙》

---

① 《力士参孙》(Samson Agonistes),英国文学家约翰·弥尔顿(John Milton)创作于1671年的长篇诗歌。

纯洁的良心
——回忆我的父亲霍桑

英国画家乔治·海特的素描画《力士参孙》

了。他非常喜欢我们家的香槟酒、煎鸡蛋、面包等食物。他邀请我们明天与他一起外出，一起度过美好的一天。我丈夫决定带着乌娜与麦尔维尔一起外出。

3月13日。今天有暴风雪。我丈夫已经前去皮茨菲尔德。当他与乌娜乘坐着马车离开家后，朱利安在人生中第一次想他父亲了，开始撕心裂肺地哭泣起来。为了安慰他幼小的心灵，我告诉他，我会给他讲《黑熊与斯克拉特尔》①《山姆与好斗的年轻人》等故事。他用双手擦拭眼睛里的泪水，这些故事让朱利安很快就哈哈大笑起来。在我讲完故事后，朱利

---

① 《黑熊与斯克拉特尔》（The Bear and the Skrattel），《格林童话》中的一个故事。

第六章
雷诺克斯

安又故态复萌了，说他见不到乌娜的时候，不知道该做什么事情。我跟他说，他应该要有一座瑞士房子，拥有珍珠以及天鹅绒式的家具。我的话让朱利安感到非常兴奋。在吃晚饭的时候，朱利安一直在谈论着绝望巨人以及基督徒。朱利安还一边玩着球，一边即兴创作了一首悲伤的诗歌。这首诗歌的其中一句是："我大声哭泣，为自己感到可怜。"此时，朱利安已经停止玩耍了，一些羔羊在窗户外面开始吃草。朱利安又说，要是他有一只羔羊作为宠物羊就好了。此时，窗外下着很大的雪，我根本看不到那个湖，更看不到湖边的那些树木。在茫茫的大雪中，羔羊看上去也是一片雪白，它们的身上覆盖着雪花。朱利安想要去找他的板岩，后来他找到了一块比较光滑的板岩。在午夜的时候，某些东西（可能是一条狗、一个人或是其他我们不知道的东西）将那些羔羊全部吓走了，朱利安提醒我说，之前我答应过要给他讲《黑熊与斯克拉特尔》的故事，于是我履行了自己的承诺，根据故事本身所营造的气氛适时地发出一两声尖叫。之后，朱利安说："爸爸与乌娜不在这里，我感到非常孤独。"之后，朱利安要求我给他朗读威廉·菲普斯爵士[①]的故事。当我将他放在床上，朱利安说，天使们就躺在他的床边。

3月14日。今天的天气太好了！但是，朱利安与我也只能在家里耐心地等待。当我给朱利安穿衣服的时候，他的嘴巴没有一刻闭上过，一直不停地嘟囔着。我允许他这样，因为他

[①] 威廉·菲普斯爵士（Sir William Phips，1651—1695），美国首任马萨诸塞湾区行政长官、将军、寻宝者，虽出身牧羊童，但一生传奇，后人把他的生平编撰成故事。

纯洁的良心
——回忆我的父亲霍桑

威廉·菲普斯爵士

的父亲与乌娜不在这里,他们不会被朱利安絮絮叨叨的话语所困扰。在吃早餐的时候,我们的心情都不算好。朱利安一直在盼望父亲能够快点回来,这要远远强烈于他盼望乌娜回来。朱利安说:"我亲爱的妈妈,爸爸不在家里的时候,我感觉自己孤身一人置身于茫茫的高山之上!"我用剪刀帮朱利安剪去了一些较长的卷发,他将这些剪下来的卷发小心翼翼地保存在一个多米诺盒子里,之后再送给他的小伙伴。吃过早餐后,我给他穿好衣服,我们一起外出。朱利安表达了希望见到父亲的强烈愿望,想要乘坐马车去找父亲。在他迈出家门前,我从书架上拿下了《重述的故事》这本书,然后看着霍桑的那个头部雕像。之后,我们母子俩一起认真欣赏这些头像,我与朱利安都乐在其中。真的要感谢费里布朗、提克诺尔、里德与菲尔德斯,也感谢汤普森等人。最后,朱利安突然产生这样的感慨,说:"这个雕刻头像虽然不会说话,但他始终对着我微笑,与爸爸很相像。这就是我那个真正的爸爸!"此时,朱利安已经跑到外面玩耍了,我也跟在他后面。每当我抬起头的时候,就能看到可爱的朱利安。这样的感觉实在美好。

乔治·W.柯蒂斯曾经给霍桑寄过来下面这封信:

第六章
雷诺克斯

波士顿，1851 年 3 月 19 日

我亲爱的霍桑先生：

我在这封信里，一并给你寄过去这本书（指的是《夏瓦吉的尼罗河记》[1]）。我想要通过这封较长的信来打破之前的沉默。我不应该一直等到现在才给你写信的，因为我当时每天过得很快乐，反而忘记给你写信了。我认为，自己过去一段时间的状态就像一个年轻的人，认为自己活在世界上最快乐的时光里。在这本书里，我想要表达这种体验中感受到的满足感。我认为，每个像我这样的人都需要前往尼罗河体验一番。

但是，你应该相信（如果你依然相信我）我手上现在拿着一份报纸，才醒悟之前给你寄过去的旅行游记信件没有送到你的手上。我希望某天能够与你见面，亲自跟你讲述这些事情。

我只会在波士顿待上一段时间，因为暴风雨的关系，我只能整天待在家里，也没有见过什么朋友。我认为你现在应该在雷诺克斯居住了，在我的记忆里，那

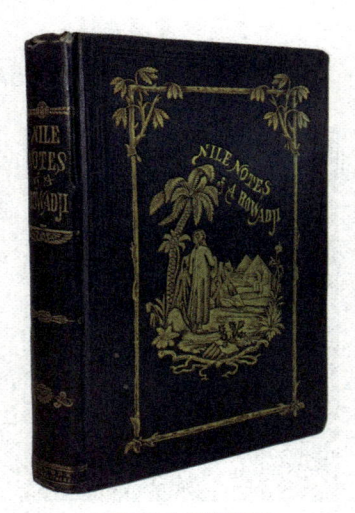

《夏瓦吉的尼罗河记》

---

[1]《夏瓦吉的尼罗河记》(*Nile Notes of a Howadji*)，美国作家乔治·W. 柯蒂斯的一部游记，于 1851 年出版。

纯洁的良心
——回忆我的父亲霍桑

个地方似乎一年四季只有夏天。我真的希望自己能够置身于那样一个只有夏天的地方，不过你在那里居住肯定也能感受春秋时候的凉爽天气。霍桑夫人是否还记得送给我一把打开克劳福德画室的金色钥匙呢？我从来没有忘记这点。这是一件能够代表她心意的礼物，也代表我们在康科德地区生活的美好时光。

我永远都是忠诚于你的朋友。

乔治·W.柯蒂斯

在很多朋友的来信中，有一封信是从剑桥地区寄过来的：

我亲爱的霍桑先生：

杜伊克里克[①]先生与他那位来自纽约的朋友比克曼阅读了你的《重述的故事》，他们对你能够创作出这样一本杰作而感到由衷的钦佩。他们希望能够认识你。因此，我很高兴能够让你们相互认识。

永远忠诚于你的朋友
朗费罗
6月30日

杜伊克里克

---

① 杜伊克里克（Evert Augustus Duyckinck，1816—1878），美国出版商、传记作家。

第六章
雷诺克斯

G.P.R. 詹姆斯①先生是一位居住在距离霍桑家不远的小说家，但他也会给霍桑写信：

马萨诸塞州斯托克布里奇，
1851 年 7 月 4 日

我亲爱的霍桑先生：

前晚，我收到了两本厚厚的书（这些是塞奇威克小姐的学者朋友写的文章）。昨晚，我想要放弃阅读《七个尖角阁的老宅》这本书，因为阅读这本书仿佛将我的灵魂与肉体分离出来了。就我之前所阅读的内容来看，我要说："魔鬼要比一桶鲱鱼更好一些。"这本书虽然在风格与语法方面有一些不精确的地方，却能展现出你的原创思想。至少在我看来，你的这本书是充满创新精神的，不像其他小说家那样只是鹦鹉学舌般跟风。我的儿子与女儿跟我说，你无法带着你的孩子们一起在周三过来与我们晒干草，这实在让我觉得遗憾。但是，他们也以你的名义向

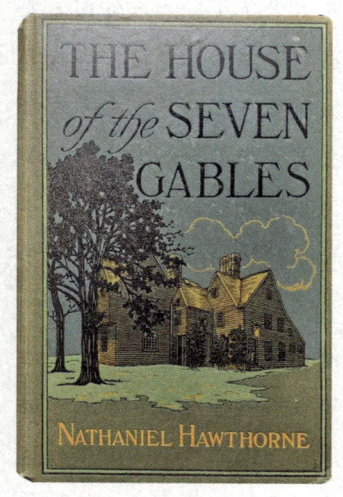

G.P.R. 詹姆斯

《七个尖角阁的老宅》

---

① G.P.R. 詹姆斯（George Payne Rainsford James，1799—1860），英国小说家、历史作家。

我做出了保证,说你之后有时间会带着孩子们过来与我们度过一天。我相信你肯定能够做到的。如果你无法信守诺言,或是无法尽快实现这个诺言,那么我就会认为你是一个不够义气的人啦。

永远忠诚于你的朋友
G.P.R. 詹姆斯

霍桑夫人在一封信里这样写道:

我最亲爱的莉齐:

你给我寄过来的这份礼物实在是太奢华了!如果你因为要给我送这样的礼物,而弄得自己没有钱去做其他事情,那我真会感觉过意不去了。现在,你不仅没有床可以睡觉,也没有房子可以住、没有什么东西可以吃,整天要忙着缝纫衣服,还要亲自洗衣服!我对你现在所过的生活很不开心,但我认为我不应该说一些抱怨的话,因为这只会增添你的烦恼,而且我也不知道怎么做才能更好地解决这件事。只要父亲还在这里居住,我就不打算让别人前来做客。这样做也是为了霍桑着想。因为要是家里来了太多人,肯定会影响霍桑的创作以及正常的家庭生活。事实上,霍桑没有其他的生活——他从来不主动去什么地方,与公众事务也没有什么牵连。我认为,只有我才能估算出当一位陌生人前来家里做客会给他带来多少损耗,特别是在我们这样狭小的房子里。当然,一两周的时间可能尚且可以容

第六章
雷诺克斯

忍，但是几个月的时间则肯定是不行的……你知道霍桑刚刚踏进隐士生活的门槛，他现在还不是一位真正意义上的隐士。

霍桑在给他的一位终生的好朋友写信的时候这样说：

雷诺克斯，1851 年 7 月 24 日

亲爱的派克：

我本应早些时候就给你写信了。我已经收到了你寄过来的杜松子酒，本应及时表达对你的谢意，但我那段时间一直忙着创作，因此没有及时给你回复，实在感到万分抱歉。关于你寄过来的杜松子酒，我现在还不好说这酒是好是坏，因为我们现在还没有打开酒瓶来品尝一下呢。也许，我们要等待天气寒冷之后才会打开酒瓶喝上几口。不管怎么说，真心非常感谢你的热情与慷慨。

我要跟你说的最重要的事情（如果你之前没有听说过这件事），就是我们已经有了第三个孩子，她现在已经两个月了。她是一个健康且快乐的孩子，与一般的孩子没有什么区别。我十分关注她的事情。鉴于我现在的年龄，我的孩子又这么小，因此我认为这应该是我们最后一个孩子了。你在来信里谈到了孤独感，这也让我为你难过。现在，我已经无法感受到你在信中所表达出来的那种孤独感了，我衷心希望你能够采取一些措施，更好地解决这个问题。你可以通过与布鲁克豪斯小姐结婚或是与其他你喜欢的小姐结婚来解决这样的孤独问题。如果我

像你这样养成了独自垂泪的习惯，那么我就会想办法在现有的情况下做到最好。你不应该远离自己的家人或是疏远之前的朋友。

如果你认为那样的孤独感变得无法忍受的时候（我真的不希望你再次体验这样的感受），记得过来找我。顺便说一下，如果我以后还能继续在文学领域取得一些成就，我应该就能积攒一笔钱买一座房子，如果你知道哪些房子的价格在1500美元到2000美元之间，希望你能够随时帮我留意一下。我希望能够居住在海边，或至少距离海边不是很远。可以说，现在我还没有找到这样合适的房子。我想要一座较为宽敞的房子，有足够的室内空间，并且不需要为重新装修而耗费很大力气。现在，我觉得在这些山丘中已经找不到舒适自如的感觉了，也不想一直居住在这个地方。除了在深冬时节之外，我一般能迅速适应某个地方的全新气候环境。现在，我经常患感冒，不像我之前在海边居住的时候那么健康了。我的妻子也面临同样的情况，我的孩子们现在一切安好。我认为他们在靠近海边的地方居住会更好一些。如果你找到了这样一个可能会适合我的房子，请务必记得告诉我。到了10月份，我应该就会前往塞勒姆地区。也许，那个时候，你已经帮我物色好了这样的房子。

我之前不是给你寄去了《七个尖角阁的老宅》这本书吗？为什么你不在来信里表达你对那本书的一些看法呢？我觉得，你可能认为表达出自己不同的观点会伤害我的情感。但是，你根本不需要有这样的顾虑。无论是得到赞美还是友善的批评，我都会一样高兴。当然，我肯定更加希望收到来自你的赞美之

第六章
雷诺克斯

词。不管怎么说，这本书卖得很好，让很多读者感到满意。我必须坦诚一点，我本人就是这些读者当中的一员。这本书其实代表着作者的品格。因此，我在创作这本书的时候感到非常自然，要比我在创作《红字》一书的时候更加充满发自内心的情感。但我想要写一个浪漫的故事，它会以某个社区作为背景，然后将自己的一些经历放进去，通过一些故事情节来表达我在布鲁克农场的一些体验以及个人观察结果。自从《七个尖角阁的老宅》一书出版之后，我又写了一本适合孩子们阅读的童书，这本书应该很快就要面世了。

我的妻子带着乌娜与小女儿要前去南部看望她的母亲，并在那里待上两三周时间。我认为我的岳母可能挨不过这个寒冷的冬天了。我与朱利安则继续留在这里。如果你能从苦闷的海关办公室工作中抽出时间，希望你能够过来看望我。（虽然我的妻子之后肯定会责备你为什么要在她不在家的时候前来拜访。）但是，我真的希望能够见到你，与你谈论一下关于这个世界以及来世的许多事情。我很高兴看到你对精神体验所持的支持态度。我之前也读过有关这方面的书籍。在我看来，精神体验是我听说过的最为奇怪、最让人困惑的事情。其实，我很愿意相信那些有心灵感应之人能够在相隔遥远的情况下，依然能够感知彼此心灵的事实。不过，虽然我与那些能够就这个话题敞开心扉的人进行最为真诚的交流，但还会有很多方面让我感到困惑。因此，你绝对要允许我对这个话题持保留意见，除非我能够了解你关于精神体验的一些相关细节。

在收到你的来信之后，我写信给朗费罗，希望他给你寄去

纯洁的良心
——回忆我的父亲霍桑

一些有助于你成长进步的书籍。朗费罗到现在还没有告诉我他是否已经这样做了。我希望他将这些书寄到你在塞勒姆地区的住宅。我希望你能够学习拉丁语、法语、德语或是其他一门语言，因为世界上还有比用瑞典语接触世界更加方便的语言。但不管怎么说，这都会给你带来阅读的快乐与自我的提升。只要你能够达成这个目标，那么这一切就是有价值的。我担心（你会认为我作为你的朋友过分直白地表达了自己的观点），在接下来的许多年时间里，你可能会在这个世界上默默无闻，我也希望你能够保持足够的耐心去做好一件事。不管怎样，这绝对不是你的过错，而是整个大环境的过错。你的天赋之花注定不是在这个世界上绽放的，我希望能在另一个世界里看到这朵鲜花美丽绽放。

我还有很多话要跟你说，但我此时想不起该说些什么了。还有，在一封信里想要说些更加亲密的话，这是不切实际的。我希望你尽快过来看望我们。

永远忠诚于你的朋友
纳撒尼尔·霍桑

朗费罗

第六章
雷诺克斯

附注：请原谅我在信中潦草的字迹，但我已经习惯了在写信的时候不注重字迹的工整，希望你能谅解。

派克算是那种介于出世与入世之间的人，他就像花岗岩的山丘一样，完全有能力展示出自己的美感。当我们近距离进行观察，就会感受到这样的美感出乎我们的意料之外。我曾经看到过他与我父亲走过威赛德附近的一片小松树林，那是我们从英国回来之后的事情了。派克的身材不高，但显得很结实，乍看上去是一个比较不苟言笑且平凡的人。我对父亲在与他一起散步的时候那么开心而感到很惊讶，之后我才体会到他的行为举止方面所表现出来的绅士品格，聆听到他那抑扬顿挫的声音，还感受到了他谦卑的灵魂。这是多么幸福的事。派克写的一两封信件已经印刷出来了，这些信件是没有任何删减的完整版本。这些信件充分表明派克是一个拥有某种微妙洞察力的人，虽然他容易受到外界影响的干扰，就像公牛容易受到一只蜜蜂的干扰一样，但公牛却始终不会在乎它的存在。这表明了派克有着某种休闲状态下的大智若愚，有足够的智慧去表达他的内心想法。对于像派克这样一位有着洞察力的人来说，任何细微的冲动或是坚毅的目光肯定是常有的，因为这肯定会与他长时间的观察融合起来，然后仿佛一个可望而不可即的愿望那样迸发出最为纯洁的情感。当然，任何能够吸引一位思想家的东西，肯定是不同寻常的。派克可能愿意过普通人的生活，因为只有当他过着普通生活时，才能更好地去理解真理，就像吟游诗人那样表达着爱意，在人生的最后时刻表现出光辉的思想。

纯洁的良心
——回忆我的父亲霍桑

赫曼·麦尔维尔在一封我父亲将时间标记为"1851年7月24日收到"的信件里，就表达了非常有趣的思想。我们只有多次阅读这封信后，才能明白背后的意思。显然，他写的很多话语都是有隐喻的：

周二下午

我亲爱的霍桑：

这不是一封信，甚至不是一纸便条，只是我在你的花园大门口处跟你说的话。我感谢你给我寄来的那封充满愉悦情感的长信（我昨天就收到了）。你在信件里表达的美好情感，仿佛洞穿了我的心灵，让我整个人的精神为之振奋。现在，我正陆陆续续地忙着很多事情，这些事情需要我经常去处理。现在是堆积干草的最好时节了，我的那匹老马正在将它冬天要吃的粮草拉回谷仓。虽然我现在还不是一个有很多空闲时间的人，但我应该很快就能忙完这一切了。与此同时，要是我有足够的空闲时间，我希望前去看望你。之后，我们可以赶在秋天到来之前，去格雷罗克这个地方，在那里过上一段自由自在的生活。但在出发之前，我们必须挖一个深坑，将过去所有的烦恼与沮丧情感全部埋葬掉，告别过去所有的悲伤与痛苦……再见了。

赫曼·麦尔维尔在给霍桑的另一封信件里这样写道：

第六章
霍诺克斯

皮茨菲尔德，周一下午

我亲爱的霍桑：

　　人们经常说，如果一个人经受了苦难，那么他就应该获得回报。但就我而言，哪怕我经历了最为严峻的考验，我也只会乖乖地坐在一个角落，然后舒适地吃着晚餐而已，为什么会这样呢？这只是因为我完成每天艰巨的工作之后，不应该得到什么额外的奖赏吗？我现在不是已经拥有了内心平和的奖赏了吗？难道我所吃的晚餐不够美味可口吗？亲爱的霍桑，我的平和内心以及我美味的晚餐就是对我的奖赏。因此，你给我寄来的那一封充满欢乐与友善情感的信并不是辛苦忙完一天工作之后的奖赏，而是上天赐给我的额外奖赏——没有比他所欣赏之人的欣赏与认可更加让人感到幸福的事情了。欣赏！认可！难道爱意不需要被欣赏吗？现在谁不明白亚当那个伟大的寓言所传递出来的意思呢？所有的人都明白。难道我们这些卑微之人就必须安于字面上的意思，然后进行错误的理解吗？我必须说，你的赞美之情就是对我最为荣耀的奖赏。这是我以骄傲与谦卑的方式展现出来的（就像一个牧羊王那样），就像克里米亚一座孤独山谷里的主人，你现在却给我戴上了印度总督的王冠。当我试着去佩戴这样的"王冠"时，发现这顶"王冠"却遮住了我的耳朵，让我整个人显得非常滑稽，因此，只有那些真正适合这顶王冠的人才能有资格戴上它。

　　我昨晚在前往莫尔伍德先生家的路上，收到了你的来信。

我当时就阅读了你的来信。就我本人而言，神性的宽宏大量是自发产生的，只要你有感受的能力，应该就能感受到。这个世界在不停地转动，很多事情都纷纷冒了出来。因此，我现在无法写出自己当时的感受。但我仍然能感受到当时的那种激动之情——你的心脏仿佛就在我们的肋骨上跳动。当我知道你能够理解这本书的时候，我就产生了一种难以言喻的安全感。我之前写了一本不道德的书，但我感觉自己就像羔羊一样无比纯洁。我正在与一些难以用言语形容的优秀之人成为朋友。我想要坐下来，与你共进晚餐，与古罗马万神殿的众神进行对话。这是一种奇怪的感觉，它本身没有任何希望，因此也不会带来任何的绝望。我的内心只剩下满足，没有任何不负责任的内疚感，也没有任何放纵自我的内心倾向。此时此刻，我正谈论着我感受到最深层的自我存在感，而不是谈论一种偶发的情感。

霍桑，你什么时候过来呢？你似乎总是能够洞察我的内心世界。当我将生命之酒放在嘴边——看吧，这些酒仿佛都是属于你的，而根本不是我的。我感觉神性就像晚餐桌上那些面包一样，被分解得支离破碎，变成一个个不完整的存在。因此，正是我们每个人心中存在的无限兄弟情义，才让我们对你创作的这本书产生共鸣。你根本不在乎这些书能够卖出多少钱，但你的内心始终有某种强烈的情感驱动着你去完成这本书。最后，你通过书籍将自己内心的想法表达出来了，你获得了读者们的赞美。难道事实不是这样吗？你就像一个完美的天使，有资格去鄙视那些不完美之人，但你在拥抱他们的灵魂。一旦

第六章
雷诺克斯

你拥抱了丑陋之人,便能听到他们说出的充满激情的话语,聆听到他们内心的涌动。对你来说,这是一种熟悉的声音,你能够认清这样的声音,因为你在孤独的时候经常能够听到这样的声音。

我亲爱的霍桑,我现在感觉一种怀疑主义的思想正慢慢潜入自己的心灵,这让我觉得写这么长的信件给你是不是一种正常行为。但是,请你相信我,我绝对没有疯,而是变成了高尚的人!不管怎么说,真理不会那么明显,始终需要我们去苦苦追寻。只有那些拥有宽广心灵的人才能聚集在一起,他们联合起来所造成的冲击也必然不会平淡无奇。再见吧,我亲爱的朋友。你在回信的时候,不要写任何关于这本书内容的话,因为这会剥夺我在苦闷时候阅读你这本书所感受的乐趣。我为自己写信跟你谈论这些琐碎的事情倍感遗憾,因为我的这些事情的确是无足轻重。我经常会祈祷,我们什么时候才能彻底完成这样的成长呢?只要认为自己还有更多事情要做,那么我们就不会去做任何别的事情。

到目前为止,我已经给你写了一封很长的信件了,但你没有必要一定要回复这封信。也许,如果你真的回复了,请直接将收信人写成赫曼·麦尔维尔,这样,就不会寄错人。有时,我会有这样的感觉,那就是我们奋笔疾书给朋友写信时的最原始想法,往往很难直接通过信件表达出来。我经常会祈祷,我们什么时候才能够做出这样的改变呢?啊!要想做出这样的改变,需要经历一个漫长的阶段。因为在这条道路上,我们看不到一个可以让我们停下脚步休息的旅馆,而夜晚很快就要降临了，我们又感到饥肠辘辘，浑身发冷。但是，倘若我能够与你做伴出发，踏上这趟旅程，那么我的内心肯定会感到无比的满足与快乐。我宁愿将整个世界抛在脑后，因为了解你这个人能够给我带来更加深沉的满足感。对你的了解甚至要比《圣经》更能让我永恒。

你之前给我寄来那封朴实无华的信件，让我在回信里跟你唠唠叨叨地说了这么多，这实在是我的不是。请将我的问候传递给霍桑夫人以及你们的孩子。再见了我的朋友，愿上帝保佑你们。

赫曼·麦尔维尔

附注：写到这里，我还是无法停下笔。如果整个世界是由魔术师组成的，我会告诉你我要怎么做。我会在一间房子的一端做一个造纸厂，然后将难以计数的圆锥形丝带挂在我的脖子上。我可以在这些丝带上写下自己上千种甚至上百万或是上亿个思想，我将这些思想整合起来，然后通过信件寄给你。你身上能够散发出神圣的磁性，我的磁石也会对此进行反馈。世界上到底什么才是最为庞大的呢？这是一个非常愚蠢的问题，世界本来就是一体的。

赫曼·麦尔维尔

再附注：我认为你最好还是不要回复我了，因为你始终会得到我这样冗长的回复，这样会让我们只能坐在案桌前回信。

第六章 雷诺克斯

这是毫无意义的。我也不会始终回复你的信件,你也可以按照自己的心情回复。

当霍桑夫人带着孩子前去看望她的母亲时,霍桑在家独自待了几天。在这几天里,霍桑写了下面这封信:

雷诺克斯,1851 年 8 月 8 日

我亲爱的菲比:

昨天,我给你写了一封信,然后交给科尼利厄斯去送信。但是,他忘记了。因此,我只能再次给你写一封信了。如果你下周四从西牛顿出发,那么我应该能够在皮茨菲尔德那里见到你。当然,我在那个时候出发,应该也同样能够见到你。

朱利安现在一切安好,他一天到晚都玩得很开心。我希望乌娜在她外祖母那里每天也能够过得非常开心。请将我的爱意传递给她……

永远忠诚于你的

纳撒尼尔·霍桑

8 月 9 日,周六

昨天,我收到了你的来信。在信中你谈到了可能要延迟几天才能回来。如果你现在有事在身,可以按照你处理事情的速度来决定什么时候回来,不需要为此而着急。朱利安现在过得很好,我之所以热切地希望你能够尽快回来,是因为我感觉无法见到你会让我的日子变得非常难熬。你可以写信告诉我,你决定什么时候启程回来。但是,除非我能够收到你的进一步消息,否则我就要在一周后的周六前往皮茨菲尔德了。如果你认为有必要继续在你母亲那里待更长时间,那么你也可以多逗留几天。

昨天,朱利安与我、赫曼·麦尔维尔以及另外两位先生一起外出骑马,大家都玩得很开心。

皮特斯夫人像一位天使一样,有着美好善良的心灵。

永远忠诚于你的

纳撒尼尔·霍桑

皮特斯夫人是那种有尊严的黑人女性,她是霍桑家里的一位女佣,有着善良的心灵,但经常会感到忧郁。我的母亲在回到雷诺克斯之后,就经常谈起她,说她总是能够轻而易举地圆满完成许多家务活,很好地照顾我们这些孩子。皮特斯夫人的画像给我留下了深刻印象,她就像霍桑在小说《塞普提米乌斯·菲尔顿》里塑造的凯西亚阿姨那种印象。皮特斯夫人在平时的工作中可以说是一位"专制者",就像一个火药桶。她经常说:"如果你敢这样做的话,请别怪我不客气。因为你要做的事情肯定是致命的!"我的父母则非常欣赏皮特斯夫人表现出来的性格,他们非常尊重皮特斯夫人。皮特斯夫人平时对待我们的时候总是非常友善与可亲。

第六章
雷诺克斯

霍桑夫人在写给她母亲的一封信里这样写道:

在周日,萨缪尔·G.沃德[1]先生前来看望我们。他为霍桑的《神奇故事集》带来了《海伍德的门廊》这幅画,他说这幅画是他让伯里·柯蒂斯绘制的。我们将这幅画送给了菲尔德斯先生。在周一,柯蒂斯前来拜访,他对我们进行了一番素描,说他在今年秋天的时候就要回欧洲了。就在刚才,霍尔姆斯博士与厄帕姆先生的儿子查尔斯乘坐马车来做客。他们住得不远。首先过来的是霍尔姆斯博士,他透过房子的窗户窥探着那个湖——他不放心那匹已经用绳索拴好的马。接着,他去外面找到了查尔斯。霍桑坚持表示要帮他们牵好马匹,让他们两人进来。当霍尔姆斯准备回去、看到霍桑正牵着他那匹马的马头时,忍不住哈哈大笑起来,说:"难道在整个美国,还有谁能够像我拥有这么大的荣耀,让《红字》一书的作者帮我牵马吗?"请将我的爱意转达给家里的每个人。

萨缪尔·G.沃德

永远深爱着你的女儿

索菲亚

---

[1] 萨缪尔·G.沃德(Samuel Gray Ward,1817—1907),美国诗人、作家,超验主义运动的参与者。

第七章
从雷诺克斯到康科德

霍桑给塔潘女士的信件充满许多有趣的惊喜。霍桑夫人对雷诺克斯美丽的房子进行了一番描述。他们搬到了西牛顿,最后决定在康科德定居。玛利亚·L.波尔特的来信。霍桑夫人对奥尔科特先生进行了一番有趣的分析。奥尔科特先生给霍桑夫人的信件。爱默生在早期给霍桑夫人的一封信。玛格丽特·富勒女士寄来的信件。霍桑夫人描述威赛德这个地方。所罗门·麦克尼尔将军挥舞着他那把友善的宝剑。爱默生就像至高无上的国王统治着这座小镇。

下面的这些信件主要谈论的都是霍桑一家人在平时生活中所遇到的一些琐事,但这些事情表达出了他们美好的情感以及深刻的思想。靠近"红屋"的丰收果园似乎突然间赐给了这座房子原来的女主人一种魔力。他们总是能够以一种幽默的心态去面对生活中的各种不如意。我的父亲在下面这封信里就展现出了这种愉悦与欢乐的情感:

第七章
从雷诺克斯到康科德

霍桑一家在雷诺克斯的住处,俗称"红屋"

9月5日

我亲爱的塔潘夫人:

  关于所有权边界的问题,无论是关于国家与国家之间,还是个人与个人之间的,都是非常棘手的问题。我认为最好还是通过书信往来的方式解决这个问题。因为我平时有很多空闲时间,所以我想能够抽出时间跟你就这个问题进行交流,最后我们肯定能够找到一个大家都比较满意的解决方案。现在,索菲亚每天非常忙碌,因此她无法参与进来讨论这个问题。你是一个非常友善的人,因为你允许我以一种幽默乐观乃至是友善的态度给你写信。我现在给你写这封信就是一个证明。我将以最为坦率的态度来给你写信，表达自己的一些想法。

　　首先，请允许我提及你向索菲亚提出的那个问题，不管她是否感受到了你的善意，还是我认为她也有权利与你讨论，总之我不知道她会做出什么样的回复。至于我本人，我因对一般人的人性脆弱的认知以及个人身体健康不佳，知道很少有人能够真正感受你的善意，也很少有人能够真正懂得尊重别人。正是这样一种情感，让我认为我与塔潘先生之间应该明确租金的条款。我们现在面临这样的棘手问题，证明了我所持有的原则，也会让我在日后面临类似的情况下行事得当，更好地保护自己的一些权益。

　　毋庸置疑，当塔潘先生同意从我这里获取租金的时候，他的确让渡了部分权利给我，其中最为明显的一部分权利就是我们暂时拥有果园里这些水果的所有权。要是一个花园没有了红醋栗果树以及其他果树，还能称得上是一个花园吗？去年，我们并没有就这个问题产生过什么争论，我们所拥有的权利似乎也得到了你们的默认。如果你们宣称拥有对其他庄园的所有权，那么这其实是不关我的事情的。今年，当塔潘询问我想在花园的哪个位置来种植果树时，我认为他只是想让科尼利厄斯来帮忙松地——科尼利厄斯也很愿意这样做。但是，我根本没有想到，我会因为去年没有在这个果园里种植什么果树而失去对这块领地的所有权。如果果树因为我疏于管理而没有什么收成，那么塔潘先生说我几句还是可以理解的，但这根本无法为他将我所租的果园从我手上抢走的事实正名。与此同时，塔潘先生始终都没有做出任何的解释，甚至事先也没有告知我一

第七章
从雷诺克斯到康科德

声。我之前也根本想象不到他这样做的意图。

不论怎样,索菲亚与我都认为我们拥有对那个果园的一部分权利,当然也享有对果园里果树的收成权利。这么简单的道理可以说是在伊甸园里的亚当与夏娃的时候就已经确立好的。这就是我们在这件事情上的观点。你之前看到过玛丽·比克曼女士手里提着一个装满水果的篮子。你上前拦住了她,查看了篮子里面装着什么,然后询问这些水果是从哪里来的。你询问她(至少比克曼女士谈到了皮特斯女士,虽然她没有将完整的句子说出来),这些水果是别人给的还是买的。你以这样的方式去检查这些水果的来源,你认为索菲亚与皮特斯女士联手掠夺属于你的财产。

之后,你还给索菲亚写了一封充满抗议意味的信件。你在信中说,索菲亚的行为不仅是拿走了一些水果,而且将这些水果拿来为我们所用。现在,让我们思考一下这个完美的例子。沃德夫人应该亲自打理她在海伍德果园里的水果;难道塔潘夫人会像沃德夫人那样,以更为柔和的方式来肯定索菲亚在这方面拥有的权利吗?我并不这样认为。我想不出来你会这样做。如果你真的这样做,这肯定也是完全出于你内心仁慈的善意以及良好的本性,而绝对不是因为沃德夫人做出那样得体的举动。

最后,关于你昨晚寄过来的一封信。你在信中清楚地告诉我们,说我们在这里没有任何其他权利。请允许我这样说,正是因为目前出现了这样的僵局,才让我静下来进行沉思。我认为有一点很重要,那就是我用租金买下了属于自己的权利,而与我们从像你与塔潘先生这样慷慨大度之人手中获得的权利没有什么关系。我们用金钱购买的权利是受到法律保护的。这是一个讲求公平交易与买卖自由的世界，没有比想要破坏这样的规矩或是诚信行为更加荒唐的事情了。

关于造成双方不愉快的苹果（事实上还有李子、梨子与桃子，或其他的水果），我们真诚地希望你想拿走多少水果，你就拿走多少水果。只有在这样的基础上，这些水果品尝起来才会更加鲜甜。如果你选择强硬的方式，想要将果园里全部的水果抢走，我们也不会进行武力抵抗，也不会进行任何抗议。但是，请你想想，让我们放下这个权利微不足道的问题，然后让我们发自内心地将这些水果送给你们，这不是更加明智的行为吗？我们绝对不是要逃避"礼物"这个词语，虽然我们碰巧是双方当中比较贫穷的一方。因此，要是你以这样的方式来对待我们，"礼物"一词才是比较可疑的。或者说，如果你对这样的安排感到不满意，你可以给我们一些小礼物作为回报，交换你果园里得到的水果，说不定我们会永远记得你的善意呢。

除此之外，我们不要忘记一点，我们千万不要因为这件事而彼此产生隔阂，因为这样的思想会让果酱变味。当你在餐桌上品尝果酱的时候，也不会觉得果酱有多么好吃。不管怎么说，你想要拿什么，你就尽快拿什么吧。我们所争论的也不过是一些腐烂的李子而已。

请将我的善意传递给塔潘先生。

纳撒尼尔·霍桑

第七章
从雷诺克斯到康科德

霍桑夫人给她的姐姐 E.P. 皮博迪写了这封信：

我之前已经将塔潘先生的回信寄给你看了，他的回信充满高尚大度的情操。霍桑也给他回复了一封非常友好的信件。霍桑在回信里说：

"亲爱的先生：我相信你的来信是不会给索菲亚增添更多烦恼的，因为索菲亚并不像我那样看重这件事情的严重性。你的来信体现了你大度的品格，让任何狭隘的思想或是无知的情感都显得微不足道，表达出了仁慈与良好的善意。我必须坦诚一点，只要这个世界还有像你这样仁慈大度之人，这个世界就不应该被称为一个到处是买卖的世界。

我是永远尊敬你的

纳撒尼尔·霍桑"

霍桑夫人在给皮博迪夫人的下面两封信里，描述了雷诺克斯当地的景色：

9月7日，周日

我最亲爱的母亲：

今天的天气简直不能再好了！今天是属于主的一天，现在最小的孩子已经入睡了，乌娜在海伍德，朱利安在玩耍，我也有时间回复你之前寄过来的那封充满美好情感、智慧且温柔的来信了。昨天与今天的天气非常炎热，如此天气里，这里的景色依然

纯洁的良心
——回忆我的父亲霍桑

非常美丽。我感觉，在这样的天气里，我们才能过上真正意义上的生活，并且感受到上帝的仁慈。我知道你喜欢这样的天气，不会因为这样炎热的天气而感到倦怠。也许，你还记得每当气温达到33℃的时候，我的身体是最为强壮的。每当我想到，你与我一样非常期望能够前往宽阔的山谷，欣赏像圆形剧场似的山丘的景色时，我的内心就感到非常快乐。即便是现在，你也可以在门廊上欣赏夕阳西下的壮美景色。但是，你那里没有我这边的美丽湖泊，也许也没有美丽的紫色雾气笼罩着沉睡的山丘。

在阳光灿烂的日子里，霍桑就在一棵树的树荫下面躺着。乌娜与朱利安则会用长长的草叶覆盖住霍桑的下巴与胸口，让他就像一个庞大的巨人，这个巨人看上去有着绿色的胡须！当最小的孩子还在睡觉的时候，我去外面走了一会儿。乌娜在门口处大声对我说："我多么希望乔治能够在这里！"（乌娜指的乔治，是她的表妹乔治·C.曼）。而可爱的朱利安似乎也能够欣赏眼前如梦如幻的山川景色。因此，朱利安的玩耍只会让我更好地感受到这无与伦比的天伦之乐。之前从未见过乌娜享受父母在她身边的时候，竟然还想要找其他玩伴的情况。最小的孩子罗斯已经在婴儿车上坐了几周了。某天，我们带着她前去湖边散步。我希望你能够看到我在树林里举起她双手的情景。她一直微笑着，望着周围的树木以及平静的湖面，聆听树林发出的沙沙声，直到她最后慢慢地睡着。"狠狠地亲吻她""好好地抱着她""将她揽在怀里"……这都是我每次带她外出时的行为。每个人，哪怕是婴儿，他们对自然景色的这种发自内心的爱意也会很强烈，也许只有死亡与毁灭才能够摧毁这一切。朱利安现在已经开始跟婴儿说话了。他有时会大声地说:"哦,我亲爱的!"然后将她抱到他的嘴边,然后用无限温情的眼光看着妹妹。那样的场景肯定是你希望看到的。每当朱利安想要打扰妹妹睡觉的时候,我总是希望天使能够从天而降,让朱利安安静下来。有时,我们会前往附近的树林散步,婴儿则坐在婴儿车上,聆听着树木发出的沙沙声响与蟋蟀声,慢慢地入睡。此时,乌娜与朱利安就会用一些较小的树枝来做一些小玩意儿。他们的爸爸妈妈则会坐在一旁,认真地欣赏着皎洁的明月。在月亮出来之后,就有点凉意了。过去两天还是很暖和的,我的心灵似乎"也像玉米与甜瓜那样不断地成长与膨胀"。我记得所有美好的行为、高尚的举止以及宏大的思想。整个宇宙似乎融合成一种对"更高法则"的认可当中。在我眼前如此美好且公平的世界里,难道真的存在什么错误、欺骗、不公、残忍或是战争吗?难道真的只有当城市解体之后,人们才能离开喧嚣的街道,来到旷野感受自然的爱意与美好,感受没有尔虞我诈的世界吗?在乡村里,阳光安静地洒在每个人身上,没有人需要为获取更多的阳光而争斗。森林里的树木也会平等地对待每个人,任何花朵都不会因为另一朵更加美丽而心怀嫉妒。当我这样写的时候,夕阳已经下山了,月亮悄悄地爬上了天空,用柔和的月光展现出大自然美妙的轮廓。乌娜、朱利安、罗斯都处于安静状态。除了我现在挥笔给你写信发出的沙沙声之外,没有其他声音。当然,窗外传来了蟋蟀的声音,反而让我产生了安静与平和的感觉……来到雷诺克斯之后,我们发现要比在塞勒姆地区更能成为社交活动的焦点,文学界的很多人士前来拜访,这着实是我们之前没有想到的。但是,当这些人都在这里固定下来居住之后,我敢肯定我

纯洁的良心
——回忆我的父亲霍桑

们早已经逃之夭夭了……我现在看到的画面是，朱利安正躺在房间那张长软椅上，看着一幅描绘古希腊珍珠的画像。就在刚才，他还充满愤慨，对那位给大力士赫拉克勒斯[①]送毒衣的人感到愤怒，他在脑海里想象着"正在忍受痛苦的赫拉克勒斯"的痛苦画面。朱利安说，他盼望那个毒死赫拉克勒斯的人已经死了。我用肯定的口吻对他说，那人已经死了，早就死了，他再也不可能将有毒的衬衫拿给别人穿了。不过，那个毒死赫拉克勒斯的人是一个女人，我心想还是不要告诉他送毒衫的德伊阿妮拉[②]以及邪恶的涅索斯[③]的故事了。乌娜正在切着什么东西，她很快就跑去帮助玛丽·比克曼做一些事情。霍桑已经回到了书房创作。我亲爱的母亲，现在3个孩子已经入睡了，我也要就此搁笔了。请将我的爱意转达给我的兄弟姐妹们！

永远深爱着你的孩子
索菲亚

赫拉克勒斯

[①] 赫拉克勒斯（Hercules），古希腊神话中最伟大的半神英雄，男性的杰出典范。
[②] 德伊阿妮拉（Dejanira），古希腊神话中赫拉克勒斯的第二任妻子。
[③] 涅索斯（Nessus），古希腊神话中的半人马，本性恶毒。

第七章
从雷诺克斯到康科德

德伊阿妮拉　　　　　　　涅索斯

我最亲爱的母亲：

今天，我带上朱利安出去散步。他一直说要等一下，让他与当时正在田野里劳作的塔潘说上一句话再走。朱利安捡起一束束的燕麦，拿到塔潘面前，大声说："塔潘先生！塔潘先生！这是你的燕麦！"塔潘转过头，脸上露出了微笑，感谢朱利安的帮忙。下午的天气很好，自然界里的一切似乎像一顶金色皇冠上镶嵌的珍珠。晒干了的黄色干草、可爱的孩子，还有他那长长的卷发与深沉的眼睛（指的是塔潘）……这里的一切景色像一幅连牟利罗[1]都无法描绘出来的画作。

---

[1] 牟利罗（Bartolomé Esteban Murillo，1618—1682），巴洛克时期的西班牙画家。以画人物和风景画著称。

纯洁的良心
——回忆我的父亲霍桑

我一直等待着朱利安朝我跑过来。当我们来到自家庭院的时候，看到了一个年幼的女孩正坐在婴儿车上，穿着蔚蓝色的长袍，看上去就像蓝色天空中的一颗星星。我们回到了饭厅，转头向窗外看去，真是一幅壮观的画面：清澈的湖面、绿色的草地、蜿蜒的高山。这个画面似乎始终处于动态中。现在，这幅画沐浴在秋日的阳光下，就像我丈夫所说的，仿佛这个世界已经空无一物了。孩子们一边吃东西，一边欣赏着外面美丽的风景。乌娜吃完后，走上楼梯去见她的祖母。朱利安则坐在我的膝盖上，他之前已经玩累了，只吃了一块不热的荞麦蛋糕，呆呆地望着外面的景色。突然，朱利安兴奋地叫喊着："妈妈，妈妈，你看那个湖面！"朱利安真是一个聪明的孩子啊！湖面的景色是那么美丽，用任何形容词都是无法形容。我心想，孩子，你真是有一双慧眼。最后，他疲惫了，就伸展着腰躺在地板上，最后又吃了一些荞麦蛋糕。接着，我将他放到床上睡觉。他那双小手紧紧地缠绕着我的脖子，用力地亲吻着我，我几乎要因为这样的亲吻而失去了呼吸。他的眼神里透露出友善的目光，巨大的困意让他的双眼慢慢地闭上了，很快他就与天使为伍了，一直睡到第二天早上。他睡着后，我开始给你写这封信。我那个喋

牟利罗

第七章
从雷诺克斯到康科德

喋不休的乌娜对她父亲的爱意每一天都变得更加强烈,她的理解能力和内心变得越来越强大。有时,她父亲没有陪她一起去湖边散步,她就会闷闷不乐。如果没有她的父亲陪在她身边,她的脸庞仿佛都失去了阳光。当我询问她为什么不大喜欢与朱利安一起散步,而喜欢与她的父亲散步的时候,乌娜回答说:"哦,朱利安并不像我那样深爱着父亲。"当我们到达湖边之后,乌娜看到她的父亲就坐在一块岩石之上,整个人似乎立即从尼俄柏①变成了爱兰歌娜。朱利安在床上睡觉的时候,我去谷仓查看那里的小鸡,乌娜也与我一起前往。此时,她看到她的父亲就坐在干草上,这就像一块磁石深深地吸引着她,她希望能够与父亲多待一会儿。乌娜渐渐地困了,她的全部精力似乎是慢慢地下沉的夕阳,她慢慢地闭上眼睛睡着了。当我们看着她的双眼时,会觉得有什么美好的事物不可以期望呢?某天,我听到乌娜与朱利安一起谈论着他们父亲的笑容(当时他们也在谈论着塔潘的笑容)。乌娜说:"朱利安,你知道吗?这个世界上没有人拥有像父亲那样的笑容!""是的,的确是这样的。"乌娜似乎对任何事情都有着本能的洞察力,因此我认为她对父亲观察后做出这样的结论也没有什么新奇的。虽然乌娜还无法说出父亲到底有什么特性强烈吸引着她,但是她的母亲能够感受到强烈的共鸣,并对此深有感触。

---

① 尼俄柏(Niobe),古希腊神话中的女性人物之一。

纯洁的良心
——回忆我的父亲霍桑

尼俄柏

你可以购买最近两期出版的《文学世界》①，阅读有关霍桑的最新评论。我终于看到有人对霍桑做出恰如其分的评价了。我之前从未看到有人在评论文章中对霍桑进行这样的评价。我现在已经对有人将他与华盛顿·欧文②以及其他美国作家的对比感到厌倦与烦恼了，那些人在将霍桑与这些人进行对比的时候，总是将霍桑放在一个比较次要的位置。现在，终于有人能够站出来，将我内心经常想的一些念头表达出来——只有霍桑才能够与艾玛河畔的天鹅（也就是莎士比亚）相比，他们两人都有着伟大的心灵以及勇敢的智慧。我知道你肯定会向那位坚定的弗吉尼亚州作家表达这样的观点。

华盛顿·欧文

---

① 《文学世界》（*The Literary World*），美国著名文学周刊，1847 年 2 月由纽约的奥斯古德公司创办，被誉为美国第一本刊载美国文学作品书摘、书评等文章的文学杂志。
② 华盛顿·欧文（Washington Irving, 1783—1859），美国著名作家、短篇小说家、律师。代表作有《李伯大梦》《沉睡谷传奇》《乔治·华盛顿传》《穆罕默德传》等。

纯洁的良心
——回忆我的父亲霍桑

最后,霍桑一家决定回到波士顿的邻居那里。在一段较短的时间里,他们整个家庭都待在了西牛顿地区。

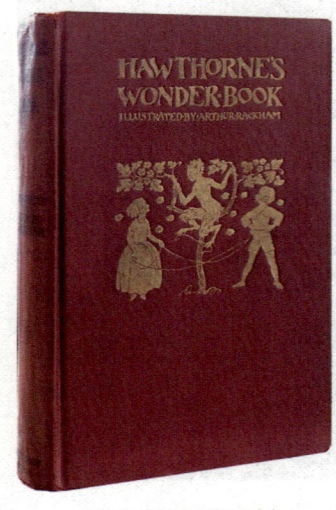

霍桑的《神奇故事集》

11 月 28 日

我亲爱的伊丽莎白:

我们终于来到玛丽·曼的家里了。我带孩子们一起乘坐雪橇,在感恩节这一天去看望他们的外祖母皮博迪。母亲在看到我与孩子们的时候,脸上露出美好的笑容。乌娜给外祖母念了《神奇故事集》的部分内容。母亲说她从来都喜欢乌娜的朗读,从来不会对此感到厌倦。

永远忠诚于你的

索菲亚

西牛顿,1851 年 12 月 25 日

我亲爱的路易莎:

今天早上,我决定再次给你写信,想要询问你为什么没有回复我的信件,不过在这之后我又收到了你的来信。孩子们好多天前就盼望着你的到来,他们要是见到你,肯定感到非常高

第七章 从雷诺克斯到康科德

兴。我真心希望你能在1月的第二周到这边来。格蕾丝·格林伍德①已经在这里待了两三天了,我们相处得非常愉快。菲尔德斯先生从巴黎给霍桑写信说,霍桑的书在法国与英国都卖得非常好,说霍桑在英国的名气非常大。他在信中还说,布朗宁曾说,霍桑是英语文学领域里多年来出现的最为优秀的文学天才。

格蕾丝·格林伍德

永远忠诚于你的妹妹

索菲亚

附注:(霍桑所写的书)我已经出版了一卷全新的故事集,但除非你想要走一本,否则你无法买到这本书的。

纳撒尼尔·霍桑

---

① 格蕾丝·格林伍德(Grace Greenwood,1823—1904),美国著名女作家、诗人和演说家。她也是积极的社会改革家和争取妇女权利及权益的社会活动家。

纯洁的良心
—— 回忆我的父亲霍桑

附注：（霍桑所写的）《重述的故事》全新版本在周四已经出版了。就在昨天，提克诺尔先生告诉纳撒尼尔·霍桑，他已经卖出了1000本书，并且整个市场还处于供不应求的状态。

下面，我将这封信引述下来。我相信这封信肯定让当时的霍桑如同听到了画眉鸟清澈的声音，因为这封信的措辞是那么纯洁，但表达的情感却又是那么强烈。

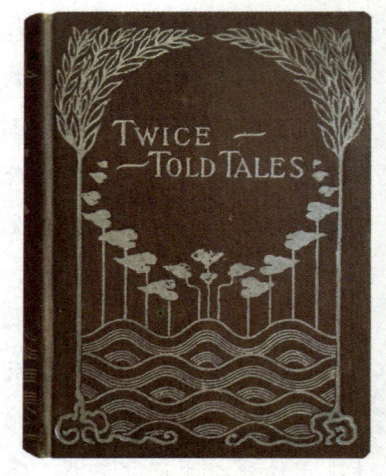

霍桑的《重述的故事》

布鲁克林，1852年7月7日

亲爱的霍桑先生：

你曾经表达过一种非常友善的希望，那就是你希望作品能激起那些与你一样对出生地相同的强烈情感。我们不需要为这样的情感倾向而向任何人阐明歉意，我可以轻易地说服自己，对我来说，单纯从内心的想法评价你是不恰当的。因为，你对自身文学天赋表现出来的自信以及你享受创作的高尚情感，都会让你变得更加神圣，让你表达出更加强烈的爱意，感受人生最珍贵的礼物。

在早些时候，你出版的《重述的故事》一书深深地触动了我的心灵，仿佛在我内心世界里奏响了一首永不消散的乐曲。当我的心灵从一种深沉的悲伤情感中走出之后，我阅读了你在《古屋青苔》一书中的引言。我非常欣赏你的文字，你的文字就像一棵树，在狂风暴雨中获得不断蓬勃生长的能量，在和风细雨中汲取柔和阳光的照耀。这让我内心始终充盈着无限的快乐。

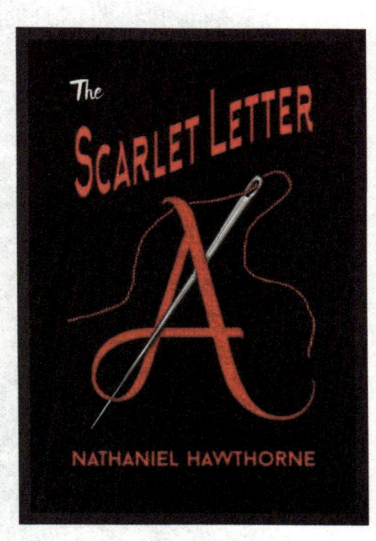

现在，在我的内心经历了挥之不去的悲伤以及漫长的焦虑后，终于来到了你在书中所谈到的第二个青春。可以说，你在《红字》一书里表达出来的神奇美感以及无与伦比的内容，给我带来了无限的阅读快乐。你有着深刻的洞察力，将人性最深处的情感都呈现给了读者。当我想要放下自己作为凡人每天要承担的重担时，想要

霍桑代表作《红字》

忘记"所有人类的自由只不过是一种自我克制或是自我意愿"时，我就会想起海丝特·白兰[①]悲伤地将她那飘逸的长发聚拢起来然后放下的过程，那只是为了重复她过去感受到的羞愧之情。至于那个年幼的珠儿，她有着极为亲切的友善情感

---

① 海丝特·白兰（Hester Prynne），霍桑小说《红字》中的女主人公。

纯洁的良心
——回忆我的父亲霍桑

美国作家、插画家玛丽·富特笔下的《红字》女主人公白兰

以及乐观的话语。我的内心总是抱着这样的希望，那就是她可能帮助我摆脱始终困扰我的病态倾向（也许，最后关于道德的教谕不应该摧毁一开始所接受的道德教育）。一旦这些悲伤的情感被完全克服了，那么人就不会失去与其对等的满足情感。

我曾经居住在"霍桑家族的老宅"[①]里，不管你之前是否曾在这里居住过，但是当我跨入那个门槛时，仿佛感觉过去的传统并没有直接给你的心灵带来什么。也许，当你还是个孩子的时候，曾在这里生活过一段时间。如果一个人的精神每隔7年就会重新更新一次，正如人的身体那样，那么年轻的灵魂可能依然停留在那里，可以与我们一道分享更加空灵的乐趣（虽然他们可能对我们一些平凡乏味的活动直摇头）。至少，对于某些有这种想法的人来说，能够与第二个孩童时期联系起来的想法之前就已经提到过，因此这必须与我在和别人谈论这个问题时所感受到负罪感的愚蠢程度联系起来。一个人及其身体的存在对我而言是一种完全的陌生感。因此，我对此是一无所知的。

不过，我亲爱的先生，我谦卑地恳求你能够原谅我的愚蠢，绝对不要让塞勒姆地区的魔法影响到你。

我永远是忠诚于你的

玛丽·A. 波尔特

[①] 霍桑曾以此地为背景创作了其代表作《七个尖角阁的老宅》。

纯洁的良心
——回忆我的父亲霍桑

在霍桑于"7月18日回复的信件"里，这封信是众多被丢弃的信件中保留下来的一封。霍桑夫人之前跟我谈到玛丽·波尔特的时候，说她是一位真正的朋友。母亲说，玛丽·波尔特是一位有着细腻情感以及良好常识的人，这让她与很多过分追求华丽辞藻或是诡异文学风格的作者形成了鲜明对比，因为玛丽·波尔特在信中经常能够表达出自己深邃的思想以及对文学的见解，同时不会在信件里以过分唐突的放肆言辞表达出来。同时，她也会以委婉含蓄的情绪表达对霍桑夫妇的赞美之情。不管怎么说（虽然与我在上面所提到的那些人进行交往，通常都能得到最为真挚与友好的对待），玛丽·波尔特始终没有被霍桑一家人忘记。

我的父亲与母亲非常喜欢他们在威赛德地区的生活，关于这方面，有很多书信可以作为证明。但是，如果他们无法在这里感受到美感，那么这可能会让他们在重新回到朋友当中或是空灵幽深的山谷中时，内心无法感到真正的愉悦。在他们的内心里，始终没有忘记的一个地方就是雷诺克斯。对他们来说，每当夕阳西下，光线就会照在威赛德与西部地区之间的草地上，景色非常美。若是从经济角度来看，他们不应该从一个地方转移到另一个地方。他们已经在这里买下了一座房子（土地证书是存在的，还写着爱默生与他妻子的名字）。因此，霍桑一家的漂泊生活似乎就要结束了。我也保存了来自康科德地区的朋友给父母寄来的一些信件，当然这些信件的日期是比较早的。为了表现出霍桑在一座乡村里生活时的个人经验，有必要将这些信件展示出来。

奥尔科特先生是一位著名人物。当霍桑夫人还是个女孩的时候，

第七章
从雷诺克斯到康科德

就已经从母亲皮博迪那里知道了詹姆斯·弗里曼·克拉克①用非常有趣的方式谈论着学校预言家的一些想法,并且这样写道:

> 奥尔科特先生表现出来的那种庄严的简朴以及灵魂的深度,让我无法找到任何嘲笑他的理由。我无法想象为什么别人不能理解他,或是始终像一个孩子那样保持谦卑的精神呢?我认为,他绝不是一个自鸣得意之人。若是从自然属性的角度去看,他对每一个真理的看法都必然能够显出他那简朴灵魂的身影。要是他有着与此不相对称的灵魂,那么他是无法产生那样的思想与观点的。

詹姆斯·弗里曼·克拉克

尽管如此,奥尔科特先生的官方职位似乎已经变成了充满预见性的全权象征。这也是给他们带来极大乐趣的源泉。他在 1836 年给父亲的一封信里这样写道:

---

① 詹姆斯·弗里曼·克拉克(James Freeman Clarke,1810—1888),美国神学家、作家。代表作有《宗教中的常识》《每日的祷告》《自传》等。

8 月 23 日

我亲爱的朋友：

　　我刚刚回来，发现你的两封来信已经在静静地等待我了。我怀着双重愉悦的心情阅读了这两封信。你在信中表达了对我思想的兴趣，谈到了我的思想对你的影响，我只能跟你说，我认为只能是缘于我们在秉性以及品位方面有着相似性，再加上一种相同的本能倾向，会让这样的情感变得更加强烈（可以说，这种情感会变成一种超自然的存在），会让我们更加敬畏无论是精神还是形式呈现出来的东西，那就是对理想的标准认同。关于这一类型的心灵，要是我们恳求一种受到节制的情感表达，就是不虔诚的做法。它们对此充满了敬畏，感到不可思议，并且充满爱意。这些就是存在的法则，从而拒绝对精神统一性表达敬意，而唯一能够产生敬意的东西，其实就是死亡！我们的言语是从内心深处产生出来的一种精神，绝对不能通过普通或大众的接受方式进行解读，只能通过说出这些话语的个人去进行天才的解读。这不是用言语进行交流的，而是以超出言语范畴的方式进行解读的。一般人肯定会对此产生误解……你询问有关"灵魂心智"的文章是否应该复印下来，交给杂志期刊出版。爱默生先生到现在还没有将手稿寄给我。但我认为在爱默生先生修改之后，倘若还有什么值得关注的价值，那么我肯定会将手稿寄给你……我已经给你寄去了相关期刊号的《改革家》杂志，其中就有一篇文章是关于奥雷斯特斯·布

朗森①先生关于《没有终点的故事》一文的评论。你之前谈到的那篇寓言故事也出现在这篇文章里。我将你所写的寓言故事读给布朗森先生听,他对此非常感兴趣,并因此购买了一份《改革家》期刊。这是一件非常好的事情,肯定能够给他带来一些帮助……只要你什么时候认为有必要给我写信,请尽量给我写信吧。我现在经常会给别人写信,我权当这是对我写作的锻炼。很多时候,我的内心想法都无法以更加简朴或是自由的方式在书信里展现。

奥雷斯特斯·布朗森

永远忠诚于你的

布朗森·奥尔科特

附注:我已经阅读了卡莱尔写的《席勒》。你重新将我那个时候的一些想法表达出来了。你提出要复印年轻的耶稣画像,这实在是非常友善的行为。原先的那一幅画是从别处借来的,因此能够多一张复印的画像也是非常好的事。

---

① 奥雷斯特斯·布朗森(Orestes Brownson,1803—1876),美国作家、社会活动家、牧师。超验主义者。

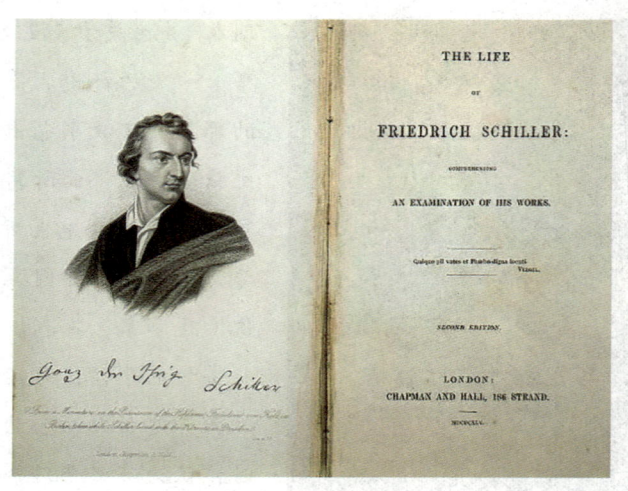

卡莱尔的《席勒》

1836 年 9 月 12 日

亲爱的朋友：

很高兴再次收到你的来信，因为我的内心经常思念着你。这种精神层面上的相互共鸣，其实是彼此心灵的伴唱之歌，这种伴唱之歌所发出的柔和声音能让我们在孤独的时刻聆听到，仿佛是从天国的唱诗班那里发出的天籁之音。美妙的音乐仿佛从远方传送过来，能够让我们摒弃外界一切嘈杂声音。你在这本书里对约瑟夫·德·迈斯特[①]的评论深深吸引了我。布朗森先生（之后成为著名的天主教作家）今天就拿到了这本书，

[①] 约瑟夫·德·迈斯特（Joseph de Maistre，1753—1821），法国作家。反对法国大革命，采取保守主义立场，抵制自由主义。

第七章
从雷诺克斯到康科德

约瑟夫·德·迈斯特

我应该从他那里借来书,阅读一些有趣的段落。如果你拥有《孤独的山谷》一书(这是我母亲原先创作的寓言故事之一),能够给我寄过来吗?我现在一直有这样的想法,即你就是那个"山谷"中唯一被保存下来的东西,并且希望你能够在休闲的时间可以回忆之前的那些事情,将那段时期的感受写下来。不过,我希望你不要立即这样做,因为撒切尔先生希望你的这些文章能够出现在他的《波士顿书籍》里,你只需要告诉我你还保存了多少资料就可以了……你阅读过爱默生创作的《自然》一书吗?如果你还没有这本书,我可以给你寄去一本。爱默生的这本书可以说是对自然世界的一曲神性赞美诗,这本书肯定能够满足你的品位……爱默生的这本书经常会让我想起桑普森·里德[①]创作的《心智的成长》一书。但是,爱默生的这本书与任何其他书籍都不同。我已经将布朗森先生有关这方面的看法随信寄给你了。布朗森先生之前与我们进行了两次非常友好的交流。可以肯定的是,布朗森先生会让那些伪牧师感到恐惧,他也必将成为一名哲学家。他是一位演讲能力极

---

① 桑普森·里德(Sampson Reed,1800—1880),美国作家。拉尔夫·爱默生的启蒙老师之一。代表作有《心智的成长》等。

纯洁的良心
———回忆我的父亲霍桑

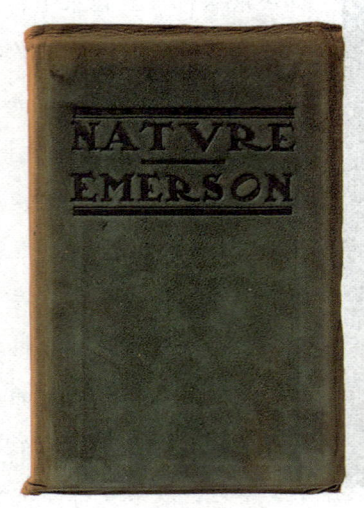

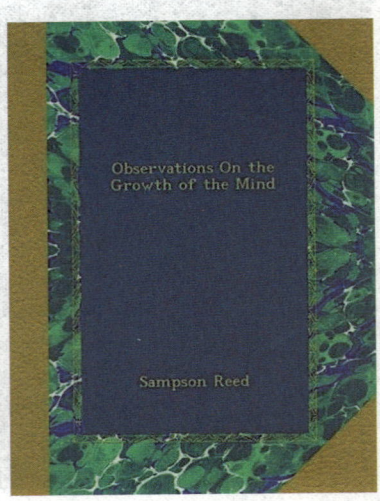

爱默生的《自然》　　　　　桑普森·里德的《心智的成长》

强的牧师，能用简朴的话语表达出最高层次的真理以及我们存在的最基本意义。当他将这样的思想表达出来的时候，仿佛它们就是从天国里透露出来的光芒一样。他很快就会给你写信的。

永远忠诚于你的朋友
A. 布朗森·奥尔科特

同一年，爱默生在收到我母亲寄给他的一幅画之后，非常友善地给我的母亲回复道：

我亲爱的索菲亚小姐：

收到你寄来的那幅美丽画作，我不胜感激。请接受我诚挚的感谢之情……我会好好地珍藏你寄来的这幅画,然后让造访我的每位朋友可以认真地欣赏它,他们可能与我一样,能够欣赏你作为艺术家所表现出来的创作天赋。从你创作出来的美妙画作当中,我认为你已经具有非常杰出的艺术创作能力了,而这幅画就是最好的证明。

永远忠诚你的朋友
拉尔夫·瓦尔多·爱默生

之后,爱默生又寄来了一封信:

康科德,1838 年 1 月 20 日

我亲爱的朋友,你在信中对我那两本书的溢美之词,实在让我不胜惭愧。我认为自己的作品根本担不起你那热情洋溢的赞美。因此,我只能认为,你作为一名真正的艺术家,有着一双发现美的眼睛,能够以独特的视角看到与众不同的风景,能从沉闷无聊的散文中看出诗意来。能够得到你如此高的评价,我实在感到非常高兴,我为你能充分表达出一直困扰着我的理想化美感而感到高兴,因为你的思想能让理想的生活变成最为真实的东西。我很高兴看到你谈论弗拉克曼[①]的看法,你应该对此给予更多的关注。事实上,要是没有读者或是欣赏者

[①] 弗拉克曼(John Flaxman,1755—1826),英国雕塑家、素描大师。英国和欧洲新古典主义运动的旗帜人物。

纯洁的良心
——回忆我的父亲霍桑

的鼓励与赞美,谁能够真正去欣赏那些伟大艺术家的作品呢?我认为真正的灵魂是谦卑、狂热且全面的,会将其他人的灵魂视为自身的同路人(无论它们是否存在其他地方,或是谈论着与万神殿、图画或是诗歌相似的话题),这些都是我的工作想要涉及的范围。我无法就你在艺术上的创造性尝试提出什么建议,我宁愿静静地欣赏你的作品。每当我想到你要克服身体的痛苦去创造这样的作品,就让我对你的艺术天赋以及坚忍的意志充满了敬佩之情。

弗拉克曼

你在来信里希望得到我的演说稿子,我希望这些演说稿子能让你感到满意。如果稿子送达顺利,现在应该已经到达塞勒姆地区了。之前,我只是让家人阅读我的手稿。当然,你是第一个让我决定给你看手稿的人。只要你提出这样的要求,而且我有时间,我会很乐意给你送去我的手稿。当然,这只限于我们两人之间。

感谢你寄给我那幅描绘珀耳修斯[①]的美丽画作。每一个前来我家做客的人对你的这幅画都赞叹不已。请告诉你的姐

---

① 珀耳修斯(Perseus),古希腊神话中宙斯和达那厄的儿子。

第七章
从雷诺克斯到康科德

弗拉克曼的霍雷肖·纳尔逊将军雕塑

姐伊丽莎白，她对韦利先生的叙述深深吸引着我。我已经恳求怀廷先生带他前来我们的演讲台发表演说，他承诺会做到这件事。

拉尔夫·瓦尔多·爱默生

在查尔斯·爱默生去世之后，拉尔夫·爱默生在一封信中就提到了霍桑夫人为查尔斯·爱默生所做的一枚大奖章：

康科德，1840年5月18日

我亲爱的索菲亚小姐：

今天，我已经恳请加里先生前去你家，将那枚大奖章带到沃特福德。如果另一枚大奖章已经做好的话，可以带到纽约。我想将其中一枚大奖章送给亚伯·亚当斯先生。

伊丽莎白（霍尔）对你所做的铸件感到非常满意，她认为虽然铸件刻画的查尔斯·爱默生在形象上缺乏了少许精确，但要比用泥土做的显得更好。我们所有的朋友都非常喜欢你做的铸件；其中一些人虽然理解比较晚一些，但他们最后还是明白了你的良苦用心。我们将这视为一件珍贵的礼物，将之视为缪斯的一份礼物，是一份我们预料之外的珍贵礼物。你绝对要定一个时间前来康科德，然后聆听我们对你作品的赞美之词。

你是会在这个月的最后一周还是在6月的第二周前来这里呢？如果你这两个时间都没有空，那么你可以选择之后的任何一个日期，我们静候着你的到来。

永远忠实于你的朋友
拉尔夫·爱默生

在希望索菲亚这位年轻艺术家前来康科德时，爱默生这样写道：

> ……关于你在来信里提到的一些想法，我要说的是，你一定会发现这就是事实。虽然我非常喜欢写作，喜欢公众演说，但我却是一位糟糕的谈话者，在很多时候都宁愿选择沉默。查尔斯在艺术创作方面的天赋，是我本人所不具有的。我们共同的朋友奥尔科特先生则是一位非常健谈的人。他所住的地方距离我的房子只有半千米左右，我们可以寻求他的帮助。我们之前经常在这方面寻求他的帮助，来弥补自身的不足。当你过来的时候……你能够告诉你的姐姐伊丽莎白，我收到了她那封充满善意的来信，但我现在想该怎么进行回复（事实上，我每天都在思考着，她应该知道我对她在信中所提问题的回答），因为她在来信里已经给出了强烈的暗示，只是等待我的回答之后再进行衡量。我已经将她的来信放好了，准备过一段时间再阅读一遍。如果我想到了应该要说的话，肯定会给她回信的。

永远忠诚于你的朋友
拉尔夫·爱默生

纯洁的良心
——回忆我的父亲霍桑

康科德，1841 年 4 月 20 日

我亲爱的索菲亚小姐：

你能够接受我的弟媳伊丽莎白·霍尔与我给你寄去的一些印刷品吗？

我们必须向你表达歉意。去年夏天，我们委托一位当时即将前往英国的先生，帮我们订购了一些拉斐尔与米开朗琪罗（特别指明了是《先知》与《利比亚女祭司》）等画作，希望他将这些画作的印刷品寄给你。之后，发现委托的那位先生其

| 拉斐尔的《先知》 | 米开朗琪罗的《利比亚女祭司》 |

达·芬奇的《岩间圣母》

实没有我们想象中对此有所了解。尽管如此,我们还是希望这些订购的画像复制品能够对你在画室的创作有所帮助,因为我们都能从你的画作中感受到一些深意。我们见过了大多数的画像复制品(虽然画像里的一些主要人物形象可能复制得不是很好)。我们寄给你的,就有达·芬奇的《岩间圣母》与柯勒乔[1]的《圣母升天》。

---

[1] 柯勒乔(Antonio Allegri da Correggio,1489—1534),意大利画家。

纯洁的良心
——回忆我的父亲霍桑

柯勒乔的《圣母升天》

你能够帮我们感谢你的姐姐伊丽莎白对那位英国女性(指马蒂诺女士)所做出的积极评价吗?我认为她对这些画作感到非常满意。马蒂诺女士在一封写给我的信件里,就提到了某些我总是希望能够用一个单词来回答的问题。但要是用文字来描述,我可能要思考数月甚至是数年时间。

永远忠诚于你的朋友
拉尔夫·爱默生

第七章 从雷诺克斯到康科德

附注：伊丽莎白·霍尔希望将马蒂诺女士的信件多保留一两天，我也要感谢你的姐姐伊丽莎白帮我为火把展览进行的总结，否则这对我来说肯定不是一件容易的事情。

下面这封比较正式的信件虽然没有保存下来完整版本，但也能够看出爱默生所具有的独特表达方式。这封信是爱默生大约在1843年写的：

我亲爱的女士，请你千万不要感到苦恼。如果我能从我那一笔借款中提前获得一些利息，那么我就能够做好这些事情：帮你拦下一辆马车，帮你垫付货运费与佣金，而不是单纯对你表达恭维或是祝贺。千万不要误解我的意思。这都是比较琐碎的事情。

永远忠诚于你的

拉尔夫·爱默生

玛格丽特·富勒·德奥索利在我父母的婚礼上，也像其他来宾那样表达了祝贺之情。即便在她去世之后，她那鲜明的个性也依然感染着康科德地区的民众。她是康科德这个地方如此吸引人的原因之一。

纯洁的良心
——回忆我的父亲霍桑

我亲爱的索菲亚：

在读了你的信件之后，我想要以一种悠闲的方式连续给你回信。在经过了许多充满美好与灾难的事情后，我们必须以某种方式说出自己的故事，虽然我们并不一定要用这样的故事去表达内心的想法。如果每个人都能够感受那种纯粹且理智的快乐情感，那么这样的情感就会慢慢地成长，蔓延到每个人身上。我认为你就是这样的人，正是这样的爱意让你与他联系在一起，而你的爱意是充满智慧的、纯粹的宗教式情感。这是给予式的爱意，不是选择式的爱意，也不是因为我们缺乏某种东西或是某种愿望的情感，而是因为我们具有某种品格。在我看来，这代表着非常完整、全面的境界与承诺。无论是在日常生活里，还是从未来的角度去看，我都认为这会给他们带来许多幸福的情感。如果我能够看到一个人将细腻的情感结合起来，从而去了解一个女人的内心世界，那么这样的深度以及展现出来的男性气概，就足以让他们感到满足。而这样的男人正是霍桑先生……对于霍桑先生这样的人，我们所能想到的并不是在心理层面产生的爱意，或是两个人之间有着共同的命运情感，还因为这能够让我们充分理解志趣层面的友情。这似乎是你目前能想象到的最为幸

玛格丽特·富勒·德奥索利

福的事情了……在这个世界上,每天都有很多人举行婚礼。但是,我从未看到过比霍桑先生与你的结合更加神圣且合适的婚礼了。当时的你是那么美丽,你的双眼洋溢着喜悦……作为你的朋友,我始终还记得你当时的模样。你可以充分理解,每当我想到那样的幸福时刻,我的内心是多么高兴。若是从心灵智慧的角度去看,我想我值得称为你的朋友。因此,亲爱的索菲亚,我始终都会为你祈祷。

永远忠诚于你的朋友
玛格丽特·富勒

一两年后,我的父亲收到了玛格丽特·富勒女士寄来的下面这封信:

我亲爱的霍桑先生:

你千万不要有这样的误解,认为我有什么想破坏你平静家庭生活的不善念想。我也不是暗地里拿着匕首或是绳索的可怕之人,更不是一个饱含恶意、只是想要给你造成痛苦的人。当你再次尝试去了解我的时候,就会发现事实并非如此。虽然我在去年夏天收获了失败,但是你的来信却表达了一种真诚的情感,这让我非常感动。但是,即便在最为严苛、最有决心的人看来,这样的提议也与我本人没有任何关系。如果他们选择让我充当一位解析者,那么我又该怎么拒绝呢?(在第二次的时候,他们提出一个建议,我的父母应该接纳一位朋友作为寄宿生在老教区居住。多年之后，每当我母亲想起这件事的时候，都会感到不寒而栗。）我非常希望聆听你对这件事的看法。我想要知道守护神的看法，不管是源于鬼魂、老鼠或是冬天寒冷的大风，或是开水壶响起的声音，都让我感觉仿佛聆听欢乐的二重奏。不管遇到什么情况，你都可以将自己的观点告诉给我这位朋友。

永远忠诚于你的朋友
玛格丽特·富勒

玛格丽特·富勒还写了下面一封信：

纽约，5月22日，晚上

亲爱的索菲亚与霍桑先生：

我收到了你们的来信，并非常认真地阅读了一遍。之后，我将这封信放在一边，认为自己无法对此进行任何回复，因为很多人都在谈论我之前所写的小册子，对这本小册子表现出了许多不同的看法。我对于别人的看法已经感到非常疲倦，只能将注意力转移到其他事情上。当我重新恢复对这方面的兴趣后，我可能会做出回复，但我更希望做出口头回复。

是的，我希望立即在那一间老房子里见到你们，欣赏那里青绿的草地、潺潺的流水。也许，当所有的工作进展顺利，我还可以抽出时间过去。乌娜现在肯定已经长高了，我认为她那美丽的容貌是不会变化的。再见了，我亲爱的朋友。我匆忙地写完这封信，但我对你们的情感却是非常热烈的。

玛格丽特·富勒

霍桑夫人居住在威赛德的时候，写了下面这封信：

1852年6月6日，周日

我亲爱的母亲：

你寄来的那封饱含情感的来信让我的内心充满了感激之情……在下午1点之后，我们终于抵达米德塞克酒店。在下午4点钟的时候，我乘坐马车来到了威赛德。马车夫已经将车上所有潮湿的床垫搬到了谷仓里最偏僻的角落里，我过段时间还要将这些床垫搬出来晒太阳。今天的天气很热，可以做很多事情。此时，很多之前帮助过我的人们已经去吃晚饭了，我与乌娜慢慢朝家走去。

我们很快来到了村庄的路口，见到了爱默生先生与梭罗先生。爱默生先生依然是那么热情、真诚，他脸上那美妙的笑容也让夕阳增添了几分美感。爱默生先生转过身，与我们一起步行，直到我们看到了那辆马车。第二天早上，乌娜竟然真的将一张棕色的纸张钉在饭厅与书房里。乌娜在整个过程中给予我许多帮助，她为自己能够布置这个家而感到高兴。让我们感到惊讶的是，当我们将绘画、木制品以及其他的装饰品摆放好之后，整个房子变成了神奇的模样。书房里的地毯看上去就像一张天鹅绒地毯。地板是青色的，可以看到地板上露出来的木纹。透过房子的窗户，可以看到外面美丽的玫瑰花以及它们绿色的叶子。我认为，大自然的美是无法用任何金钱买来的。楼下的木制品是在橡树下面雕刻制作而成的，达到了非常美的效果，与整个房子古色古香的气氛非常搭配。客厅的布置也显得非常优雅，一张非常美丽的墙纸闪耀着银白色的光泽，地板上还铺着棕绿色的布鲁塞尔地毯。当霍桑来到这里的时候，他对这座房子的第一印象肯定是非常好的，他非常喜欢这座房子的布置与摆设。可以说，从去年下雪到现在，这是他第一次到这里查看。在去年的时候，这个地方乱得就像一座动物园。当你知道我其实没出多少力，别人给了我们很多帮助之后，肯定会感到高兴的。但是，要想让这些人给予我们帮助，也绝对不是一件容易的事情。乌娜总是急着要给她爸爸与朱利安写信，想要徒步去见他们。当我听到马车发出的轰隆声时，便带着罗斯走出了家门。朱利安正打开马车的窗户向外看。罗斯看到了哥哥朱利安，马上发出了惊叫声。朱利安也大声地叫喊着她的名字。我们之间的问候声是那么美好，这场景让人难以忘怀。

在米德塞克酒店居住的某天早上，乌娜曾说，她想要去看爱默生先生。我当时心想乌娜可能只是在开玩笑。但我在之后的一段时间里就看不到乌娜的身影了。在大约 1 个小时之后，乌娜回到家，说她刚才去见了爱默生先生。乌娜说她当时敲了爱默生家的大门，一位仆人走出来。乌娜勇敢地表示自己要找爱默生先生！接着，爱默生先生走出家门，非常友善地迎接了乌娜。爱默生说："我想你专门过来是想要看望爱默生夫人的吧。"乌娜大声地回答说："不是，我就是专门过来看你的。"于是，爱默生就放下自己的工作，陪着他这位年轻的女访客游览了花园以及那座哥特式的夏日别墅（那座别墅是奥尔科特先生负责设计建造的）。我之后也去那里拜访，爱默生先生告诉我，他非常愿意乌娜经常来这里玩，让乌娜将这里当成她的家。我说，自从乌娜阅读了他写的《谦卑的蜜蜂》[1]与《紫杜鹃》[2]这些诗歌后，就变成他的好朋友了。

　　乌娜非常喜欢她出生的地方。正如朱利安经常说的，这里的每个人都是那么友好，跟天使没有什么区别。上周日，爱默生夫人与她的3个孩子来我们家做客。我们的书房立即变成了宠物房、缪斯的神殿以及德尔斐庙宇。孩子们在地毯上放了许多让他们着迷的东西。橡木做成的木制品与《恩底弥翁》的那幅画相得益彰。有一个适合悬挂这幅画的地方——我丈夫的书房，这幅画占据了整面墙。在房子的一角，放着阿波罗雕像的基座。这里还有一个喇叭口陶瓷花瓶，花瓶里有黄色的玫瑰花。在两扇窗户之间，就是《主显圣容》画像（这是爱默生先生送给我的）。客厅那里只悬挂着一幅画，即柯勒乔的《圣母子》。在书房的另一边，悬挂着描绘科莫湖的画。在房子的另一面，还悬挂着路德以及他家人在圣诞树前面的画像。这幅画是乔治·布拉德福德先生送给霍桑的。一天下午，爱默生带着朱

---

[1]《谦卑的蜜蜂》(*The Humble Bee*)，爱默生的著名诗歌。
[2]《紫杜鹃》(*The Rhodora*)，爱默生的著名诗歌。

纯洁的良心
——回忆我的父亲霍桑

拉斐尔的《主显圣容》

利安去森林散步，我当时没去，因为我身边还有一个淘气的小孩烦着我。今天，孩子们表现得很乖，乌娜今天在房子附近走了好几里路。

始终深爱着你的女儿
索菲亚

7月4日

我亲爱的母亲：

今天又是周日了。我感觉一周一周的时间真的太快了，不需要过多久，我们又要过圣诞节了。上周，我们举办了一次聚会，这应该会给孩子们留下难忘的印象。爱默生夫人非常热情地邀请我们的孩子前往城镇，参加一次盛大的节日活动。罗斯与我因为有3位从波士顿来的先生到访，因此就留在家里喝茶，没有跟他们一起去。前来造访的先生当中，其中一名就是著名的惠普尔先生。在那一天，一共有5名先生来拜访。他们当中还有另一位名字也叫惠普尔的先生，他是一个很有天分的人，也是一位以骁勇善战而闻名的上校，他的头发一直延伸到眉毛，有着一张饱经风霜的脸。他邀请我们去他在温尼皮赛奥奇湖边的房子。当天，很多人前来拜访霍桑，甚至有一些访客是来自国外的。那天早上，第一个前来拜访的人是所罗门·麦克尼尔将军，他是一位身高2米多的退伍军人，头几乎要碰到客厅的天花板了。因此，他只能

纯洁的良心
―――回忆我的父亲霍桑

弯着腰走进来，然后坐下。麦克尼尔将军有着一张威严的脸庞，他那灰白的头发是竖起来的。惠普尔上校也长着灰白的头发，他们都给人一种充满力量的感觉。惠普尔的那双灰色的眼睛似乎始终在眉毛下闪耀。他说："霍桑夫人，我之前一直没有机会见到你的丈夫，但我在过去15年里一直听到他的大名。"（说到这里，他抬起双手与手臂，仿佛正在挥舞着一把宝剑，自己置身于战场一样）"当我阅读他的作品后，我跟他的朋友说了自己对他的仰慕之情。他的朋友说，霍桑是一个在各方面都很完美的人，只是对自身的能力还显得不够自信。我对这位朋友说，永远都不要感到恐惧！霍桑一定能够做到的！"（此时，他又做出了似乎在挥舞宝剑的动作）"霍桑一定能够做到的！我能够在他的作品里感受到深刻的思想，要知道，那是深刻的思想。"我离开了客厅，前去书房叫我的丈夫。霍桑很快出来了，我发现那位老先生正在专注地看着我丈夫的画像，他当时的专注程度让他根本没有注意到我们已经下了楼梯，直到霍桑开口说话，他才回过神来。这位老先生转过头来，将他那双有力的双手放在我丈夫的肩膀上。你可以想到他会将我的丈夫称为真正意义上的骑士。他们离开了客厅，参观我丈夫的书房。这位老将军边走边说话的时候，双手仿佛在做着挥舞宝剑的动作。能够见到这样一位充满力量的人，的确是一件很有趣的事情。老将军的身体依然非常硬朗，他有着坚毅的品格、坚定的意志，同时双眼又闪耀着充满爱意的眼神，让他充满了柔情。

我没有去参加孩子们的聚会。孩子们在聚会上玩得非常开

第七章
从雷诺克斯到康科德

心。大人将孩子们送回家后,都说孩子们表现得非常乖。第二天,我去告诉爱默生夫人罗斯与我无法一同前去的原因。我发现爱默生先生当时坐在门口前的阶梯处,伊迪斯正坐在他的膝盖上,他的儿子爱德华则骑着他的那匹小马在草地上跑来跑去。爱默生说:"孩子们的表现都非常好,朱利安是最好的。他每到一个地方总能留下自己的痕迹。可以说,世界上没有比朱利安更好的孩子了。"能够从爱默生先生口中得到这样的评价,这实在是让我这个做母亲的感到非常高兴。我对爱默生先生说,朱利安之前在康科德居住过两年时间,因此他对这个地方总是充满无限的想象力。爱德华从马上掉了下来(爱默生之前已经帮助爱德华骑上了马,但爱德华从马上掉了下来),只见爱德华笑得就像天狼星一样灿烂。"好了,你做得很好。下午叫朱利安过来吧。"接着,爱默生叫上爱德华,让他一起回到我家,又让朱利安骑上马试试,然后再带朱利安回来。爱默生首先邀请我与他一起上了他家对面的那个山顶,站在那里看到的风景真不错。爱默生的房子被绿色的树木与马栗树的树荫遮蔽着,附近还有一个果园,每当微风吹过的时候,能够听到美妙的音乐。爱默生作为柏拉图的忠实门徒,经常来这里欣赏大自然的景色。

上周,我为乔治·帕特南[①]画了一幅描述威赛德地区的画,接着他就要按照这幅画去进行雕刻。我还要为爱默生先生以及老房子进行画像。明天,乌娜就要前往普拉特女士(她是奥尔

[①] 乔治·帕特南(George Palmer Putnam,1814—1872),美国著名的出版商、作家。

纯洁的良心
——回忆我的父亲霍桑

乔治·帕特南

科特先生的女儿的婆婆）家进行野餐活动，与她一起前去的还有爱默生的两个儿子艾伦与伊迪斯。我们认为路易莎·霍桑这一周会回来。她已经离开好一段时间了，因为罗伯特·曼宁夫人的严重疾病而耽搁了回程许久。

昨天，霍桑前往波士顿与艾瑟顿先生见面。一位银版照相机的摄影师拉住了他，为他照了3张照片。这位摄影师非常礼貌地让我从中选择一张。这些人是非常友好的。某天，朱利安的一颗牙齿拔出来了，他没有哭泣，反而为拔出这颗牙而哈哈大笑。一两天前，爱德华的遭遇则很不幸，他同时拔出了4颗牙。爱默生说，只有拔掉了这些牙齿之后，新的牙齿才会生长出来。

周一下午。霍桑、乌娜与朱利安去参加野餐活动了。今天早上，我去邮局，因为当其他男孩子放鞭炮的时候，我不希望乌娜在现场。朱利安始终喜欢跟随着我，因此他与我在一起。我在爱默生夫人家门前停下脚步，想要询问她的孩子们什么时候出发以及出行方式。我在爱默生夫人家的饭厅里看到了一幅巨大的乔治·华盛顿画像，这幅画像几乎与真人的大小差不多，是按照斯图亚特的画作描摹的。我们看到爱默

第七章
从雷诺克斯到康科德

家里没有其他人,最后大门打开了,传来了爱默生先生音乐般的声音。朱利安听到声音之后,马上走过去。艾伦与他的父亲走进了客厅。爱默生先生询问我"那个头"(他指着乔治·华盛顿那幅画像上华盛顿的头部)是不是庆祝7月4日的最好礼物。

霍桑

"华盛顿的这张脸仿佛能够保佑整个美国处于和平状态,更别说他的品质了。"(爱默生边说边将双手放在朱利安身上)当然,朱利安身上拥有的某些特质是爱默生所没有的。如果说华盛顿是伟大的冷静者,那么朱利安现在就是年轻的冷静者,等长大之后肯定能够成为像华盛顿那样的人物!爱默生先生询问朱利安是否参加野餐活动,因为我不打算去,所以回答说:"没有。""哦,如果乌娜去的话,那么她就没有玩伴了。"当我知道爱默生夫人也要去,并且他们是乘坐马车去,我当然没有了任何反对的理由。之后,爱默生先生表示希望霍桑能够与他在5点钟的时候一起前去。霍桑也同意了,因此他们最后一起外出。昨晚,爱默生夫人带着她的妹妹前来拜访我们,她们提着的篮子装满了玫瑰花,她的妹妹对我们家

纯洁的良心
——回忆我的父亲霍桑

的摆设与布置也感到非常满意。我的小女儿罗斯始终在我们身旁走来走去，保持着克制的态度，聆听着我们的对话。难道炎热的天气不美好吗？对我来说，炎热的天气就代表着美丽的自然景色与澎湃的力量。霍桑已经以30美元的价格卖了那一片草地。他用斧头砍倒了那个豆架。现在，我们感觉威赛德这个地方越来越美丽了。现在，孩子们都在拉扯着我的手臂，我就此停笔了。

永远深爱着你的女儿

索菲亚

第八章
利物浦总领事

威赛德这个地方的民众非常友好，艺术家米勒先生在这里总是口若悬河地说话。霍桑夫人描述她的丈夫。霍桑游览了浅滩岛。前总统皮尔斯遭到侮辱，但他依然非常具有风度地忍受着。霍桑参观了不伦瑞克学院，受到了热烈欢迎。在威赛德山丘上的谈话。霍桑被任命为利物浦总领事，在出发前往英国之前，首先去了一趟华盛顿。霍桑的女儿罗斯对霍桑的一番描述。霍桑夫人对这次前往英国的旅程进行了一番描述。霍桑夫人对菲尔德·塔尔福德有特别的好感。亨利·布莱特先生让整个家庭充满了阳光。罗斯对亨利·布莱特先生的描述。霍桑夫人在给父亲的信件中谈到了亨利·布莱特以及英国民众的生活方式。

霍桑夫人给母亲皮博迪的信件讲述了他们在这段时间的生活状态：

我最亲爱的母亲：

  我们这里来了一位英国人，他是一位艺术家，他是乔治·帕特南（他的表弟）叫来进行素描创作的。这位英国人带了一个毛毡旅行袋过来。我们唯一要做的，就是让他待在这座城镇的时候，与我们在一起。我更愿意这样做，希望这能够为乔治节省一些钱。我之前表示自己无法亲自绘画，这已经让乔治感到有些失望了。这位艺术家来自英国的北部，他看上去是一个非常友善且真诚的人，他说话的时候就像洛多尔河的激流[1]一样迅速。他身上散发出来的磁场不会让霍桑产生一点点困意。

  这位英国的艺术家对威赛德这个地方非常着迷。

  你也知道，霍桑是一位有着天然吸引力的人，能够在瞬间赢得别人的信任，又不会让别人对他产生任何的怀疑。因此，即便是沉默的米勒先生也会向霍桑讲述自己的人生故事及内心想法。米勒先生一直以来都是矜持保守的，但他在我丈夫面前，似乎能够消除一切的保守念头，情不自禁地说出自己的故事。在周一与周二的时候，我们希望提克诺尔先生能够来这里（霍桑希望看到他的作品），但提克诺尔先生并没有如期过来。

  现在，霍桑感觉好多了，他看上去更加自然，充满生命的色彩（之前，霍桑的姐姐路易莎在一艘燃烧的轮船上，因为跳海而淹死了。这个可怕的噩耗让霍桑感到极度悲伤）。可怜的路易莎！对我来说，每当我想到自己以后再也无法见到亲爱的路易莎，就会感到非常难受。路易莎对孩子们有着发自内心的真

---

[1] 洛多尔河的激流（*The Cataract of Lodore*），英国桂冠诗人罗伯特·骚塞有一首同名诗歌。

第八章
利物浦总领事

诚爱意。但是，当我想到路易莎此时与她的母亲已经升到了天国，这让我的内心稍稍感到些许慰藉。如果说这个世界上有什么东西是永恒的，我认为就是血浓于水的家庭关系。要是天国的世界里没有这样的关系，那么天国也就不能称为天国了。上帝在创造人类的时候，肯定让我的灵魂与我丈夫的灵魂按照这样的方式去建构。因此，我们无法将失去亲人的事看成是无足轻重的！每一天，我都在深深思念着母亲，深深地爱着她。每一天，当我看到可爱的孩子们健康地成长，我的心都会因为激动而颤抖。他们的存在就像一曲永恒的乐章，在我的内心世界里永恒地响起。我们每个人都知道，上帝绝对不会在这样的事情上与我们开玩笑。对我来说，每个人的双眼或是视野应该超越自身的视野范围，站在上帝的视角多去观察事情。我听某位据说有着通灵能力的人曾说，在某个恍惚的瞬间，他看到了精神世界。当他满心狂喜地观察那绿色的草地时，仿佛听到一种声音在对他说："在这片绿色的草地后面，你能够看到尘世的草地也是一片绿色。"

昨天下午，米勒先生离开了我们。哦，这位先生是多么亲切友好啊！我不知道用"洛多尔河的激流"来形容他的说话方式是否恰当，因为他说话的时候的确表现出强烈的情感，就像喷射出来的岩浆或是顺流直下的瀑布。米勒先生所表现出来的真诚以及认真的态度，会让他说的话更像制造车间里发出的声音，让人产生一种挥之不去的感觉。当然，米勒先生代表着另一种类型的人。当他最后离开我们的时候，他的手臂上夹着许多文件，我感觉自己内心的翅膀扇动起来了，但有个铁箍却死

纯洁的良心
——回忆我的父亲霍桑

死地压制住它们。我丈夫认真聆听这位个性化的"造纸厂"的话语，这的确代表我丈夫拥有某种神性的耐心，他能够看出米勒这个人是一个充满善意的真诚之人（可能我对米勒的评价只有"充满善意"这个词语）。在我丈夫眉毛下面的那双发出灰色光芒的深邃眼睛中，米勒这个人仿佛变成了一条清晰可见的直线。布雷默小姐[①]之前就跟我谈论过霍桑的眼睛："那是一双充满活力与力量的眼睛！他的那双眼睛仿佛始终散发出积极的光芒，从来不需要接受任何东西。"的确，霍桑的那双眼睛始终在散发出什么东西。米勒先生将他的脸庞转向霍桑，仿佛向日葵不由自主地面向太阳。当我说话的时候，他试图将目光转向我，但是没过多久，他的目光又转向了我丈夫身上。这的确是非常神奇的。可以说，我丈夫要有多么强大的心灵、多么仁慈的内心，要有对人性多么深刻的洞察力，才能让他内在的智慧之火燃烧起来，从而让每个人都感受到他散发出来的温暖？每个专注于他的人，仿佛能从他身上以最简单的方式了解到最抽象的思想。看到霍桑以如此简单的方式让别人敞开心扉，这的确是一件非常奇妙的事情。我曾经观察过很多前来拜访霍桑的

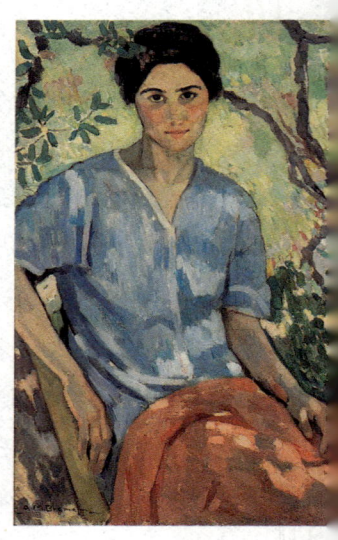

布雷默小姐

[①] 布雷默小姐（Anne Bremer，1868—1923），美国女画家，作品风格深受后印象派影响。

人，看到过很多这样的场景。就以赫曼·麦尔维尔先生来说吧。麦尔维尔先生平时是一位比较沉默且不善言辞的人。但是，当他面对霍桑的时候，他总是能够将自己丰富的思想或是人生经验全部倾吐出来，他似乎非常肯定霍桑会以正确的方式与角度去了解他的人生立场，也相信霍桑比其他任何人能够更好地了解他的思想，能以更好的判断力进行评价。可以说，麦尔维尔先生充分相信我丈夫是一位具有诗性以及强大分析能力的人，否则他是不会面对我丈夫直抒胸臆的。麦尔维尔先生相信我丈夫能够与他的思想或是人生经验产生共鸣，相信只有像霍桑这样的人才能站在最高层次或是从最深刻的角度理解他。这一切如此神奇，因为即便是像麦尔维尔这样的人，也希望从霍桑身上获得绝对意义上的完美（当然，霍桑对于访客也会有这样的要求）。可以说，这些访客能从与霍桑的交流中，对人类本质的缺陷有最微妙且最广泛的认知，能够知道人性中的软弱与失败之处。我认为，在霍桑著的《福谷传奇》一书里，读者能够感受到霍桑对人性微妙且深刻的洞察力。我认为，能够更好了解霍桑思想与内在情感的人将会越来越多。

霍桑的《福谷传奇》

纯洁的良心
——回忆我的父亲霍桑

我亲爱的母亲，你知道我现在在哪里吗？现在，我正坐在刺槐花园的树荫下面。这座花园在山丘上，附近还有一些松树，能让我听到微风吹过时松树林发出的沙沙声响。在这样的美妙时刻，我要做的只是闭上眼睛，让耳朵尽情地聆听大自然发出的声音。松树林发出的沙沙声仿佛让我听到了水流喷涌的声音、大海的波浪的声响。这里有一些桦木、刺槐树，还有潺潺流淌的小溪以及一条水流比较平缓的小瀑布，这一切交织在一起，使得很多水的声音交汇成最为美妙的大自然的乐音。我经常会感谢上天，让我们可以在此时此刻置身于这样的小山顶上。任何平原的景色都无法与置身于这个小山顶上所看到的美妙景色相比。站在这里看这个世界，其实就是在精神世界里俯瞰着这一切，那感觉是极度美好的。乌娜与朱利安在附近玩耍，乌娜正给朱利安阅读一些故事。罗斯此时已经睡觉了。哦，罗斯是多么享受这样温暖的夏日时光啊！今天早上，我让罗斯坐在绿色的草地上。虽然罗斯没有看着我，但我看到她的脸上露出了最为愉悦幸福的笑容。突然，她像挥动翅膀那样挥舞着双手，跑来跑去。对罗斯来说，不小心跌倒在青草地上，似乎是一种全新的乐趣。作为哥哥的朱利安则充当着妹妹罗斯的守护者，小心翼翼地陪伴着他。在我这个母亲看来，这是一幅美好的画面——这两兄妹最后紧紧地抱在一起。有着一双蓝色眼睛的朱利安看着妹妹罗斯那双棕色的眼睛，接着，他们说了一些非常有趣的话。当我读你的来信，知道你希望用一张地毯包住罗斯的时候，我忍不住笑了起来。看来，我真的应该用一张地毯去驯服像罗斯这样调皮的孩子了。我向你保证，自从

第八章
利物浦总领事

罗斯会走路以来,她似乎就从来没有停止过人生的脚步……能够看到罗斯脸上露出满足的笑容,我这个做母亲的内心感到了深深的满足。

永远深爱着你的孩子
索菲亚

9月19日

我亲爱的母亲:

周五,霍桑终于从为期3周的浅滩群岛旅行回来了。当霍桑在那里旅行的时候,我没有跟你说这件事。因为我知道你是一个多愁善感的人,要是你知道霍桑不在我们身边,肯定会为我们担心的。而且,你肯定会为霍桑乘坐轮船可能产生风险担心。但是,霍桑现在平安地回来了,还是一如既往地充满生命的活力。皮尔斯将军、其他名流以及他们的妻子在过去一两天前来拜访霍桑。其他时候,霍桑都是独自一人。我必须跟你说一个故事,你可以从这个故事里看到政治领域的尔虞我诈。军队里有一名军官,目前居住在巴尔的摩。这位军官告诉报纸编辑,说在墨西哥的时候,皮尔斯将军与其他军官经常在赌场里赌博。而这位编辑与皮尔斯将军又是亲密的朋友。接着,这就引发了一场争吵。这位军官以这样的方式去诋毁皮尔斯将军,但是皮尔斯将军始终没有做出什么表态。皮尔斯将军对这位编辑说,那位提出这些诽谤指控的军官目前身在加利福尼亚州,这让我们从他口中得到相关的证词变得困难起来。这位对此感到困惑的编辑将此事告知了皮尔斯将军，而皮尔斯将军也不知道该怎样去证实这些捏造传言的虚假性。不过，皮尔斯将军之后收到一封来自加利福尼亚州的信。他打开这封信，发现正是那位诽谤他的军官的来信。这位军官在信中表达了对皮尔斯将军的高度赞扬以及尊敬，祝贺皮尔斯将军拥有现在的军衔。显然，这封信就是最可靠的证据了。于是，皮尔斯将军将这封信送到了巴尔的摩。可以说，这个传言完全是某些人恶意捏造出来的，想要证明皮尔斯将军是一个赌鬼、一个优柔寡断之人。那位中伤皮尔斯将军的军官可能再也无法担任军官了，我认为这种无中生有诽谤他人的人绝对没有一位真正军人应该有的品质。

霍桑前往了不伦瑞克，这趟旅程是他受到某位大学校长的真诚邀请开始的。他在那里见到了当年的同学。因为天下大雨的关系，霍桑在路上耽误了好几个小时，直到当天中午的时候才抵达。因此，他错过了早上必须发表演说的安排。不伦瑞克的旅馆住满了人，因此他只能前往巴斯找旅馆入住。霍桑在这里遇到很多有趣的事情。一位年老的船长坚持认为霍桑是他的兄弟，并且将他称为"霍桑船长"。在浅滩群岛的时候，霍桑对大海充满强烈的爱意。但在那个岛上旅行的时候，霍桑更想见到的是人。他发现萨克斯特夫妇是非常有趣的人。萨克斯特夫人送给乌娜一串用当地贝壳做成的项链，项链上还有一些金色的珊瑚扣子。她还送给朱利安一个用白色的猫头鹰毛发做成的羽毛饰品，也送给罗斯用海藻做成的美丽的花环。我现在每天

第八章
利物浦总领事

会按照丈夫的要求,帮他记日记。现在,孩子们非常想念他们的父亲,我也为这么久见不到霍桑而感到担心。每天,当我坐在饭厅吃饭的时候,看到霍桑原本坐的那张椅子空空如也,我就没有什么胃口。现在,我已经掉了好几公斤的体重了。

今天,当孩子们从四个半小时的睡眠中醒来之后,罗斯第一次大声地叫喊:"妈妈!"我马上走上前,只见罗斯就像天上的星星那样露出了微笑。罗斯低声地对我说,怎么爸爸现在还不回家呢?有时她会自言自语地与父亲进行着交谈,还会指着墙壁上挂着的父亲的画像。一天,一位邻居给我送来了一束玫瑰花,都是非常罕见又美丽的玫瑰花,希望借此消除我的孤独感。我将这束玫瑰放在书房里那个香槟瓶子里(就是那种高高的老式瓶子),这让整个书房都弥漫着玫瑰的芳香。我每天都认真照料这束玫瑰花,但它还是很快凋谢了。不过在这个时候,一位女士又给我带来了一束充满生命力的玫瑰花,这一天正是霍桑回家前一天。因此,在阳光明媚的周五下午,我将这些玫瑰花放在花瓶上,在一个精美的瓷碟上放上桃子、葡萄与一些苹果。当我们打开西门的时候(这扇门可以从草地直接通向书房),就能让夕阳直接照进屋子。阿波罗的"美好的光芒"似乎再次被点燃了。《恩底弥翁》仿佛正对戴安娜的美梦露出笑意。《科莫湖》仿佛笼罩在金黄色的迷雾当中。我仿佛感受到了神性气息在夕阳的光芒中飘浮着。我觉得,霍桑此时此刻不在家,肯定是一大遗憾。当我的内心萌生出这样的想法时,忽然听到外面马车发出的声响。霍桑终于回家了。可以肯定的是,就像他曾写下来的文字一样,他"仿佛再次变成一个充满生命力的

《科莫湖的梅纳焦别墅》，索菲亚 1839—1840 年间作品

人"！亲爱的乌娜听说父亲要回来，马上带了一个装着信件的袋子前往村庄，等待着见她的父亲。我对乌娜说，希望她能够与父亲一起乘坐马车回来。让我感到惊讶的是，乌娜的责任感竟然没有让她立即转身跑回家。我询问她为什么不那样做，因为那些信件都不是特别重要的信件。乌娜说："哦，我也不知道为什么不转身回家，但我知道倘若只是因为我想那样做就要违背自己的承诺，那肯定是不对的。"最后，乌娜终于回家了。她以非常安静的方式走进书房（显然，乌娜是故意这样做的），然后听到了她父亲充满爱意的问候。霍桑将她的帽子拿下来，然后将她抱到自己的膝盖上，仔细地打量着她。乌娜在晚上准备上床睡觉的时候，她说："哦，妈妈，自从我见了爸爸到现在，我就感觉大脑有点疼。我真的觉得好难受。但是你千万不要告

诉爸爸，因为这会让他担心我的。"乌娜在当时与她父亲相处的两个小时里，始终保持安静与隐忍，这难道不是一种充满英雄情感的事情吗？这是乌娜具有自我牺牲精神的最好例子。有时，当我看到乌娜流下喜悦的泪水时，我也会忍不住与她一起流下喜悦的泪水。

1852 年 10 月 24 日，周日

我最亲爱的母亲：

今天，我们前去房子后面的树林，之后坐下来用红色与黄褐色的叶子编织花环，身旁的松树林形成的松海发出来的声音令我们陶醉不已。看到乌娜脸上洋溢着平静快乐的表情，看到阳光洒在她那稚嫩的脸上，看到朱利安戴着一顶冠状头饰，安静地坐在那里晒太阳，都让我这个做母亲的感到无限美好。我的丈夫就站在掉落的松树叶子上，表达着自己对人生的一些看法。在我看来，他的这些思想代表着一种神性的力量，在我们身旁不断地涌动。我真的无法用任何言语来描述这样的喜乐，但是你肯定能够明白我想要表达出来的意思。我认为，在这样美好的时刻，最明智的做法就是什么都不做，只需要保持安静与快乐的状态，认真地感受上帝所赐予我们的一切！我们这些凡人在很多时候总是痴迷于各种复杂的事情，忘记了这样一种宁静平和的心灵状态。至少在接下来的一周时间里，我们没有什么要紧的事情去做。我宁愿认为，这是摩西受到了内心的激励，然后他让世人拥有了暂时摆脱工作的休息日。当然，上帝

纯洁的良心
——回忆我的父亲霍桑

霍斯默

不需要休息，但是平凡的人类却需要这样的休息。

夕阳西下。我放下了笔，与丈夫一起走到了山顶。孩子们发出的声音让我们知道他们身在何处。丈夫与我就坐在山顶一侧的阶梯上，我们两人都望着远处平静的地平线。此时，地平线正笼罩在一片蓝色的阴霾里面。乌娜走上来，大声地叫喊着，说霍斯默[①]先生想要见一下爸爸妈妈。

于是，我们俩就往山下走，在较低处的阶梯上见到了年迈的霍斯默先生。我邀请他坐在绿色的"沙发"上，我们则坐在他的周围。朱利安马上走上前，就像一个年轻的奥林匹克运动员那样做出一些有趣的动作，在草地上伸展着四肢，认真地聆听我们的对话。霍斯默先生一开始就谈到了著名的丹尼尔·韦伯斯特[②]先生，韦伯斯特先生在这一天的凌晨3点去世了。霍斯默先生表达了对韦伯斯特先生的崇敬之情，我们也一样非常崇敬他。我认为，韦伯斯特的去世是这个国家的巨大损失。霍斯默先生为韦伯斯特先生在他的人生中能够把全部能力释放出来，在没有任何保留的情况下去世而感到高兴。接着，霍斯默先生还谈论了韦伯斯特先生在演说时所表达出来的庄严情绪，谈到了他写的充满力量的文章，

[①] 霍斯默（Hiram Hosmer，1798—1862），美国著名医生。一直跟霍桑家庭保持往来。
[②] 丹尼尔·韦伯斯特（Daniel Webster，1782—1852），美国政治家，曾两次担任美国国务卿。

约翰·亚当斯　　　　　　　　　　奥利弗·克伦威尔

还有关于他本人充满力量的事情。当然，霍斯默先生也谈到了韦伯斯特先生存在的缺点以及他应该遭受的惩罚。你肯定想要聆听一下霍斯默先生赞美约翰·亚当斯的话吧，即便是他赞美约翰·亚当斯[①]的容貌的话。他说，在83岁的时候（他每个周日在教堂见到他），约翰·亚当斯还是一个"充满了绝对美感的人"，他的脸颊就像少女一样没有任何皱纹，他的头发虽然已经花白了，但他依然昂着头颅。我觉得任何女性都会爱上他的。就这样，我们3人谈论了许多伟大的人物，直到我看到孩子们慢慢睡着了。很快，罗斯就醒来了，走到我们跟前，露出了微笑。接着，霍桑与霍斯默先生走回家，他们依然在谈论着有关伟人的话题。霍斯默认为，奥利

---

① 约翰·亚当斯（John Adams，1735—1826），美国政治家、美国第二任总统。

弗·克伦威尔①是人类历史上最伟大的人物之一。今天,乌娜与我用橡树叶子做成了一顶花环。当我下次前往牛顿地区的时候,我肯定会戴上这顶花环的。我希望你能够听到乌娜用她那清脆愉悦的声音背诵诗歌的情景。可以说,我从未听过任何人像乌娜这样用如此美妙的声音背诵诗歌。

晚上。今晚的夜色实在太美了,霍桑也忍不住要走出家门,到外面欣赏月光。今晚天空很晴朗,月色特别皎洁。霍桑走出家门的时候,叹了一口气,他真的不愿意离开自己的书桌(他感觉在道德层面上必须这样做)。我与他一起走出去,充当着罗斯的妈妈与保姆(罗斯此时还没有睡觉)。当你给普拉姆利先生送去新书的时候,请把我对他的爱意传递给他(因为他之前给皮博迪夫人送去了礼物),还要替我感谢他写给我的那封充满善意的信件。我一直想要写信给他,谈论一下你以及我的丈夫。普拉姆利先生真的是一位高尚且有趣的人!

永远深爱着你的女儿
索菲亚

1853年4月14日

今天早上,我丈夫冒着大雨离开了家,动身前往华盛顿。玛丽·赫内叫孩子们过去,帮忙照顾她的洋娃娃手推车,罗斯

---

① 奥利弗·克伦威尔(Oliver Cromwell,1599—1658),英国政治家、军事家、宗教领袖。

第八章
利物浦总领事

当时仍在厨房的地板上玩耍,兴冲冲地跑过了客厅,然后用女性似乎在分娩时刻的痛苦语气说:"哦,我的默西,我的默西!"接着,她马上将她的洋娃娃手推车推回去了。之后,罗斯显得很高兴,并一直留在厨房里玩耍。之后,我听到罗斯大声喊着:"我非常喜欢这个,我真的非常喜欢这个!"我问玛丽,为什么罗斯非常喜欢那个洋娃娃手推车。当玛丽走上前查看情况的时候,她发现罗斯拿着一个糖浆水壶站在橱柜前,依然在大声叫喊着:"我喜欢这个,我真的非常喜欢这个!"显然,罗斯不明白我们为什么表现得如此惊慌失措。在喝茶的时候,我谈到了这件事。罗斯忍不住哈哈大笑起来。在她笑完之后,马上说:"因为我感到很高兴啊!难道这算是恶作剧吗?"今天,罗斯两次前往书房,想要与她的父亲玩耍。在下午5点钟的时候,我叫朱利安前往村庄,他回来的时候下起了滂沱大雨。幸好,朱利安的麻布袋让他的身体没有被淋湿,但他却认为自己浑身湿透了,因为他的鼻子都湿了。朱利安从夏洛特·布里奇那里带回了两封信,这是布里奇先生写给我丈夫的信件。今天,我在邮局转悠的时候,发现并没有我的来信,却看到了爱默生先生。爱默生先生与我一起走了一段路,说他收到了辛格先生的一封来信(霍桑之前在英国的时候就见到过辛格先生),辛格先生是英国公使馆的一位专员,想要向霍桑索要签名。在下午的时候,外祖父、孩子们以及我都坐在门廊上,孩子们玩耍的兴致非常高,以非常有趣的方式进行着交谈,彼此之间还不时地使着眼色,接着又不知道因为什么事情而哈哈大笑,仿佛他们观察到了一些我们无法观察到的有趣事情。

4月19日。今天是纪念康科德战斗的伟大日子。一大早,我就被加农炮声与钟声所唤醒。加农炮发出的声响仿佛在整个天空中回荡,给人一种非常庄重而又宏大的感觉。今天,我给孩子们讲述了这一天之所以成为纪念日的历史。真正让今天早上变得更加美好与温馨的事是,朱利安给我带回了我丈夫的一封信。

4月21日。今天的天气就像扬琴一样奏出优美的乐章。能够用耙子来耙草,种植花草、修剪枝叶,这实在是一件很有趣的事情,虽然这会让我在外面待很长时间,或是有可能弄脏双手,但这都没有关系。朱利安对我说,希望独自前往树林里安静地散步。当我开始对他感到担心的时候,他就叫喊着回来了,手里拿着一束蔷薇花,是他从森林里收集的。我抡起一把铲子,挖了一个深坑,将这些蔷薇种植在朱利安房间能够看到的西边窗户那里。我相信,这些蔷薇肯定会为朱利安而盛开,因为朱利安是一个善良又阳光的孩子。在他的照料下,这些花朵肯定能够茁壮成长。

一辆公共马车驶到我们家门前,下车的是S.G.沃德夫人与萨拉·克拉克女士。沃德夫人对于这次拜访未能见到霍桑感到非常失望。我对她说,霍桑在回到家之后,发现没有见到沃德夫人,肠子都悔青了。沃德夫人对我说:"告诉他,我也是那样。"可以说,沃德夫人是一个容光焕发、气质极佳的人,她穿着华丽的绿色衣服,戴着一顶玫瑰色的软帽,漂亮的头发就在她那美丽的脸上飘荡。我认为,这个世界上再也见不到另一个像沃德夫人这样美丽的女人了。当沃德夫人要离开我家的时候,朱利安恳求我追上她,告诉她以后一定要去英国(因为在那个时候,我们一家准备动身前往英国了)。沃德夫人听了之后,非常优雅地笑着说:"告诉朱利安,我一定会去的。"

周日。今天10点钟,孩子们聚在

伦勃朗的《巴兰的驴子》

一起(霍桑夫人教孩子阅读、地理与绘画方面的知识,还要给他们上一些关于主日学校的课程)。我给孩子们读了《巴兰的驴子》这个故事,并且谈到了摩西之死的故事。孩子们都因摩西不被允许前往梦想之地而感到痛苦。我在讲故事的时候,说摩西从毗斯迦山山顶上往下面看,看到迦南与棕榈城。我拿着自己在古巴时画的一幅描绘棕榈树的画给他们看,接着描述棕榈树的形态以及生长的环境。在我的描述中,孩子们认为棕榈城应该是一个非常美丽的地方。可怜的玛丽·埃伦生病了,但她对我说的故事很着迷,我无法说服她回家好好休息。

纯洁的良心
——回忆我的父亲霍桑

洛克伍德·霍尔

4月26日。我遇到了洛克伍德·霍尔[①]先生,他祝贺我们即将在英国定居。按照他的说法,英国是"除了美国之外唯一适合我们居住的地方"。

4月29日。昨天,一位邻居过来的时候,带来了一朵白色的英国玫瑰,并给我带来一棵小树苗,说是给罗斯的。我们看上去还不错,但是我丈夫从南方回来之后,被晒黑了。在这样温暖晴朗的天气下,孩子们感到非常愉快,纷纷拿起比较沉重的工具,在土地上挖洞。乌娜甚至不愿意喝牛奶,就马上去干活儿了。今天早上,国务院那边寄来了一些文件,谈论霍桑要在利物浦领事馆担任领事的事宜。现在这个时节,桃树纷纷开花了,樱桃树也是如此。我坐在家里的松树林里,认真地欣赏着这样的风景,希望冲淡一下丈夫不在家所带来的失落感,但它还是挥之不去。可以说,这里是世界上最美好的地方,我真的不愿意离开这个地方。今天早上,我的学生带来了一些花朵。爱默生与艾勒里·钱宁也过来拜访。爱默生先生表示希望朱利安带着孩子们一起前往"仙境"(指的是瓦尔登树林)。朱利安爽快地答应了。他回

[①] 洛克伍德·霍尔(Ebenezer Rockwood Hoar,1816—1895),美国政治家、律师、美国众议院议员。

家的时候，带回来了一篮子黄花九轮草、银莲花与紫罗兰。

在 6 月份的时候，我们全家乘坐轮船启程前往英国。因为皮尔斯总统之前已经任命霍桑担任驻利物浦领事馆的总领事，因此霍桑必须及时前往英国。

霍桑所写的《英国日记》以及一些剪裁下来的报道所集合而成的《我们的老家》，就非常清楚地展现了霍桑在担任总领事期间在英国的日常生活。但是，真正对霍桑这段生活进行详细记录的，还是我的母亲与她的家人进行书信往来的一些信件内容。我很好地保存了这些信件，在下面的叙述里也会从中节选出部分内容，当然这个过程也会夹杂着我当时作为少女观察父亲的一些记忆，虽然我所

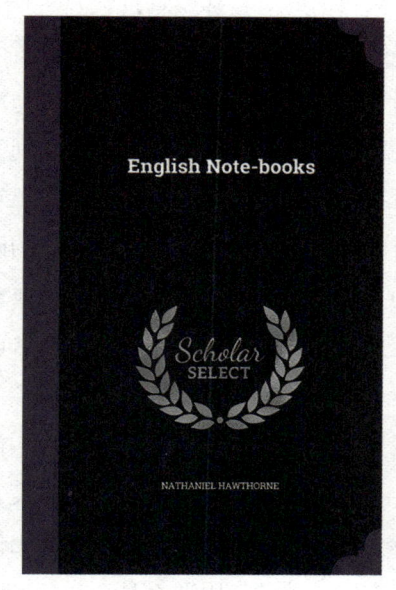

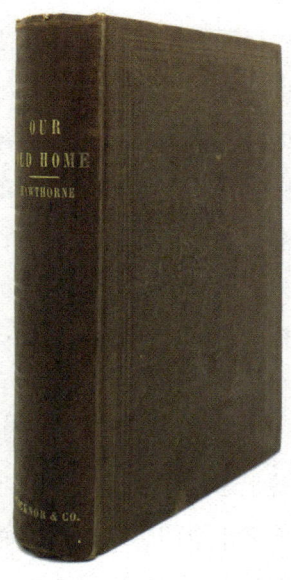

霍桑的《英国日记》　　　　　　　霍桑的《我们的老家》

记忆的内容都是比较琐碎且无足轻重的。在我13岁生日的前一天，我的父亲就去世了。当我出生的时候，父亲平静的生活已经因为他所获得的名声而受到了打扰（如果我们可以使用这个词语的话），而且父亲还要与外面的世界产生很多的联系，因此我在童年时期与父亲相处的时间都是比较短暂的，我当时也处于一个比较幼稚的时期。在英国生活的时候，父亲经常会与英国文学界或是时尚界的一些名流往来。在1853年的时候，我才只有2岁左右，任何人的观察或是微笑，对我来说都是懵懂的。因此，相比我的哥哥与姐姐所度过的快乐童年，我对此印象模糊。因为哥哥姐姐与父亲一起度过了非常美好快乐的时光。因为我比哥哥姐姐小很多，所以我在成长过程中，别人总是将我称呼为罗斯、宝贝或是芭比（我的父亲总是这样称呼我）以及很多与宠物名相类似的名字。我一直希望能够聆听一些奇怪的童话故事，希望能够感受父亲那丰富的想象力所带来的美好感觉。当父亲在雷诺克斯与康科德过着悠闲生活的时候，乌娜与朱利安都感受到父亲带给他们的美好感觉。当然，乌娜与朱利安还感受到父亲与他们一起嬉戏玩耍时候的乐趣，而这些是我在童年时期都无法感受到的，因此我有时会觉得自己是一个生不逢时的陌生人。但是，在霍桑的旁边成为一个"陌生人"其实也是一件非常幸福的事情。不管我在成长过程中可能错失了什么，但我知道自己其实已经是一个非常富足的人了。

我们在英国生活的早期阶段，父亲充满着极强的人格魅力。他的脸上总是洋溢着灿烂的笑容，他的行为举止总是那么慷慨大度，给人绅士般的感觉。我父亲的嘴角以及他的眼神，经常都会露出愉悦的微笑，散发出美妙的光芒。有时，他的双眼要么是淡灰色，要

第八章
利物浦总领事

么是紫罗兰颜色,至于露出什么样的神色,这要取决于他当时的心情。父亲的头发是棕色的,有点松散(当别人问我父亲的头发是不是红色的时候,我会对别人的这个提问很生气)。父亲的容貌与他的母亲一样,是非常清秀的,因为父亲的母亲,也就是我的祖母曾经也是最为美丽的女性之一。父亲很高,身板很结实,就像一个年轻运动员那样健壮,因为他始终过着一种简朴且爱运动的生活,非常注重生活的规律性。父亲有时在聆听别人说话的时候,头部会稍稍偏向一侧,表明他保持着认真聆听的状态。关于父亲在这种状态下的形象,我们可以从很多古希腊的雕像中看出来——父亲聆听别人讲话的坐姿与古罗马皇帝那种挺直腰杆的僵硬坐姿是完全不一样的。每当父亲认同别人的某些观点,他就会微微地点点头,或是说出"嗯嗯"等字眼,或是露出微笑。父亲是一个情感丰富的人,他内心对大自然美感的欣赏热情始终没有消失。父亲是一个富于尊严的人,虽然他在美国的很多朋友认为父亲是一个羞涩且沉默到近乎病态的人,但是,这只是我父亲表现个人绅士风度的一种方式而已。只有当父亲与身边亲密的朋友在一起的时候,他才会表现得非常自在随和;当父亲面对一些流氓无赖的时候,会表现出极为强硬的一面。因为我就曾见过父亲对付流氓时的样子。那些认为父亲过分沉默且无聊的人,其实都是我父亲不愿意与之交往的人。那些认为我父亲缺乏哲学思想(当然,一些哲学家也持这样的观点)的人,其实都不是真正的艺术家,因为这些人根本没有足够的能力去分析我父亲所从事的工作。那些了解我父亲,并且与他成为朋友的人,都是一些具有健康心智的人。这些人有着随和的品性,既可以谈天说地,又可以随时保持缄默,不会刻意地迎合别人。

很多时候,父亲是一个看似不苟言笑的人,但他却随时准备采取行动。父亲有着非常优秀的演讲能力,说话的时候就像孩子那样充满感染力。父亲能够细致地描述一个学生的脸缘线,说明他这个人过着怎样的生活。即便是在这样的时候,他依然能保持着高度的冷静。即便当他没有说多少话时,依然是一个非常有趣的朋友,因为他的双眼仿佛透露出能够理解你思想的光芒,让你能感受到你的脸部表情已经为他所熟知,因此要是说太多话,反而会让彼此觉得扫兴。与父亲在一起,会让身边的人觉得非常自在,因为父亲天生就有着一种强烈的怜悯情感。父亲并不需要专门去了解别人,因为他能够一眼看出你身上所具有的优点,也知道你身上所具有的缺陷或是弱点,但是父亲却从来不会说出来,因为他知道这个世界上没有完美的人。我始终对父亲心存敬畏,感觉他身上总是散发出一种强大的力量。父亲有着一双大眼睛,脸上总是散发出光芒。当我还是个孩子的时候,父亲就曾对我说,他感觉自己在某些方面与其他人不大一样。父亲在外在的行为上是非常和善的,他从来不会放弃这样的行为方式。父亲能够一眼看出那些隐藏得最深的卑鄙之人。当然,我前面谈到的是父亲表面上表现出来的和善行为。至于父亲的思想与精神,总是能够唤醒我沉睡的心灵,或是任何其他人的心灵。因为父亲能够以非常和善的行为、以润物细无声的方式感染别人。父亲要么通过一种富有尊严的宽容方式表达自己的精神力量,要么通过慷慨大度的赞许方式表达,或是通过一个悲伤的眼神直接让对方内在的良知感到懊悔。父亲是一个喜欢沉思的人,这与那些知道这个世界是一个充满着悲伤与罪恶的人一样。但是,父亲又是一个令人愉悦的人,这与那些能够感受这个世界美感的人有着一样

第八章
利物浦总领事

的品格。可以说，这表明了父亲有着天国般的纯真心灵。有时，父亲会变成一个充满乐趣的人，同时又不会失去自己对上帝创造出来的无限世界的深刻洞察力。一个众所周知的事实就是，我们很多人都忍不住会对这样的事实感到恐惧，但是那些伟大之人却往往能够记住，并且心存敬畏。父亲始终不会完全沉浸于欢乐当中，无论他与孩子们一起玩多么有趣的游戏。这就好比一个参加战争的有尊严之人，始终都不会在见到战争的残酷之后，放下感受悲伤的尊严。乍一看，父亲可能是我们所有人当中最快乐的人，但若是我们仔细想一下，就会发现父亲其实并不是那样的。当然，有时，我也能够明显感觉到父亲非常快乐与开心。当父亲站在壁炉地毯前，双手交叉着放在腰后，看着英国的木材在燃烧时发出的噼里啪啦的声响的时候（在冬天的每个晚上，父亲总是要提前给壁炉生好火，因为他随时要到客厅坐的），我猜想父亲当时肯定在想当年他的祖先就曾从这个地方出发，漂洋过海地来到美洲大陆的情景。说实在话，我不知道父亲到底在想些什么，但他脸上总是会露出仁慈的笑容。也许，在那个时候，参加过残酷战争的士兵的心灵不再去想那些残忍或是痛苦的画面了吧。父亲会从房间一边踱步到另一边，然后抬起一只脚，接着诙谐地用脚踩着脚下的拖鞋，然后微笑地看着我，接着又陷入了他那有趣的沉思当中。父亲是一个非常有礼貌且真诚的人，就像一台机器那样坚守着自己的做人原则。父亲总是非常友善地对待孩子，但他同时又不会因此而放松对孩子的管教，他绝对不允许孩子说谎话，或是做任何在他看来是亵渎神明的事情。有时，父亲故意将自己的智商降到与我一样的水平，与我进行非常有趣的对话。我们一起外出散步的时候，通常都是保持沉默的。如果我们

纯洁的良心
——回忆我的父亲霍桑

偶然遇到其他人，就也只是打一声招呼而已。我认为，其他人肯定会认为我们是"不善言谈"的人。但是，正如我之前所谈到的那样，我们之间的交流是非常有趣的。我非常了解父亲，知道父亲所具有的力量：他的绝对诚实以及优雅的行为举止。我完全知道，父亲非常了解我，就像他了解他在书中创作的每个人物一样。

在我还是一个孩子的时候，我就知道父亲不可能将我当成是他的一个有趣的伙伴。当我意识到父亲在我身边的时候，我根本感受不到任何的不安，只有感到有安全感的时候，我才认识到父亲的不可思议。如果父亲不喜欢别人做出一些愚蠢的行为，那么他会原谅别人。如果他擅长分析，拒绝所有虚伪与错误，那么他的双手随时都会抓住别人的双手，因为这是他作为人类的天性。按照父亲的说法，每个人的命运都是其他人命运的一部分，即便是耶稣基督也不例外。父亲与生俱来的这种怜悯之心，让他在创作的时候往往会对人物性格进行一番研究，然后通过一些困惑的人将自己内心的想法与判断表现出来。很多无法理解父亲的人，只会觉得父亲是在故弄玄虚，但是真正能够了解我父亲良苦用心的人，就会发现他所创作的书籍就像一条通往花园的小径，你能够欣赏里面美丽的玫瑰，嗅到那里的花香。

父亲展现出来的个人形象，与他在进行艺术创作的时候相比，总是希望避免展现出自我意识。因此，每当我们对父亲产生一种自然而然的敬畏之心时，感觉是非常愉悦的。父亲有一种忽视某种东西，同时认真观察其他东西的能力。这让我们觉得他的心灵始终是处于一种活跃状态，等待着能够从尘世的事物以及一些普通的想法中解脱出来。我们在欧洲生活的这段岁月里，父亲经常戴着一顶棕

第八章
利物浦总领事

色的毡帽，披着一条用上等绒面呢做成的棕色大披肩。大披肩上的褶皱以及双层的布料，都给人古希腊时代的艺术感，但是父亲这样装扮并不是要展示自己或是炫耀什么。父亲就像那些真正意义上的爱尔兰人，经常会忽视自己的个人形象，不大在意别人谈论他的外套或是头发。即便当他听到别人这样说，只要别人没有什么恶意或是偶尔进行调侃，父亲只会微微一笑，根本不会放在心上。最后，我认为，在父亲的眼中，真正充满美感或是庄严的外在形象，其实就是他的表面形象，因为父亲在这边生活的时候，别人最经常赞美父亲的就是他表现出来的外在形象。但不管怎么说，父亲始终都不会将这个问题放在一个很重要的位置上。不管别人对此有什么样的看法，父亲始终觉得一个人的思想才是最为重要的。

当父亲与我们一起乘坐轮船出发前往利物浦领事馆的时候，我们全家非常高兴地看着父亲。关于这趟旅程以及我们的一些全新体验，从我的母亲在写给她的父亲皮博迪的一封信中就可以看出来：

大西洋上的尼亚加拉号蒸汽船，1853 年 7 月 7 日

我最亲爱的父亲：

现在是早晨。我现在裹着毛皮大衣，披着一条毛毯披巾，看着阳光照射在冒出滚烫蒸汽的红色圆筒上。当今晚抵达哈利法克斯的时候，我会从那里再给你送去问候。我很高兴当我离开你的时候（你当时正在与菲尔德斯先生交谈），菲尔德斯的愉悦面容（当然，还包括他的话语）让你露出了愉悦的微笑。我很高兴在离开的时候，听到你那么爽朗的笑声。接着，

就响起了持续时间很长的轰鸣声。你当时提出疑问,说为什么轰鸣声会持续这么久。提克诺尔先生回答说,这是轮船出发时要发出的声音。但在昨天,轮船发出了长时间的轰鸣声,这是专门为美国驻利物浦总领事兼作家的霍桑送行准备的。当别人与我进行亲吻道别的时候,我都没有怎么注意到。也许,我作为霍桑的妻子所感受到的自豪,能够让我更好地接受蒸汽船专门为欢送我丈夫所发出的轰鸣声吧。在这之后,我们都显得非常安静,因为我们现在就像一颗超大的珍珠以神奇的方式在海面上滚动。整个过程还是比较顺利的。我从未见过广袤的大海如此平静与柔和。当我望着远方的地平线时,仿佛能够看到蔚蓝色的大海与天空接壤了。朱利安坐在船舱里目不转睛地看着一切。朱利安始终都没有转移他的视线,认真地看着这一切。对他来说,这一切是非常新奇且有趣的。当他看到美国的最后一片陆地从视野中消失的时候,他兴奋地说:"妈妈,我想那就是美国的尽头了!我认为美国的土地也不是很大啊!"最后,我成功地为朱利安脱下了海狸皮毛做成的外套以及戴着的羽毛帽子,给他戴上了法约尔草帽。但是,朱利安却始终盯着大海看,不愿意转过头。当时的气温很高。最后,水手们在船尾的位置搭设了一个雨篷,在那里坐着还是比较舒适的。我听说一位英国部长也在船上,于是想找出他。我认为在舵舱位置睡觉的那位老绅士应该就是部长了。没过多久,一位传达消息的人过来找到霍桑,说一位英国部长想要认识他。看吧,那就是我要找的部长,他是一个英俊之人,给人一种高贵、简朴的印象,举手

第八章
利物浦总领事

投足间都散发出魅力。霍桑向这位部长介绍了我,但我没有与他进行多少交流。之后,我与他进行了非常有趣的对话……在我们附近站着一个人,我猜想那个人应该是他的随从。我与这位随从也进行了非常有趣的对话。我们一起谈论了有关艺术与罗马、美国与英国以及建筑方面的话题。我还不知道他的名字,只知道他的哥哥是罗伯特·皮尔爵士在哈德利财产的执行人,也是一位艺术家。这位没有说出名字的随从告诉我,部长也是一位对艺术很感兴趣的业余艺术家,还说部长的公文包里装着许多精致的素描画作。听这位随从这么一说,我知道了为什么部长虽然脸上的表情比较平静,但他的眼神却始终落在他想要观察的物体上。希尔斯比先生看上去很瘦削,脸色有点苍白,因此我有点为他的健康担心。但是,我肯定会在这段旅程期间好好照看他的。在轮船的餐桌上,霍桑与我有幸坐在船长的身旁。这位船长是一位非常了不起的人。部长告诉我,他在5年前曾与这位船长一起出海航行,当时这位船长还很年轻。他为这位船长表现出来的精湛航海技术感到惊讶。可以说,这些英国蒸汽船的船长都是百里挑一的,以前都在英国海军接受训练,是一些非常优秀的人。在这么多人当中,利奇船长是其中最为优秀的。当我们离开那个美丽的港口时,看到利奇船长在甲板上走来走去,他散发出军人气质,这的确是很有趣的事情。利奇船长在做出一些手势的时候,充满着一种有意识的能量。他的微笑是充满魅力的,他的声音是非常洪亮的。那位英国的部长名叫克兰普顿,他也是一位非常优秀的人。克兰普顿先生说,这些蒸汽船已经航行了17年左右,但没有发生过任

纯洁的良心
——回忆我的父亲霍桑

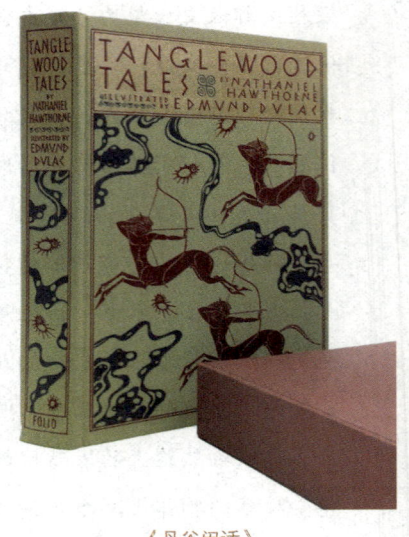

何意外，没有造成一个人的伤亡。除了有一次一艘蒸汽船在大雾中偏离了方向，但最后所有的乘客与船员平安无事。乌娜非常享受这次旅程，在船上阅读了《丹谷闲话》。在这个有点寒冷的早上，她与朱利安在甲板上走来走去。大海的景色是如此壮美，蓝色海洋仿佛包围着一切，目力之尽头看不到一片陆地。

《丹谷闲话》

永远深爱着你的女儿

索菲亚

利物浦滑铁卢小屋酒店，周日早上，7月17日

我最亲爱的父亲：

我们全家人终于平安抵达英国了。当我们下船的时候，我真的感觉有点不知所措，因为仿佛在刚才，我们还在波士顿的港口，而现在我们竟然已经跨越近5 000千米的大海，来到大西洋对岸的英国。要是我们在航行过程中遇到什么问题，比如

遭遇暴风雨或是危险，我肯定会对这趟旅程的记忆更加深刻。但是，这次航程就像在一个湖面上有趣地泛舟而已。现在，我坐在一间酒店的客房里，看到一扇宽阔的窗户从天花板一直延伸到地板，还看到一扇窗扉可以直通到阳台，从那里能够看到下面一条整洁的大街。这里的一切看上去与波士顿很不一样。霍桑说，这里同样不像纽约，而更像利物浦。这里的人们会在周日前往教堂，教堂发出的钟声听着很悦耳。大街上每一位先生手里都拿着一把雨伞，因为英国这边的天气刚才还是好好的，马上就下大雨了。

　　我之前给你写的一封信就谈到了克兰普顿先生，但我们来到哈利法克斯之后与他失去了联系，不过依然与他那位可爱的随从保持着联系。我很高兴能够与那位随从保持这样的联系，因为他是蒸汽船里最有趣的人。我们一直想要打听他的名字，但都徒劳无功，最后才发现他的名字是菲尔德·塔尔福德，是托马斯·塔尔福德爵士①，也就是《约恩》一书作者的弟弟。我与他进行了非常有趣的交谈。他是一个非常有风

托马斯·塔尔福德

---

① 托马斯·塔尔福德爵士（Sir Thomas Noon Talfourd，1795—1854），英国法官、政治家和作家。代表作有《希腊文学史》《查尔斯·兰姆生平及书信集》等。

度的绅士，他的言谈举止都非常具有魅力，显示他具有很好的教养。他的声音是那么浑厚，每当他说话的时候，声音似乎能够从周围嘈杂的环境以及轮船发出的轰鸣声中分离出来，因此我能够很清楚地听到他的声音。他是一个地地道道的英国人，与其他有着不同血统的人存在着区别（萨拉·克拉克就曾以血统来区分人）。他看上去对每个话题都有所了解，没有出现对某个话题一无所知的情况。当乘客想要通过一些体力运动来消磨时间的时候，我看到塔尔福德展现出了运动员的良好体能，他能够完美地完成其他人根本无法完成的动作。他所接受的教育是比较全面的，有着健康的心智。可以说，我在美国很少能够遇到像他这样的人。看来，我们美国人还需要拥有更多的休闲时间以及更好的教养，才能出现这样优秀的人才……

7月19日。除霍桑外，我们都患上了感冒。看来，地球上的任何疾病对霍桑都是无可奈何的。朱利安与乌娜一直思念着家乡宽阔的草地与山丘。当朱利安待在这个面积狭小的房间的时候，他感觉自己就像一只原本应该展翅高飞的老鹰被困在金丝雀的笼子里！一旦我熟悉了这里的路况，我就会带上他们前往王子公园散步。他们能够在那里看到河流、绿色的草地以及树木。现在，他们急切地思念着威赛德那边的美丽风景。昨天，即将离职的总领事克里滕登先生前来拜访。霍桑非常喜欢这个人。希尔西比先生与怀特先生也分别前来拜访。其中，怀特先生与我谈论了许多有关超验主义哲学的话题，还谈到了尼亚加拉大瀑布。在交谈过程中，我甚至想过将他扔到河流里，让他在艰苦的现实生活里好好地感受一番。

第八章
利物浦总领事

7月21日。之前，一位在康科德拜访过霍桑的牛津毕业生前来拜访霍桑，并且带来了他的父亲，一位面容英俊的绅士。他的姓氏是布莱特。玛丽·赫恩认为这位绅士的儿子就是尤斯塔斯·布莱特本人！今天，尤斯塔斯的父亲前来邀请我们在周六的时候，前往西德比地区喝茶，还说他的儿子到时候会前来接我们。孩子们听到能够在那里看到天鹅、花园与青草，都感到非常兴奋。年轻的亨利·布莱特①是一位热情的绅士，充满着生命的活力与充沛的情感，他很有礼貌地给我带来了他从花园里采摘的一束美丽的花朵，其中就包括一些向阳花、苔藓玫瑰、其他玫瑰花以及木樨草，整束花散发出芳香。昨天，林奇女士给我送来了一束百叶蔷薇，里面有九朵花。你可以想象一下九朵百叶蔷薇的花朵聚在一起的情景！亨利·布莱特给霍桑带来了《威斯敏斯特评论》杂志，还说他应该给霍桑带来所有刚出版的书。特雷恩夫人在出发前往伦敦之前，也前来拜访了我。霍桑与我一起送她到阿德尔菲，之后我们一起散步，欣赏着一座名叫圣乔治大厅的壮观石砌建筑。这座建筑还没有竣工，但是从笼罩

《威斯敏斯特评论》杂志

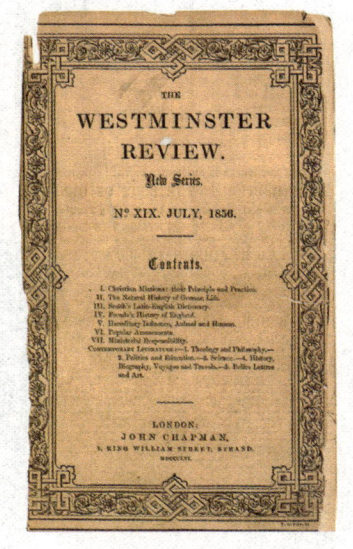

---

① 亨利·布莱特（Henry Arthur Bright，1830—1884），英国实业家、作家和文学评论家。是霍桑一生的朋友。代表作有《英国的花园》《霍桑夫妇传》《欢快的美国之行日记》等。

纯洁的良心
——回忆我的父亲霍桑

现在的圣乔治大厅

第八章
利物浦总领事

的雾气所形成的轮廓来看,这应该是一座相当华丽的建筑……我们购买了一些与李子差不多大小的草莓,还购买了一些木莓。在滑铁卢小屋酒店这条路的尽头,我们看到受人尊敬的林奇先生,他就像古代的公爵一样:穿着精美的衣服,胸前还有一些褶饰边的花纹。出于对美国驻利物浦总领事的尊重,他前来为我们盛汤。当我倒汤的时候,他会用手拿着我的碟子,帮我们盛好汤之后,让侍者将这些汤分到我们面前。在喝完汤之后,他非常恭敬地离开了。这样的致敬方式让霍桑有点不知所措,我想他可能之后想起来的时候忍不住哈哈大笑。这里的侍者显得非常沉着冷静,霍桑甚至将他们称为我们的卫理公会教派的牧师。当然,这些侍者的服务是非常周到的。

永远深爱着你的女儿
索菲亚

布莱特一家,特别是亨利·布莱特经常会出现在霍桑的日记本里,他们的名字也经常会出现在我母亲的信件里。这位年轻的牛津大学毕业生也是给我留下最深印象的人。他是一个身材瘦削、个子较高的人,看上去就像一根随风飘荡的芦苇。他那双明亮的眼睛就像冰山那样闪耀着太阳的光芒。他的鼻子是英国这个民族的杰作,有着英国贵族阶层特有的挺拔,那棕黄色又威严的眉毛,那红润的嘴唇与洁白的牙齿,还有他那英国人特有的下巴,时常让我观察很久。他是非常优秀的人。在英国,一个人优秀的同时又保持平常的状态,这样的人一般来说都是比较棱角分明的,有着鲜明的性格。无论是从他们的面貌还是心智来看，他们都有着非常明显的特征。显然，布莱特先生有着非常独特的自我分析能力，这是毋庸置疑的。

亨利·布莱特表现出来的强烈个人气质，是让人非常欣赏的。他与我父亲经常在壁炉旁相对而坐。布莱特一边说话，一边用眼神盯着煤炭燃烧时发出的火光。他靠在安乐椅的扶手上，用长长的手指支撑着他的头部（他那棕色的头发就像波浪一样荡来荡去）。有时他会拿起丁尼生的一本诗歌集阅读，有时会以非常热烈的情感大声背诵《小溪》这首诗，充分表达欢乐的情感，也会表达出一种含蓄的悲怆情感，仿佛这代表着一条小溪的血与泪！他最后背诵"人们过来了，人们离开了，但我将永远流淌"的诗句的场面，多年来一直在我的脑海里回荡。我想，他也感觉到了在这一句诗歌里，浓缩了古埃及人的智慧以及永恒的精神世界。布莱特发笑的方式始终让我感到非常有趣。有时，即便当我偶尔想起来的时候，也会忍不住哈哈大笑。因为布莱特在笑出声的时候，他的鼻子总是会发出微弱的哼哼声。他经常发笑，有时会为自己说的一些话或是我父亲说的一些话而发笑，有时也会在朗读《小溪》这首诗歌结尾处为自己所使用的口气而发笑。因此，他经常会以这样一种迅雷不及掩耳之势发出哼哼声。我总是入神地聆听他的话语。他在朗读或是背诵了一些他认为非常经典的诗歌之后，总是会以柔和或是让人愉悦的方式表达自己细腻的情感。当然，在别人看来，他这种表达自身情感的方式是有点奇怪的。我的父亲经常会以公正、发人深思的方式对他的观点进行一些反驳。不过，就我所听到的他们的对话主题，一般都是关于作家的各自价值方面。布莱特的双手经常抚摸着丁尼生的那一本小诗集，说这本诗集里表现出来的动人情感是任何其他诗集的榜样，他认为这本诗集包含了丁尼生对伟大英国的一种赞美之情。他那颗勇敢的心为丁尼生而跳动。我认为虽然父亲也会为布莱特的说法叫好，但他的内心其实并不真的认同。我的母亲则非常欣赏哥尔德斯密斯的诗歌，认为这些诗歌在艺术形式上达到了完美的状态：不仅是在诗歌约定俗成的形式上，而且更好地表现出了浪漫的美感，这让他的诗歌可以与丁尼生的诗歌相媲美。亨利·布莱特有时也会创作一些诗歌。他开始对一些有着真挚情感但尚未结婚的年轻男性的心理状态产生了兴趣，他认为有必要将这些年轻人的爱意激发出来。为此，他创作出了《王子》与《伯里爵士》等诗歌。在我们抵达英国半年后，母亲在一封信里谈到了亨利·布莱特先生，因为当时布莱特已经成为我们家的一位常客。在这封信里，母亲对布莱特有趣的个性进行了生动的描述：

岩石公园，12月8日

……两周前，亨利·布莱特先生前来拜访我们，我们聊得非常开心。布莱特在这里待了整个晚上。我要说，布莱特说话的时候仿佛整个天空下起了暴风雨。但更多的时候，布莱特说话的方式是比较柔和的，就像一阵微风吹拂大地，因为他本人是一位性情随和的绅士。布莱特是一位对事物非常感兴趣，为人真诚、认真、独立且有着慷慨心灵的人，完全没有任何教条主义倾向。他的内心有很多问题，当然他也随时准备回答别人的问题。他是一位接受过高等教育的人，有着非常好的修养，

第八章
利物浦总领事

曾经为《威斯敏斯特评论》杂志撰稿……尤斯塔斯·布莱特在《神奇故事集》里就曾有所描述。从某种方面来看，他们有着很多相似之处。比如，他们都身材瘦削、脸色有点苍白，但他们却很健康，步伐比较轻盈，仿佛他们穿的不是鞋子，而是拥有了一双翅膀。布莱特先生也是近视之人，他一般情况下不佩戴眼镜。他的双眼很大，显得特别明亮，给人一种非常善于言谈的感觉。他是牛津大学的毕业生，有着较高的文学品位。他的心思比较细腻，拥有与孩子一样纯真且透明的心灵，对人和事有着强烈的热情。虽然他是一位自由主义者，却非常忠诚女王陛下，对贵族制度也是比较拥护的。当然，这有部分原因是他的血缘问题，因为他母亲的身体里就流淌着贵族的血液，甚至还有波西与斯坦利等贵族的血统，因此布莱特本人是一位地地道道的贵族。布莱特非常喜欢美国之旅，他说波士顿就是英国神论派的"麦加圣地"，还说钱宁博士是这些人的守护神。我也很喜欢与他进行交流，他也是一位非常健谈的人。他经常会前来领事馆，他显然非常喜欢与霍桑进行交流。我希望我丈夫的访客都能像布莱特先生那样友善。某天，一位女性前来找霍桑，谈论大法官法庭的一个案子。霍桑认为她简直是疯了。我认为所有人都可以在大法官法庭上提出诉讼。

在这封信署名日期的几周之后，霍桑一家前去布莱特的家拜访。母亲在一封信里描述了这次拜访的详细情况：

纯洁的良心
——回忆我的父亲霍桑

岩石公园，1854 年 2 月 16 日

　　昨天，我去桑德海斯拜访布莱特先生回来了。在整个冬天，布莱特先生一直催促我们前去他们家做客，与他们共进晚餐，并逗留一段时间。但我一直婉言拒绝，直到上周，布莱特夫人给我们写了一封非常真诚的信件，邀请霍桑、乌娜与我前去他们那里，与詹姆斯·马蒂诺夫妇会面，并逗留两个晚上。当时，我想，要是这次继续拒绝他们的好意，就会显得很不友好了，虽然我并不想要离开朱利安与最小的女儿太长时间。不过，霍桑接受了他们的邀请，决定只逗留一个晚上，在第二天早上就回家看望朱利安与罗斯，然后带着朱利安在领事馆里逗留一天。于是，我们就留下了非常忠诚的男管家金在家。这趟旅程其实是非常安全的，一路上没有遇到任何问题。你知道，我作为母亲，很多时候总是会有一些毫无根据的恐惧心理，担心家里会发生一些不好的事情。我们在码头外搭乘了一辆马车，我与乌娜乘坐着马车前往领事馆，在领事馆接上霍桑与布莱特先生……我们大约在下午 6 点钟的时候抵达，乌娜与我在抵达之后必须换好衣服，为晚宴做准备。这是一个由 12 人参加的晚宴……H 夫人（亨利·布莱特的阿姨）是一位追求时尚的女性，她只会在季节最舒适的时候才在伦敦居住，平时都在诺里斯格林地区居住。H 夫人穿着一件深红色的裙子，还佩戴着珠宝与钻石等首饰，她的脖子与手臂显得非常美丽。

　　H 夫人十分希望说服霍桑前往参加她的舞会。请你想象一下，

第八章
利物浦总领事

霍桑置身于一个时尚女性的控制之下的情景吧！但是，即便是在最为艰难的考验时刻，霍桑始终能表现得非常得体优雅。在我为霍桑的遭遇感到同情的时候，我也为他的行为感到自豪……最后，H夫人也不知道霍桑是否接受她的邀请，只是说她会将这件事交给我来处理，相信我肯定能够说服霍桑的……在周二的午餐之后，布莱特夫人的哥哥过来告诉她，大英帝国号轮船已经回到港口了，她简直不敢相信这个消息，因为她的丈夫之前没有给她发电报。大英帝国号轮船是当时世界上最庞大的轮船，这艘船的所有权是属于布莱特先生的。这艘船是从澳大利亚航行归来的……马蒂诺先生身上散发出一种圣徒般的尊严……但是，这里的晚宴要求每位先生都穿着正装，佩戴白色的领结与领带。因此，在我看来，他们每个人都像是牧师，除了那位来自美国的总领事，他始终佩戴着黑色的缎子，没有过分理会这边的一些社交礼节。霍桑并没有完全像这边的人那样，按照他们的社交风俗去做。至少，霍桑到目前为止还没有屈服。我认为，倘若我说霍桑是在场的人当中最为英俊潇洒的，这是没有意义的，我应该说霍桑就像所有人当中的国王。晚宴大厅上的枝形吊灯散发出来的灯光照在霍桑的头上，这让他整个身影显得非常伟岸。因为当照射在他身上的灯光越是强烈的时候，他会越发显得耐看。晚宴的整个过程是非常有趣的，侍者端上来的都是非常精美的瓷器，就像水晶一样雪白。其中一名侍者与马车夫表现出来的气质，就曾分散了我的专注力。因为这位侍者穿着黑色的缎子马裤、白色的长筒袜，胸前佩戴着一枚红色的扣子，外套是古典型的，还镶嵌着一些闪闪发光的饰品。可以说，即便是俄国的独裁者沙皇的衣服，都无法与这里的侍者相比。男管家的地位要比侍者的地位稍高一些，他穿着一件黑色的外套，白色的背心，戴着领结。他有权站着看他手下人的工作。不过，男管家看上去也是一个非常威严的人，一头闪亮的黑色头发披在红润的脸颊两边！我的天啊！这里人的容貌都是如此符合上帝的标准吗？在听到钟声响起之后，甜点就摆上了桌子，孩子们也纷纷走进来。这些孩子从来都不会与他们的爸爸妈妈一起用餐……这些孩子穿着正式的衣服，前来这里吃甜点……他们穿着白色的棉布或是薄纱衣服，男孩穿着短袖，女孩则穿着低领衣服，还佩戴着一条长长的腰带。第二天，我才发现，当这里没有举行什么重要的晚宴时，孩子们也是这样的穿着。一位名叫S的小孩穿着白色的背心，戴着棉布做成的领结，看上去非常可爱——就像过去那些老贵族的画像。在这天晚上，我们一边聆听音乐，一边聊有趣的话题。

布莱特夫人是一位随和且有着不错品位的人……她有8个孩子，但她的脸上却丝毫没有任何忧虑的痕迹……她的这张脸总是能够表现出丰富的情感……每当她露出微笑的时候，就像阳光从乌云中透射下来，让我们感受到一种快乐与满足的情感，产生一种无忧无虑的感觉。她的孩子似乎将她视为珍贵的宝藏。她的丈夫头发已经有点白，长着一张东方人的脸庞，也是非常愉悦友好的人。当他回到家参加晚宴，他先前去找到妻子，然后牵着她的手，仿佛他已经离开家里好几个月了，接着会以非常幽默的方式询问妻子这段时间过得怎样。这样的场景让我们感到非常温馨。接着，他匆忙地沿着楼梯走上楼穿衣服，然后在很短的时间内穿好衣服下来，仿佛换了一个人一样，浑身散发出最为热情的好客精

第八章
利物浦总领事

神。这是一个非常美好的场景：优雅的客厅、宽阔的拱形窗（里面还有很多似乎打开的平板玻璃窗），能够让我们看到外面青绿色的草地与其他植物。当然，外面就是常年青绿的灌木丛。窗外有两只白鹤，正在以骄傲的步伐半展翅地行走着，接着又发出一阵简短尖厉的叫声。那一块椭圆形的土地附近种植着雪花莲，这些雪花莲大约是美国的雪花莲的两倍大。外面的一切是如此美好。在屋内，难以数计的艺术珍宝与机械方面的东西覆盖着桌子……在晚上的时候……一群穿着美丽衣服的孩子走了出来，那位温柔的母亲穿戴着颜色艳丽的织锦衣服与花边饰带走了出来，最后就是那位满脸笑容的父亲。那位让人愉悦的家庭女教师（坎伯兰小姐是一位很了不起的女性，她在这个家庭里已经工作了15年）。之后，我们聆听了美妙的音乐，进行愉悦的交流，还喝了可口的茶水——这是非常美好的画面……那位面容始终有点严肃的男管家用托盘端上了几个杯子、茶碟以及一个瓮，接着就离开了房间。H先生负责泡茶，然后将茶水倒在茶杯里，分别递给我们每个人。在喝茶的时候，我们也可以吃一点面包。S与A最后负责将空杯子放回托盘里。可以说，这些都是按部就班的，没有出现任何混乱的局面，这些活动都是在家里举行的。最后，男管家将托盘端走了，他在离开的时候没有发出半点声音。可以说，除了家里的凤头鹦鹉发出的叫声，整个家显得非常安静，没有半点噪声。这只凤头鹦鹉的脾气很暴躁，一旦它感觉到某个无形的敌人之后，就会表现出强烈的敌意，似乎要用嘴巴将困住它的笼子撕碎，然后竖起自己的羽毛，仿佛这些羽毛就是它尚未出鞘的宝剑……布莱特一家人始终以最友好的方式对待我，仿佛已经认识我好久了，我在这里也有一种家的感觉。H要前去参加她阿姨举办的舞会，在周二的时候，我也帮她打扮了一番。

布莱特家族是一个非常有魅力的家族。布莱特夫人可以说是女性中的佼佼者，她的孩子都非常聪明（当然，这是从英国人的角度去看的），她的一个儿子可以说是天赋异禀……他们不仅聪明，而且非常善良，都接受过良好的教育，非常团结，日后必然能够取得更大的成就。这里的生活是如此和谐、平静，充满幸福与爱意。我简直没有看到有任何所谓的家庭阴影。可以说，这里有的只是健康、财富、教养以及所有基督徒本应该具有的优雅与美德。在这样一个类似于天堂的地方，我无法看到那条"毒蛇"的任何踪影。

……在此期间，布莱特夫人与我进行了非常友好的交流。她特意告诉我，她是多么欣赏我的丈夫霍桑，非常喜欢阅读他的作品。布莱特夫人说，霍桑的作品在很多时候都能够将她内心一些无法表达的想法与观点表达出来。她说，她的一个妹妹就怀着兴奋的心情一再阅读霍桑的《神奇故事集》这本书。……她还谈到H夫人认为霍桑的才华是无与伦比的，等等。布莱特夫人在说话的时候没有半点浮夸，始终给人一种冷静、真诚的感觉。因此，她所说的每一句话仿佛都拥有一股双重的力量。我们一起谈论了很久，交流了很多各自的想法……在周三的时候，太阳升起来了！如果你生活在这里（或是居住在利物浦附近的地方），你就会相信我所描述的这些情形！

第九章
英国的岁月（一）

霍桑一行人受到了热情好客的英国人的热烈欢迎。霍桑夫人对一座英国府邸的描述。利物浦一些机构表达对霍桑的欢迎。达克山方形地。霍桑对处于困境中的美国同胞表现出了始终如一的善意。提克诺尔表示，德·昆西一家人急切地想要拜访霍桑。霍桑与彭斯的儿子们会面。霍桑夫人对里斯卡德及在这里举办的晚餐聚会进行了一番描述，许多名流聚在一起的场面让她震撼。霍桑夫人告诉她父亲他们在周日前往切斯特的旅程。英国的《威斯敏斯特评论》褒扬了霍桑的艺术才华。英国著名的人士都想要结交霍桑。霍桑夫人对马蒂诺先生的描述。本诺克先生第一次拜访霍桑一家。库什曼小姐怀着极大的善意拜访了霍桑一家。霍桑夫人的女儿罗斯对母亲的描述。很多人都想邀

德·昆西

请霍桑参加盛大的宴会，但霍桑对此表达了厌恶。亨利·布莱特怀着愉悦的心情带着霍桑参观美丽的景色。霍桑的《红字》一书在英国畅销，受到读者的热捧。霍桑夫人对利物浦领事馆表达出来的无奈。

为了能够更好地描述亨利·布莱特以及他的家，我将会从一些标明日期的信件里节选部分内容。但是，现在让我们回到抵达英国的那个夏天，因为霍桑那时候所感受到的氛围以及他典型的个人性格可以轻易被体现出来。

1853 年 8 月 5 日

……我们受到了非常热情的欢迎，根本没有属于个人的时间……现在，孩子们每天待在安有大门的室内，无法呼吸室外的空气，还要忍受这里持久的雨季。我们认为无法继续在城市里居住了。明天，我们就要经过梅尔西，前往洛克菲里，那里有一个矿泉疗养地，距离冒出蒸汽的地热水只有 20 分钟的路程，那里的空气更加纯净，更有利于我们的健康。

R.S. 伊利女士与她的母亲来拜访我们。伊利女士说她就是一个美国人。这天下午，我们收到了这位女士的正式邀请，希望我们参加一个晚宴。但是，霍桑在这一天已经与克里滕登先生有约了。伊利夫人是一位非常友善的女士，居住在一条非常具有贵族气派的街道。我只能对这样的邀请表示拒绝，因为我的织锦还没有做好，我无法穿着普通的衣服参加这样的晚宴。

第九章
英国的岁月（一）

在滑铁卢小屋的时候，威廉·拉什伯恩夫人与她的女儿托姆前来拜访。她是理查德·拉什伯恩的弟媳，也是《威洛比女士的日记》一书的作者。她目前居住在伦敦。威廉·拉什伯恩①先生是一个百万富翁，他的妻子是一位非常友善与优雅的女性，似乎与布莱特家一样，他们与我们一见如故……我们最后约好了，一定会在桑德海斯会面的。在我们前往那里之前，布莱特先生将我们带到了诺里斯格林，这里是他叔叔的不动产所在地。我该怎样才能向你充分表达我的想法呢？如果我无法面对这些场景，我就肯定会在英国这些如天堂般的地方显得不知所措的……一眼望去，这里都是天鹅绒般的草地。当我走在草地上，感觉似乎陷入了一种柔和的神秘氛围当中。这些草地呈现出美丽的淡绿色，在阳光的照射下散发出光芒。

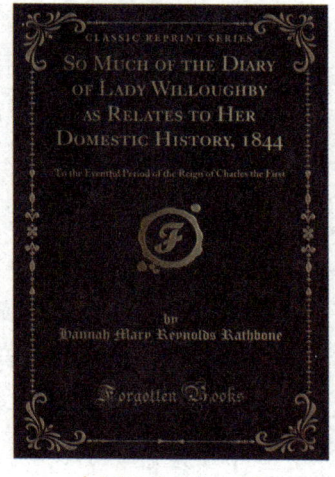

晚上。我今天无法做自己想做的事情，有

威廉·拉什伯恩雕像，位于英国利物浦圣约翰花园

《威洛比女士的日记》

---

① 威廉·拉什伯恩（William Rathbone，1819—1902），英国商人、政治家。利物浦大学创始人之一。

很多社交活动要参加，不是去拜访别人，就是别人前来拜访。霍桑已经发表了他来到这里的第一次演说，在今天又发表了一次演说——他在布洛杰特夫人的客厅里，面对商务协会的成员时发表的。

威廉·拉什伯恩夫人派马车来接我们前往格林河岸。通往她家大厅的地面都是用大小一致的石头砌成的，其中一些地方还铺着有颜色的马赛克瓷砖……之后，拉什伯恩先生出来迎接我们。拉什伯恩先生是一位神采奕奕、身材挺拔且幽默的老绅士，他似乎是一个懂得安静享受生活与财富的人。他是一个精力充沛的人，为人仁慈，在利物浦地区成立了很多慈善机构。接着，他的儿子走了出来，还有一位名叫斯图亚特的美丽女士。可以说，斯图亚特女士真的是一位非常漂亮的女性。他们叫我们一起去喝茶，我一开始还认为是去聆听音乐。我认为那是东印度人锣鼓发出的声音，只是奏响优美的旋律而已。茶水摆放在一张桌子的尽头，咖啡则在桌子的另一端。托姆夫人就在茶桌边。整座房子从天花板到地板的墙壁上悬挂着许多画像，每个房间里也是如此。在喝茶之前，我们在附近转悠了一圈，看到了威尔士高山在阳光明媚的斜坡上呈现出来的美丽景色。这是一个天气非常好的下午，虽然在早上的时候天空还下着大雨。托姆女士用非常热情的口吻与我谈论了霍桑创作的《红字》一书。她说，从来没有哪本书像霍桑的这本《红字》给她的心灵留下如此震撼的影响。她说，当她读到一半的时候，不得不将这本书放下来，因为她要努力平复自己在阅读过程中的激动心情。她说，她感觉霍桑在书中使用的每个词语都是最

第九章
英国的岁月（一）

佳词语，霍桑在书中表现出来的完整性、统一性以及对人物刻画的完美，都让她感到由衷的敬佩。

商务协会的成员想要向霍桑表达敬意。但是，霍桑无法在我们当时住所的客厅里接待这些成员，除非他们愿意"有尊严地站着"表达敬意。霍桑最后表达的这处幽默，是林奇女士建议霍桑说的。商务协会的主席是巴伯先生。当我们离开洛克菲里之后，他再次前来拜访，邀请我们前往他在贝宾顿乡村地区的博尔顿厅共进晚餐。巴伯先生邀请我们去的这个地方在梅尔西的一侧，他与两个尚未结婚的妹妹居住在这里。巴伯先生专门乘坐豪华的马车前来接我们（这是一辆两轮马车，马车夫的身板挺得很直，就像一根避雷针那样）。于是，我们就与巴伯先

博尔顿厅

纯洁的良心
——回忆我的父亲霍桑

生一起乘坐马车前往博尔顿厅（我的母亲之前从来没有感受过这样的豪华生活，因此她会用一种天真却沉着的方式看着这一切。这个地方让我们想起了亚当与夏娃居住的伊甸园。我们也为在这里看到充满历史美感的建筑感到高兴）。巴伯先生居住的这个地方已经有400年历史了，这里的自然景色从来没有受到过污染，看上去就像精美的艺术品。青绿的草地上是许多古老的橡树与其他树木，草地可以说是一眼看不到尽头的。草地上的青草没有修剪过，看上去变成了一片浓密的天鹅绒。这个建筑大厅原本是属于格林家族的，这里的历史充满了许多鬼魅故事与可怕的悲剧。当我们走进大厅的时候，就看到了在橡木制的楼梯上有一只狐狸，这只狐狸抬着头，双眼发亮，看上去充满生命力。我一开始还为这只狐狸始终保持这样的姿态感到惊讶，它似乎没有因为我们走进来受到惊吓。之后，当我发现这是一只用材料填充起来的狐狸标本的时候，感到更加惊讶。当他们告诉我这个事实之后，我依然不敢相信。巴伯先生是一个热爱体育运动的人，明天准备与他的家人一起前往苏格兰狩猎松鸡。他说，在现在这个季节，苏格兰山上到处都是石楠花，将整个山丘都染成了红色。他们带我们走进了客厅，这个客厅像凡尔赛宫那样豪华恢宏。客厅墙壁的面板都是镀金的，中间位置还摆放着多面镜子，很多悬挂的物件用镀金纸包裹着。宽敞的窗户边悬挂着金色的锦缎，家具上面也同样铺着金色的锦缎，地毯上则摆放着许多美丽的鲜花，插着许多鲜花的花瓶到处可见。一个用钻石镶嵌的枝形吊灯（发出的光是非常明亮的）与烛台的光芒都很明亮。那不是那种长长的棱镜发出的

第九章
英国的岁月（一）

光，更像玛丽所提到的那种星光，那是经过金刚石切割之后的水晶散发出来的光芒。两位穿着白色棉布与玫瑰色丝绸衣服、黑色天鹅绒夹克衫与巴斯克衫的女士走了进来，她们的手臂上还佩戴着饰品。与我们在其他地方所获得的礼遇一样，她们也极为热情地招待我们。她们向我们讲述了那座鬼屋中所发生的一些可怕故事，还谈到了过去有一位女士因为信仰问题被囚禁在那座鬼屋里，最后饥饿而死。因此，当年那座囚禁这位女士的房子现在被贴上了"殉道者的房间"（《格里姆沙威医生的秘密》[①]一书就曾谈到这座鬼屋）标记。我们去那座鬼屋参观了一下，看到鬼屋的屋顶上也有窗户。那个窗户的位置比较高，那位可怜的女士肯定无法看到外面的景色。鬼屋的大门是用坚实的橡木做成的，因此一旦锁上之后，谁也无法进出。

我们看到的这个地方，正是之前居住在这里的一位先生割断自己的喉咙自杀的地方。玛丽安小姐说这位先生的孩子都在那座鬼屋里被谋杀了，因此很多幽魂经常会在"圆月之时"在这座房子里游荡。我们经过了一座鬼屋，他们告诉我这座鬼屋里一共有25个卧室，其中一个房间还用

《格里姆沙威医生的秘密》

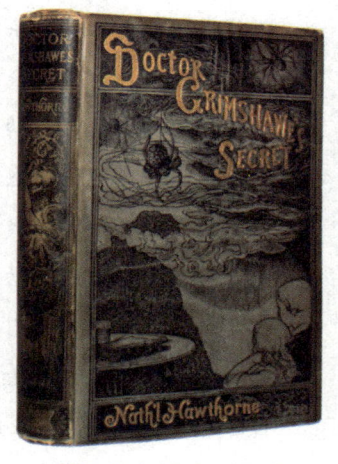

[①]《格里姆沙威医生的秘密》（*Dr.Grimshawe's Secret*），霍桑的一部小说。

纯洁的良心
——回忆我的父亲霍桑

黑色字体写着"图书馆"的字样，但是我们只能透过一个锁眼窥探里面的情况，因为每个房间都有大锁锁着。我想霍桑肯定想要过来看看是什么情况。陪同我参观的女士说，如果我们想要去教堂，可以告诉贝宾顿教堂的教区执事。我们在沿途中经过了这座受人尊敬的教堂。这座教堂的尖塔很有特色，顶端覆盖着一些常青藤与金黄色的花朵，这座教堂本身是用略带红色的石头砌成的。这两位女士在谈到霍桑所著的《红字》时，都表达了赞美与欣赏之情。她们说，这是她们读过的最具道德情感的一本书……在周五的时候，霍桑在城镇大厅与市长阁下、法官、大陪审团以及重要的律师协会成员共进晚餐。霍桑说，这座大厅是他所见过的最为恢宏与壮观的建筑。大厅里的装修十分考究，这里的侍从与男仆也都是非常专业的人士。市长阁下穿着庄严的长袍，法官也穿着法官袍，还戴着假发。霍桑受邀发表演说，这是他来到英国之后第三次发表演说！我是多么希望能够聆听他发表的演说啊！……今天早上，渡轮送来了两三千名孩子（他们是在工业学校就读的男孩与女孩）让他们来这边玩得开心一些。我希望这些孩子能够得到友善的对待。但是，当我看到这些年幼的孩子聚集在一起，而且他们每个人没有了母亲，这让我的内心感到一丝凉意，甚至让我忍不住哭泣起来。每个孩子都有着良好的品格，有着纯真的心。这些没有母亲的可怜家伙，希望他们一切安好！

在周日下午，我们非常愉悦地一起步行。我想我们绕着圈走了八公里左右。我们攀登了戴克山，从这里可以看到一片美丽安静的风景。山下有数条非常美丽的小径。小径的两旁种植

第九章
英国的岁月（一）

着一排排的山楂树与冬青树，其中一条小径的路旁还种植着美丽的风信子。风信子的茎是那么柔软，我觉得想要将这些茎采摘下来，需要下很大的决心。这些树篱前面没有墙壁阻挡，这些树篱本身也不是很高。因此，我们的目光可以不受树篱的阻挡，直接看到前面的田野。一条经常有人走的道路沿着种植着风信子的道路一直延伸到田野的一端，接着还有一些石头砌成的台阶可以通到墙壁上。当我们来到大街上的时候，那看上去是一个非常古老的地方。这个地方曾经是麦西亚王国[①]的领地。这条路似乎就是通过开凿石头修建的。我甚至可以告诉你，这些村庄仿佛与历史上那些一开始建造房子的村庄是一样的……当我去拜访斯夸利女士的家，我发现她是一位非常随和的女性。乌娜认为斯夸利女士长得很像玛丽亚·米切尔小姐，因此乌娜也非常喜欢她。我们这次拜访的行程是非常快乐的。霍桑坚持将斯夸利女士称为劳得利女士。当霍桑今天下午回来的时候，说他在这座城市的另一端，看到工业学校的很多孩子刚刚抵达这里。他接着说，他看到这些孩子个个显得面容憔悴，而且衣冠不整。霍桑又说，他始终无法想象这些孩子之前过的是一种怎样的生活。看来，当我在利物浦认识这些上层名流的时候，是根本无法想象这个古老的世界存在的各种罪恶。每当我想到那些孩子的模样，再想到他们可怜的身世，就让我的内心不停地颤抖。他们是那么憔悴，看上去是那么没有希望或是信念，或是没有表现出一个人应该有的基本尊严……今

[①] 麦西亚王国（Kingdom of Mercia），指的是中世纪早期七国时代的七国之一，位于今英格兰的中部。

纯洁的良心
——回忆我的父亲霍桑

科苏特

天，霍桑收到了科苏特①寄来的一封信。

8月26日

我亲爱的父亲：

我感觉自己就像在中午时分的猫头鹰那样愚蠢，但是，倘若我让一艘蒸汽船没有带着我写给你的信件就离开，那么这肯定会让我感到无比惭愧。霍桑目前在利物浦生活，他想要逃避每天许多的邀请活动。因此，他现在居住在洛克菲里，这能够让他在面对这些邀请信函的时候，可以找到拒绝的理由。上一班离开利物浦的蒸汽船会在晚上10点钟出发，我也有足够的理由拒绝参加那些我并不想要与之交往的人举办的宴会。我对利物浦的社交圈子没有什么兴趣，当然拉什伯恩与布莱特两家的

---

① 科苏特（Lajos Kossuth, 1802—1894），匈牙利革命家、政治家，匈牙利民族英雄。匈牙利1848年革命领导人。革命失败后，被迫流亡海外。

邀请除外。

某天，霍桑不得不出席一个某位在公寓内去世的美国船长的葬礼。霍桑自掏腰包，为这位船长的葬礼支付了一定的费用，当然我也认为这位船长的一些兄弟也会拿出一部分钱来办葬礼。霍桑全程参加了这个葬礼，并且跟随着送葬马车，将这位在这边没有什么朋友的船长送到墓地下葬。孩子们对这样的仪式充满了兴趣，他们认为这样的仪式是非常庄严且优雅的。我也与孩子们一起跑过草地与灌木丛。灌木丛里的花朵在绽放。红色的天竺葵、深红色的吊钟海棠、深色的石榴花、玫瑰花以及颜色鲜艳的三色堇在阳光的照射下显得非常美丽。除此之外，还有其他的花朵和修剪过后浅绿色的草地，看上去非常好看。

这里隐藏着许多潜在的能量以及力量，但这需要一些刺激才能将这样的能量激发出来。当然，也有一些情况是例外的。我们的朋友亨利·布莱特就是一位身材瘦削、为人单纯的年轻绅士，但其天生腼腆，绝对不是那种只顾喝啤酒或是吃烤牛肉的人。显然，这里有很多人与他的想法类似。英国人的鼻子的确不是很好看，他们的鼻子给人一种不相信精神世界的感觉。当他们开口说话的时候，往往会给人一种志得意满的感觉。有时，当这些人说话时，他们的嘴巴形成的曲线很像阿波罗的雕像。让人遗憾的是，很多英国人的脸颊有着像深色红酒的颜色，简直无法看到其他颜色，无论是男人还是女人。这似乎不是一个健康的表现。

一个年轻的美国人被发现处于一种精神错乱的状态，因此被送到了治安官那里拘留。当然，治安官也只有一两个选择，要么将这个年轻的美国人送到教养所，要么为这个精神错乱的年轻人支付在精神病院的生活费用。当然，霍桑在面对这个问题的时候，选择了后者。霍桑做出这样的选择，是显而易见的。这个年轻人的母亲最近刚刚二婚，目前生活在那不勒斯。当布洛杰特夫人一两天前过来看我的时候，她就惊讶地表示自己认识这个年轻人的母亲，还说她之前是一位拥有许多财富的女人……

9月30日。霍桑与提克诺尔先生前往切斯特进行了一次远足，这次远足占据了他很多时间，因此他没有时间回来参加在伊顿堂举行的活动。今天早上，朱利安在花园的草地上跑来跑去，用力吹着父亲从切斯特给他带回来的喇叭。除此之外，朱利安还带上了一个木制炮台的模型，虽然这个炮台的模型无法帮助他赢得哪怕最小规模战斗的胜利。今天是阳光非常明媚的一天！……年幼的罗斯看到英国美丽的知更鸟出来啄食面包屑的时候，她的脸上露出了久违的笑容。这些知更鸟能够激发人类特殊的爱意，它们仿佛对人类充满了友好的情感，经常会毫无畏惧地靠近窗户边。这些知更鸟似乎也告诉了附近的朱顶雀与画眉我们的好客精神，因此朱顶雀后来经常过来，虽然它们走在草地上显得有点恐惧，双脚在颤抖。它们将最大的一片面包屑叼走了，带回去给家人或是邻居吃了。英国这边的知更鸟真的是非常友好……

提克诺尔先生前去看望德·昆西，回来之后对我们说，德·昆西是一位非常高尚的老人，说话很流畅，每个与他交流

第九章
英国的岁月（一）

的人都会情不自禁地仰慕他。提克诺尔说，德·昆西的3个女儿玛格丽特、弗洛伦斯与艾米丽也是非常具有魅力与教养的女性，她们一致表示希望能够有机会尽快见到霍桑。

周日，我们首先准备前往切斯特，与孩子们一起参加教堂的礼拜仪式。我的这个小小的梦想与其他的梦想一样，终于能够实现了！这样的感觉真的非常特殊！因为我始终热切希望孩子们首先能够前往庄严古老的大教堂，从而让他们参与敬奉时的感受能与其内心的庄严情感交相辉映。我希望能让孩子对基督教产生一种亲切的感觉，因为他们之前还从未去过教堂。这座教堂高高的拱顶仿佛回荡着过去人们祈祷的声音。在去教堂之后，我们会在其他时间参观这座古镇。有人说，这座古镇的历史可以与罗马相比。

10月5日。周六，霍桑前去艾肯斯先生的家与彭斯的两个儿子（彭斯上校与彭斯少校）一起用餐。霍桑说，他们是非常具有绅士风度的人，为人随和，但相貌却与他们的父亲不是很相似。在用餐之后，其中一位彭斯唱起了他们的父亲彭斯创作的诗歌，接着他们又在客厅里唱了另外一首……菲尔德斯先生说，霍桑所著的《丹谷闲话》一书现在的销量很好，一经面世已经卖出3000本了，销量还在稳步上升。可以说，这本书在很多书店都被摆在了非常显眼的位置。很多读者认为，这是霍桑目前创作的最让人感兴趣的一本书。

10月21日。今天晚上，我们准备前往查尔斯·霍兰夫妇在里斯卡德山谷的家吃饭。霍兰夫妇是霍桑之前在艾肯斯先生家做客时认识的，霍兰夫妇也认识彭斯的两个儿子，因此他们认识了霍桑。在我的表妹玛丽·劳瑞的帮助下（她就是那位美丽且充满灵性的乔治·B.劳瑞小姐），现在可以说我的这个花冠是从巴黎那边带过来的。这个花冠是由很多精美的花朵编织而成。花冠的一部分是用黑莓树的茎叶编织的（这说来也有点奇怪），这肯定需要编织者拥有非常娴熟的编织技巧。朱利安在看到我这个花冠之后，就说，他知道这浆果是可以吃的。花冠上的花朵以及绿色的枝叶搭配在一起，显得非常完美。除此之外，花冠上还镶嵌着一些金色的小球，用来比喻爱尔兰土地上生长的植物。编织者还将一些较小的花朵放入其中，在花冠对着耳朵的部位，则是用长长的藤蔓编织的两条辫子。

10月23日。在夕阳西下的时分，云层终于慢慢消散了，夕阳的光芒再次照耀大地。我们乘坐马车行进了3千米，来到了里斯卡德山谷，发现这里的环境要比我们想象中的更加美丽。这片土地看上去有点荒凉，又没有开垦的沼泽地以及植物丛。最后，我们让马车加快行进的速度，终于来到了霍兰夫妇的家。我们下了马车，走上门前的阶梯。当时，天色已经很昏暗了，因此我们看得也不是很清楚。但是，就我当时所能看到的情况来看，这片土地似乎是由低矮的山丘以及溪谷形成的，四周还有一些稀疏的果园。这里是梅尔西的入口，远处利物浦市区的万家灯火清晰可见。霍兰夫人如淑女般优雅，她的行为举止非常低调。霍兰先生的身材与气质与美国绅士相差无几，当然他还显得有点瘦削或是脸色苍白。当我们走进客厅的时候，发现这个客厅真的是非常美丽。客厅的面积很大，在客厅的一端是一扇半圆形的窗户，这扇半圆形窗户比我在教堂看到

第九章
英国的岁月（一）

的窗户都要大。几条链子从客厅的天花板一直垂下来，吊着一些插着美丽花朵的花瓶，而长长的藤蔓则沿着链子不断攀爬。霍桑是来宾的主宾。当时一共来了12名客人，霍桑就坐在霍兰先生的右手边。客厅的桌子也是非常宽大的，两个很大的银色盘罩闪耀着大马士革宝剑的光芒，仿佛将其他的光线都掩盖了。在喝完汤之后，这些盘罩被移走，下面放着一条煮熟的大比目鱼，还有一些烤鱼。这些鱼被闪亮的盖子覆盖，代替了原先的碟子。接着，整张饭桌被一个银色的碟子覆盖。在餐桌的中央位置，是一个高高的银制台，银制台上放着一个装着芹菜的碗。倘若你想要我一一给你描述这些菜式，我是根本无法做到的。一只烤熟的火鸡放在霍兰夫人的旁边，一只烤熟的鹅放在霍兰先生面前，餐桌的其他位置分别摆放着肉片，有油焖原汁肉片、蔬菜炖肉、鸡肉馅饼，还有其他我不知道名字的菜式。在靠墙的桌子上，还有一大块蒸熟的牛肉，这块牛肉几乎像圣彼得大教堂的圆顶那么大。鸡肉馅饼这道菜上的油酥点心上有非常精美的雕花。这些油酥点心放在一个银制碟子里，点心上面还摆放着一些花朵与水果。当时，我就想，要是破坏了这道菜的品相，实在是太可惜了。当然，来宾们最后无声无息地吃完了这些美食。在英国，每当上松鸡与野鸡这两道菜的时候，总会伴随着一些甜食。而且这两道菜总是放在餐桌的两端。当然，英国的餐桌上有洗指碗，洗指碗旁边还有一些餐巾，而且每座城堡与宫殿会在餐巾上留下一些标志，将他们家族的名称印刷在餐巾上面。他们上的酒包括波尔特酒、雪莉酒、马拉德白葡萄酒、红葡萄酒、干白葡萄酒以及香槟。我拒绝了前面5

种酒，但是我对香槟酒总是不会拒绝的。因此，你现在知道了我们在晚餐上所吃的东西了。也许，我无法将英国餐桌的一些真正神韵传递给你。利特达尔先生是一位容光焕发的绅士，他所打的白色领结就在他的下巴下面。他似乎认为，这样的装束能够让其他人感受到英国人具有的那种优越感。可以说，利特达尔先生是英国一位独立自主且富有的乡村绅士的代表。他所创办的音乐学校可以说是世界上最好的……当然，他所做的其他事情都取得了相当大的成功。当我们在晚餐桌上聆听他说话的时候，就已经明白了一点，任何人想要通过辩论来改变他对事情的看法，最终都是徒劳无功的。利特达尔先生的耳朵似乎从来听不进去反对的声音……他说，过去一年的天气是之前从来没有出现过的。我听了之后只是温顺地说出了布尔沃对此提出的不同意见，但是他反驳我的看法……利特达尔与霍兰夫人谈论了布丁这种食物所具有的价值，最后得出的结论是他绝对不会吃布丁的。可以说，利特达尔先生这个人有着某种专横、暴躁与古怪的性格……他的性格与我在英国一些小说里读到的人物形象是非常类似的，因此当我看到这些人物形象的现实版本时，觉得非常有趣。显然，利特达尔先生是英国国内的鹰派人物，认为科苏特最后写给斯特拉凡民众的信件是"极为明智的"。在谈到一场竞争激烈的大选时，利特达尔先生说这次选举估计要花费 10 万英镑左右的经费。饭桌上有人询问霍桑，在美国举办一次总统大选是否要花费这么多钱。在霍桑回答前，一位长着贵族面孔的年轻绅士埃格波特先生说，他认为 10 万英镑都可以将整个美国购买下来了！埃格波特先生这样的说法不是很无礼吗？霍桑庄重地回答说，从过去选举

第九章
英国的岁月（一）

的情况来看，可以看出来，无论出多少钱，都无法赢得选举。坐在我对面的是曼恩夫人，她是一位戴着一顶美丽帽子的老妇人（帽子上还有修剪过的粉色丝带），脖子上佩戴着红宝石项链，手上还戴着手链。她长着一张非常睿智的脸庞。餐桌上还有米勒夫人，她穿着一件精美的白色棉布衣服，系着一条红色的长长腰带，她的头发还用红色的发巾将头发裹住，这让她那黑色的头发显得不是那么明显。她看上去是一个非常浪漫且优雅的人，身材顾长，举止优雅，我与她进行了非常愉悦的交流。她说自己是霍桑的资深读者……她笑起来的时候非常灿烂，但是当她笑完之后，脸上往往会露出一种难以名状的悲伤，仿佛是在表达着某种难以用语言表达的痛苦之情。

阿弗内尔的白夫人的雕像

她谈到自己之前生了一场病，朋友们将她称为阿弗内尔的白夫人①。这其实也是对她形象的最好描述。她所穿的衣服让她显得更加柔和，她有着乌黑的头发、黑色的眼睛与长长的睫毛。她说话时候的声音显得特别空灵与遥远，因此我很多时候都无法真正抓住她之前说过的话。关于这种情况，我在与好几位英国女士

---

① 阿弗内尔的白夫人（White Lady of Avenel），法国作曲家弗朗索瓦－阿德里安·布瓦尔迪厄（François-Adrien Boieldieu）创作的歌剧《白衣女郎》中的女主人公。

纯洁的良心
——回忆我的父亲霍桑

的交流中都曾感受过。"季诺碧亚在哪里找到这些始终盛开的鲜花呢?"霍兰夫人这样问道。当英国这些绅士、淑女以如此亲切友善的方式对待霍桑时,这也让我感到非常高兴。这里的很多人都没有听说过萨克雷①,却知道霍桑的大名。难道这不是很有趣的事情吗?我们这些女士在客厅里一起聊得很开心。仆人端上来的咖啡是用非常精美的瓷杯盛的,这些瓷杯的表面都有彩绘的花朵……霍兰先生问我,霍桑在英国居住这段时间,是否被人抢劫过。他还说,如果霍桑要前往伦敦,那他肯定要受很多苦,因为他肯定会在那里遭到抢劫的。接着,霍兰先生还说,相比于霍桑所写的《福谷传奇》,他更喜欢霍桑的其他书。他谈到了利顿②,说当他看到利顿的时候,就知道利顿幸好没有当一名作家,因为如果他要是选择当作家,写出来的东西也会让我们所有人失望的。他还说,利顿是一个看上去比较造作的人,散发出柔弱的气质,对很多事情过分敏感,他以那一头飘散的卷发、卷曲的胡子以及凡事都一本正经的行

萨克雷

---

① 萨克雷(William Makepeace Thackeray, 1811—1863),与狄更斯齐名的维多利亚时代的英国小说家。代表作有《名利场》《潘登尼斯》等。
② 利顿(Edward Bulwer-Lytton, 1803—1873),英国小说家、诗人、剧作家和政治家。代表作有《庞贝城的末日》《卡克斯顿家族》等。

第九章
英国的岁月（一）

利顿 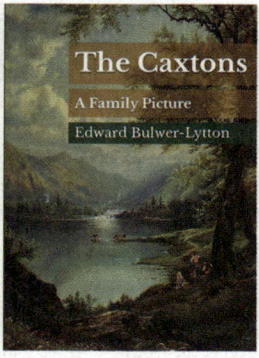　　　　　《卡克斯顿家族》 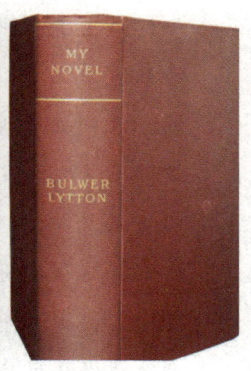　　　《我的小说》

为闻名。我对霍兰先生说，我一直都想要见见利顿本人，因为我读过他早期写的一些小说，这些作品与《卡克斯顿家族》《我的小说》相比还是差了很多。

11月6日

我最亲爱的父亲：

可以说，上周日就像上天赐给我们一样，是美好的一天。当时，我就萌生了这样的念头，那就是我们应该在这天前往切斯特……于是，我们就给斯夸利先生写信，他回信说他会9点钟在火车站等待我们。当我们前去教堂礼拜的时候，并没有决定特别要与某位朋友在一起。但是，斯夸利的夫人一开始就希望我们能够与他们在一起，于是我们就这样做了。当我不知不觉来到教堂的时候，我突然萌生了非常感动的情感……信徒们祷告中的每一声"阿门"是那么舒缓、庄重、具有音乐性，这

纯洁的良心
——回忆我的父亲霍桑

一切产生了一种神奇的效果,就像一切自然对人类之前所有祈祷表达出认可。乌娜与朱利安也跟我在一起。在聆听布道的时候,朱利安表现出极为厌倦的神情。某天,乌娜在一封信里谈到了这次前往教堂的行程"是非常无聊的,因为根本一点都不好玩"。朱利安在教堂昏昏睡去之后,竟然大声地打了几个哈欠,这让我身旁的霍桑感到震惊,他大声地说:"愿上帝保佑!"霍桑这样一说,反而让事情变得更加糟糕。但事实上,即便是坐在霍桑身旁的我也没有听到霍桑的声音,我想这可能是因为教堂里面有回音的缘故吧,反而让其他人听到了霍桑说的话。当然,我为让孩子们忍受他们认为无聊的布道而感到遗憾,他们认为这样的环节破坏了之前的乐趣。我觉得,要是能够再次朗诵大卫的诗篇,效果可能会更好一些。当我在聆听这些晨祷的时候,感觉到这些诗篇是多么美妙与神奇啊!这些诗篇是当年犹太人的国王与诗人在3 000多年前用竖琴演奏过的,现在已经成为世界各地基督教会进行宗教仪式的一部分了。现在有那么多的管风琴伴随着上千人规模的唱诗班发出声音,一同在赞美上帝。这可以说是人类说出的最有意义的话语了。事实上,这些话语也的确具有价值。在这座古老、庄严的大教堂里,我感觉他们的歌唱显得更加庄重、更加感人、更加流畅。他们的赞美歌声仿佛能够从教堂顶端的小尖塔上冒出来,直接传到上帝的耳朵里。这种统一的崇拜仪式让我感触颇深,因为我之前已经好久没有去教堂了(自从我怀上乌娜到现在,就一直没有去过教堂)。你知道我始终想要前往教堂做礼拜的,始终想让上帝的思想填充我的心灵……我认为,现在英国的教会已经变得有些僵化了，没有了罗马天主教的真挚热情。英国的教会机构实在过分臃肿，很多在里面工作的人已经没有了为主服务的思想，而只有为自己服务的自私想法。因此，一些具有强大心灵、温暖灵魂以及天才的人，很自然地想要追随历史上的罗马天主教教义。

11月8日。昨天下午的天气非常好，我们（指乌娜、朱利安与我）在回到利物浦之后，很高兴地发现霍桑也在渡船上。今天一切都很好，我指的是天空的景色。利物浦今天的天气是非常美好的。因为在很多时候，当成千上万人的脚步踩在泥泞的道路上，溅起水花以及泥土，会使整个街道非常肮脏。当然，这样的景象是在美国生活的人无法想象的。因此，当我看着晴朗的天空，知道最近的天气非常好之后，我就知道街道上不会有泥泞的道路……接下来，我想要给你介绍一下切斯特地区的这座修道院，但我认为你也肯定不会想来这边生活的。之后，我们悠闲地穿过了许多街区，因为我们还有3个小时的空闲时间。我一直希望能够踏足威尔士的土地，因此我们穿越了迪伊河[①]。我停下来欣赏迪伊河。当然，相比于美国大陆上许多宽阔的河流，这条河流就是一条小溪了。哪怕与康科德地区的河流相比，这条迪伊河也是非常小的。这条河非常平静地流淌着，我还记得和平者埃德加一世在公元973年，就曾与其他8位国王在这块土地上发生过战争，但他取得了最终的胜利。因为此时天色已经不早，所以我们没有更多时间在伊顿堂这里

[①] 迪伊河（River Dee），英国的一条著名河流，是威尔士和英格兰的界河。

纯洁的良心
——回忆我的父亲霍桑

迪伊河

走更远的路。这个地方事实上是威斯敏斯特侯爵的领地，他是一位诺曼贵族。我对斯夸利先生说，我的父亲也有着威尔士血统，他以幽默风趣的口吻反问我，为什么我不匍匐在地，亲吻这片属于我祖国的土地呢？

11月

我最亲爱的父亲：

　　霍桑的演说没有刊登在报纸上，也许我可以将霍桑的演说稿寄给你看看。霍桑的演说只限于现场听众所有。不过，霍桑现在的确是过着快乐的生活。

第九章
英国的岁月（一）

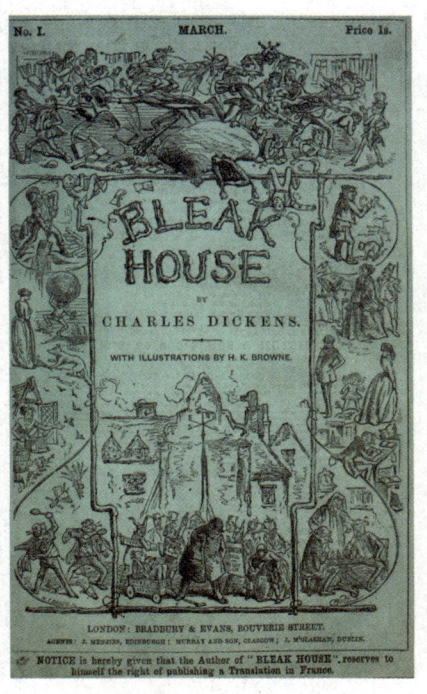

哦，利物浦这座城市整天都笼罩在雾气中！如果你读过《荒凉山庄》这本书，那么你就能够对伦敦地区的雾气有一定的了解，但是倘若你不亲自过来感受一下，就始终无法对此有深刻的了解。一旦走出家门，人们就会感觉自己仿佛置身于一片大雾当中，几乎每个人的头上都得佩戴头巾。大雾对人的视线产生了非常大的干扰作用，甚至连自己的双手都看不清。这就好比一个人跳入

查理·狄更斯的《荒凉山庄》

了一个棉绒大袋子里面（当然不是装着羊毛绒的袋子），倘若是羊毛绒袋子，尚且还是可以接受的。但是，这边的大雾简直浓密得让人根本无法接受。奥格登先生（伊丽莎白知道他是一位来自西部地区心地善良的先生），某天前来利物浦领事馆拜访霍桑，霍桑邀请他前去我们家做客。奥格登先生听了霍桑的邀请之后，仿佛一下子充满了生命力，似乎看到了一大片辽阔的草原！他还跟我描述了市长阁下在伦敦举行晚宴的情况以及他见到的其他事情，让我觉得非常有趣。在晚宴的时候，他的身边聚集了一群友善、聪明的准男爵。他对我们说，他之前与培

根女士一起前往维鲁勒姆的老城去看望培根爵士的房产与坟墓。他们一起前往教堂的地下室，那是培根家族当年下葬的地方。但是，他们无法说服领队打开培根爵士当年安放遗体的圣体安置所。培根爵士当年居住的城堡现在已经变成了一片废墟，但从那些废墟中依稀能够看到当年这座城堡的辉煌与华丽。他还说，他们一起参观了培根爵士当年经常散步、沉思与学习的果园。这是一片由高笋树木组成的古老果园，这个果园显然是有人专门打理的，因为很多树木是排列整齐的。霍桑在第二天晚上回家后，给我带回来了一束非常美丽的花朵。他说，这是奥格登先生送给我的一份道别礼物。可以说，这束花代表着奥格登这位愉悦友善的朋友的美好记忆。

我想从放在桌面上的这本《威斯敏斯特评论》中给你节选一个段落："很少人会对人类的进程进行认真细致的观察，因此他们无法真正了解人类在前进道路上走了多少弯路或是错误的道路。很少有人能够了解人类到底多少次走向了歧途，不得不远离那一条代表着真理与正义的道路，最后却很少能够再次回归到正确的道路上来。不过，我们至少能够指出当代的一名作家做到了这点。《红字》一书的作者霍桑先生，就是这样一个人。他是美国最伟大的小说家之一。威尔基·柯林斯[①]先生可能会从这些通过错误或是犯罪的例子中获取道德教谕的事例。霍桑的这本书讲述了一个有关罪恶的故事，哪怕最为纯粹的人最后都无法逃脱要承担的罪恶后果。"在同一刊号的另一篇文

[①] 威尔基·柯林斯（William Wilkie Collins, 1824—1889），英国小说家、剧作家。代表作有《月亮宝石》《白衣女人》等。

第九章
英国的岁月（一）

威尔基·柯林斯　　　　　　　　威廉·汉密尔顿爵士

章里，有评论家就对某位作家进行这样的评论："这位作家能够像纳撒尼尔·霍桑那样以纯粹的诗歌形式进行创作。"当我谈到这个与赞美有关的话题，我将会继续说下去。一位美国的旅行者在伦敦逗留的时候，在写给霍桑的一封信里这样说："我与威廉·汉密尔顿爵士①度过了美好的一天，还与德·昆西以及他的女儿们度过了两个美好的晚上。当我在德·昆西家里做客的时候，我们所谈论的唯一话题几乎就是关于你的。德·昆西与他的女儿们满怀热情地谈论着你，我之前也有幸与你见面。威廉·汉密尔顿爵士在读了你的作品之后，对你也是赞叹不已。他说，你的《七个尖角阁的老宅》里面的一些描述，甚至要比《红字》一书更加震撼。"我有没有跟你说过，之前有一位英国女士专门来到利物浦领事馆，就是想要见霍

---

① 威廉·汉密尔顿爵士（Sir William Rowan Hamilton，1805—1865），爱尔兰数学家、物理学家及天文学家。

纯洁的良心
——回忆我的父亲霍桑

桑一面。这位女士称自己是仰慕霍桑的文学爱好者。这位女士之前从未来过利物浦，她希望霍桑能够指导她如何进行文学创作，而霍桑也热情地接待了她。另一位认识这位英国女士的美国女性在某天也给霍桑寄来了一封信。在这封信里，那位英国女士说："我非常仰慕霍桑先生，因为霍桑先生无论是作为一个男人还是作为一名作家，都要比任何其他的男性更加优秀。"

在过去4个月里，我的感冒一直没有好。现在，我还患上了咳疾。我感觉一切变得如此喧嚣，整个人非常疲惫。霍桑却不是很在意这里的大雾、寒气或是雨水。霍桑没有患上感冒，状态依然很好。可以说，霍桑是我在英国这个地区唯一的福玻斯[①]。

在上一封信里，我提到过达弗林公爵紧急邀请霍桑前往爱尔兰克兰德博伊地区参观。那个地方距离利物浦有4~5个小时的车程。霍桑拒绝了达弗林公爵的邀请，之后达弗林公爵又寄来了另一封邀请函。达弗林公爵的第一封邀请函是非常正式的，第二封邀请函却是这样说的：

"我亲爱的霍桑先生：……诺顿夫人（达弗林公爵的阿姨，也就是著名的诺顿夫人）希望……你能够让她有机会在切斯特菲尔德大街与你见面。我相信你，每当你能够从繁忙中抽出时间去参观这个国家的时候，你肯定会前往我们这里参观的。我亲爱的霍桑先生，我永远是你忠诚的朋友。"

[①] 福玻斯（Phoebus），古希腊神话中的太阳神。

第九章
英国的岁月（一）

从这第二封信来看，难道达弗林公爵没有对霍桑表达他的敬意与尊重吗？还是如霍桑所说的，只是一种"假惺惺的恭维"呢？

明天就是感恩节了。我们将会在这一天回忆我们在祖国生活的美好岁月。布莱特之前就约好了我们，因此我们会与他共进晚餐，但布莱特先生没有意识到明天就是感恩节。布莱特一直想前来拜访我们，最终决定在这周过来。他将会在我们这里过夜，因为桑德海斯在利物浦的另一端。他的母亲也不希望布莱特在夜晚的时候乘船回家（因为晚上的雾气一般都很大）。

我们认识的很多英国女士与先生都非常友善、风趣。他们似乎与我们已经认识了一辈子。我认为，世界上没有哪个圈子里的人能够与之相比。当然，这里的社交圈子是比较僵硬、固化的，一切事务在森严的社会等级中一成不变地开展着。当然，这些圈子里存在着简朴、安逸、真诚与友善，这些是非常好的东西。当然，只有当我们跳出这个圈子去观察，而不是在圈子内进行观察的时候，我们才能发现这样的圈子带来的一些弊端或是不好的地方。当然，这是一个深刻且重要的问题——关乎每个人的地位问题。出生与财富通常是这些接受过良好教育以及有教养的人的一个特征。在这个代表着古代文明的国家里，人们似乎对彼此也没有什么嫉妒心理，也从没有想过要缩小彼此的地位差距……生活在社会最底层的民众不会想着要去反抗这样的制度，他们只是想着如何与这些上层名流进行接触、如何与这些人搭上关系，然后让自己也能跻身这样的圈子

纯洁的良心
——回忆我的父亲霍桑

中。但在很多时候,我认为整件事应该从一个完全不同的方面去看待。我认为,那些底层民众不应该默默地承受这样的压迫或是等级制度,不应该去忍受这样的痛苦或是不良的对待,而应该联合起来反抗。之前有一两个这样的人闹到法院,但法院的判决让每个人都笑不出来……霍桑推迟了前往伦敦的时间,但伦敦这座城市却似乎慢慢地接近他。霍兰先生曾说,霍桑要是在英国生活,肯定会很受关注的。最近,有两名伦敦人来拜访,其中一名是威廉·杰登①先生,他大约70岁,是一名文学人士。他非常熟悉伦敦半个世纪以来的文学圈子,了解每一个我们想要了解的文学人士。他是一位记忆力超强的老人。与他进行交流,让我感到非常有趣,他的谈吐让我想起了约翰逊博士。年幼的罗斯就坐在他的大腿上,用认真专注的眼神看着他的脸庞。他说他从来除了塔列朗(他非常了解塔列朗)之外,还从来没有见过像罗斯这样的眼神。他说,塔列朗喜欢用认真专注的眼神看着别人,并且不允许其他人这样看着他。总之,塔列朗始终会将目光聚集在某个事物上。罗斯的脸上没有露出微笑,只是依然认真地看着他。他则想要躲避

威廉·杰登

---

① 威廉·杰登(William Jerdan, 1782—1869),英国著名记者。代表作有《威廉·杰登自传》等。

罗斯的目光，不断地做着有趣的鬼脸，但是罗斯却丝毫没有受到任何影响。最后，这位老人大声说："为什么你要始终盯着我看呢？你以后会成为一名受人尊重的法官。当你穿上法官袍的时候，我可不愿意接受你对我的判决啊！"此时，罗斯才对他露出了微笑。老人说："哈哈，我终于看到你笑了！看来她很喜欢我啊！"在晚上8点钟的时候，他们向我们道别，出发前往伦敦。他们不希望整夜在火车上度过，想在中途的伯明翰火车站下车休息。杰登先生说："哦，我什么事情都没有做，只是过来与你们吃了一顿晚餐，然后就这样回去了，整个来回有一百多里路！"与杰登一起前来的人是本诺克先生，他是诗人与艺术家的赞助人，也是一位性情随和且非常真诚的人。他对朱利安说，如果朱利安与他一起前往伦敦，那么朱利安就会得到一匹像桌子一样高的矮种马，还能得到一条像矮种马那么高的小狗。虽然朱利安很希望得到本诺克先生所说的礼物，但他最后还是咬牙拒绝了。

12月8日

昨天，你猜猜谁过来拜访我们？是詹姆斯·马蒂诺[①]夫妇！我一直都非常仰慕马蒂诺先生，将他看成是神一样的人物。我之前从未想过自己有机会亲眼见到他。当我见到他的时候，感到非常高兴。马蒂诺先生的个子不是很高，脸色有点苍白，但

[①] 詹姆斯·马蒂诺（James Martineau，1805—1900），英国宗教哲学家。

纯洁的良心
——回忆我的父亲霍桑

詹姆斯·马蒂诺

他有着简朴的行为举止和非常阳光的表情。在与他聊天的时候,我感觉他始终就像我的哥哥一样。当我与他聊了一会儿之后,就感觉自己能够将他视为可诉说心里话的朋友了。毫无疑问,我能够感受到他的品格所散发出来的强大魅力,这样的魅力是不需要他说出任何话语或是做出什么手势的,这些都是自然而然散发出来的。很多人认为,一个人的品格是可以通过他人的赞美或是贬损而变得崇高或是卑劣,这是多么愚昧无知啊!可以说,任何阻碍都无法掩饰这样的气质与魅力,任何美好的赞美或是恶意中伤都无法抹杀这样的气质。当一个人前来拜访,坐下来之后,你就能知道他是一个散发出积极影响力还是消极影响力的人。至少,我始终是一个懂得感受别人气质的人。有时,我能够感受别人身上散发出来的美好气质,有时则会嗅到恶意的气息。如果某些人没有特别强大的品格,那么我可能什么都感受不到。马蒂诺先生没有说多少话,但是他的声音是悦耳且充满怜悯的。他的一些简单举动就赢得了我的尊重。马蒂诺夫人倚靠在一张沙发上,她的旁边燃烧着光线比较微弱的炉火。我没有看清楚她的脸庞,但是她看上去是一个非常友善且愉悦的人。马蒂诺夫人说她非常希望我们可以在19日一起参加她举办的聚会，那一天是他们结婚25周年的银婚纪念日。她说我们到时候可以见到盖斯凯尔夫人[1]——《玛丽·巴顿》《露丝》《克兰弗德》以及其他书的作者。最后，我不得不拒绝马蒂诺夫人的这个邀请。无法接受他们的邀请，也让我们感到极为遗憾。因为我现在的咳疾还没有康复，在晚上去外面让那些浓密雾气侵袭，我肯定会疯掉的。马蒂诺夫妇目前居住在利物浦城区之外的王子公园附近。马蒂诺夫人没有强求我们一定要前去参加，这充分体现出了她良好的教养。总之，马蒂诺夫妇的来访是一次非常值得铭记的访问，我结交了他们这两位朋友后，也感觉自己需要像他们这样的人前来拜访。马蒂诺先生说乌娜在这边生活，

盖斯凯尔夫人

---

[1] 盖斯凯尔夫人（Elizabeth Cleghorn Gaskell，1810—1865），维多利亚时代的英国小说家。代表作有《南方与北方》《露丝》《夏洛蒂·勃朗特传》等。

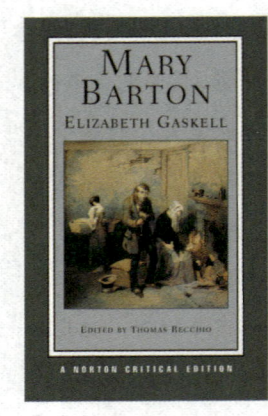

《玛丽·巴顿》 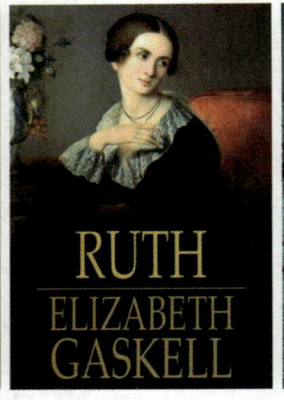　　　　　《露丝》 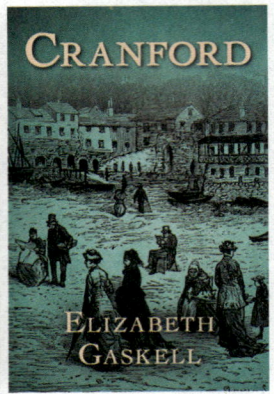　　　　　《克兰弗德》

倘若没有与他年龄相仿的孩子一起玩耍，可能会想家的。马蒂诺夫妇表达了希望见到霍桑的愿望，但他们这一次没有见到。当他们离开我家之后没多久，霍桑就从外面回来了。这实在是太可惜了！

　　我必须告诉你，当杰登先生希望我前去沃雷莫尔·德塔布莱家做客时，我没想到那里的景色是如此美好。这是一块面积大约有8公顷的广阔盐矿，但是每个区域却被分割成一个个对称的柱状走廊！他说，这里可以点亮灯火，我们在这样的"钻石走廊"上来回走动。杰登先生说，这些盐之前是这些地区进行交通运输

沃雷莫尔·德塔布莱

的一种媒介。我认为德塔布莱公爵以这样的艺术形式去分割他的盐矿，而不是像一名文化艺术破坏者那样用锤子或是铁锹去挖掘，这也说明他具有很高的艺术鉴赏能力。杰登先生说，因为一些历史原因，他经常被别人称为德塔布莱公爵，而这是他的笔名。此时，我的反应就像小孩子那样："哦，原来你就是德塔布莱公爵啊！"

本周出版的《北英评论》的一篇文章对霍桑最近创作的3篇小说给予了高度的评价。

12月18日

昨天，我去利物浦市区，为你买了一份圣诞节礼物，还买了一支带有珍珠握柄的银制钢笔，这支笔可以在你给乌娜写信的时候用。当我不在家的时候，马蒂诺先生与盖斯凯尔夫人竟然前来拜访！我很遗憾没有见到他们。他们给叶芝女士留下了一封信，邀请我们今天前去与他们共进晚餐，并且逗留一夜，顺便邀请我们参加马蒂诺夫在明晚举办的聚会。如果我能够前去，这肯定是非常值得纪念的邀请。说到叶芝小姐给人留下和蔼可亲的印象，布莱特先生就感同身受，他对我们说，其美好感受简直难以用语言表达。

提克诺尔先生的圣诞节礼物通过这班刚刚抵港的汽船送到了，是一大箱的苹果。我希望你过来看看罗斯脸上灿烂的笑容与明亮的眼睛。一位女士认为罗斯今年差不多4岁了！今天，朱利安与父亲一起前往领事馆。乌娜现在在客厅认真地阅读埃

纯洁的良心
——回忆我的父亲霍桑

埃奇沃思夫人

奇沃思[①]夫人的作品。罗斯则靠在我平时坐的那张椅子上。

在圣诞节这天晚上,钟声在午夜时分敲响了,从0点一直敲到黎明时分。我希望你能够在这里聆听美妙的钟声。可以说,这是你所能想象到的最为悦耳的声音了,这是最充满希望与活力的声音。在太阳出来之前,我就醒来了,我感觉自己聆听到了一些难以言喻的美妙音乐。我想这应该是天使在这个无比美好的早晨唱的一首歌。就在我认真聆听的时候,敞开的窗户突然吹入了一阵风,或者说是一阵吹向我们的微风,我感觉这不是利物浦地区的钟声,而是天使的歌唱。某天,当我带着乌娜与朱利安一起乘坐马车经过利物浦市区的时候,这钟声突然在某些人的婚礼上响起来了,孩子们纷纷探出头来,想要看看到底发生了什么事。乌娜与朱利安在马车内上下乱跳。乌娜说如果她以后结婚的时候能够听到这样的钟声,那么她就嫁到英国来。在圣诞节这天早上,一些哑剧演员站在我们家门口,从拂晓时分就开始表演,似乎在扮演着天国主人的角色。过去的一年已经在这钟声中逝去了,而新的一年也在这美妙的钟声中到来了。

[①] 埃奇沃思(Maria Edgeworth, 1768—1849),英裔爱尔兰人,著名儿童文学作家。代表作有《拉克伦特堡》《家长的助手》《贝琳达》等。

第九章
英国的岁月（一）

也许，你可能已经听说过夏洛特·库什曼①这位女演员了吧？在我们离开美国前的那个夏天，她就曾给霍桑写了封信，希望他能够满足一位女士帮他画袖珍画的请求。当时，霍桑无法拒绝，虽然你可以想象霍桑的内心对此是不愿意的。霍桑勉为其难地照做了，接着别人介绍他认识了库什曼女士。他认为库什曼女士是一个通情达理且简朴的人。某天，霍桑在利物浦见到了库什曼女士，库什曼女士告诉霍桑，自从她居住在姐姐距离利物浦市区 3.5 千米的伍尔顿玫瑰山厅之后，就一直想要前去拜访我。霍桑希望我能够邀请她前来共进晚餐，并且逗留一夜。于是，我在 12 月 29 日邀请她前来做客。库什曼女士接受了邀请，在那一天过来了。我发现库什曼女士与她所塑造的著名角色梅格·梅里尔斯②一样，都是身材非常高挑的，长着一张非常独特的圆脸，表情看上去非常亲切。她丝毫没有任何戏剧性的动作与气质，因此我甚至怀疑她不是一名女演员。目前为止，她

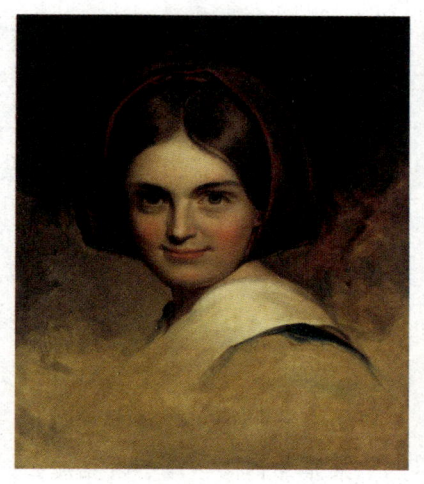

夏洛特·库什曼

---
① 夏洛特·库什曼（Charlotte Cushman，1816—1876），美国著名舞台剧演员，因其宽广的音域，可以扮演男、女两种角色。
② 梅格·梅里尔斯（Meg Merrilies），约翰·济慈同名诗歌中的人物。

离开舞台大约两年时间，靠着之前赚到的金钱生活。因为她是英国舞台上非常受欢迎的女演员，而且是在名声最盛的时候隐退下来的，因此孩子们非常喜欢她。罗斯始终非常喜欢与她相关的那一条表链。我无法说清楚那条表链上所镶嵌的宝石，它们都是非常精美的金色颗粒，所有的颜色是排列好的。表链上刻着美丽的风景画，大约 2 厘米长。这是一条非常精致的表链。除此之外，与她相关的东西还包括荣誉军团勋章的十字架、一个钱包、一条弹簧、讲述仙女故事的手册，还有一把适用于侏儒的匕首，两张关于朋友的银版照片（每张照片都像一粒小豌豆那么大，放在一个金色的盒子里），还有一副小双筒望远镜。一颗金色心形的徽章代表着信仰、希望与仁慈。我还记得有一把很小的竖琴。我所记得的就这么多了。我认为，这些是朋友们送来的纪念物。在这天早上，库什曼女士在乌娜那台刚调好音准的钢琴前坐下，随即边弹边唱起了洛克哈特的西班牙民谣。她的歌声让我的血液仿佛燃烧起来了，充满了激烈的情感。

很多保存下来的信件可以证明，我们刚到英国的时候，受到很多人的热烈欢迎。我记得，当时的我还很小，经常透过打开的窗户窥视客厅里举行的晚宴，这让我感到非常惊讶，因为这与我的父母在美国时的那种俭朴生活形成了强烈的反差。很多餐具都用银色的布罩罩起来，还有数百根蜡烛燃烧发出来的光芒照在雕花玻璃上，形成了光线的反射。当我停留观看的时候，我可以看到男管家正忙着进行他的"艺术摆设"。我父亲所在的位置，摆放着很多精美的

第九章
英国的岁月（一）

茶具，这些茶具是我的外祖父从中国那边带过来的，茶杯上的图案与文字已经有了大约一百年的历史。客厅里的几张椅子、桌子显得非常好看，还有我之前从未见过的很多东西。我的母亲天生有着高贵的气质，这一点是非常明显的。在这个时期，母亲在写给她姐姐的一封信里就谈到了关于自己的事情："你根本无法想象，我在这里简直是最不时髦的人，这可能与我追求俭朴的生活有关。"母亲对自己的评价总是非常谦卑，我可以根据很多著名人物的信件作证，母亲经常会穿着非常美丽的舞会礼服，我甚至还看到过母亲穿着这样美丽的衣服呢。在他们晚上举行宴会的时候，我本应该在床上睡觉。但母亲经常会在宴会的过程中，走到我的房间看我是否已经睡觉。母亲还说，当她离开家里到其他地方参加宴会，肯定会在晚上回来看望我的。母亲穿着美丽的织锦衣服，那都是带着艳丽色彩的衣服。母亲那快乐且优雅的举止、那红润的脸颊所散发出来的光芒、那双闪烁的眼睛、那充满完美善意的微笑，瞬间深入了我的心灵，让我感觉无限美好。我的双眼始终看着母亲，内心感到无比幸福。但到了最后，我不知道为什么哭泣了，可能是因为我发现母亲终于可以穿上如此美丽的衣服，并且这么温柔地对我，因而感动所致吧。我的母亲后来对人说："罗斯竟然被我的晚宴礼服吓到了！"当然，母亲说这句话的时候脸上带有一种得意的表情。我始终没有忘记母亲穿着那些美丽礼服时所具有的高雅形象。我们还将过去生活在塞勒姆地区的一张褪色的票据保存下来了。票据上记录着在1841年，母亲购买了10双二号的儿童拖鞋。这对于当时只能通过绘画来赚钱的母亲来说，可不是什么节约的表现。我的母亲在对待我们这些孩子方面是非常慷慨的，但她对自己却是非常克制的。

纯洁的良心
——回忆我的父亲霍桑

我们在英国生活的早期阶段，我的母亲对优质物品压抑许久的意识火苗终于迸发出来了，可能这是因为她之前多年来一直都过着单调沉闷的生活吧。即便母亲对衣食住行有了一定的要求，但她从不允许自己过上奢侈的生活。与所有负责任的父母一样，我的父母没过多久，就开始为他们的孩子的未来省钱了。库什曼送给母亲的那一条有趣的表链，就是他们从来不敢想要去获得的东西。他们在面对很多拥有庞大财富之人的邀请时，总是显得不卑不亢，有时甚至会微笑着拒绝邀请。我的父亲在严格遵守节约行为这一方面，甚至做得比我的母亲还要好。尽管如此，我的母亲在一封信中这样写道："在我认识丈夫之前，我不知道节约到底意味着什么。"关于我父亲肩负家庭责任以及帮助那些无家可归之人的事实，有很多清晰的记录可以作证。

一天下午，朱利安与他父亲从利物浦市区回到家里，回来的时候还带回了五张面具，在接下来的好几天里我们都拿着这几张面具玩游戏。其中，霍桑戴上那张傻瓜的面具，看上去非常可笑。他看上去真的很像一个傻瓜！我则戴上了一张老太婆的面具，看上去就与雷诺克斯地区的老太婆相差无几，这让朱利安看了哈哈大笑。之后，朱利安则戴上了一张小矮人的面具。乌娜戴上一张面具，扮演一个年轻女孩，但看上去就像一个愚蠢的玩偶。朱利安又戴上另一张面具，这个面具上有一个大得让人感到惊讶的鼻子，接着他与戴上玩偶面具的乌娜一起跳起苏格兰缓步圆舞曲。今天早上，我收到消息，一位先生已经寄过来一套价值 50 英镑的邮票，他认为这可以帮助领事馆所有的工作人员解决寄信的邮票问题。我不知道他为什么要这样做，但我认为他最好还是将这个消息告诉《伦敦时报》。

3月12日

今天，霍桑在利物浦郊区一个名叫艾格巴斯的地方，与国会议员布拉姆利·莫尔一起吃饭。莫尔之前在霍桑前去他办公室的时候，就约好了霍桑一起吃饭，最后霍桑只能答应。H夫人是亨利·布莱特的阿姨，肯定也不会对此感到失望。她无法顺利邀请霍桑前往她那美丽的宴会厅，去与塞夫顿公爵与公爵夫人以及该地区其他贵族会面……不过，她给霍桑写了一封信，对霍桑说，如果他想要获得原谅，那么他必须在某天答应赴约，并且与她共用晚餐。霍桑之后因故无法赴约。接着，她又给我写了一封信，指定在3月16日让我们出发，与马蒂诺夫妇以及布莱特一起前往，并且在那里逗留一夜。因此，我们无法继续回避，最后霍桑只能赴约，但我拒绝前往。她的丈夫是一位很有势力的银行家，而她则是英国现任财政部长W.E.格拉斯通①的姐姐，因此这些人之间都是有一定的关系的……霍桑其实根本不想赴约，其中一个原因就是他不愿意穿上棉衣服，但这些衣服却又是参加晚宴的指定衣服。你可以想象一下霍桑当时的无奈心情！我认为，霍桑肯定更加愿意佩戴一把宝剑、

---

① W.E.格拉斯通（William Ewart Gladstone，1809—1898），英国政治家，曾作为自由党人，先后4次出任英国首相。

纯洁的良心
——回忆我的父亲霍桑

W.E. 格拉斯通

戴上一顶三角帽,也不愿意佩戴那些棉布领带,因为他讨厌这些所谓的时尚。他的内心一直对英国上流人物的做法感到反感。霍桑认为这些人的品位与情感都让他反感。我只能说,霍桑系上白领巾总比佩戴黑色缎面领结,看上去要英俊得多。但是,霍桑已经习惯了之前的穿衣方式,因此他对此很不满。

3月16日

霍桑已经前往西德比郡赴约了……将会在那里逗留一个晚上。霍桑在离家之前,就对我表达了参加这些宴会的强烈反感情绪,说他根本不相信任何正常人会喜欢这样的活动,因此那些想要举办这些活动的人都是心怀恶意的,只是希望能够摧毁人类的幸福。某天,布拉姆利·莫尔先生再次见到了霍桑,然后软硬兼施地将霍桑带到了艾格巴斯与《一年万元》《一位医生的日记》的作者沃伦[①]先生共进晚餐。霍桑倒是很喜欢沃伦先生。沃伦先生始终用较低的声音说着一些恭维霍桑的话。布

[①] 沃伦(Samuel Warren, 1807—1877),英国律师、小说家和国会议员。代表作有《一年万元》《一位医生的日记》等。

第九章
英国的岁月（一）

拉姆利·莫尔先生要求沃伦先生说话声再大一些，因此沃伦提高了嗓门。接着，霍桑也稍微大声地表达了自己的一些看法。我们原本期望沃伦先生会在晚些时候前来这里做客，但他已经回到了在赫尔城的家里。

桑德斯夫人再次寄来了一封信，她在信中用略

沃伦

带强硬的口气对我们说，希望我们前往伦敦，并顺便拜访她。我希望能够放下手头上的工作前往伦敦，因为桑德斯夫人现在居住在波特曼广场，布坎南先生肯定允许我们前往伦敦的任何一个地方。桑德斯先生的任命遭到了美国参议院的反对，但我认为他不会对此太在意的，毕竟他现在已经拥有了超过 50 万美元的身家了。

托马斯·塔尔福德爵士，也就是《伊恩》一书的作者，某天突然去世了。很多人在得知了这个不幸的消息之后，纷纷表达了哀悼之情。我认识塔尔福德的弟弟菲尔德，就是之前曾与我们一起乘坐轮船前来英国的那个人，但他现在却在美国。我相信，英国其他著名的人物能够活到我再次见到他们的时候。塔尔福德爵士生前表达了希望能够与霍桑见面的心愿，可惜没有实现。

3月30日

霍桑前往诺里斯格林,与H先生、马蒂诺夫妇、布莱特家族以及其他人共进晚餐。霍桑回来后对我说,当他进入饭厅之前,看着镜子的时候,见到了一位受人尊重的男仆,这位男仆佩戴着白色的领带。在那个时候,霍桑说自己起了要雇佣这位男仆的念头。霍桑非常欣赏H先生……H先生每年要捐出7 000美元用于慈善事业!H夫人也是一位非常友善的人,虽然她是一位追求时尚的女性,但她经常亲自深入利物浦的各个地区,查看一些穷人的生活情况。她向霍桑展示了著名的肯内·狄格比爵士(这位她的祖先)的微型雕像。接着,她谈到了自己家族的历史,说她的家族与德比郡历史上的珀西家族与斯坦利家族都有着血缘关系。晚餐桌上的菜式非常丰盛,由身穿高档服装的男仆端上来。在所有的来宾当中,霍桑的身份是主宾……H夫人是一个情感比较细腻的人,也是一位多愁善感的人。她没有孩子。她对霍桑说,相比较孩子,她更喜欢那些小鸡。

第二天,布莱特邀请霍桑一起乘坐马车。布莱特想要霍桑拜访他的表弟托马斯·伯奇爵士。因为布莱特是德比郡伯爵最近的邻居,所以他将他们带到了诺斯里这个地方,这是属于德比郡公爵的领地。在托马斯爵士的家里,霍桑第一次看到了假山,还看到了托马斯爵士母亲比奇夫人的画像。这幅画是托马斯·劳伦斯爵士画的,但这幅画似乎还没有画完。据说,这是劳伦斯最好的一幅画。霍桑对这座建在诺斯里的房子感到很失

第九章
英国的岁月（一）

望，虽然这座建筑有着悠久的历史，但房子却显得很矮。不过，房子的大厅还是足以同时容纳100名宾客参加晚宴的。

4月14日，周五

我亲爱的父亲：

　　今天是英国的斋戒日。大街上的商铺都关门了，没有人在工厂或是大街上工作。可以说，世界突然陷入了临时的停顿，所有人在提醒自己，耶稣基督就是在这一天被钉在十字架上殉道的。从今天一早到深夜，所有教堂对外开放，进行了多种多样的宗教活动与仪式。

　　我希望你对总领事馆的收入不要抱有太大的幻想。霍桑现在承担了领事馆方方面面的工作……他上午9点钟离开家，直到下午5点钟的时候才回来！我只是希望能够过上一种更为精致的生活，同时又能满足其他人对我们的许多热切希望。但是，我认为直到最后，我们也只能展现出一种柔和的力量……我为自己之前抱有那么大的期待感到遗憾，我对现在的生活所受到的限制感到相当失望。因为我的丈夫现在每天都要将很多时间与精力投入领事馆的工作以及其他的社会应酬上，再也没有时间创作什么诗歌了……现在，他再也没有什么闲心在烛光下进行写作了……克里滕登[①]先生对霍桑说，他认为霍桑要是能够过上比较节约的生活，那么一年应该可以积攒下5 000美

[①] 克里滕登（John Jordan Crittenden，1787—1863），美国政治家、参议院议员，曾担任两届司法部长。

元左右。但是，即便对霍桑这样一位过着俭朴生活、平时从来不主动参加社交活动的人来说，他一年都要花费 4 000 美金左右。克里滕登先生认为我们在这里生活的花费肯定要更高一些。在很多时候，这边的很多名流都不会"放过"霍桑，正如他们对待克里滕登先生一样，这些人认为自己有权力去接触霍桑，而霍桑在很多时候因为面子或是社交礼仪等方面的顾虑，

克里滕登

又不可能总是拒绝他们的邀请或是请求。可以说，霍桑的《红字》出版之后，他在英国的个人声望达到了顶点……我想，当你听到塞西尔先生在某天读完了霍桑的《红字》之后，对这本书大加赞赏，你肯定也会为霍桑感到高兴。有时我会想，这本书在英国的一位出版商处就卖出了 35 000 本，难道霍桑不应该从卖出的每本书中获得 1 美分的版税吗？

有时，我只能在与你进行书信往来的时候，才能够将自己最为真挚、温暖的情感展现出来。我对你所做出的努力以及经

第九章
英国的岁月（一）

受的考验表示深切的同情。很多时候，我希望自己能够让你摆脱不良的情绪，但是就连我自己有时也无法摆脱一些悲伤的情感。我认为，这里有很多人对霍桑非常感兴趣，他们非常仰慕霍桑，希望与他建立私密的友谊。当然，我对此并没有什么异议。

因为重要的《改革法案》没有通过，约翰·罗素公爵在某天晚上表示要继续延迟这项法案的议程。这项法案要是通过了，必然会对民众的社会生活产生一定的影响。任何发生的事情似乎都无法逃过一些人深刻的洞察力。很多穷人乃至一些商人所经历的艰苦生活状态都呈现在整个国家的各个阶层上。一位作家曾在伦敦的《雅典娜》报上进行了描述。他这样写道："美德是不可能实现的！"从这种针对最为邪恶制度的最有力量的控诉到发生的悲惨事件，这一切似乎吹响了改革的号角。

美国现任总统皮尔斯是一位伟大的总统，但他现在却遭受到很多人的诽谤中伤。我希望那些诽谤总统的人能够明白一点，那就是总统所做的一切事情，都是出于自身的良知与正直思想。总统是一个真正勇敢的人……他之前曾写信给霍桑说，他对自己在总统任期的前半期推行的政策不受民众欢迎，是抱有心理准备的。在信中，皮尔斯总统表示，他是一个绝对不受人贿赂、易被收买或是因为政治目的而改变自己政治决心的人。因此，他去做宪法赋予他职权所应该去做的正确事情，并且仅限于此……我希望我国参议员的行为举止能够像英国那些高尚的议员那样。但是，即便我们在行为举止上是完美的"野蛮人"，也依然没有表现出足够的自我控制能力，缺乏对很多事情的敬意。我相信，成熟的年龄所代表的尊严与平静最终会降临到每个人头上。

我从未想过要将自己的模样画在一幅画里，因为我知道自己长得并不好看。我迟些时候会给你寄去霍桑、罗斯以及其他人的画像。霍桑在这里生活之后，显得非常英俊。可以说，我丈夫要比我见到的所有人都更加英俊。相比之下，其他人看上去显得比较粗犷。霍桑的头发、仪表要比我在这里见到的所有英国男性更加优雅。很多英国人说，在霍桑开口说话之前，他们认为霍桑就是一名地地道道的英国人。这些英国人会在暗地里尽可能地对霍桑进行观察（当然他们不会以不礼貌或是不文明的方式去做），仿佛他们想要确定一点，那就是霍桑的确是一个非常英俊的人。霍桑倒是没有注意这方面，这让我有点抓狂，因为我对此进行了一番认真的观察。现在，霍桑居住在一间宽敞舒适的房间里，这个房间非常适合他。我始终认为霍桑应该生活在豪华的宫殿里。现在，霍桑证明了他的确有这样的资质。

我们在这里经历了许多有趣的事情，认识了许多有趣的人，其中包括文学界的一些朋友，感受到了英国上流贵族的奢华生活。我们终于明白，为什么舒适一词是英国人口中那么重要的词语。我们能够以更好的眼光与角度去欣赏莎士比亚以及英国历史上其他伟大的诗人。

第十章
英国的岁月（二）

他们游览了英属马恩岛，感觉那里就像仙境一样。霍桑夫人对领事馆的再次描述。霍桑拒绝让两百名遭遇海难的美国士兵在困境中死去，专门租了一艘船将这些士兵送回美国，哪怕这可能会让他倾家荡产。霍桑夫人的父亲去世的消息，是霍桑本人告诉她的。乌娜来信描述了家庭情况以及乡村的景色，还提到了在雷诺克斯的娱乐消遣活动。霍桑一家人前往威尔士的旅程。霍桑参加晚宴，见到了布坎南先生与莱恩小姐。罗斯对父母的描述。霍桑依然在晚上大声朗读经典著作。霍桑写给女儿罗斯的信件。霍桑的爱好玩耍与慷慨的思想给孩子们留下深刻的印象。对霍桑一家家庭生活的描述，还有霍桑夫人展现出来的友好善意。对本诺克先生的一番描述以及一封来自他的信件。霍顿爵士与其他人想要通过信件邀请霍桑参加社交活动。霍桑一家前往伦敦，表面上是去那里进行社交活动，但霍桑不得不抽出部分时间留在利物浦。霍桑夫人在丈夫的信件里，描述了伦敦与当时正在伦敦的亨利·布莱特的情况，还谈到了培根小姐所具有的天才。

莫纳，道格拉斯，7月18日

我亲爱的父亲：

我从来没有想过我会在马恩岛上给你写信。我们全家人在这里游玩。不过让我们感到遗憾的是，霍桑带我们来这里之后，仅仅逗留了两天时间，就返回利物浦处理领事馆一些无聊的事情了。霍桑的确是一位尽忠职守的人，对国家始终充满了热烈的情感。因为在他出发之前，手下的职员向他保证，他可以在马恩岛上待上一段时间。当然，我也知道霍桑为什么要急匆匆地返回利物浦。虽然在霍桑匆忙离开之后，

马恩岛

第十章
英国的岁月（二）

我感到非常孤独，也不愿意在没有霍桑陪伴的情况下继续欣赏这些新奇的景象，但是我也不能对此有任何的抱怨。不管怎么说，我能够来到这一座遥远、有趣且很有名气的小岛，这难道不是很好的事情吗？这是很多人称为小人国的仙境，据说还能在这里看到许多巨人或是巫师呢！在巨石阵那里，我们看到了用石头砌成的一座宫殿。我根本无法让朱利安那一双搜索着有趣事物的棕色眼睛从这个地方转移出去，他对这里的一切充满了极大的兴趣。当他最后了解到巨石阵的圆形石头曾经是建造宫殿的材料，而过去的德鲁伊教派成员就站在这里的时候，朱利安抿着嘴，大声说："难道就这么多了吗？"说完，朱利安蹦蹦跳跳地去采摘花朵了。我在听导游说了巨石阵与一座德鲁伊教派的神庙就是用如此庞大的巨

马恩岛的巨石阵

石砌成之后，认为这简直是神奇到不可思议的事情，那些人到底是怎么搬动这些石头的呢？难道那些人希望这座神殿的高度能够触碰到天空？……在接下来的周五，霍桑回来了，这让我们感到非常高兴。在周六下午，我们一起步行前往女修道院参观，这座女修道院是圣布里奇特建造的。现在，这座女修道院只剩下一些废墟，废墟上生长着藤蔓。这些藤蔓现在已经与这些倒塌的墙壁紧紧地缠在一起了……朱利安与乌娜对附近清澈的小溪非常感兴趣，朱利安还对海龟很感兴趣，但马恩岛上并没有什么爬行动物……在参观过程中，我忍不住这样想：前往这样荒凉、陡峭的小岛上旅行，这是我之前根本不敢想象的。但当我来到这里之后，却发现这是一座景

女修道院

第十章
英国的岁月（二）

道格拉斯集市

致丰富、到处是青绿色的天堂！在我看来，过去神话与传说中的那些巨人似乎已经变成了现在坚硬险峻的岩石与围绕着这座小岛的海峡了，守护着森林的仙女们不会受到什么伤害，因为这些巨人的一个据点就是这座马恩岛。要是我在这里看到一些小矮人从野生的毛地黄植物后面伸出窥探的头，我肯定也不会感到惊讶的，因为这是那些小矮人最喜欢躲藏的地方。这个地方因为其传说中的美人鱼、仙女与巨人而散发出独特的气质，这里的景色似乎与这样的气质也是非常吻合的。在这天早上，我们一起前往女修道院参观，霍桑则带着朱利安前往道格拉斯集市，这个集市在一片开阔地带之上……我丈夫说，这里居民的生活方式是非常有趣的，因此他不愿意错过皮尔城堡的美丽景色。某天，当乌娜与我前往道格拉斯的商店时，我们在这个集市上看到了一个专门卖二手书籍的书报摊。我之前一直在图

纯洁的良心
——回忆我的父亲霍桑

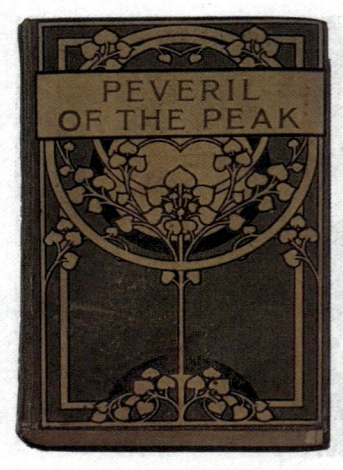

司科特的《峰区的贝弗瑞》

书馆与书店里找寻《峰区的贝弗瑞》[①]这本书，始终没有找到，因此我想在这个书报摊上找到这本书。你猜猜我找到了什么书？我找到了一本被很多读者看过的精装版《福谷传奇》，这可是我丈夫霍桑写的书啊！是的，即便是在莫纳这个偏远的地方，也能找到我丈夫写的书！我们之前已经听说了英国的一些家庭至少有两本《红字》，但我从未想过能在这样的地方找到我丈夫写的书！

在我的记忆里，周日是非常完美的一天。在这天早上，霍桑前往柯尔克·布拉登地区。下午，我们一起前往道格拉斯角游玩。可以说，这天下午游玩过程中所感受到的快乐，是无法用言语表达的。空气中弥漫的柔软、美感与清新似乎交融在一起，天气如此明媚灿烂，湛蓝的大海一望无际，天空没有任何云团，那么蔚蓝。空气中弥漫着某种芳香，给人一种慵懒的感觉。我们站在较高的一处地方，欣赏这壮美的景色。在霍桑的脸上，我看到一种难以置信的美好与庄严的神色。乌娜就像一朵百合花，朱利安则像是一朵木兰花。我认为，霍桑应该对今天的天气以及环境感到非常满意。在夕阳西下的时候，康波兰地区的山丘清晰可见。这是我们在这次旅行中第一次见到那里

[①]《峰区的贝弗瑞》(*Peveril of the Peak*)，英国作家沃尔特·司各特的一部长篇小说。

第十章
英国的岁月（二）

的高山，那些高山仿佛就是从地平线上升起来的，这也充分证明了英国这一天的空气是非常清新的。蜿蜒起伏的山丘形成的紫色轮廓倒映在银色的海面上，随着时间的推移，轮廓逐渐变成了乳白色。

7月20日

……今天上午大约10点钟之后，我们叫了一艘船，然后划船前往圣玛丽岩石岛。这座小岛的一侧有一个非常美丽的海滩，我们在那里度过了两个小时的休闲时光。今天的空气非常清新，阳光灿烂明媚。我们在沙滩上看到了许多鹅卵石，还在鹅卵石当中发现了许多珍珠贝。朱利安选择泡在海水里，罗斯非常喜欢收集贝壳，始终紧紧地跟在我的身旁。我问罗斯为什么要始终跟在妈妈身旁，罗斯回答说："哦，我亲爱的妈妈，我忍不住要这样做啊！"罗斯将她那双小脚伸入海水里，我不得不脱下她那被海水浸湿的袜子与鞋子，放在阳光下晒干。罗斯那一双雪白的小脚与粉色的脚趾，在沙滩上看上去就像全新的贝壳。我对罗斯说，我很担心前来收集贝壳的人会将你的脚趾误认为是海螺贝壳，将这些脚趾放入他的口袋，带回去给他的小孩子玩耍。罗斯听了大声叫着，然后转过身，接着默默地笑着，就像《皮袜子故事集》[1]里的人物那样，露出了她那珍珠般雪白的牙齿——罗斯那红润的脸颊与柔软的头发是那么美丽。

---

[1]《皮袜子故事集》(*The Leatherstocking Tales*)，美国作家詹姆斯·费尼莫尔·库柏（James Fenimore Cooper）的系列小说，一共5本。

纯洁的良心
——回忆我的父亲霍桑

在某个时刻,我甚至感觉自己仿佛置身于梦境,心灵仿佛不受肉体的局限。我真的无法想象自己竟然会在这个地方游玩,这是我之前做梦都想不到的。当我乘船逐渐靠近道格拉斯角的时候,仿佛看到海面上升出一个庞然大物。运送旅客的蒸汽船靠近这个天然的地方,的确是一件让人感到遗憾的事情,因为蒸汽船发出的轰鸣声显然与这个地方的静谧是不相容的。我认为,世界上没有其他地方可与这个美丽清爽的地方相比了。马恩岛上的气候是极为温和与舒适的。我从安妮堡酒店较高的客房窗户向外看,可以看到一个新月状的海港。海平面上耸立的山丘之上还有一些高山,在地平线上形成了一条柔软而绵长的线。这样的景色始终让我非常喜欢,不会产生任何审美疲劳。这里的山丘就像珍贵的翡翠,大海则是猫眼石,远处的高山就像一块块水晶,天空则是绿松石与黄金。为什么要在原本如此壮观的画作上添加元素呢?任何珠宝都无法与之相比,只有上帝才能用这样的颜色与画笔勾勒出这样的景色。

《皮袜子故事集》(德文版)
詹姆斯·费尼莫尔·库柏作品

第十章
英国的岁月（二）

1989年以《皮袜子故事集》为主题的苏联邮票

岩石公园，8月2日

亲爱的伊丽莎白：

我们在莫纳地区度过了两周愉悦的旅行时光之后，终于在上周六回来了。我们在旅行途中遇到了非常好的天气。霍桑与我在评价某天的天气时曾说，这一天的天气是我们见过的最好天气了……我带着乌娜与朱利安前往格林达拉赫地区参观督伊德教徒神殿的遗址……我们登上了穆雷山……一幅壮美的风景画卷在眼前慢慢延伸开来，这是一大片富饶的山谷……在抵达格林达拉赫之前，我们来到了柯尔克布拉登，这也是一个非常美丽的地方。我知道在教堂墓地中，有两座代表着北欧文化的古老纪念碑。于是，我们就前往那里参观了……阿索尔公爵的故居位于一片平坦的草地上。目力所及，这似乎不是一座非常豪华的住所。但在这样一片乡村地区，我经常会被这里简朴与自由的气息感动，因为在这里的生活能够避免很多繁文缛节，

纯洁的良心
——回忆我的父亲霍桑

督伊德教徒神殿的遗址

摆脱名利带来的枷锁。阿索尔公爵一家人似乎真的非常认同诗人彭斯[①]的那句话"人存在的地方就有金子"。德比郡公爵的住所就在诺斯里地区,这座住所的装饰也是非常简朴的。可以说,他们是英国最为高尚的贵族。

最后,我们抵达了格林达拉赫地区,我专注地看着神殿的废墟……我们来到了一些土堆前,土堆上面又有一些破碎的石头,但我无法从这些石头中了解这座神殿当年的建筑风格或是建筑方式,这让我有点沮丧。但在距离这里不远的地方,我看到了可能解开这个谜团的希望。于是,我就跑到那边,发现这些石头是用一种圆形方式堆砌而成的,圆形的直径大约为13米。不过,这些石头似乎没有经过任何打磨,大小适中。这就是我看到的全部了。我打碎了一块石头,然后认真

[①] 彭斯(Robert Burns,1759—1796),苏格兰著名诗人。

第十章
英国的岁月（二）

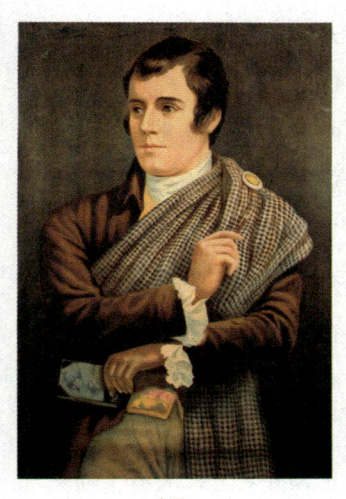

彭斯

地观察碎屑。总的来说，这个地方相当荒芜，附近没有一棵树，也没有一片灌木丛，有的只是四周蜿蜒起伏的高山。格林达拉赫这个词的意思就是橡树溪谷，而这附近根本没有一棵橡树。当然，在这一片当年饱经战争与反复被侵占的土地上，被毁掉的树木数量是难以计算的。为什么那些入侵者要将这片土地上自然生长的树木连根拔起呢？这实在是一个谜。据说，德鲁伊教派成员当年看到这里有很多松树林，他们就将那些松树连根拔起，然后在这里种植橡树。但是，现在这里的松树、橡树、德鲁伊教派成员，还有他们的神殿都已经变成了废墟，化成历史的烟云，剩下的只有我们眼前看到的这几块石头了。我忍不住想，在我所站的这块地上，历史上是否发生过很多可怕的战争或是牺牲呢？附近的高山是否见证过这样的惨剧呢？天空是否见证过这样的惨剧呢？当那些可怕的惨剧结束之后，一切都改变了……当然，罗马帝国当年的势力也曾延伸到这里，为什么骄傲的女王就不曾到过这样的地方呢？但是，女王陛下的足印停留在卡斯尔敦：这是一座古代的祭台。一天晚上，我从房间的窗户向外望去。在大约深夜12点的时候，夕阳的余晖仍然在西边发出金黄色的光芒，而在东边的天空上则已升起闪亮的星星。我们在美国时经常可以看到天空上挂着硕大的金星，但我在英国的天空上看到的金星大小，可以说是在美国看到的 3 倍大。不知道我所看到的这颗星星在英国叫什么名字，但我肯定这就是金星。我想，无论是在美国还是在英国，这颗星星发出的光芒都是极具美感的。当我们乘船来到这座小岛之后，才发现这座小岛的景色真的非常美丽。我们在靠近海滩的位置看到了许多房子、动物与树木，这里远离危险的岩石。我们经过了圣·曼德霍德角。曼德霍德这位圣人是一位爱尔兰王子，后来在圣帕特里克的影响下改变了宗教信仰，最后变成了著名的宗教人物。传说圣·布里奇特从爱尔兰来到这里，从他手上接过了面纱。圣·曼德霍德角在这座小岛的最东端。小岛的最顶端覆盖着岩石，岩石下面则是一条清泉，这条清泉被称为圣·曼德霍德清泉。这条清泉的泉水据说具有药效：任何人喝了这条清泉的泉水，就等于坐在了圣人的座位上。所谓圣人座位，其实就是清泉附近用石头做成的一张椅子，只有在完成这两个步骤之后，那些泉水才会具有药效。我们在拉姆塞地区上岸，步行来到小岛的中心。在这样的小岛上，城镇的地位显得无足轻重。这里的自然景色是如此美丽，连人为建造的房子与街道甚至都是对自然景色的一种破坏。除非这里能够建一座与自然景色相融合的壮观城堡，否则其他的一切建筑都是白搭。这座城镇就像一只紧紧抓住庞大轮船的黑鹰……这天晚上，霍桑给我带来了 L. 霍伊斯去世的消息！因为我们在每个周六晚上都会去他家做客，霍伊斯先生突然离世，肯定会让人悲伤。霍伊斯以及家人都是聪明、睿智且快乐的人，他们经常会聚在客厅的中央桌子或是壁炉边，与我们进行有趣愉悦的对话……

第十章
英国的岁月（二）

洛克菲里

　　朱利安非常喜欢莫纳的岩石、海滩与海水浴。当他旅行回家之后，还一直思念着那两天的美好时光。乌娜则非常想念洛克菲里地区，当我准备回家的时候，她还一直念念不忘，因为她真的非常喜欢那里的大海与岛屿。但我还是认为，乌娜其实是一个非常恋家的人，内心肯定是希望早点回家的。至于罗斯，她就像从早到晚散发光芒的人……在霍桑的认真要求下，我对这次马恩岛之旅作了详细的日记记录。

　　罗斯，差点忘了你。我们经常跟她谈论起你，她经常会说"当我在'莫尔卡'的时候"之类的话。马蒂诺小姐目前在利物浦。当我在马恩岛的时候，布莱特先生带着霍桑去见她。马蒂诺小姐是一位非常随和的优秀女性。她现在的很多观点已经没有了之前的信仰支撑……我在科克伦这趟旅程中玩得非常开心,之后还与孩子们一起前往切斯特。雄伟的大教堂给玛莎留下了深刻印象,特别是那里的修道院。当她看到这些建筑的时候,双眼饱含着泪水。在吃过午餐之后,我们一起观看古罗马的浴具与地下室,这些是几个月前被发现的。这些古罗马浴具在一间陶器商店下面被挖掘出来。一开始我们看到一个冷水浴的浴具,它似乎只是一个椭圆形的石材洗手盆,建在一条长久有水流的清泉旁边。一段高高的铁轨"护卫"着这个冷水浴具,与一口井没有什么区别(那是古罗马人之前进行跳水的地方)。……水井下面的混浊水源倒映着蜡烛的光线。这可能是古罗马第二十军团士兵当年的驻扎地。接着,我们走进了那间商店,询问了地下室的情况。商店的职员指了一扇门。我们打开这扇门,走上石阶的时候差点摔倒。我们越往前走,光线就越暗,我们仿佛拥有了猫头鹰的视力。渐渐地,我们到达地下室,感觉过去的岁月在我们的眼前一闪而过,这里有美丽的拱形柱子,每一侧都被圆柱状的柱子支撑着……

我的母亲还对发生在领事馆的很多事情进行了一番描述。我一直认为领事馆就像一个食人魔鬼的巢穴,虽然这头食人魔鬼有时会不在那里,但我的父亲就像一位拥有了魔法的王子,在担任总领事的这几年时间里,始终对抗着这个"食人魔鬼"所带来的各种困扰。

今天晚上,霍桑对我说,超过200名从旧金山港口出发的

第十章
英国的岁月（二）

美国水手在前往英国的途中遭遇海难，这让他感到非常紧张。因此，他必须想办法为这些美国水手提供温暖的衣服与住所，然后送他们返回美国。这些美国水手在靠近英国海域的地方被打捞上岸，之后被送到利物浦。霍桑当时没有任何处理这些水手的权限，他唯一能做的就是安慰这些仍然感到恐惧的水手。霍桑让一名副官专门照顾这些水手的生活，费用完全是他自掏腰包。（在之后的一封信里）霍桑给美国驻英大使布坎南寄去一封信，详细地谈论了水手们遇到的问题。但是，布坎南大使说这不是他应该承担的责任（虽然这件事的处理更多应该是大使去做的，而不是霍桑这位总领事去做）……霍桑为这些美国水手提供了衣服与住所，最后为这些水手专门租了一艘名为"库纳德"的船，将他们送回美国！这些事情其实本不是霍桑能去做的，但那些权限比他大的人却对此无动于衷。

上周五，我收到了美国驻伦敦总领事妻子的一封信，她邀请霍桑以及我与孩子一起前往伦敦，亲自看看女王陛下宣布国会开会的情形。这是一封非常真诚的邀请函，我们几乎也没有什么拒绝的理由。但是，我们无法前去，因为霍桑当时正忙着处理与这些美国水手相关的事情，还要与警察局的人员进行沟通，因此他无法离开自己的岗位。（在之后的一封信里）至于那些遭遇海难的水手，他们在这边的开销是巨大的。霍桑自掏腰包，为他们支付了这笔钱。在这个时候，霍桑每天极为繁忙。据说，在世界的历史上，还从没有像去年这个冬天发生了如此多的海难事故。英国的海岸似乎成了每一艘要进港的轮船的障碍……我在美国的一份报纸上读到这样的内容，一位撰稿人坚定支持我丈夫的做法，反驳那些恶语中伤我丈夫的诽谤。看来，有一些小人，在遭遇海难的美国水手这件事情上于背后诽谤我丈夫，逃避自己的责任。但是，这位作者勇敢地说出了真正的事实，还说布坎南大使拒绝承担与这件事相关的任何责任。美国政府最后决定租一艘轮船将那些美国水手送回去，这对霍桑来说是一个解脱……在去年冬天与今年的春天这段时间里，霍桑一直忙着处理许多海难相关事情。因为这段时间发生了太多的海难事故，有太多在英国举目无亲的美国水手需要钱。霍桑已经借给这些寻求帮助的人1000多美元了。霍桑现在已经对借钱给这些人很小心谨慎了，但是，很多向霍桑借钱的人都表现出真诚的样子，这让霍桑很难去怀疑他们。但不管怎么说，霍桑现在已经提高警惕。他说当他看到对方穿着燕尾服时，就知道那个人不是真正缺钱！霍桑在领事馆生活工作的这段时间，他身心交瘁。他必须为自己繁忙疲惫的工作付出一定的代价。这不是说他承受着什么负担，而是他感觉自己的身心受到了束缚与限制。当他在家的时候，他不愿意让我再拿起笔，因为我们彼此见面的时候少得可怜。

我还想引述我姐姐一封信里的下面这些话。在目前事情都已圆满解决的时候，将姐姐的这些信件节选出来。这算是一种解脱吧，就与我们当初离开英国前往意大利生活时所感到的解脱一样。

爸爸在周一将会与我们在一起，他终于可以摆脱领事馆繁忙的工作了。也许，你可以想象这对我们来说是多么激动人心的一个消息啊。因为父亲这段时间一直忙于工作，所以我们也只能默默地忍受着他不在家所带来的沮丧心情。

母亲在下面这封信中这样写道：

我亲爱的父亲：

能在这周收到你的来信，看到你那依然坚定有力的笔迹，让我感到非常高兴。当我从信中知道霍桑给你寄去的那笔钱极大地缓解了你的生活压力，让你可以更好地安心养病，这给我的内心带来了难以言喻的满足感。我真的希望上天能够让你的四肢重新充满力量，让你可以在一张柔软的椅子上静静地坐着休息。你也知道，霍桑同样希望你不要去想任何让自己焦虑的事情。无论是对现在还是以后，这对你都有好处……我认为，战争会对任何事物造成灾难性的影响。除非上帝最后伸出他那仁慈的双手，让世人在看待问题的时候摆脱狭隘的党派利益，从人类的福祉角度进行考虑。

在英国，我们目前就置身于这样的问题当中。每个人所想、所说的都是与战争相关的。每个人都为战争所带来的损失与屠杀而面露愁容，同时他们也对那些表现出勇敢无畏精神的军人感到无比的自豪与骄傲……钱宁博士在上一周的布道演说，就将我内心最柔软、最坚定的信念激发出来了，让我感受到人类的坚强与力量，相信上帝最终不会对人类见死不救，我相信任何邪恶行为都是暂时的，很快就会过去的……我真心为乌娜与朱利安无法亲自聆听这场布道演说而感到遗憾，我认为聆听这样的布道演说能够拯救灵魂。

在我的外祖父去世之后，母亲处于一种极度悲伤的状态。在一封写给我阿姨的信件里，她这样写道：

亲爱的伊丽莎白：

  如果说有什么安慰话语能够疏解我们所面临的这些压力与挫折，那肯定只有我丈夫以神性的方式跟我说的一些安慰话语了。如果六翼天使能够以充满爱意的脸庞看着我们，能够怀着火热的爱意以及最为温柔与悲伤的怜悯之心看着我们，那么可能只有我的丈夫能够与之相比。我可以肯定地说，要是我面对这样的事情，无法做到像我丈夫那样的心态，我肯定会对此感到极为不满。当我感受到了丈夫的思想与爱意之后，我感觉世间的一切是可以忽略不计的，所有的尔虞我诈或是背后的算计是可以忽略不计的。即便当我因此背负着一定的压力，我也依然觉得自己是这个世界上最为富有的人。我父亲是一个极为真诚的人，他有着孩童般纯真的心灵，有着正直的品格，他的这些品格与道德标准始终让我丈夫非常感兴趣。我认为，没有谁比我丈夫更愿意聆听我父亲的故事以及与他进行有趣愉悦的交流了。我父亲真正吸引我丈夫的一点，就在于他始终保持着简朴与真诚的态度，这让作为诗人与一个普通人的霍桑觉得非常有共鸣。我的父亲在与任何人交往的时候，始终能表现出真诚的情感，而且能够激发别人同样的真诚情感。可以说，我父亲

第十章
英国的岁月（二）

从来不曾受到这个世界的玷污，依然像清晨的露珠那样纯洁无瑕。这样罕见的特质的确让他成为一个与众不同的人。在上帝面前，我的父亲始终保持着极为谦卑的态度。即便当天使的智慧或是神性的天才变得微弱或是颤抖的时候，我的父亲依然能够在温馨的家庭里感受简朴的美好，将他的美好信念传递给家里的每个人，让他的信念与希望最终变成真正的现实。也许，随着父亲的离去，我才能更好地感受他带给我的强烈影响。正如当初我的母亲离世的时候，我也产生了同样的强烈感受一样。

我曾与父亲一起在花园里散步。那天的早晨是非常美丽的。花园四周的灌木丛在茁壮生长，雏菊、桂竹香与报春花在雾气的萦绕中默默绽放。那样的景色太美好了，这样美好的记忆也将永远保存在我的心灵深处。

乌娜在一封写给美国亲人的信件里，就描述了我们在英国生活时和睦的家庭生活。她还对我们在英国生活的"老家"附近的风景进行了一番描述：

我们终于来到了英国。但是，当我们抵达这里之后，感觉自己仿佛不是置身于英国，而是置身于波士顿或是塞勒姆地区。可以说，英国这边街道的喧嚣程度没有波士顿那么严重。

妈妈已经跟你讲述了拉什伯恩先生府邸的情况，但我认为她没有告诉你墙壁附近的一个地方。那堵墙壁上覆盖着各种各样的葡萄藤，而离墙壁没多远的地方就是许多间夏日别墅。附

纯洁的良心
——回忆我的父亲霍桑

近还有一条潺潺流淌的小溪。小溪的前面有一排排密集的树木。可以说，任何一丝阳光都无法穿透这浓密的树林。

在周日，也就是复活节，我们前去盲人教堂，在那里进行了圣餐礼。妈妈接受了圣餐。在我看来，教堂里的牧师进行的布道演说非常无聊。因为牧师总是在谈论亚当与夏娃在伊甸园生活的时候所穿的衣服……我对切斯特这个地方更感兴趣。我在那里看到了许多古老的建筑，特别是古老、雄伟的大教堂。当我们沿着修道院行走的时候，你几乎可以想象当年的修道士仿佛在你的身旁缓缓地走过。你还可以随时看到修道院中央位置的一大片青绿的草地上凝结的露水。在周一的时候，我亲爱的教父（指的是奥沙利文先生）前往伦敦了。妈妈在凌晨4点半的时候起床，然后在餐桌上摆放了一些鸡肉馅饼、橙子以及她认为好吃的东西，当然也少不了我在前一天早上采集的一些花朵。我将这些东西全部送给了奥沙利文先生。

现在，罗斯坐在爸爸的膝盖上。透过她那金黄色的头发，我能够看到她那张小脸上露出了满意的笑容。罗斯此时已经睡醒了，正在与朱利安就她的名字是否好听进行激烈的争论。朱利安一直在兴奋地走来走去，因为他认为走来走去能够让他感觉更加凉快一些。此时，罗斯坐在母亲的膝盖上，看上去是那么愉悦。罗斯那玫瑰般的圆脸与她那飘逸的头发，看上去是那么美丽。罗斯是一个非常聪明的女孩，也是一个非常有趣的人。罗斯已经学会了"听吧，那是云雀的声音""布谷鸟"以及"蜜蜂在哪里吮吸蜂蜜，我就去哪里吮吸蜂蜜"等。罗斯用非常有趣的声调这样说着，她总是会用有趣而简单的方式说出她认

第十章
英国的岁月(二)

为自己知道的事情。

乌娜想起自己的祖国时,就经常会谈到当年在雷诺克斯生活的乐趣:

> 我已经在伯克郡这里采摘了很多次坚果了。爸爸、妈妈、朱利安与我会带着几个大大的篮子,往树林中走去。有时,我们会在树林里待上一整天,采摘核桃与栗子。也许,我们所到的地方只有很多核桃,但是我们也能看到一些栗子。我们家有一个很大的烤炉,我们可以将采摘到的很多坚果放进去,其他的坚果则被放在一个大袋子里。每个冬天,我们与老鼠都能够享用到这样的美食。
>
> 当我们前去布莱特家做客的时候,父亲给朱利安买了一把玩具枪用于安慰他,因为朱利安没有一同前往。朱利安非常喜欢这把玩具枪,经常在母亲要离家外出的时候,用这把玩具枪射出几颗"子弹"表示送别。
>
> 不久前,爸爸给朱利安买了一艘全新的小船,这是一艘很小的船。妈妈用油漆在船上画了一些美丽的图案。有时间的话,我肯定要"驾驶"这艘小船到河流上去。
>
> 在你的来信里,请把我称为报春花。罗斯则要求被称为小长春花。爸爸给罗斯买了汤姆叔叔与夏娃的画像。在画像中,他们坐在河岸边,汤姆叔叔正在阅读《圣经》,而夏娃则套着一条格子花呢的围裙,脸颊有点发黄,看上去不是很好看。画上的汤姆叔叔看上去同样不是很好看。但是,罗斯对爸爸给她买

的这幅画非常喜欢。

下面，我们看看母亲在这个时候的一些记录：

北威尔士，里尔

德赖斯代尔[1]博士认为我们需要换一个环境，呼吸一些新鲜空气，因此我们这一次就前往南方……太阳刚刚从大奥姆角沉下去，夕阳将整个海面染成了一片金黄色，仿佛一大片紫色水晶在海面上漂浮。在我们的右边，有的只是大海，茫茫无尽的大海……我想要前往女王酒店，但我对在这里入住的方式一无所知。这里只有一些普通的德国银制餐具，这里的人似乎对饮食没有什么追求……自从我结婚以来，我们始终使用最为精致的法国瓷器作为餐具，让我们的用餐显得比较有趣且具有品位。因为，你也知道要是条件允许，我绝对不愿意接受任何此等的服务。在我看来，丈夫就是我始终应该照顾好的客人。但是，来到这里之后，情况就并非如此了。当我想到驻里斯本的大使与美国驻利物浦的总领事在上周六坐在这里，等候着我的到来时，我就觉得很好笑。我们见面之后，的确是笑了一番，因为这是无伤大雅的。我们客房的拱形窗面朝大海。我们过来这里并不是为了法国瓷器餐具与干净明亮的银制餐具或是勺子，而是要在海边散步，在大海中沐浴，然后乘坐马车去欣赏

---

[1] 德赖斯代尔（John James Drysdale，1815—1892），英国作家。

第十章
英国的岁月（二）

里尔

古老壮观的城堡——这一切只是为了摆脱困扰我们已久的咳嗽问题。我主动带上我的孩子与玛丽，在没有霍桑的陪伴下就出发了。因为霍桑当时有急事，所以无法陪同我一起出发，但是霍桑又担心当时的好天气不会持续太久。在周六的时候，霍桑与刚刚从里斯本回来1个小时的奥沙利文先生一起乘车前往里尔……朱利安对大自然的事物的崇拜心情，似乎在这里得到了满足……

下面这份记录,同样是霍桑夫人在里尔旅行时候写的:

当马车停下来的时候,我听到了云雀的美妙歌声。最后,我发现这只云雀停留在一个很高的地方,接着一边展翅飞翔,一边在空中歌唱,发出浑厚美妙的声音。在那个时候,我想要闭上眼睛,不去理会外面喧嚣的世界,只是认真地聆听云雀发出的声音。我认为,即便是雪莱与华兹华斯的诗歌也根本无法将云雀发出的美妙声音原原本本地展现出来。云雀这种小鸟似乎有着神奇的歌喉,能够将它内心所有的欢乐情感通过喉咙发出来。云雀的美妙歌声,仿佛让整个天空弥漫着爱意与对生命的无限祝福。总之,云雀的歌声代表着生命、欢乐与爱意。云雀真是一种充满美好祝福与善意的小鸟,它在飞翔时,始终发出歌声,然后越飞越远。最后,当云雀的歌声逐渐遥远乃至无法听见之后,我的内心充盈着无限的快乐,也慢慢从刚才的迷离状态中恢复过来!你可以看到,我一直希望让你对云雀的歌声有一定的概念,但我知道自己任何尝试去描述云雀歌声的努力都是徒劳的,因为我根本无法找到任何适合的文字进行描述。我不知道为什么云雀经常会在我们的草地上飞起,也不知道为什么夜莺会在玫瑰花上面歌唱。

不过,社交与严肃的生活其实只有一线之隔:

周一早上,霍桑回到了里士满山,与布坎南会面。我们用餐时使用的全部是银制餐具与碗碟,每个餐具都闪耀着光泽。女王陛下亲笔签名的信件公开发表了（你也可以在《北部时代》报纸上看到）。在参加宴会的人到齐之前，布坎南以非常笨拙的方式向霍桑提出了问题，但霍桑对他的问题感到困惑。布坎南提出的问题是："你认为女王陛下的信件写得怎样？"霍桑回答说，女王陛下的信件表达了非常友善的情感。"根本没有这么一回事。"不怀好意的布坎南大使用肯定的口吻说，"你认为女王陛下这封信的写作风格如何呢？"霍桑也做出了针锋相对的回答，他回答说："女王陛下完全有权按照她喜欢的方式用英文写信。"霍桑认为布坎南的侄女莱恩小姐是一位非常优雅的女性，要比在场的其他英国女性更加优雅。第二天晚上，霍桑前去埃弗顿参加另一场晚宴。因此，在周三的时候，当我们再次坐在一起的时候，我感觉霍桑仿佛已经离开我1个月了。霍桑说，这第二次晚宴一点意思都没有，除了当那些参加晚宴的女士离开的时候，纷纷走到霍桑的跟前，要求与他握手。

除了勇敢的英国军人之外，真正让我感到英国民众有着高尚品德与情操的事情，就是他们要求对伦敦监狱管理罪犯的方式进行改革。英国民众希望能够为爱国基金捐款。他们所能采取的唯一方式就是通过斋戒。一些人从周日晚上一直斋戒到周二早上，在这段时间里，他们什么都不吃，然后将节约下来的这笔钱（有的人节约了超过3英镑）全部捐给了爱国基金！英国民众的爱国之情可真是非常强烈啊！

我第一次记得的家，就是在洛克菲里居住时候的家。当时，

纯洁的良心
——回忆我的父亲霍桑

父亲的心情是非常愉悦的,我们这些孩子非常喜欢与父亲玩耍。即便我们来到英国生活之后,父亲愉悦的个性依然像阳光一样,带给我们温暖与幸福。如果父亲在某个时候突然变得"忧郁",那么我们也应该立即变得"忧郁"起来。要是父亲是一个普通人,他肯定会是一个伤心的人。天才在表现自身富有魅力的品格时,经常会给人一种阴郁且野蛮的感觉,因为他们能够以神奇的方式将干巴巴的事实变成有趣的事实。很多人乐于遭到卡莱尔的责骂,喜欢被约翰逊博士骂得狗血淋头。但是,我的理智告诉我,霍桑所表现出来的悲伤情感,可以与科里奥兰纳斯(莎士比亚所著历史悲剧中的一个人物)、奥赛罗相比。相较于科里奥兰纳斯,我的父亲会说:"让我的双眼流出同情的泪水,这可不是一件无足轻重的事情!"正是这个世界上普遍存在的悲伤事情,才让我的父亲经常保持沉默。但是,谁又能对此表达鄙视的态度呢?当我回想起我的母亲这位天生充满乐观、随和与喜欢微笑的人,在我父亲活着的时候,她始终是一个非常快乐的女性,她那闪烁的眼神散发着友善的光芒。当我明白了母亲无法让她的每个孩子内心都感到满足的时候,父亲就会给我们创造这样的条件。我只能得出这样的结论,那就是他的天才与乐观的性格让他变成了一个充满生命力的人。因此,每个与他有过亲密接触的人,都会被他的魅力所折服,即便是很多只是见过他一面的人,也能感受到他所散发出来的强大魅力。朵拉·戈尔登是我哥哥的老保姆,就曾说当她第一次来到我们家的时候,她还担心我的父亲可能是一个比较严厉的人,因为我的父亲在看陌生人的时候,总是喜欢从头到脚打量一番。但是,当我的父亲抬起头,双眼却闪耀出善意的光芒。她对我说，我的母亲经常与她在黄昏的时候聊天。我的父亲在烛火点燃之前回到家，他的到来仿佛让整个家明亮起来了。他的双眼似乎会发出光芒，他的整个面容显得容光焕发，我的母亲将父亲称为"我们的阳光"。

我姐姐的一些带有少女气息的信件就能很好地证明，我们一家人非常喜欢父亲的陪伴，讨厌领事馆那边繁忙的公务，因为这些公务经常让父亲无法陪伴我们。有时，父亲会像之前那样大声地朗读书籍，以最为愉悦、清晰且真诚的口吻朗读，仿佛他的声音天生就是为了阐述一个无穷无尽的故事。在这个时候，父亲给我们朗读了司各特的《湖上夫人》一书。乌娜还写了一篇文章，专门表达了我们对父亲有趣朗读的欣赏之情："爸爸已经去利物浦市区参加晚宴了，因此，我们今天晚上无法聆听父亲读《堂吉诃德》这本书了，

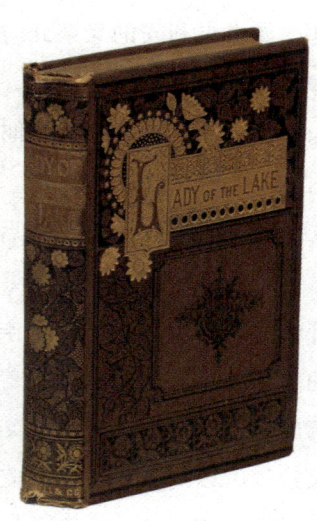

司各特的《湖上夫人》 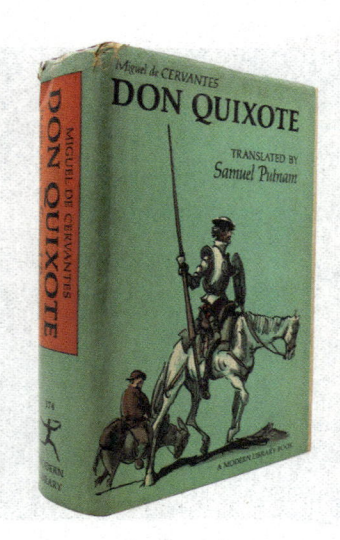　　　　　　　《堂吉诃德》

纯洁的良心
——回忆我的父亲霍桑

可能也见不到父亲了。"孩子们有关父亲的记录,很好地证明了父亲始终是这个家庭的快乐源泉,他给孩子们平时无聊沉闷的生活带来欢乐。朱利安在 7 岁的时候就给外祖父写信说:"爸爸已经教会了乌娜与我怎样做纸船。我房间的衣柜里堆满了许多用纸做的蒸汽船与小船。"我现在还记得朱利安当年认真细致地做着纸船的样子,这一切仿佛就发生在昨天。当时的朱利安是多么认真,双手是多么灵巧啊,他将许多看过的报纸做成了船体、甲板与风帆。有一次,乌娜突然跟自己较劲,可随即意识到这样会打破家里平静和美好的气氛,但声音也不无高亢地说:"当我长大之后,如果我还不知道怎么做纸船,那么这肯定是我的过错,因为我应该给弟弟妹妹们做出榜样。"

我刚才提到的那位老保姆就曾说,当朱利安 4 岁的时候,有时会在她缝纫衣服的时候打扰她。如果朱利安的父亲此时在房间,她就会告诉朱利安,让朱利安去找他的父亲给他读《鲁滨孙漂流记》的故事。当朱利安来到父亲的书房之后,在父亲给他讲故事时,始终安静地坐着认真听,不管父亲说的故事多么长,他都保持着认真的态度。最后,我的父亲对朵拉说,以后不要叫朱利安过来聆听《鲁滨孙漂流记》的

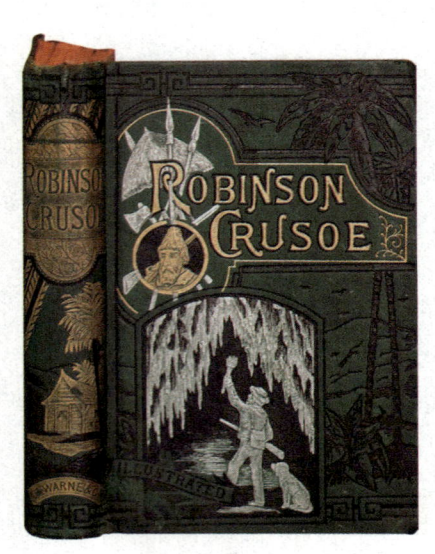

《鲁滨孙漂流记》

故事了,因为"给朱利安讲故事实在是太累了"。我们家的这位老保姆也是一个聪明人。当她对朱利安的打扰感到烦躁或是她赶时间的时候,她总是会对朱利安说:让你父亲给你讲《鲁滨孙漂流记》的故事。之后,霍桑从书房里走了出来,这是朵拉在我们家做了4年保姆以来,第一次看到我父亲脸上露出了愤怒的脸色。父亲用命令的口吻对朵拉说:"以后再也别这样做了!"在朱利安3岁的时候,他经常会对父亲搞一些恶作剧,并且不会感到任何恐惧。当时,我们家有一个所谓的"闺房",里面有一扇很大的窗户,因此父亲认为,当乌娜与朱利安淘气不听话的时候,这就是让他们接受惩罚的"牢房"。朱利安就曾将他的父亲带到这座"闺房",然后迅速地跑出房间,锁上大门。因为房间里面没有开门的把手,所以愤怒的父亲就被朱利安锁在房间里面了。"爸爸,你出不来!"朱利安说,"除非你承诺以后要做一个听话的人!"父亲始终表现出赏罚分明的做法,这也是他对待家人的一贯态度。最后,朱利安因淘气行为付出了代价。

1856年,当时我与母亲一起在葡萄牙,父亲给我写了一些信件:

我亲爱的罗斯:

我已经将一个亲吻放在了这张干净美丽的信纸上。我应该小心翼翼地折叠这张信纸,我希望当这封信寄到里斯本的时候,我给你的那个亲吻不会丢失。如果你无法找到我给你的亲吻,那你一定要向你的母亲继续索要。也许,你能在母亲的嘴唇上找到她给你的亲吻。请将我最美好的祝愿转达给你的叔叔约翰与阿姨苏,还要帮我问候你那些友善的朋友,也千万不要忘记你的保姆啊!

永远深爱着你的父亲
纳撒尼尔·霍桑

我亲爱的罗斯:

　　从我上次给你写信到现在,已经过去好一段时间了。我担心这封信可能要过很久才能送到你的手上。我希望你现在一直是一个听话的好女孩。我肯定你现在绝对不会乱发脾气、无故尖叫,绝对不会用手抓你那位亲爱的保姆或姐姐乌娜的脸。哦,我亲爱的罗斯是绝对不会做这些淘气的事情。要是我知道你做了这些淘气的事情,我肯定会很伤心的。当你回到英国的时候,我会问你的母亲你是否一直是一个好女孩。(我希望)你的母亲会说:"是的,我们的小罗斯一直以来都是最听话、最可爱的女孩,她从来不会大声尖叫,只会柔声细语地与别人说话。她从来不会用手抓保姆,也不会用拳头打她姐姐乌娜。如果说这个世界上真的存在一个小天使,那么这个小天使就是我们的小罗斯!"如果父亲听到你母亲这样说,他就会感到无比开心的,就会一把将罗斯抱起来亲吻她。但是,如果他听说罗斯是一个淘气的女生,那么爸爸就认为有必要"吃掉"这个小罗斯!那岂不是很可怕的一件事?

　　朱利安在这边很好,他也将爱意转达给你。我已经在这封

第十章
英国的岁月（二）

信里放了一个亲吻。如果你无法找到这个亲吻，你可以相信肯定是被其他淘气的孩子抢走了。告诉你的保姆，我也非常想念她。请帮我狠狠地亲吻乌娜。

永远深爱着你的父亲
纳撒尼尔·霍桑

下面这封信是父亲之后写给我的，当时我们家多数人生活在曼彻斯特。

我亲爱的小罗斯：

我很高兴得知，你的妈妈将要带你去看"汤姆跳"，我认为你最好将那人称为"汤姆跳"而不是"汤姆拇指"。从这之后，我都会这样叫他了。"汤姆跳"，这是一个非常有趣的昵称。我希望你以后见到他的时候，也可以这样叫他。如果他想要挑你的错误，那么你可以教训他一顿。你现在有没有像上次我见到你的时候，用拳头去打你亲爱的母亲、芬妮、乌娜与朱利安呢？如果你真的这样做了，那么我就要叫你"罗斯跳"了。到时候，别人就会认为你是"汤姆跳"的妻子了。好了，关于这个话题，我说完了。

你的朋友小弗兰克·哈勒特现在在布洛杰特夫人家里。你还记得曾与他在绍斯波特一起玩耍的情景吗？还记得他有时会打你的情景吗？相比以前，他现在是一个很乖的男孩子了，当然他还有很多要改进的地方。今天早上，他的碟子上

纯洁的良心
——回忆我的父亲霍桑

放着美味的食物，但他不吃，只是因为他的妈妈拒绝给他买一些对他来说是不好的东西。在早餐的时候，这个愚蠢的小男孩拒绝吃早餐，虽然我看得出来他当时很饿。要是别人没有看到他，他肯定会大口大口地吃完。难道他不是一个傻孩子吗？我的小罗斯绝对不会这样做的，因为我的小罗斯不是这样的傻孩子。

还有两三个很友好的小女孩在布洛杰特夫人家里玩，她家有一条不会咬人的大狗，这条狗很友善，从来不会咬人。除了这条狗之外，还有一只虎斑猫，这只猫经常走到我身边，喵喵地叫着，希望我能够给它一些吃的东西。因此，你知道，我们在这里生活得很好，但不管怎么说，我都宁愿回家与你在一起。

现在，我已经给你写了一封很长的信件了，我感觉到大脑有点累了。所以，我要就此停笔了。我要再看几页书，放松一下紧张的大脑。

你要做一个听话的乖女孩，不要给妈妈添乱子，不要去惹恼芬妮，不要与乌娜、朱利安打闹。当我回家之后，我会将你称为我的小罗斯（因为我知道你值得拥有这个名字）。我还会狠狠亲吻你很多次。

深爱着你的父亲
纳撒尼尔·霍桑

如果说我的父亲对我说了一些充满爱意的话，那么他在我们面

第十章
英国的岁月（二）

对人生的重大考验时，始终是我们坚强的后盾。每次我生病了，醒来之后都会发现父亲坐在我的床边，默默地陪我抵抗着病魔。我在3岁的时候，有一次非常淘气，父亲给我带回来一个黑色的玩偶。之后听我妈妈说，她担心这个黑色的玩偶会把我吓着，因为这个玩偶做得很丑，而且我当时还没有见过一个黑人。我还记得，当父亲站着看我的时候，他脸上露出了温暖灿烂的笑容。当时，我下意识地认识到，我唯一要做的事情，就是将父亲手中的玩偶抱在怀里。这个难看的黑色玩偶很快就被我家的保姆芬妮（我的母亲将她称为芬妮，因为她在缝纫与针线方面有着独特的天赋）改装成了一个穿着美丽衣服的男仆。在我那么小的时候，这是我看到过的最大的玩偶。我经常会想，父亲在给孩子们送礼物这方面真的是一个天才，因为他似乎知道送什么礼物会让孩子们变成可爱的天使。父亲经常将他的礼物送给我们这些孩子，他的礼物都是不同寻常的，或是做工非常精细的。在父亲选择这些礼物的时候，他总是认为精美的质量是必不可少的条件。我们这些孩子一直将父亲送的这些礼物保存到很大的年纪。父亲送给我的那个仙女玩偶，我一直把它摆放在房间里可以看到的角落。父亲经常会送给我一些小礼物，让我发挥摆设、搭配的能力。我将一个带着一面小镜子的衣柜放在房间的一边，好让这面镜子能够照到那个仙女玩具。衣柜的顶端则可以用一把很小的银制汤勺弄开。一次，父亲给朱利安带回了一个驴头的玩具，这个驴头上戴着一顶灰色的帽子，与那些政客在竞选时戴的帽子一样。这个驴子的头部是用非常精致的火柴棍摆搭的。直到现在，我们依然喜欢这个驴头玩具，它在我们心中始终占据一席之地。父亲还送给我

纯洁的良心
——回忆我的父亲霍桑

一个用帕罗斯岛的大理石做成的巴克斯①小雕像。雕像上的巴克斯身上裹着用葡萄做成的衣服，膝盖上放着一个茶杯，伸出一只手，仿佛表达了自己酒足饭饱之后的快乐之情。父亲还送给我一个可以插进花的花瓶，花瓶上描绘的众神露出的纯洁微笑，仿佛能够穿透我栽种的最美丽的鲜花。

父亲是一个非常喜欢玩耍、经常会发出爽朗笑声的人。在我们看来，父亲就是在表演一出最有喜剧效果的戏剧。父亲经常会以独特的方式加入我们的狂笑当中，我从来没有想过父亲到底是怎么做到

巴克斯雕像

的。我只能说，当父亲笑得最尽兴的时候，就会低着眼睑，在发出美妙的笑声与低沉的欢乐声之间，他会连续呼吸 6 次左右。在笑完

---

① 巴克斯（Bacchus），古罗马人信奉的葡萄酒神。

第十章
英国的岁月（二）

之后，父亲会用双眼看着你，他的双眼似乎在放射出光芒。我觉得，父亲此时的脸上全是笑意，他的脸颊似乎仍然处于陶醉在刚才笑声当中的状态。当时，我是一个淘气的小孩，当父亲被逗乐之后，我感觉他才是整个家里年龄最小的人。但是，父亲始终不会在笑意中沉浸太久，这有点像维吉尔[①]。他对人类罪恶与悲剧的认知，反而让我们这个家庭经常处于欢乐的氛围之中。正是关于这些家庭欢乐的美好记忆，才让我们这些孩子在日后的成长岁月里，在人生的朝圣之旅中保持着乐观的精神，让我们远离任何邪恶的诱惑。

维吉尔

  在每个周日的日落时分，当冬天的雨水让每个有点幽默感的人感到沉寂无聊的时候，整个家似乎处于一片安静忧郁的气氛当中。在下午5点到6点左右，我们就会再次如蝴蝶那样伸出翅膀，玩着捉迷藏的游戏。我们绕着客厅中央的大桌子跑来跑去，发出爽朗欢乐的笑声，感受着最为快乐的时光。如果说桌子上面摆放着什么物品，那么我们会在游戏结束之后马上将这些物品重新摆放上去。当父亲与我们一起玩的时候，我们就立下了一条规矩，那就是被蒙上眼罩的父亲要是碰到了我们，我们就会马上变成尘埃，在空中飞来

[①] 维吉尔（Virgil，前70—前19），古罗马诗人，代表作有《牧歌集》《农事集》《埃涅阿斯纪》等。

飞去。当然，我们的"飞来飞去"，其实就是父亲抱着我们在空中转来转去。因此，这样的游戏不会给我们带来任何伤害，只会给我们带来巨大的欢乐。在这样的较量中，父亲经常会发出爽朗的笑声，脸上露出愉悦的表情。我还记得，我曾怀着敬畏的心情给父亲蒙上眼罩，我能感觉父亲的头发是非常柔软的。当我触碰父亲的头发时，我感觉到一股电流流经我的身体。父亲安静地让我帮他蒙上眼罩，他的头发似乎散发出巨大的能量。有时，我经常站在距离父亲一定远的地方，观察着他平静的面容，然后就想父亲在日后下雨的天气里，是否还能与我们一起玩这样有趣的游戏。如果一位旅行者发现一只蚊子发出嗡嗡声，难道他不会想要坐下来，然后看着这只蚊子再次发出扑棱声吗？

我之前提到过父亲那双宽大的手。我从未见过比我父亲更能给人带来安全感的双手。父亲的手很柔软。他的手有点下凹，但手部的肌肤却非常平滑。父亲双手的轮廓非常美丽，这与我之后看到的那些粗糙或是僵硬的手形成了鲜明的对比。当父亲的双手交叉后背时，会让我想起孩童时期所度过的俭朴生活。之后，我发现，很多仁慈之人都会做出这样的动作。父亲挥动手指的速度是缓慢的，似乎是经过深思熟虑一样。他会做出柔和的动作，但绝对不会出现拖拉动作，因为父亲知道拖拉动作表明该人自我意识过强。当父亲要用双手去做什么事情的时候，他似乎总是显得非常积极和认真。父亲用手抓住一些物品时的方式，总是让我感觉很有趣，因为这证明了他使用双手的熟练程度。父亲的意志能量与自我克制的念头在他抓住物品的时候，得到了完美体现，这也让我每次看到的时候感觉很有趣。当我想到父亲的很多英雄行

第十章
英国的岁月（二）

为始终没有得到认可的时候，颇感难受。我还记得父亲有一次站在壁炉旁，倚靠着壁炉。此时，壁炉架上的一个花瓶不知怎的掉落了。这是一个不值钱的花瓶。但是，父亲想在这个花瓶掉在地上之前将它抓住，就像他下定决心去做任何其他事情一样。父亲想在半空中就将花瓶抓住，花瓶掉在地上又弹起来，父亲连抓了3次都没有抓到。在第4次的时候，父亲终于在靠近大门处将花瓶抓住。此时，父亲的脸上露出了喜悦的表情。多年来，我经常回想起这样的时刻，因为父亲当时表现出来的决心是那么强烈。每当我回想起当初自己见证了父亲表现出来的决心时，我在面对很多事情的时候，也展现出自己的决心。真正具有力量的人，每时每刻都会在意是否释放出了自己的能量。可以说，这就像我父亲这样的成功人士体内流淌的血液一样。他们始终会运用自己洞察一切的眼睛、深刻的思想去取得成功。因为只有这样做，才能让他们的神经处于一种愉悦与放松的状态。

他经常会用我收藏的那一块板岩来逗我开心。这样愉快的休闲时光让我不会感到沉闷无聊。即便当我们没有说多少话的时候，这样的玩耍时光也让我的内心感到无比的快乐。父亲经常会用食指来抚摸我的脸庞或是动物的毛发。在我看来，父亲这双如狮子般柔软的手仿佛是在抚摸着整个世界。我们还会玩迷宫游戏，这也给我的童年时光带来了许多欢乐。我们在玩这个游戏的时候会使用铅笔，规定它不能触碰到所谓的"树篱"标志（这是我称之为弯曲标志的东西）。我们经常会在树林里转来转去，彼此不说一句话，生怕破坏了此刻的宁静。我非常享受父亲陪伴在我身旁的那种美好感觉。

对我们家来说，外出散步是我们感受欢乐的一种重要方式。但是，除非父亲能够陪伴着我们一起外出散步，否则我们在散步过程中所感受到的快乐要大打折扣。父亲走路的步态非常优雅轻盈，他的每一步看上去都非常休闲自在，不会很急促。他偶尔会将目光转向四周，如果天空或是山川的景色有什么不同寻常的地方，他就会停下脚步认真地欣赏。只有那些热爱人类胜于热爱自己的人，才能真正从大自然的景色中得到更加深刻的感悟。在英国的时候，户外生活也是比较美好的。因为我们能够看到许多美丽的天鹅绒般的草地，这些草地仿佛铺设在一大片宽阔的山丘与花朵之上，这些花朵的数量是难以计算的，每朵花似乎都散发出芬芳。我们回到洛克菲里没多久，乌娜写的一封信就能很好地表明我们在这个时候度过的快乐时光：

今天，我们外出散步。我认为，这是我人生中最美妙、最快乐的一次散步了。朱利安与我都采摘了一些美丽的花朵，这些花朵是在美国那片土地上无法看到的。我在路边发现了美丽的风信子，还有一些非常美丽的粉色花朵。我还采摘了野生的冬青树花朵，这些花朵实在太美丽了，花瓣显得比较光滑，叶子上还带着小刺。自从我来到这里之后，我看到过很多这样的灌木丛。我认为没有谁能够穿越这样的灌木丛，因为整个灌木丛长着很多带刺的树木与花朵。在利物浦这个地方，很多灌木丛里会生长着山楂树（山楂树这个词与我们家族的姓氏是一样的这个事实，始终让我们这些孩子感到非常有趣）。反正，在我所看到的灌木丛中，肯定能够见到山楂树的身影。这些山楂树

第十章
英国的岁月（二）

长得很高，可以说，世界上没有任何东西能够穿透这样的灌木丛，任何试图爬上这些灌木丛顶端的做法都注定会失败的。我担心，康科德那里稀疏的灌木丛与之相比会失色很多。因为康科德那里的土地较多沙土，而且土地比较干燥，而这里的土地则比较潮湿，水分比较充足。当然，这片土壤的水分肯定是非常充足的，因为这里经常会下大雨。

但之后，乌娜在一封信里写道：

已经连续 18 天没有下雨了。在英国，还有其他地方比这地方的天气更加美好的吗？

在圣诞节这天，当我们吃完早餐后，就会在家里的各个角落找寻圣诞节礼物。当我们来到客厅的时候，发现圣诞节礼物已经出现了。因为母亲已经拿着圣诞节礼物，准备递给我们。有时，父母为我们准备的圣诞节礼物会放在客厅中央的那张很大的桌子上，有时则会放在其他桌子上，每一份礼物上面都会用一些布料覆盖着。因此，在这一天，我们这些孩子会认真观察那些被布料遮住的东西，然后思考着布料下面是否藏着圣诞节礼物。当然，这样的猜测与思考，会让我们在找到圣诞节礼物之后感到更加开心。母亲则是一脸幸福地站在一旁，她的脸上洋溢着喜悦的神色——她所散发出来的气场是强大的。当我们找到各自的礼物之后，她会用热烈的话语祝贺我们。我们收到的这些礼物是乌娜与保姆之前摆放的。当乌娜用她那音乐般的声音说出礼物放在什么地方的时候，我们的心脏仿佛都停顿了。

当我们都找到了自己的礼物之后,乌娜才会去找自己的礼物。我们所获得的礼物经常不止一份,而且父母的礼物经常会超乎我们最美好的想象。当然,父母送的礼物是以简单为主的。只要我的母亲对某些东西感兴趣,那么她就会想办法将这些东西作为送给我们的礼物。母亲经常会以热烈的情感去给我们准备礼物,有时甚至会用简单的东西创造出奇迹。母亲的理念就是越简单越好,因为她觉得,即便是像露珠那么小的东西,也能在阳光的照射下,反射出七色的彩虹。母亲曾用文字描述我们在英国度过第一个圣诞节的情景:

> 我们没有圣·尼古拉斯与圣诞树,因此,在孩子们上床睡觉之后,我在客厅中央的桌子上为孩子们准备圣诞节礼物……在一个花瓶的中间位置,刻上了这样的文字:"祝大家圣诞节快乐!"乌娜给了罗斯一块手表,让她把玩具男仆庞培送给乌娜。奥沙利文夫人之前已经给罗斯送来了一条精美的念珠,这条念珠被放在一个小盒子里。布莱特先生也给罗斯送来了《杰克建造的房子》精装版的童话故事书。朱利安从保姆那里找到了一面美丽的旗帜。这面旗帜的图案是用深红色与白色的条子花缎做成的,这些布料肯定是专门用来制作美国国旗的。旗帜上的星星是用银线绣上去的,背景则是一片深蓝色的天空。在另一边,则是一个一块印有朱利安个人密码的白色绸缎内衬,四周都是用银线绣的……在这一天,孩子们与父亲一起玩耍。但是,我还是拿出了全新版的弥尔顿作品,然后给孩子们阅读其中的一些故事。在之前的每个圣诞节,我都会这样做。

第十章
英国的岁月（二）

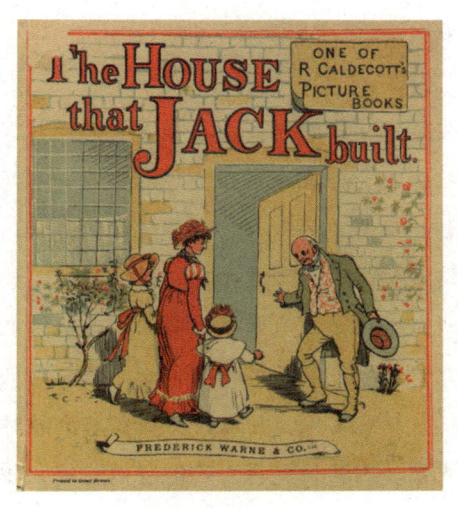

《杰克建造的房子》

我的母亲在谈到我们这些没有圣诞树的可怜孩子时说道:"其实,只需要给孩子们准备一点小小的礼物,就能让他们感到无比快乐。只要我有这样的决心与想法,就一定能够让孩子们过上一个快乐的圣诞节。"事实上,真正让我们感到开心与幸福的,是这些礼物是我们所深爱的父母送给我们的,无论他们送给我们什么礼物,我们都会觉得这是天底下最为完美的礼物。可以说,世界上没有任何人所送的礼物能够与他们送的礼物相比。在乌娜写的一封带有孩子气的信件里,她这样写道:"我会告诉你真正让我感到开心的事情。这可以说是我在英国生活期间最开心的事情了,那就是母亲给我买了一条金色的表链。这是母亲昨天在道格拉斯地区给我买的。"我们这些孩子深深感受到了父母对我们慷慨的爱意,而父母有时则表现出谦逊的态度。我的母亲在下面一封信中就非常有趣地记录了

纯洁的良心
——回忆我的父亲霍桑

我的哥哥朱利安：

朱利安恳求父亲给他买一个非常贵的玩具，父亲告诉他，他今年很穷，因为他在领事馆工作的收入并不高，因此无法给朱利安买任何他想要的玩具。听了父亲这样说，朱利安没有说话。他在这天晚上上床睡觉之前，对我表达了他对父亲的安慰之情。他说如果父亲没有赚多少钱的话，他再也不会要求父亲给他买什么玩具了。相反，他会拿出自己积攒的零用钱（大约是5.5便士）去买玩具。当朱利安躺在床上的时候，脸上闪耀着喜悦的光芒，因为他觉得自己这样做能够分担父亲的一些忧愁。在圣诞节的时候，朱利安用积攒下来的这笔钱给乌娜买了一个玩具。朱利安还想要拿出更多钱给他的妹妹买玩具，但他已经没有钱了。在第二天早上，当我不在霍桑身边的时候，朱利安抓住机会，将他积攒的5.5便士拿给他的父亲。当我听到霍桑惊讶地说：“哦，我的孩子，我真的感谢你。当我感到饥饿的时候，我肯定会向你求助的！”之后，我才注意到是怎么回事。我转过身，看到朱利安的脸庞红彤彤的，他的手上拿着父亲没有收下的那些钱，嘴唇颤抖着。我一直不允许孩子私自攒钱。我认为霍桑没有接受朱利安的钱，肯定让朱利安感到有点受伤了。因为朱利安现在对金钱的唯一概念，就是认为金钱能够给他人带来便利或是快乐。某天，朱利安在大街上看到一条公告，说某人丢了一条表链，要是别人捡到之后能够返还，就能获得几基尼的奖励。朱利安说：“哦，要是我能够找到那条表链并交给那位失主，他肯定会非常高兴的。然后我会说，先生，我不需要你给予我报酬！"

我的姐姐乌娜初到英国的时候，对这里的气候很不适应，但后来她慢慢地适应了这里的气候与生活环境。她作为家里最年长的孩子，用坚强来展现她的品格是比较恰当的。她在洛克菲里的时候曾经写下这段文字："新年第一天的早晨是非常美好的。这几乎与美国冬季的每一天一样美好。我与妈妈以及朱利安一起外出。外面的积雪大约有几厘米深。朱利安在外面玩着雪，我则要非常耐心地帮他多穿些衣服。我希望天尽快下一场大雪。朱利安在杜鹃树旁用积雪建造了一座房子。"我们平时对小鸟的了解不是很多。"今天早上，我听到了知更鸟、画眉鸟以及一些麻雀发出的声音。这里的画眉鸟个头很大，能迅速吃完我们扔的面包屑。其他可怜的小鸟则不敢靠近那只正在吃面包屑的画眉鸟。"我的父亲始终怀着最深的敬意面对新旧之交的新年。我一直无法理解，为什么父亲要怀着那么庄重严肃的心情去迎接新一年的到来。我们曾经参加了一些告别过去一年的仪式，然后在午夜12点迎接新的一年。我父亲在新年钟声敲响之后，就会从椅子上站起来，打开窗户，呼吸新一年的第一口空气，让教堂的钟声飘进我们的房子，在钟声中迎接充满全新希望的新年。

我们这些孩子非常愿意与大人们玩耍，喜欢与那些有趣的访客聊天。我父亲在选择朋友方面非常具有眼光：他结交的朋友都是非常优秀的善良之人，他与这些真挚的朋友经常促膝长谈。他们之间的情意与兴趣经常会在交流过程中迸发出来，仿佛一个人伸展了之前从未运动过的肌肉。我能感觉到，父亲与他最好的朋友会在风趣的聊天中显得容光焕发，露出笑意。可以说，在父亲所有的朋友当

纯洁的良心
——回忆我的父亲霍桑

本诺克

中，我们这些小孩最喜欢的人就是本诺克[①]先生了。本诺克先生个子不高，有点胖，但他是一个天性乐观与活泼的人。他与那位个子较高、脸色苍白、喜欢说一些高深语句的亨利·布莱特形成了鲜明对比（我的母亲在一次激动人心的布道演说中，曾经形容亨利·布莱特先生"就像一颗星星发出微弱的光芒"）。有时，当我躺在床上睡不着的时候，就会思考为什么上帝要创造出如此个性鲜明却又不同的人。本诺克先生比布莱特先生创作出了更多的诗歌，他也为自己能够与像我父亲这样的作家交流感到高兴。也许，本诺克先生的文章写得不是很好，但是他在开玩笑的时候，却是非常有一手的。无论是他自己的玩笑还是别人的玩笑，都能让他像一只鸡那样发出"咯咯"的笑声。当然，在我们这些小孩看来，我们可能根本无法理解他开的玩笑到底好笑在哪里，但是他发出的"咯咯"笑声却始终让我们觉得非常有趣。对于我父亲这样有着浓眉毛、深邃眼睛的思想家来说，本诺克先生的笑声显然让他感到非常放松与愉悦。我唯一记得的本诺克先生说过的一件逸事，就是一位苏格兰人在一间酒馆里的走廊上惆怅地走来走去，此时他的晚餐正在准备当中。另一位

[①] **本诺克**（Francis Bennoch，1812—1890），英国作家、诗人。

同样著名的旅行者（我想他可能就是狄更斯）在中央的桌子上匆忙写完了一封信，这封信主要描述了当天的天气，还有他在旅途中见到的一些古怪人物。狄更斯在信中这样写道："还有，我现在所处的客厅中，就有一位个子较高、脸颊瘦削、一头红发的傻瓜，他看上去已经连续吃了一个月的美食，因为他此时正在走廊上跺着脚，等待着他的晚餐。现在，当我正坐着写信的时候，他朝我这边走过来。我听到他的脚步声在我后面停下来了。这位傻瓜竟然越过我的肩膀，看着我正在写的这些文字。"接着，这位苏格兰人大声地说："先生，我是在给你提供庇护所，我正在给你提供庇护所。我没有偷看你写的任何一个字！"我们听了哈哈大笑起来。而本诺克先生讲这个故事的时候，愤怒的口气突然消失了。他的脸上再次露出了微笑，接着又"咯咯"地笑了起来。下面，我将本诺克这位亲爱的朋友在1861年所写的一封信节选如下：

伦敦，伍德大街80号

我亲爱的霍桑：

收到菲尔德斯先生的来信这件事突然让我明白，我已经沉默了很长时间。不过请你放心，你与你的家人始终都在我的心中。我们只是希望你在这个和平的国家里生活，不需要忍受太多邪恶或是居心叵测之人带来的烦恼。另外，你也不要因为那些没有能力之人说的话而感到焦虑。你之前曾对我说，士兵的唯一职责就是上战场作战，看来你已经预料到这样的不幸事情了。你还记得"应该给超过80岁的人增加补贴，他们都是一只脚已经踏入坟墓的人了,因此他们不大可能逃跑"这句话吗?我在《先驱者报》上读到一则评论,说:"断头台应该用来砍掉很多官员的头颅,首先就是从华盛顿那帮官僚开始,从而为年轻的天才们腾出位置,让我们的国家走上正轨。"……我亲爱的霍桑,这些是让人感到悲伤的事情。还是让我们说一些更有趣的事情吧。不管我们遇到了多少麻烦,当我得知你的家人现在依然安好、一切健康的消息之后,我还是替你感到高兴。身强体壮的朱利安将会变成一个真正的男人,乌娜将会变成一位淑女,而罗斯将会掌握更多的知识,对更多新鲜事物充满兴趣。我听说你最近正忙于写作。在你所处的思想高度上,你能够对古老的英国进行更好的评价,思考这个国家所产生的影响以及其国民的品格。最近发生的事情肯定会让你对某些事情的看法有所改变。最近,一本浪漫爱情小说在英国出版了,我认为这是只有你才能创作出来的。你的这本书肯定会在英国大受欢迎。我依然在不断努力,希望能够稍微追上你前进的脚步。

祝愿你的家人一切安好。

F. 本诺克

在1854年11月17日,我的母亲这样写道:

昨晚,米尔内斯[①]先生(也就是霍顿爵士)寄来了一个大

[①] 米尔内斯(Richard Monckton Milnes, 1809—1885),英国诗人、作家。代表作有《济慈书信集》《济慈传》等。

第十章
英国的岁月（二）

包裹。里面装的都是他的作品，其中还包括米尔内斯先生所写的《济慈回忆录》精装版。这份非常慷慨的礼物只是他礼尚往来的做法，因为霍桑之前给他寄去一些美国书籍。米尔内斯先生之前给我的丈夫写了3封信，希望霍桑前往克鲁郡厅与他会面，其中有两封信表达了强烈的恳求意愿，第

米尔内斯

三封信是表达他的遗憾之情。但是，米尔内斯先生表示，他将会在约克郡与霍桑见面。米尔内斯夫人是克鲁郡公爵的妹妹。最后一封信上说："你寄过来的书已经收到。这实在是太好了。当我前往约克郡的家里之后，我肯定会尝试再次邀请你的，我希望你到时候的心情能更好一些。说真的，如果你在回家的路上不来感受我们这边的乡村生活，这不仅对你，而且对我们来说也是一次很大的遗憾。这是我们这个国家社会制度最为特殊的地方，也是世界上其他国家所不具备的。"

霍顿公爵写给我父亲的另一封保存下来的信件是这样写的：

亲爱的霍桑先生：

当你身在伦敦的时候，为什么你不过来看望我们呢？你之前承诺要过来看望我们的，但我们却始终等不到你。我希望见

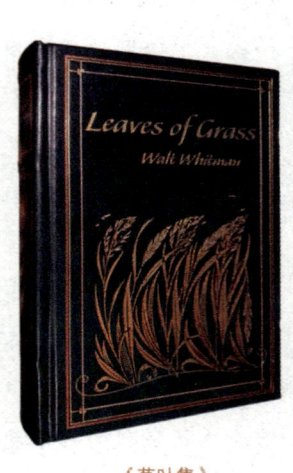

《草叶集》　　　　　　　　惠特曼

到你，这主要是因为你的缘故，我还想询问关于在我手上的一本美国书籍的事情。这本书的书名是《草叶集》，作者据说是惠特曼。你认识这个人吗？我不会将他的这本书称为诗歌集，因为我不愿意使用这个词语去形容这样一本完全缺乏艺术气息的书。但是，无论怎么称呼这本书，这都是一本值得一读的书。这本书不是写给那些少男少女的。我认为这本书同样不是写给我们这个年龄段的人看的。当然，我必须为这本书作者表现出来的生命活力以及其揭露的深刻自然真理而叫好。这本书的一些内容读起来感觉就像古希腊戏剧。可以说，这与你之前介绍给我的梭罗的那些书有些类似，这些书在英国都不是太受欢迎，知道的人也不是很多。帕特莫尔[①]刚刚出版了《房间里的

[①] 帕特莫尔（Coventry Patmore，1823—1896），英国诗人、文学评论家。代表作有《房间里的天使》等。

帕特莫尔

天使》一书的续集,我推荐你可以关注一下。虽然你我都在英国,但我一直为我们仿佛相隔天涯海角而感到难过,因为我几乎都没有见到你。米尔内斯夫人也将她最美好的祝福送给你。

我永远是忠诚于你的朋友。

理查德·孟克顿·米尔内斯

对一些人来说,他们很难理解为什么别人不喜欢被邀请或是被询问。邀请我父亲参加晚宴的人很多,但很多人最后表达邀请我父亲参加晚宴是一件多么困难的事情。下面这封来自普罗科特[1]先生(阿德莱德·普罗科特[2]的父亲)的信就说明了这点:

---

[1] 普罗科特(Bryan Procter,1787—1874),英国诗人。
[2] 阿德莱德·普罗科特(Adelaide Procter,1825—1864),英国著名女诗人和慈善家。

纯洁的良心
——回忆我的父亲霍桑

普罗科特　　　　　阿德莱德·普罗科特

威芧斯大街32号，周二早晨

亲爱的霍桑先生：

我想邀请你与霍桑夫人在周五前来参加晚宴，这似乎肯定会得到拒绝的回答。但我还是忍不住给你发出这样的邀请。我刚刚从英国其他地方回来，今天早上就听到了你要离开伦敦前往其他地方的消息。

永远忠诚于你的朋友
B.W. 普罗科特

能够与普罗科特先生这样的人会面是非常有趣的，我也听说别人对此进行过有趣的描述。后来，当我们回到康科德生活之后，我的母亲也谈到与这些人的友情带给她的智慧层面上的乐趣，让她

第十章
英国的岁月（二）

对英国贵族以及壮观的建筑有了一定的了解。在英国生活的时候，我的父母经常会受到这些贵族名流的邀请。但是，除非有人真的强烈与热情地邀请我父亲参加聚会，否则他是不愿意参加这样的聚会的。我的母亲来到英国之后，在第一封家信里就这样写道："据说，在利物浦这个地方，什么都没有，有的只是晚宴。唉！"前来拜访或是邀请的人络绎不绝，问候寒暄的声音也没有中断过。从某个方面来看，这肯定也是非常有趣的。母亲在一封写给美国朋友的信件里，讲述了我的父亲躲避很多仰慕者邀约的事情。没过多久，之前的一个人变成了一群人，那些关注我父亲的人反而会让我父亲感到窒息难受，根本没有意识到这样的邀请或是拜访会让他感到厌倦。我的父亲尝试独处、免受他人打扰的努力却始终无法得到其他人的理解。要是我父亲真的成功了，那么别人在评价他的时候肯定会用挖苦的口气了。

霍桑夫人在伦敦的时候，给当时仍在利物浦工作的霍桑写了下面这封信：

伦敦，9月19日

我最亲爱的：

在下午3点的时候，罗素·斯特吉斯夫人[①]乘坐豪华的四轮四座马车过来了。我与她一起乘坐这辆马车穿越了伦敦的时尚广场、街道与公园，经过了金斯顿，甚至经过了荷兰屋。但

[①] 罗素·斯特吉斯夫人（Mrs. Russell Sturgis，1836—1910），美国著名建筑家、大都会艺术博物馆创始人之一罗素·斯特吉斯的妻子。

利·亨特

是，当我试图想起利·亨特[①]之前所说的话时，我竟然忘记了他的著作名。斯特吉斯夫人非常了解利·亨特，经常前往他那简朴的房子进行拜访。哦，我的天呀！我在这里看到了非常美丽的广场与台阶！斯特吉斯夫人告诉我 E.B. 利顿爵士以及其他名流居住的地方。我们乘坐马车经过了伦敦的上流住宅区，但我没有看到库什曼女士在博尔顿大街的房子。当然，我们玩得非常开心。在下午5点的时候，我们返回了。我发现了大使与莱恩小姐寄来的信件，他们邀请我们今晚去他们那里参加晚宴。

9月20日。今天早上，当我匆忙给你的来信回复几句后，我就与布莱特先生一起外出了。你的来信还是一如既往充满了友善的情感。我现在必须外出，因此我可能不应该在这个时候匆忙给你回信的。虽然我回信的内容比较简短，但我希望你能够了解，我在信中对你表达出来的无限爱意。这一切是因为我并不希望与奥沙利文夫人一起前往里斯本度过这个冬天。要是这样做会让你为我做出任何牺牲，那么即便我真的前往那里，也不会感到真正开心。因为，我们之间的共同兴趣爱好是不可分割的，倘若你因为我做出了牺牲，那么这也必然让我做出一定的牺牲。因此，我一定会好好的，绝不会让你为我而担心。

[①] 利·亨特（Leigh Hunt，1784—1859），英国文学评论家、散文家、诗人和作家。

第十章
英国的岁月（二）

我曾经想过，地球上的任何力量都不能让我在没有你的情况下生活，而且任何广阔的大洋都是不可能将你我分离的。不过，现在因为现实情况所迫而不得不分开。既然我的人生对你来说是如此重要，那么我就要小心翼翼地珍藏好你的爱意。

今天早上，孩子们穿着美丽的白色刺绣连衣裙和蓝色童鞋，系着蓝色的腰带，腰带上还镶嵌着蓝色的丝绸制品，帽子上也装饰着蓝色与灰色的饰品。罗斯那长长的卷发在脸颊旁飘动。她一直想要前往波特兰宫殿，看望斯特吉斯家里的孩子。乌娜穿上了夏日的棉布衣服，看上去也是非常美丽。

布莱特在中午12点钟过来，他带过来了五六张关于科隆这个地方的照片。我之前从未见过如此好看的照片。接着，我们一起前往水晶宫。今天的天气可以说是这段时间里最好的，就像在埃文河畔的斯特拉福德地区那样。不过，当我们走进出租马车的时候，布莱特先生建议我们先前往国会大厦。最后，我们决定不去水晶宫，而去欣赏一下伦敦的美丽景色。于是，我们乘坐马车前往古老的圣詹姆斯宫殿场。但是，负责守卫宫殿场的一名警官对我们说，我们只能在周六这天才能被允许进入。接着我们得到了张伯伦公爵的门票。我听说过张伯伦公爵，但我知道布莱特先生肯定还有其他可以进去的方法。但布莱特先生并没有接受这样的门票。接着，布莱特先生带着我们（朱利安也与我在一起）一起经过了威斯敏斯特大桥……我们参观了一个关于克里米亚人物与地区的摄影展。在我看来，摄影展上的照片就仿佛庞大的军队朝你冲过来。对于那些了解这个地方的人来说，这样的摄影展肯定会令他们产生兴趣。整个摄

纯洁的良心
——回忆我的父亲霍桑

圣詹姆斯宫殿场

影展厅里来了很多具有贵族气息的人。在离开摄影展之后，我们乘坐马车前往肯斯顿花园。我亲爱的丈夫，我必须说，我从未想象这里的公园是如此气派，如此具有皇家气息。这里的树木——每一棵树，仿佛都代表着国王、皇帝。每一棵树都是那么高大，那么繁茂。树木下面的草地则是一片天鹅绒般的青绿色。在温暖明媚的阳光照射下，这片草地看上去是那么美丽，空气中仿佛弥漫着柔软与甜美的气息。这个美丽的花园四周都有高大的树木，一直延伸到远处的尽头。在远处的地方就是国会大厦的高楼与尖塔，还有威斯敏斯特大教堂的尖塔。这些尖

第十章
英国的岁月（二）

塔仿佛从一条流淌的蓝色河流上突出来，就像一艘壮观的飞艇展开白色的翅膀，在空中慢慢地移动。一群身形肥大的羊正在阳光下的草地上吃着草。我认为，当我说到这里的时候，你已经不需要我继续对这个花园进行任何其他的讲解了。最后，我们坐在一棵倒下的树木上，聊了一会儿天。要是我能够与你一起坐在这里悠闲地聊天，即便是送给我一个国家，我也会选择不要。布莱特先生将他在伦敦停留的一天时间都用于陪我们在伦敦城游玩，难道他不是一位真正友好且充满善意的绅士吗？可以说，他是这个世界上最为友善与好客的人了。

永远深爱着你的妻子
索菲亚

我的母亲在一封信里也谈到了培根夫人。培根夫人始终将培根公爵放在她的心底，就像培根当年将莎士比亚放在心底一样。

我最亲爱的丈夫：

　　这天下午，我一直在阅读培根夫人写的手稿，这让我感到非常惊讶。培根夫人对培根公爵的解读是那么充分，她的解读能力让我感觉到耶稣对自然的解读能力都是逊色的。可以说，培根夫人在手稿中所写的内容，都与我内心的很多想法非常契合。我想要收藏她的这份手稿以及其他手稿，然后到一个幽静的地方，认真地加以研究一遍，再凭借自己的能力重新写一遍。哦，到那个时候，我可以将自己写的内容念给你听。当我阅读她的手稿时，我能够感受到她在写作过程中的艰辛与内心的喜悦。

母亲在一封写给皮博迪夫人的信件里这样写道：

培根夫人的见解实在是太到位了（指的是培根夫人对"培根与莎士比亚"这个话题的看法），即便是那些塔楼、绞刑台或是一大捆的柴薪也没有阻止她。但是，她是一个创造奇迹的人，我们千万不要因此而批判她的写作风格。事实上，不管我们是否批判她的写作风格，这些都是无关紧要的。因为她的作品极具价值。我还没有见过她。当她来到斯特拉福德之后，我准备带上乌娜一起前去拜访她。

我希望普鲁姆利先生没有忘记承诺给她的帮助。这肯定意味着他要花上一笔钱了。

第十一章
英国的岁月（三）

丁尼生

霍桑夫人在给伊丽莎白·P.皮博迪小姐的信件里，描述了华兹华斯所在的乡村地区。霍桑一家前去绍斯波特过冬，因为霍桑夫人当时的健康状况不佳。霍桑一家前去曼彻斯特参加展览会，还拜访了丁尼生以及他的家人，霍桑夫人认真仔细地对他们进行了一番描述。霍桑夫人用批判的口吻谈到奴隶制。霍桑在给伊丽莎白·P.皮博迪的信件里，就用非常坦诚与直率的方式谈到了妻子所写的那些反对奴隶制的文章，而别人要求他对此表达自己的观点。霍桑对古德里奇的评价。霍桑夫人在一封信里描述了一家人前往肯尼沃斯地区的情况。在利明顿地区的生活是安静且节约的，但始终充满了想象力。霍桑夫人对巴斯地区一座宏伟壮丽的酒店进行了一番描述。雷德卡与霍桑感受到的乐趣，可以

纯洁的良心
——回忆我的父亲霍桑

华兹华斯故居,位于英国吕达尔山

第十一章
英国的岁月（三）

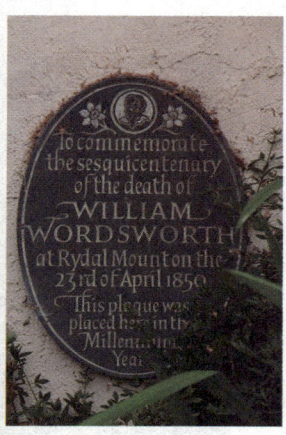

华兹华斯故居前标牌

纯洁的良心
———回忆我的父亲霍桑

从描述与日记中得到呈现。《玉石雕像》终于在这一座海港城市截稿了。

母亲所写的一些信件就曾描述过华兹华斯在吕达尔地区的房子以及那片乡村：

我亲爱的伊丽莎白：

我的心底一直有这样一个希望，就是当我离开岩石公园之后，我能够长出一双翅膀，有能力写下一些信件、文章或是进行绘画。但是，在我们离开这里的整整6周时间里，我们没有时间去做这些事情，也根本没有进行任何文学创作，只是用自己的双眼进行观察。我们将乌娜、罗斯与保姆留在了温德米尔湖附近一座美丽的房子里。霍桑、朱利安与我则继续朝北

格拉斯米尔酒店

第十一章
英国的岁月（三）

前进。我们首先来到了吕达尔与格拉斯米尔。格拉斯米尔酒店就坐落在华兹华斯的墓碑对面没多远的地方。我已经下定决心要给你写一封长信，详细地说说这些神圣的地方。我知道，这个地方对你来说特别神圣，因为你是一个真正热爱华兹华斯的人。在一个天气晴好的下午，我们在洛伍德酒店搭乘敞篷马车出发（之前我们已经在这个酒店住了好几天），

华兹华斯之墓

前往格拉斯米尔酒店。我们将行李放在了酒店房间里，然后乘坐马车前往吕达尔湖。我们就在距离湖面很近的地方下了马车，想要在附近闲逛一番，享受当时的悠闲时光。这个湖的面积很小，着实让我感到惊讶。要是在美国，我们绝对不会将这样的水塘称为湖。这个湖的四周环绕着高耸的山丘与山脉。我认为当霍桑说"他能够用一个小汤碗就能将这个湖里面的水舀干净"的时候，肯定是在开玩笑。湖面附近还有几个很小的岛屿，其中一个岛屿的面积相对大一些，那个岛屿就是苍鹭下蛋的地方。这个湖与这里的公园以及土地是属于理查德·勒弗莱明爵士的，他是这里的庄园主，也是这个地区有史以来的唯一贵族。现在，可以看到海岸边的一个悬崖，从那里只需再走几步，我们就能来到华兹华斯当年经常到过的地方。我猜想，华

纯洁的良心
——回忆我的父亲霍桑

理查德·勒弗莱明爵士领地徽标

兹华斯当年肯定也是在山顶上俯瞰着他心爱的吕达尔地区。我们走到了山顶，坐在华兹华斯当年坐过的地方。我在这个地方神游了好几个小时。这里的光线、阴影以及宁静真是太好了。当我想到人类有能力通过自身的天赋，将世俗的美丽景色、英雄的行为以及普通的美德都通过文字表达出来，使之变得神圣的时候，我的内心就充盈着无限的乐趣。这里到处有着绿油油的草地与绿色的树林，充足的阳光照在这片土地上。这让我突发奇想：《圣经》里谈到的"美丽山峰"是否能够与这座山峰相比呢？眼前的景色让我产生了一种诗性的愉悦，华兹华斯当年在面对这样的景色时，肯定也是激发出了无限的诗意，然后通过他那优美的诗歌对这样的自然景色进行了一番深刻的歌颂。我该用什么样的辞藻与诗句，才能够将我见到的漫山遍野的风信子的壮美景象传递给你呢？这些风信子如丝状的头部被风吹去，它们的花瓣任意飘荡在天地间！这里还有淡黄色的毛茛、黄色的金雀花、挺拔的毛地黄。这些花朵一排排地立着，就像一个五光十色的枝形大烛台。面对这样的景色，我内心的喜悦情感真的不知道该怎样表达出来！这一望无际的树木与野生蔷薇的藤蔓加上粉红色花朵所形成的阴影，从深红色到淡红色，这些光影交织成了一幅妙不可言的图画，仿佛一条长长的丝带就在你的眼前慢慢展开，这样的景象是多么难得、多么美丽啊！有时，我会产生

第十一章
英国的岁月（三）

吕达尔山

这样的感觉，这一切到底是真实存在的，还是我在一个梦幻的平原上做的一个美梦呢？因为我之前没来过华兹华斯居住的地方，所以我对他的爱意不会像现在这么浓烈。现在，当我来到他生前居住的地方，亲自看到他当年所看到的一切，我才知道到底是什么样的自然景色与内心悸动激发出他的灵感，让他投入持续的创作当中。

在台阶的前方，我看到了一棵美丽的紫红色大树。我要求路人帮我采摘上面一朵美丽的花朵。但是，那人拒绝了我的要求，说他担心这样做会打扰华兹华斯夫人。此人并没有将我们介绍给华兹华斯夫人，因为他说勒弗莱明夫人之前已经跟他说过，绝对不要让游客前来打扰华兹华斯夫人的日常生活。他还说，勒弗莱明夫人建造了这座房子，这座房子以及这附近的一切都属于她。不过，我们发现，我们是可以进入房子里的，华兹华斯夫人也非常喜欢见到前来的访客。因此，这位聪明的人引领着我们穿过美丽的花园，一直沿着看似没有尽头的台阶上去，经过了一道三柱门。我开始想我们可能永远无法到达华兹华斯夫人所居住的地方。最后，我们来到被一块奇形怪状的岩石遮挡的阴影地方，这块岩石是一块厚厚的石板，可以从一堵墙上推开来。有一块黄铜板是华兹华斯生前加装的，铜板上还写着一些文字，我们走上前认真地阅读。文字的意思是，他为这块岩石的存在而感到高兴，这是他所拥有的另一个自然物。

园丁打开了三柱门，带领我们走到一个阴影很深的角落里，对我们说："这就是华兹华斯先生生前的花园。"我看了四周一眼，这里到处是花朵，一眼就看到了毛地黄，这是华兹华斯最喜欢的花。花园里的空气弥漫着花的芳香，之后我发现这些芳香是一大片木樨草散发出来的。华兹华斯生前在这些清幽的小径上肯定是认真照料这些花朵与树木的。现在，当我们走了很多台阶，穿过了很多隐藏在树林中的小径与花朵之后，终于来到了一片平地，看到了一座真正的房子。一个男人首先带着我们来到那片美丽的阶梯状的草地上，这片草地的大部分都是华兹华斯当年亲手打理的。这是一个圆形的草地，就像层层铺上去的厚厚的天鹅绒，踩在脚下有一种柔软的感觉。这个小

第十一章
英国的岁月（三）

花园的直径大约为9米。在花园下面是一条砾石铺成的道路，之后又是一大片茂密的灌木丛。朱利安奋不顾身地冲向那一片天鹅绒般的草地，霍桑与我则坐在两棵树的树桩上，这两个树桩显然是专门用来充当座位的。但是，我该怎么用文字来描述我看到的这一切呢？

华兹华斯当年肯定用文字描述过这片地方，因为这是他最喜欢的景色。更为美好的风景是远处的喀什米尔山谷了。远处的群山风景如画，从地面上突兀而起，鲜明的轮廓与蓝色的天空映衬。这些山峰的曲线是那么柔和，最后慢慢地下降到一个美丽的树林小山谷中。在温德米尔湖尽头，也是一大片湖水，湖面上闪耀着银蓝色的光芒，构成了一幅极为美丽的图画。在这样的环境中，人的灵魂能够将最深层次的东西展现出来。此刻，我希望手上能有一个素描本，让我将这样美丽的轮廓描绘出来。尽管没有本子，但我也不会感到遗憾，因为我打算以后再来一次。下次，我肯定会带上素描本的。此时此刻，我为自己能安静地欣赏这样美丽的风景而感到心满意足。

霍桑夫人在一些信件里，也充分表达了对伦敦这座美丽城市的赞赏，我从这些信件里节选出下面一些内容：

我终于来到了伦敦的社交圈子。我想艾伦与玛丽（霍桑的侄女）肯定想要知道我在这样的场合下穿什么衣服。我穿着一件天蓝色的丝绸衣服，衣服上有3处荷叶边，这些都是用白色的丝带绣成的，看上去闪耀着银色的光芒。我的领结较低，衣袖比较短。我穿着一件带有星条状衣袖的夹克衫，还围着一条带有马德拉花边的围巾。这条围巾比较轻软透气，也是比较暖和与舒适的。我的头饰是珍珠，珍珠的形状与葡萄以及叶子的形状相差无几，珍珠中间还镶嵌着蓝色的丝带。我的头发上还戴有珍珠形状的叶子样的花环，这些花环是以冠状头饰的方式做成的。难道这不是美丽的衣装吗？

霍桑受邀前往孟克顿·米尔内斯的家里吃早餐，在那里见到了麦考利[①]先生、布朗宁夫妇、斯坦利爵士、兰斯多恩侯爵以及古德里奇爵士等人。霍桑非常喜欢这次见面。那位备受尊敬的老侯爵似乎想尽一切办法来招待霍桑，从而表达他对霍桑的敬意。无论在什么场合，他都坚持让霍桑走在前面，给霍桑以贵客待遇。对我来说，我们在抵达伦敦之后，每天没有多少相聚的时间，这的确让我感到非常失望。因为我希望能对霍桑每天的生活进行一番记录。但我应该说服他独自前去那座古老而光荣的城市，如果可能的话。

在这段时间里，我的母亲患上了严重的支气管炎，这种疾病严重危害到了她的肺部，最后她只能在里斯本与马德拉群岛休养半年时间。在这段时间里，我的父亲依然在领事馆工作。在母亲休养期间，她给父亲写了下面这些信件：

---

① 麦考利（Thomas Babington Macaulay, 1800—1859），英国诗人、历史学家。

第十一章
英国的岁月（三）

麦考利

兰斯多恩侯爵

布朗宁夫妇

马德拉群岛

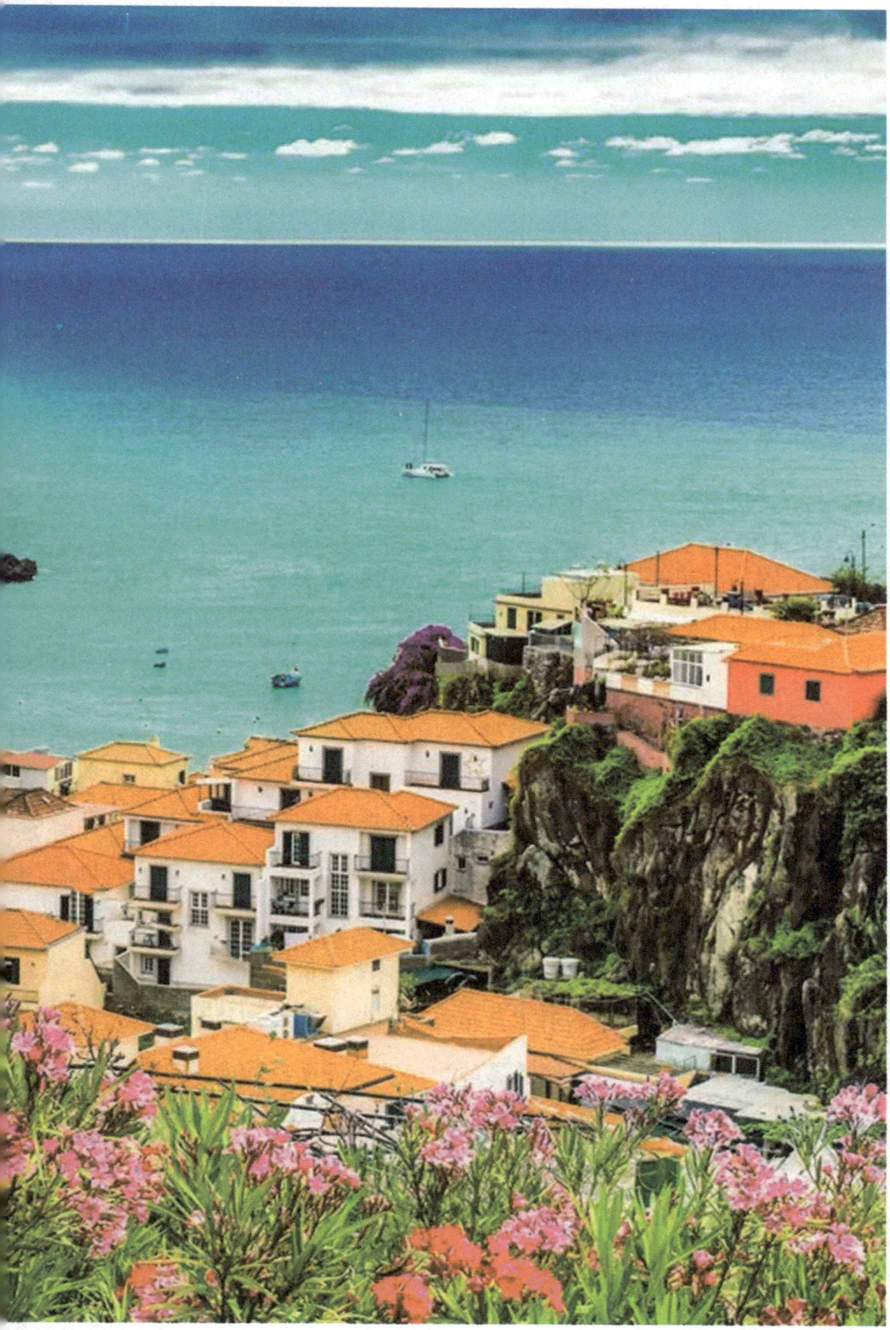

每时每刻，我都会陷入要尽快回家的美好思念当中。

我最亲爱的，我有一个想法！今年冬天，如果你想继续留在英国，而我的咳嗽疾病还没有康复，我将告诉你我想怎么做，那就是一定要让自己过得最快乐、最为舒适。整个冬天，我将会继续留在室内，始终生活在一个比较温暖的地方，通过一些简易的健身器材进行运动。我知道，你的到来肯定要比任何热带或是赤道的气候更加管用。但是，我又不愿意看到你因为我而放下领事馆的工作。

因为母亲健康的缘故，我们还一起前往了绍斯波特。母亲在绍斯波特写了下面这封信：

我亲爱的伊丽莎白：

医生不允许我每次步行的时间超过30分钟。这里基本上没有马车，有的只是驴车，有时甚至是两三头驴子一起拉的车。这些驴子能够前往地势很险峻的地方。驴子以固定的速度前行，除非它们累了低下头，否则会一直走着。一天，我带着乌娜与朱利安一起外出，罗斯与我坐在驴车上。一个小姑娘在我的两个孩子的指引下，用鞭子抽打着两头被安装了马具的驴子。这些驴子是饱经风霜的驴子了，而年轻的女孩们还是一脸的幼稚。较为年长的女孩与我交谈了一会儿，她说那头比较年轻的驴子大约20岁了，是属于他哥哥的，要是这两头驴子交给了别人，肯定早已经累死了。"你知道，因为这头驴子是属于他的。"当我微笑着看她时，她也露出了微笑，显然她是一个心地善良且健康的女孩。

现在，霍桑知道我所面临的疾病，他认真地关心我的健康状况。要是能有霍桑的照顾，我宁愿放弃所有天使的照顾。上帝已经让霍桑成为我的守护天使，只有上帝才能让他始终浮现在我的眼前。现在，我越发感到自己的人生是多么幸福。随着岁月慢慢地丰富我的灵魂，我更能感受到自己所得到的纯粹爱意。

医生告诉我，我需要过着比较规律的生活。我也清楚地知道遵循医嘱是非常重要的，我感觉自己的身心很快就能康复。我一直认为，霍桑的精神会始终守护着我。

……你可以肯定，霍桑肯定会好好照顾我的。他可能觉得你认为他对此事毫不关心。但是，霍桑的心思都在我的健康问题上。要是他认为什么对我是最好的，他肯定会马上辞掉领事馆的工作。

在经过了这漫长的艰苦岁月之后，我希望霍桑能够在我们未来的生活中摆脱忧虑的困扰。我只是希望，无论对别人还是对我们自己，很多关于领事馆的无稽之谈都会过去。因为我的丈夫始终在做着符合美国利益的事情，始终关注美国同胞的福祉，这都是他正直善良的内心所决定的。在他身上，我们可以感受仁慈、纯粹且不受任何污染的诗意情感。在英国，他的这些品质已经接受了考验。即便是在承受各种悲伤的时候，他也始终没有放弃原则。

那份让人头痛的领事馆法案已经执行差不多两年时间了，这让我们失去了本应该获得的 35 000 美元。自从这个法案变成了法律之后，我们的境况已经好多了。去年，美英之间的商船贸易是很糟糕的。我认为，要是霍桑作为现任总领事无法正常地履行自己的职责，那么这是很不公平的一件事。这个法案是在一个有关部长法案的基础上提出来的，而这个法案直到1857年的时候才能够生效，这实在让人感到奇怪。

12月11日

今晚，霍桑与国会议员威廉·布朗一起前往利物浦郊区与奥尔德森男爵共进晚餐。自从我们来到绍斯波特之后，这是霍桑第二次不得已参加的晚宴。布朗先生是一位受人尊敬的绅士，他专门前往领事馆，低下他那都是白发的头，恳求霍桑与他一起前去参加晚宴。在进行一番权衡之后，霍桑认为不应该继续表示拒绝。因此，霍桑最后来到了一个辉煌的客厅，看到许多碗碟就像银河系里的星星一样闪耀。这是一场专门向布朗先生致敬的晚宴，晚宴进展得非常顺利。利物浦几乎所有重要人物以及郡县的一些名流都参加了，城镇中挂着许多横幅，一些商店甚至因此暂停营业了。这一天阳光明媚，干净的大街上没有一点积水，很多前来的宾客以及很多想要前来参加的人排了很长的队伍。我相信一共有1 500人聚集在圣乔治大厅里。而在大厅的讲台上设有20个座位，霍桑坐在其中的一个座位上。孟克顿·米尔内斯准备向他祝酒，并且希望他能够发表祝酒词。你可能在报纸上看到了一些报道，米尔内斯先生说向"合众国"祝酒，但这是一个错误。

第十一章
英国的岁月（三）

真正应该说的是"纳撒尼尔·霍桑"。霍桑的祝酒词很真诚，说了一些恭维的话语，但他绝没有像《邮报》上所说的"《红字》作者的祝酒词触动到了每个人的心弦"——这话说得霍桑就像一块橡皮膏。这份报纸应该这样说："霍桑的《红字》会触动每个读过这本书的读者的心弦。"当霍桑站起身，台下的人群发出了一阵雷鸣般的掌声。直到他坐下来后又过了一会儿，掌声才慢慢消失了。钱宁先生告诉我，就在前天，霍桑的演说非常得体，让每个认识他的人感到十分开心，也让他们为美国有这样的总领事而感到骄傲。他说，霍桑当时就坐在靠近他的位置上。我没能参加这样的活动，实在是太遗憾了。当时，很多女士在场，其中一名女士要求男仆去找霍桑，希望能够得到一朵花或是一片叶子作为纪念品。那位谦虚且大度的布朗先生（他当时刚刚做出公开捐赠的举动）因受到来自各方的感激而非常感动。霍桑说他喜欢斯坦利爵士这个人，虽然他对斯坦利爵士的形象有点失望。斯坦利也对《斯坦利的家》一书表达了自己的看法。德比公爵原本也要过来的，但最后没有成行。在晚宴开始之前，进行了奠基仪式。让富人在生前就进行捐献社会的活动，这是多么明智的做法啊！我希望其他富人能够采取这样的方式，以便更好地利用他们的财富。

是的，皮博迪送来了来自巴尔的摩的信件，我已经阅读了好多遍。我们拥有了很多份出色的报纸。英国这边的很多报纸都是重复美国报纸的内容。布朗先生在利物浦也只不过是重复这种做法而已。

12月18日。霍桑在布朗先生理查德山上的晚宴上，度过了一段无聊沉闷的时光。布朗先生始终非常沉静，布朗夫人也几乎没有说一句话。他们两人就像法官那样呆坐着，没有与别人交流的想法。你知道法庭上的法官是多么严肃吗？你能想象他们当时的表情就像国王、女王在现场，他们控制着整个场面的气氛吗？可以说，地位的尊卑就是这种场合下必须遵守的法则。因此，在布朗先生举办的晚宴上（晚宴是准时开始的），霍桑始终跟在当地一位高级警官的后面，而布朗夫妇则按规矩走在最前面。接着就是市长阁下，一个表情庄严的男仆跟在他后面。可以说，这些男仆看上去像"在进行军事检阅一样"。正如霍桑所说的，这些男仆穿着红色的长绒背心和长筒袜，上衣还佩戴着金黄色的流苏，还穿着白色的紧身裤，套着一件装饰着金黄色花朵的蓝色外套。这样的场合与国王享用到的礼节没有什么区别。至于他们如何屈尊将双脚踩在地上，这是一个谜团。霍桑紧跟着市长阁下进入，他们没有进行任何交流。此时，霍桑有足够时间慢慢端详放在餐桌上的用具。餐桌上没有瓷器做的餐具，只有一个很大的碟子。餐桌上的分层饰盘就像阿波罗乘坐的两轮战车，让4匹马始终沿着一张不会移动的桌子上飞奔。放置甜点的碟子四周放着美丽的花环，水果也是放在银制餐具上。也许，布朗先生的智慧已经变成了银子，因为迈达斯王触碰到的任何东西都会变成金子。今天晚上，霍桑参加了市长阁下举办的另一场晚宴。这是一场比较正式的晚宴。奥尔德森男爵在这样的场合下差点感觉自己失去了尊贵的身份，当时的庄严场面几乎让他不敢呼吸。对霍桑来说，这都

第十一章
英国的岁月（三）

是极为沉闷、压抑的时光。伦敦的社交圈子比利物浦的晚宴更加考验着他的耐心。我知道他希望此时此刻置身家中。昨晚，他给我读了考文垂·帕特莫尔著的《订婚》这本有趣的书。你读了《房间里的天使》这本书没有？只有一对互相忠诚的夫妇才能真正了解婚姻的意义与美好。我认为，凭借你那强大的理解能力与怜悯心，你也会喜欢这本书。当然，你的感受可能没有我们这么深刻。

考文垂·帕特莫尔

今晚，当我正在写信的时候，我的小王子朱利安走了进来。他的手上拿着自己做的一个泥塑头像。他这次做的泥塑头像要比第一次做得好，与乌娜在里斯本的音乐老师希瓦利埃·达迪已经很像了。朱利安将泥塑头像放在壁炉旁边进行烘烤，接着他就躺在地毯上，头部放在一张脚凳上，认真地观察烘烤过程。此时已经过了晚上10点钟，希瓦利埃的头像已经完全烘干了，只是头像的左脸颊出现了一道裂缝。看来，在所有类型的体育运动里，年幼的朱利安已经表现出巨大的力量。体操运动员于格南就曾对我说，在他从事体育的这么多年里，还没有见到一个与朱利安在身体素质方面可以相比的同龄人。朱利安不仅能够做出优雅得体的肢体动作，在需要他奔跑的时候，他也能像一只小鸟在空中疾飞，或是像一艘快艇在水上迅速移动那样迅捷。可以说,朱利安的大脑与众不同。我甚至不得不专门为朱利安订制一顶适合的帽子。负责帮我制作帽子的诺德先生曾说,他这辈子还从未见过像朱利安这样头部如此大的人。每当我看到朱利安的头,就会将之视为一颗行星。

我们家之前被两个猥獗的小偷偷了。这些小偷冒着被人捉住的风险,倒不如去偷窃匈牙利男爵奥尔德森家里的财物,因为奥尔德森家里的一件衣服据说镶嵌了价值 40 000 英镑的钻石与宝石。我们遭遇了比这些小偷带给我们的更大的损失。布洛杰特夫人将我们的行李放在了她在利物浦的家里,一位男仆打开了我放在地下室的那两个行李箱,几乎偷去了里面所有银制餐具,包括刀叉之类的东西。最后,这个偷东西的男仆躺在医院的时候,承认了自己的偷窃行为。但是,霍桑并不打算指控他。

你读了弗鲁德[①]刚刚出版的那本关于历史的书籍吗?他的这本书从沃尔西的死亡一直写到伊丽莎白女王的去世。弗鲁德的写作风格并不是那种过分庄重严肃的,而是有点像麦考利那种让人读起来有点厌倦的一成不变的风格。麦考利还非常注重自己的写作风格,但是弗鲁德却只对自己要表达的主题感兴趣。我认为,到目前为

弗鲁德

---

① 弗鲁德(James Anthony Froude,1818—1894),英国历史学家、小说家、传记作家。代表作有《云之影》《英国历史》《恺撒传》《卡莱尔传》等。

第十一章
英国的岁月（三）

希罗多德

止，还没有哪一位历史学家能够在讲述历史的时候完全做到不偏不倚的中立立场，除了我心爱的丈夫。他就像希罗多德[①]一样，有着像孩子一样纯真的心灵，对于所谓的历史写作理想根本没有任何概念。我认为只有像我丈夫这样的人才能写出真正客观的历史。不管怎么说，麦考利的写作风格都让我感到厌倦。他在写历史书籍的时候，行文表达过分流畅，这反而让我

---

① 希罗多德（Herodotus，约前484—前425），古希腊作家。

感到困惑，他的书籍读起来让人感到非常不严谨。可以说，他在书中以流畅的笔法写出的很多优秀内容，最后反而成为一首音乐中出现的杂音，让人听着感觉很别扭。

我的母亲也对曼彻斯特举行的展览进行了一番有趣的描述：

曼彻斯特

我亲爱的伊丽莎白：

现在，我们在老特拉福德，这里距离艺术珍藏馆很近，因此我们专门前来欣赏。这里的展厅没有什么噪声，也不会出现任何让你感觉粗鲁的东西，虽然每天都有很多缺乏艺术欣赏能力的人来这里。如果你闭上眼睛，那么就能听到人群走动发出的低沉声响……昨天，我们前去那里欣赏艺术品，你猜猜我们见到了谁呢？丁尼生先生！他是一个英俊的人，非常帅气，看上去有点心不在焉，戴着低顶宽边软毡帽，留着黑胡子，有着宽阔的肩膀，走路的时候显得比较懒散。可以说，他是一位最具浪漫情感、诗意与幽默的人。他给人的感觉就像参加古代艺术大师们举行的沙龙聚会。对我们来说，能够在这里见到丁尼生，这难道不是好运气吗？我们能在这里不期而遇，这简直是太神奇了。丁尼生的声音很深沉，具有音乐般的旋律；他的头发有点凌乱，就像经历了一场暴风雨一样。丁尼生显然是一个"爱憎分明"的人。他就像《亚瑟之死》《回忆录》《莫德》等作品中的人物，既像一片围墙下农场的玛丽安娜，又像克拉拉·德

第十一章
英国的岁月（三）

维尔夫人以及"不同寻常的玛格丽特"。在展览厅里，有一座他的半身雕像，还有华兹华斯的半身雕像，还有阿里·谢弗[①]的《抹大拉》画像。画中描绘的是耶稣基督大叫"玛丽"时抹大拉的神态，我认为这是他最好的画作了。阿里·谢弗在某天也曾出现在展览厅里。

阿里·谢弗　　　　　　阿里·谢弗的《抹大拉》

霍桑、乌娜与我一整天待在艺术珍藏宫里。我们走到雕刻品的画廊，聆听美妙的音乐。乌娜突然大声地说："妈妈，那位是丁尼生先生！"当时，丁尼生正坐在管风琴旁边，认真聆听交响乐团的表演。他也带了一个孩子来这里，是一个小男孩，从小男孩脸上的表情来看，他对这些东西充满了浓厚的兴

[①] 阿里·谢弗（Ary Scheffer，1795—1858），荷兰籍法裔浪漫主义派画家。

纯洁的良心
——回忆我的父亲霍桑

趣。我推测这个小男孩是他的儿子。很快,我还看到了他的妻子与他的另一个小儿子。最后,我的猜测证明是正确的。能够看到丁尼生一家人在这里,这的确是太巧合了。丁尼生夫人是一个非常随和友好的人,她的微笑是我见过的最为甜美的。当她与丈夫说话,或是聆听丈夫说话的时候,脸上总是露出柔和且快乐的光芒。她是那么优雅与温柔,同时流露出淡淡的愉悦表情……她的两个孩子非常英俊、可爱。丁尼生看上去深爱着他的两个儿子。他认真地看着孩子们的脸庞,似乎对孩子们感兴趣的东西非常在意。他表现出了一种淡然的随和与高贵的气质,能够让人一眼就感觉他是一个随和的人。他是一个让人感觉非常浪漫的人。他的肤色是棕色的,看上去健康不佳,脸颊上出现了一条深深的线条……另一位名叫艾林汉姆[①]的英国诗人告诉霍桑,丁尼生的妻子对自己自始至终都非常友善。而丁尼生夫人看上去也完全具有这样的品格。当她与丁尼生说话的时候,脸上总是流露出敬意。如果丁尼生现在的情绪不稳定或是生病了,我肯定她会给他带来极大的安慰。当丁尼生准备离开的时候,我们跟着他与他的家人也准备离开。通过这样的方式,

艾林汉姆

[①] 艾林汉姆(William Allingham,1824—1889),英国诗人、日记作家、编辑。代表作有《日记》等。

我们看到了他停在自己那个半身雕像前面，然后将它介绍给妻子与孩子。接着，我听到孩子们用甜美的声音说："这是爸爸！"在经过了一张桌子之后，我们看到有一些商品目录在出售……丁尼生最年幼的儿子与女仆一起停下来买了一份商品目录，此时丁尼生与妻子正开始下楼梯。因此，我轻轻地触碰到了丁尼生最年幼儿子的金发，然后用力地亲吻他。他对我露出了微笑，看上去非常高兴。我也为自己能见到丁尼生的孩子而感到高兴。在我亲吻了他的儿子之后，我接着去……

关于我父母这次巧遇丁尼生一家人的有趣事情，我的父亲在笔记本里这样写道："我全神贯注地看着他，我非常喜欢这个人。相比于艺术馆里的其他展品，我更愿意用心地观察他。"我的母亲在另一封信里继续谈到了这件事：

我亲爱的伊丽莎白：

在上一封信里，我没有时间将自己那天的详细经历说清楚。因为霍桑当时有急事要回到利物浦，因此我只能匆忙地给你写了那封信。我接下来要说的事是与丁尼生一家相关的。我希望你知道，他们一家人看上去是多么快乐与幸福。现在，丁尼生的健康状况不是很好，显得比较内向且情绪多变。有时，我也可以想象他的妻子会因悲伤而憔悴。因此，这次我很高兴看到她的脸庞是那么恬静与美丽。不过，我不敢说她的脸上没有任何焦虑的神色，但这些焦虑的神色似乎完全被她内心的快乐所掩盖了……

你之前寄给我的那封关于奴隶制的长信,我没有进行回复……在我所认识的人当中,没有任何人是支持奴隶制的。你给我的来信其实更应该寄给南方的奴隶主们……我认为你的那封长信寄给我其实作用也不大……

在奴隶制让美国社会变得狂热躁动的时候,我父亲表现出来的节制态度遭到了很多人的误解。关于奴隶制的这种热情与躁动对于推动解放奴隶是有帮助的,但并不是每个人都应该以废除奴隶制的名义参加所谓的党派斗争(因为很多政客据此去指责政敌)。我的父亲始终是一个内心仁慈且谨慎的人。我的母亲就在一篇文章里,以流畅的文笔谈到了她的丈夫以及她本人和人类社会所有人应该追求的最高目标,但她从未就这个话题与自己的其他亲人进行热烈的交流。我将会节选霍桑写给皮博迪小姐的一封信的内容,因为这部分内容就涉及奴隶制这个话题。

利物浦,1857年8月13日

亲爱的E:

我写这封信,是专门就奴隶制问题表明自己的观点,因为我不希望索菲亚为这个问题烦恼。同时,我也认为,你为这个议题耗费了这么多的思想与情感,这是比较遗憾的。我觉得,你最好将自己的思想与见解成书出版。我相信,你对这个问题的看法肯定会具有一定的思想价值。说实话,我也只是阅读了你寄来的小册子的部分内容，所以请你不要期望我对此会有深刻的理解。但是，我认为你是在表达自己内心的真实想法。不过，我可以向你保证，与其他每一位废奴主义者一样，你正在以一种可怕的偏见去看待这个问题，这会让你所看到的事物出现扭曲。虽然你看到的是事实，但这样的事实却是古怪的。你认为除了你之外，其他人都以偏见的方式去看待这个问题。也许，别人真的是以偏见的方式看待这个问题，但是当你有这样的想法时，这说明你也正在以这样的方式看待这个问题。

关于古德里奇谈到的他与我之间的关系，看到他以一种老大的身份自居，这的确让我感觉很有趣。不过，我根本不在乎这些，也觉得丝毫没有必要为自己辩护什么。当然，我必须反驳他关于我个人形象所说的话（因为他没有将我的个人形象说得比较准确）。所以，我希望你千万不要为我出头去教训他。特别是，我知道你对他了解的信息都是不准确的。比方说，那个名叫帕克·本杰明①的——而不是叫古德里奇——就是他抨击《讲故事的人》。关于古德里奇这个人，我对他倒是有一种友善的情感，虽然他不是一个友善的人。他这个人总是希望损别人的利益

帕克·本杰明

---

① 帕克·本杰明（Park Benjamin, 1809—1864），美国诗人、记者、编辑和报纸创办人。

而饱自己的私囊。不过，还是让他继续这样做吧，终有一天他会自食其果的。关于他与我之间的争论，在他还没有用餐完毕之前，我就已经离开了。因为我不想被这样的人污染自己的大脑。我丝毫不怀疑一点，那就是他肯定认为我这样做是大大地误解了他。当然，我本人对此也是持怀疑态度。他天生就想做这样的事情，就像一只蝇蛆享用着丰盛的奶酪。

在过去几个月里，索菲亚过得非常开心。快乐的生活似乎非常符合她的天性，因为她的健康与精力似乎已恢复到之前的良好状态。我也度过了人生中最为美好的一段时光，这样的美好时光要比我们最近前往英格兰以及苏格兰的旅行更加美好。我们两人可能会合作写一本关于旅行的几卷游记。我已经写了大约六七卷的日记，这都是我在英国居住之后写的。但遗憾的是，这些日记是以非常随意的文笔写的，而且将我内心的真实感受写出来了，因此我这辈子都不敢出版这样的日记。也许，在我们返回美国之后某个冬天的晚上，我可以给你读其中的部分内容。但在旅行游记方面，我是完全比不上索菲亚的，因为她的记录是更加完整且更加精确的（考虑到一些内容找不到了，因此我会将索菲亚的一篇游记的部分内容附在这封信里）。

利物浦，1857年10月8日

亲爱的E：

我读了你寄过来的关于废奴的小册子，我觉得这应该是最新出版的小册子。之后，我才发现这原来是我之前寄回给你的。在我看来，这本小册子的内容一般，并不值得穿越大西洋，来回寄3次。我认为，这本小册子的内容并不如你所写的内容。我觉得你应该就自己感兴趣的话题进行写作。不过，既然你特意提出了这点，我会将这本小册子拿给索菲亚，跟她说说这本小册子再次寄过来的事情。

我的父母将他们在利明顿游玩时拍的照片寄回了美国。我的母亲在下面这封信里谈到了这件事：

沃里克郡利明顿兰斯当大街10号，1857年9月9日

我亲爱的伊丽莎白：

从我所署的日期与地点来看，你千万不要认为我们周围到处都是马匹、江湖郎中或骗子。与此相反，我们宛如徜徉在天国的众多小花园里，而这些小花园围起的中心地带形成了一个小公园。我认为，只有英国人才知道如何更好地利用这一片面积不大的平地，从而使这里变成一个美丽的地方。想象一下在一条街道尽头处的一大片房子吧。它们都是白色的粉刷过的房子，可以直接从客厅走到阳台上。坐在阳台上，欣赏花园的美丽景色，看着阳光照耀下的青绿草地，看着五光十色的花朵以及深绿色的灌木丛。公园里到处有美丽的树木和绿草，还有沙砾小路从中穿过。我们置身于一片非常安静的地方，只有小鸟婉转的鸣叫声才会打破这里的安静。空气中弥漫着木樨草、玫瑰花与桂竹香的香气。现在是秋天了，但这里的青草与树木依

然像盛夏那样青绿。

我们之后前往曼彻斯特参观。这里的工厂排放出来的污浊空气，让我咳嗽得更加厉害了。霍桑了解我的情况之后，决定马上离开这个地方。在这样一座古老与肮脏的城市里，我们只在艺术宫里逗留了 1 小时左右。

9 月 12 日。今天，我们前往肯纳尔沃思堡。当我们刚来到这个地方的时候，天空没有放晴，这让霍桑对今天的行程有些担心。但在上午 11 点的时候，天空出现了明媚的阳光，空气也变得清新起来。在兜兜转转了一会儿之后，我们来到了一条名为摄政王的小树丛街道，这条街道的两旁种植着美丽的树木，几乎一直延伸到了火车站。乌娜与我走在前面，霍桑与朱利安跟在后面，我们来这里的目的就是散步。这条街道的景色让我们的内心感到震撼。走在这里的时候，感觉就像进行一场阅兵仪式，街道两旁有很多酒店与商店，街道尽头与沃里克大街相交汇。沃里克大街的长度也有好几里长，最后通到沃里克城堡。

英国的草地上似乎都覆盖着金子。在秋天的时候，树木的叶子仿佛瞬间从青绿变成了金黄色。

前往肯纳尔沃思堡的中心，必须经过两旁栽种着树木的街道，这些街道弯弯曲曲，甚至要经过一条狭窄的河流。要是在美国，我们将这样的河流称为小溪。在走到每个路口的时候，我们都可以看到远处城堡的身影。

这里的草地很湿，我也没有戴上橡皮手套。霍桑要与乌娜一起去商店给我买几副手套。我认为，霍桑可能无法在商店里

第十一章
英国的岁月（三）

找到这样的手套，因为我们已经尝试过了。最后，霍桑在回来的时候，只买回了一副适合我的手套——也是这间商店剩下的最后一副手套……常青藤以蔓延的方式覆盖整个城堡，将坍塌的防御墙都遮住了，仿佛将时间露出的獠牙也掩盖住了。在常青藤旁边，生长着高大的圆圆的树木，树木的枝叶上挂着许多花环以及流苏。常青藤与时间仿佛进行着一场较量，这是一场永恒的拉锯战。庞大的山楂树与马栗树一样粗壮，将整个城堡团团包围。此时，山楂树的红色果子让整个地区呈现出红色。在看到这些景象之后，霍桑与我被深深地震撼了。遥想当年，当伊丽莎白女王在这里参加宴会的时候，宴会厅肯定装饰着美丽的饰品，现在这里只有常青藤长长的藤蔓覆盖着，再也不见了当年的金碧辉煌，剩下的只有阳光。过去的所有觥筹交错，现在都烟消云散、归于沉寂，甚至连一缕微风都无法打破这样的沉寂。对我们来说，能够在这样安静的日子里，在这座城堡与修道院的废墟附近沉思过往，这的确是一件非常美好的事情。饱经风霜的裸露石头依然矗立在伊丽莎白女王当年的闺房附近，依稀还能看到当年的闺房是多么豪华。整个公园与附近的建筑一直延伸了5 000平方米左右！

可以说，在带给人们内心震撼这方面，只有音乐才能比建筑带来的震撼更加强烈。音乐就像诗歌那样震撼着我们的心灵，而建筑则通过我们的视觉产生震撼力。诗歌代表着音乐，建筑则代表着灵魂，这两者是相互贯通的。不过，音乐要比任何其他艺术都更加没有艺术的枷锁与桎梏。我还记得，在我之前所写的一篇关于玛格丽特·富勒夫人的文章里，就谈到音乐是人类最高形式的艺术创作。在我之前写给你的一封信里,就谈到了一位来自格拉斯哥的年长教堂司事,他就曾将管风琴发出的声音称为"史前之石柜",正是管风琴发出的声音,让他心爱的教堂仿佛插上了翅膀,能够以最高级与完美的方式展现出生命力、对上帝的赞美。不过,我认为,这些建筑留下来的永恒曲线,虽然没有歌唱或没有发出一点声音,但正如罗斯金所说的,这些建筑的曲线代表着过去无穷的时间与空间。教堂顶端的尖拱似乎在发出声音,教堂里面的信徒双手合十,默默地进行着祈祷。朱利安非常喜欢眼前的这些废墟。他爬上了莱切斯特一些被拆卸下来的炮塔,然后抓住常青藤的藤蔓摇了起来,就像一只拥有神奇双眼的罕见小鸟一样。朱利安的头发已经留得很长了,因此他的头发就像风信子被风吹拂那样飘着。我想霍桑肯定十分乐意将朱利安称为他的小王子(霍桑之前从没有说过这样的话)。不过,朱利安在今天失去了那头长发带来的小王子的感觉,因为一位理发师已经帮他剪了一个清教徒样的发型。

至于我自己,晴好的天气、长满鲜花的小径、有趣的散步以及身边家人的热情,似乎都能唤醒我内心对那些美好岁月的记忆,让我想起来都会感到非常幸福快乐。我的父母就是我的守夜人,他们非常喜欢聆听晚上的美妙声音,大自然发出的声音对他们来说就像一曲无比优雅的交响乐曲。我还清楚地记得,我来过一个到处摆放着各种有趣玩具的集市,我可以随意让父母帮我买自己喜欢的玩具。但是,要想度过这样美好的休闲时光,同样需要我们具有强大

第十一章
英国的岁月（三）

的意志力，特别是对新鲜事物的深刻洞察力，否则这些休闲时光只能给我们留下走马观花的感觉。在接下来的几个月里，我感觉自己观察事物的能力得到了很大的提升，很多时候某些景象就能激发我的想象力。有时，我会感觉自己想象到的事物要比真实的事物更加真实。我想我的家人都有这样一种能力，只有当我们拥有这样的能力之后，才能避免内心产生厌倦的情感。因为在很多时候，我们都需要这样的想象力来度过沉闷的日子。我说起这些事情，就是为了证明我在那个时候才发现自己也拥有了一些对艺术的感知能力。在当时，我也开始意识到了自己在大人们眼中肯定是一个非常愚蠢的小孩，而我那混沌的心智经常会感觉自己这样子是可怜的，甚至是可耻的。不过，这样的早熟也会带来一些好处：父母会用良好的常识来教育我。智趣的慢慢发展，能够让我对很多事情有更好的认知，让我了解当时我认为是很神奇的方法。我无法假装自己当时的观察有多么深刻，我只是站在一个小女孩的立场去观察这个世界。此时，父亲引起了我更多的兴趣。相较于其他人，我经常会思考着像我父亲这样的人。

在利明顿的时候，我们似乎有机会可以在安静的环境下进行一些探索。首先，当时的人们正在为圣诞节做准备，这意味着我的姐姐乌娜要在完全保密的情况下制作手工礼物，而制作这样的礼物需要她付出 6 便士。如果我的父母能够赚到很多钱，那么这样有趣的事情可能就不会发生了。乌娜所做的手工礼物要比任何能够买到的礼物都更能让父母开心。可以说，乌娜的礼物代表着她对父母的心意，这份纯洁的心意是任何人都无法忽略的。虽然我们当时还不懂得怎么节约金钱，因为我们的父母似乎也不懂得怎么节约金钱，但我们这些孩子学会了在没有什么钱的情况下，给对方带来最美好的感觉。这样的人生经验在我们成年之后慢慢变成了一种人生观。我必须说，整个过程是非常开心的，因为我们在制作手工礼物的时候，必须很专心。我还记得自己当时在制作圣诞节礼物的时候，耗费了很多时间。但是，制作的过程激发起了我对父母的爱意以及对兄弟姐妹的情谊，这绝对不会像一阵吹过沙漠的风那样消失无踪的。直到今天，我还记得姐姐与那位温柔的保姆芬妮送给我们的礼物，可以说，这是我在利明顿收到的最好的礼物了。正如我的母亲所说，这是芬妮送给我们最美好的礼物。我的母亲这样写道："我们的蛋糕就像鲁斯的一本书，我们永远无法吃下这块蛋糕，但这样的美好情感将会始终伴随着我们。"

在此，我会加入我母亲的一段记录英国这个国家礼节的文字：

巴斯，查尔斯大街13号

我亲爱的伊丽莎白：

我们在火车站询问了保安员附近哪里有比较好的酒店，他让我们前去约克酒店。在将行李寄存之后，我们的脖子上都佩戴着圆圆的石头（我将这些石头称为我们的行李），我们发现这不仅是巴斯地区唯一一家酒店，也是整个地区比较出名的一家酒店。当时，我心里产生了一种不祥的预感，在这样的酒店入住一天一夜，可能要花费我们一年的收入。但是，由于我们当晚5点前未能抵达酒店，所以，第二天决定住到酒店按整天结算时间，再退房。因此，我们只能以贵族气派去面对这件事

第十一章
英国的岁月（三）

了。我们住在一间充满贵族气息的房间，房间里挂着深红色的饰品。房间里没有任何华而不实的东西，都是非常实用的。爸爸与妈妈就是缅因公爵与公爵夫人，朱利安则是查尔斯爵士，乌娜则是雷蒙德小姐。餐桌上的刀具是最为精美的，刀具上有银色的手柄，汤勺很重，要拿起来并不容易。餐桌上还有玫瑰色与金黄色的瓷盘，还有其他银色的餐具。我们身边的侍者分别是一个表情严肃的男仆与一个喜欢沉思的男仆。那个表情严肃的男仆所穿衣服的胸口上别着亚麻布做成的百合花，而那个喜欢沉思的男仆胸口则别着雪莲花。他们走路的时候就像从天空慢慢飘落的雪花那样毫无声息，他们的举止是那么严谨、庄重。这顿晚餐的时间虽然不长，但食物的味道却非常可口。在这样的时刻，我们很难不将自己想象成威廉大帝，或者说就像布拉杜德王子的后代一样。在基督教的时代到来之前，布拉杜德王子的家族在这一带可是最具声望的。不管怎么说，我们感觉自己是这片土地上最为尊贵的人，受到了表情严肃的男仆与喜欢沉思的男仆的问安。当我看着丈夫，他脸上的表情是那么具有国王的威严。我看到乌娜就像一位公主一样，散发出高贵的气质。因此，当侍者偷偷地看着乌娜时，我也丝毫不觉得奇怪。当然，对于英国这里的侍者来说，无意中窥探却又不被发现，这才是最优秀的侍者的特征。查尔斯爵士也"很好地撑起了场面"，至于罗斯女士，她就像在皇室的温室里绽放的美丽花朵。发出耀眼光芒的蜡烛放在一个雕花银器的烛台上，蜡烛的光芒仿佛点亮了整个夜空。每当我离开客厅前往自己的房间时，那个表情庄严的男仆就会在房间门口为我开门与关门，顺便向我恭敬地鞠躬。

啊！我该怎么描述约克酒店的餐桌呢？餐桌上摆放的都是极为可口的美食，一看就让我产生食欲。如何用语言去描述那个喜欢沉思的男仆以优雅的身姿盖上这些餐具，没有发出任何一点声响的美感呢？当我们在餐桌前坐下来之后，我们丝毫感受不到他的存在，因为他没有发出一点声音！我顿时感到自己像个贵族，正准备哈哈大笑，但发现无论是这个表情严肃的男仆还是那个喜欢沉思的男仆，他们始终都是那副表情。我感觉自己的头上仿佛佩戴了冠状头饰，头饰上面的钻石与宝石闪耀着光芒。我的丈夫就像一位国王，他的目光始终落在我身上。今天的天气既阴沉又寒冷，一个很大的壁炉燃烧着木柴，发出闪亮的火光。这里还有第三位如幽灵般无声无息的侍者。他是一个温柔的男仆，看上去就像个男孩。他轻轻地将像黑色鹅卵石般的煤炭放在壁炉里面，没有扬起任何灰尘，接着还用一把刷子将壁炉架上的煤灰擦拭干净，就像在轻轻地亲吻一个沉睡中的婴儿。男仆柔和的眼神没有到处看，而是专注于壁炉，一看就是接受过良好训练的。当壁炉里的火焰慢慢变弱的时候，他就像天才那样让火焰重新燃烧起来。在我那间较大的房间里，悬挂着白色的棉布与土褐色的锦缎，让我感觉整个房间仿佛燃烧起来了。好了，我不跟你瞎扯这些了。

第二天，我乘坐马车前往巴斯，想要找一间公寓。在前面的一个小时里，我们一无所获。每个人都说这座城市住满了人，我们无法找到合适的公寓。孩子们大声叫喊着要继续留在约克酒店，享受那里的豪华生活。但当我坐在巴斯的地产椅上

第十一章
英国的岁月（三）

跟身旁的保姆芬妮聊天时，罗斯则似乎找寻着"出租房子"的标志。我们接着寻找，最后终于找到了一间廉价的房子。我敢肯定，这间房子要比我们居住在约克酒店舒适十倍，它的装修非常朴实无华。不过，我必须坦诚一点，我还是喜欢豪华一点的装修。不过，更让我们感到惊讶的是，当那个表情严肃的男仆拿来银制托盘上的消费账单时，我们发现单单是住宿费就比在英国其他普通酒店的住宿费更加昂贵。

接下来，我要谈谈我们这次前往雷德卡旅行发生的事情。这次旅行发生在1859年，当时我们刚刚从罗马回到这里。

雷德卡是一个非常美丽的地方，这里有着看上去一望无际的海滩与蔚蓝的天空，有美丽的大海与沙滩。父亲在我这段记忆里始终处于突出位置。在每天的写作间隙，他总会抽出固定的时间外出，来到这片长长的海滩上散步。他也会经常带着哥哥与我一起。他偶尔会停下脚步，认真欣赏大自然创造出来的得天独厚的美丽景色，欣赏着那摄人心魄的地平线。沿着山丘，有时会吹过一阵微风，有时也会吹过一阵猛烈的大风，这些风仿佛在蔚蓝色的星空下自由飘荡。有时，我也会收集一些天蓝色的风信子，聆听呼呼的风声。在我父亲所创作的《贝尼山纪事》一书的前言里，他就对雷德卡这个地方表达过一番敬意。我的父亲谈到要继续创作这本书（这是我们在佛罗伦萨居住时，父亲萌生出来的一个想法），"在雷德卡那宽阔且干燥的海滩上，湛蓝色的德国的海仿佛朝我这边汹涌而来，来自北方的大风呼呼地从我的耳畔吹过"。可以说，没有比这样一种美丽的氛围与情景更能让我父亲感到内心满足的了。不过在那个时候,父亲不愿意承认这些。雷德卡距离伦敦城也不是很远。

在 1859 年 9 月 9 日,我的母亲在日记本里这样写道:"我丈夫将他的手稿拿给我阅读。"在母亲的这篇日记里,只写了"阅读手稿"之类的内容,没有写明是什么样的手稿。在 9 月 11 日的日记里,我的母亲这样写道:"这是我第二次阅读霍桑的手稿。"我的母亲在日记里还提到在第三天阅读这份手稿的事情,但在接下来的两天时间里,她似乎忙着去做许多有趣的事情,因为她在那两天里没有记录什么内容。对我来说,这意味着母亲肯定还有更重要的事情要做。因为根据我对母亲的了解,要是没有什么重要的事情,她是不会放弃写日记的习惯的。原来在这两天里,母亲给在美国的朋友们写信:

> 霍桑已经完成了他的这本书,这本书的手稿超过 400 页。目前这份手稿已经交给了出版商。我阅读了这份手稿的大部分内容,但没有读到结局的内容。霍桑现在健康状况良好,虽然他在过去几个月里一直忙着创作,但精神状态依然非常好。与往常一样,霍桑认为这本书是没有什么特指的,只是根据自己一些愚蠢的思想去进行创作,可能不会有什么人喜欢或是接受这本书。不过,我已经习惯了霍桑所表达出来的想法,知道了他为什么会对长久以来占据他内心深处的一些想法表达出这样的反感情绪。对这本书的真实评价,就是霍桑一开始产生要创作这本书的念头,他肯定认为这样的念头是有必要去进行创作的。每当霍桑完成一本书之后,他都会习惯性地鄙视这本书,认为这本书写得还不够好,尚未能真实地将他内心最想要表达出来的情感或是思想表达出来。与过去一样,我还是对霍桑的

第十一章
英国的岁月（三）

作品充满强烈的兴趣。只有一个观点客观的人给予的反馈，才能让霍桑觉得自己创作出来的不是一部充满着愚蠢思想的作品。

霍桑在《希尔达》这本书里并没有将我当成书中人物原型进行创作。无论读者认为书中的哪个人物与我有点类似，都纯属巧合。

11月8日（我们再次来到了利明顿），我的母亲在日记里写了篇较长的记录："今天，我的丈夫终于完成了《贝尼山纪事》"。

当我们来到沙滩的时候，我的母亲总能非常幸运地找到哪怕是最小的闪耀着光芒的玫瑰色贝壳。她将自己认为形状与颜色最美丽的贝壳珍藏在她的针线盒里。她经常与我一起来到沙滩上，度过许多欢乐的时光。她在日记里这样写道："今天是晴好的一天，天上没有一丝乌云。我与罗斯前往沙滩收集贝壳，在那里待了3个小时。"或是："今天的天气实在是太棒了。我与罗斯一起前往沙滩。整个早上，我们都坐在一张沙滩椅上。我在认真地阅读，罗斯则在沙滩上玩着沙子。今天的天气实在是没话说，空气中仿佛弥漫着玫瑰花瓣的芳香，天空是那么蔚蓝，大海也是一片湛蓝。我感觉整个世界是那么安静，内心是那么沉静，这是一种内心获得深沉满足之后的安静情感。"接着，母亲就在日记里描述了与此形成反差的情景："大海依然翻滚着巨大的海浪，罗斯与我前往沙滩上收集贝壳。"在我们俩收集的贝壳当中，母亲收集的贝壳是那么完美。可以说，母亲在艺术追求与欣赏方面给我上了许多课，比如她让我意识到风信子就是大自然优雅艺术的代表。倘若风信子的花朵在空中飘荡的时候依然具有生命力，难道安静的贝壳只能代表我们内心一些被动的想法吗？

有时，当我在沙滩上用沙子建造"沙子城堡"的时候，母亲会给我读迪斯雷利①的《先知》，或是读《维尼西亚》《雾都孤儿》《玛丽二世的人生》《罗曼·罗依》②以及《过去四任教皇的人生》。母亲始终记得皮奥·诺诺③，还曾提起他的严重病情以及他的康复情况。母亲读了胡德④所写的关于华兹华斯的有趣传记。她将卡莱尔在《法国大革命》一书中使用的词语说成是"垃圾"。

除了前往沙滩游玩，母亲的另一个爱好，就是在她的心情特别好的时候，会带我们去找寻各种各样的海草，每一种海草都具有许多不同的特点。在我看来，这些海草有点像新英格兰地区的榆树、英国的橡树和草本植物、意大利的五叶松和蕨类植物等，有时甚至与女性灰暗的头发很相像。海草的形状与色泽似乎与这些植物很类似，因此人们可能会认为海草就是大海的一本教科书。当然，这是相对于干燥的陆地而言的。我们将很多空闲时间用于观察这些海草的生长情况。我必须悲伤地承认，在将这些海草采集之后，它们就无法继续生长。后来，我的父亲也加入了这场所谓的"科学研究"，他的双眼对此充满了热情。他不时会发出"嗯嗯，不错嘛"的惊叹声。

有时，我们也会前往惠特比、威尔顿城堡以及其他地方远足。有时，我也会按照自己的想法去远足，但在很多时候，这样的远足

---

① 迪斯雷利（Benjamin Disraeli，1804—1881），英国政治家、作家和贵族。曾两次担任首相。
② 《罗曼·罗依》（The Romany Rye），英国小说家乔治·博罗（George Borrow）的小说。
③ 皮奥·诺诺（Pio Nono，1792—1878），教皇庇护九世。
④ 胡德（Edwin Paxton Hood，1820—1885），英国作家。代表作有《自我教育》《约翰·弥尔顿传》《威廉·华兹华斯传》等。

第十一章
英国的岁月（三）

迪斯雷利

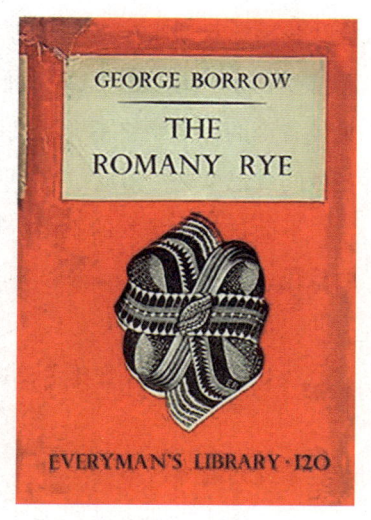

乔治·博罗的《罗曼·罗依》

皮奥·诺诺

胡德

会让我感觉双脚非常疲惫。"罗斯在追逐一只猴子的时候,膝盖与手肘都受伤了。"但是,无论我们的活动多么有趣或刺激,这位对我关怀备至的母亲始终不会激发我骨子里的冒险精神。第二天,母亲在她的日记里这样写道:"我可怜的罗斯受伤了。"

下面这封信是我的姐姐所写的,这也证实了那片海滩具有的美丽景色:

雷德卡,1859 年 10 月 4 日

亲爱的莉齐阿姨:

这是我们在雷德卡待的最后一天了,今天的天气非常好。大海似乎正在用咆哮的海浪来为我们的离开叹息。但我为我们终于要离开这里感到非常高兴,因为我现在已经非常想家了,希望能够通过改变所处的环境来换一种心情。这样的情感与爱意是多么让人苦恼啊!当一个人想要忘记什么的时候,这样的情感就会变得越发强烈。

永远深爱着你的外甥女
乌娜·霍桑

我认为,我们建造的那个狭小的房子,就是专门为父亲建造的。我喜欢与父亲在巨大海浪冲击下的沙滩上进行游戏。这样的游戏一点都不幼稚,因为有大风吹着、阳光照着我们,让我们感觉玩什么游戏都显得不那么重要了,我们玩得非常开心。我们还可以捡

第十一章
英国的岁月（三）

到许多纹路精致的贝壳，这些美丽的贝壳安静地躺在沙滩上。我们也会去采集海草，这些海草就像一幅还会继续生长的画作。我认为这样的场景非常美好，但很多从小就在海边长大的人可能就不会留意这些事物的存在。我们非常享受室外的时光。但当我父亲不在家、我的母亲乖乖待在家里的沉闷时光里，我会在沙滩上与一个名叫汉纳的小女孩一起玩着杂货店的买卖游戏。当时，我非常讨厌她的名字，但她穿着整洁干净的衣服，那么美丽与安静，这让我后来觉得自己还是挺喜欢她的。当我们在沙滩上建好了杂货店，再用颜色不同的沙子围起来之后，就会将一些很小的鹅卵石堆积起来，形成了非常有趣的画面。当然，我这样做，完全是出于致敬我父亲。有时，我父亲会斜眼看着我在沙滩上做着这些毫无意义且消磨时间的小游戏（此时，我已经知道这样做是在消耗大脑与灵魂的活力）。当父亲用委婉的方式劝说我的时候，我那小小的大脑对此感到高兴。我产生了要做比玩这些柜台游戏更好的事情的念头。时至今日，我仍然感谢大自然对我的思想与人生造成的影响，让我的记忆里依然充满着各种色彩以及海浪的咆哮声音。

第十二章
意大利的岁月（一）

　　罗马这座城市对霍桑一家产生了深远的影响。对于霍桑在这座最具历史底蕴的城市里的行为表现，一群朋友在狂欢节的时候碰巧聚集在一起，玛利亚·米切尔小姐、哈利艾特·霍斯默小姐与伊丽莎白·霍尔小姐都对此进行了一番描述。乌娜的疾病验证了何为一生真诚的友情，C.G.汤普森与他的画室对此进行了一番描述。罗马这座城市具有的长久魅力给这个小女孩带来了明显的影响。

　　在我7岁的时候，我们来到了意大利，从此我才真正与父亲经常待在一起了。在一辆有点潮湿冰冷的马车上坐了很长时间后，我们终于来到了罗马。这样的旅程让我们原本对罗马的许多美好印象破灭了。当我们乘坐马车颠簸而行的时候，我的母亲始终将我抱在怀里，而我则尽可能多地睡觉。当我无法入睡的时候，我就会在母亲的怀里伸着懒腰。在那天晚上，我们这几个表情严肃的美国人终于来到了罗马这座城

第十二章
意大利的岁月（一）

市。我的父亲经常会将《贝尼山纪事》这本书称为《玉石雕像》。当我的父亲谈起罗马这座城市时，语气中都是夹杂着对它给我们带来许多不便的抱怨，以及对这座城市到处都是富有历史意义的建筑的惊叹。"罗马废墟的荒凉"并不能阻止罗马变成"一座与我们出生地一样亲密的城市"。对我父亲来说，一处废墟或是一处景象并不能让他的内心感到满足，因为他从来不允许自己的精神世界受到任何束缚与桎梏。罗马这座城市，诉说过太多人类的失败，因为这座城市本身就是人类最伟大力量的呈现。罗马这座城市产生了圣彼得与圣保罗等圣人，同时也为自己的失败与罪恶付出了沉重的代价。在罗马的游客可能在面对过去那些代表着罪恶的废墟时感到悲伤，但这些废墟同时也能带给人精神的提升，因为这可以帮助人的灵魂更好地洞察真理，让人们更加相信仁慈应该是宗教出现的一个根本原因。在我父母关于意大利这座城市的文字记录里，他们都表示罗马这座城市总是能够激发出他们内心最为崇高的情感。

不过，不管这座城市是冰冷的还是温暖的，这座永恒之城似乎无法立即征服我的父亲，虽然在我父亲向这座城市告别之前，说过

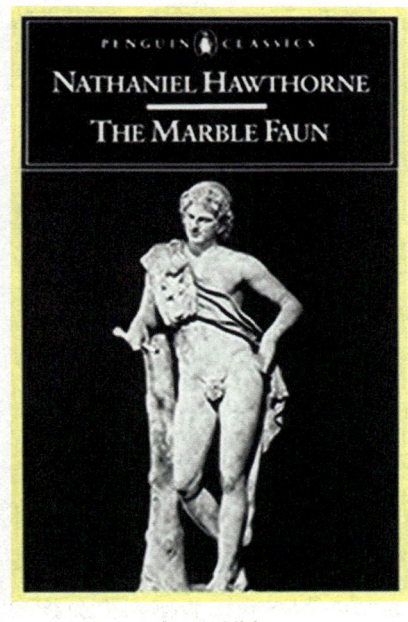

《玉石雕像》

纯洁的良心
——回忆我的父亲霍桑

这座城市是阳光最为充足、最适合人类生活的一座城市。在春季的时候，我的姐姐乌娜这样写道：

> 现在，这里的气候是如此美好：意大利的天空没有一丝乌云，阳光发出炽热的光芒，世间万物如此温暖且充满荣耀。这里的天空实在是太蔚蓝了，这里的阳光实在是太猛烈了，这里的一切似乎散发出一种过分强大的活力。很多时候，我希望天空中能出现云团，希望看到像美丽的英国那样的柔和天气。罗马这座城市让我们每个人感到非常倦怠，每个人都显得无精打采。当我们充分享受这里的历史名胜与文化古迹所带来的灵魂震撼时，也必须付出这样的代价。有时，我希望罗马这座城市在历史上从未发生过那么多重大事件或是出现过那么多历史名著。在这方面，我父亲与我似乎都有着比其他人更加强烈的想法。与我们在英国生活时一样，父亲与我的许多想法都很相似。

在冬天的时候，母亲在一封信里谈到我们在这里度过的寒冷冬天：

> 罗马拉勒扎尼广场品奇阿纳城门第37号
>
> 我亲爱的伊丽莎白：
>
> 我无法相信，当我来到罗马这座城市之后，竟然没有第一时间跟你说说我们的见闻，跟你说说圣彼得大教堂的钟声或是

第十二章
意大利的岁月（一）

圣天使城堡那隆隆的炮声……但是，我现在的心灵仿佛结冰了，就像外面圣彼得广场上之前流动的喷泉那样结冰了。我无法像玉米或是甜瓜那样在夏日的阳光下自在地生长了。我内心虔诚的希望与热情仿佛被限制住了，我的双手实在太冰冷了，简直无法握住一支笔。除此之外，霍桑也患上了重感冒，虽然他现在有所好转，但这里潮湿的天气还是让他难以承受。这座城市今年的冬天，要比过去20年的冬天都要寒冷。我们认为在罗马这座城市里生活花销实在太高了，我们所居住的公寓一年就要花费 1 200 美元租金。

圣天使城堡

纯洁的良心
——回忆我的父亲霍桑

但是,我现在置身于罗马了!罗马这座永恒之城!我之前已经去过古罗马广场,来到提图斯凯旋门下认真欣赏,去圣道那里逛了一圈。我还在古罗马竞技场那里晃悠了一圈,这座古罗马竞技场雄伟庞大的建筑,简直与我梦想和希望的样子完全相符。我还亲眼看到了阳光照在和平殿堂的宫墙上。根据莎拉·克拉克所说的,要是在几年前,我的孩子肯定会在那里玩耍的(现在,那座和平殿堂改名为君士坦丁堡的长方形会堂)。我攀登过朱庇特神殿,站在神殿上,欣赏着马可·奥勒留[①]骑马的威武雕像——世界上最精致雄伟的雕

罗马老城的帝国议事广场

[①] 马可·奥勒留(Marcus Aurelius,121—180),罗马帝国最伟大的皇帝之一。代表作有《沉思录》等。

第十二章
意大利的岁月（一）

像（我的父亲将这座雕像称为"世界上有史以来最能展现国王气质的雕像"）。当我来到了塞维鲁凯旋门前面，这样的感觉就会更加强烈。我还去了万神殿，这座宫殿有着庄严的门廊，仿佛就是在一片批评声中形成了自己特有的建筑风格；从入口进入，就能看到

马可·奥勒留

宫殿里面伫立的众神。当年的奥古斯都①是多么睿智啊，他拒绝了阿格里帕②的建议，拒绝因为对他的个人崇拜建造神殿，而是选择将敬意的对象转移到了永恒的众神身上！现在，这座万神殿是用来向永恒的上帝致意的。

除此之外，我还去了圣彼得大教堂！在罗马，那个地方可以让人感受到永恒的夏天。你可能已经听说过，古罗马的长方形会堂能带给世人震撼的情感。每个前来参观的人，似乎都会被圣彼得那颗虔诚的灵魂或是无数圣人祈祷的呼声所感染。在一道帘幕的后面有一个密封的印章，当人们走进去之后，就会感觉与外面冰冷的世界隔绝开来了，那里有温

奥古斯都

---

① 奥古斯都（Augustus，前63—14），罗马帝国的开国君主。
② 阿格里帕（Agrippa，前63—前12），古罗马将军、政治家。

纯洁的良心
——回忆我的父亲霍桑

塞维鲁凯旋门

暖的气息，仿佛天使就在我们身旁挥动着翅膀。当时，我感觉自己仿佛看到了一个无形的温暖太阳。在某些时刻，我感觉到了罗马这座城市的魔力。但是，每个人都说，罗马这座城市的魔力是慢慢渗透到每个人心中的。看来，这样的情况并不适用于我。谁听说过一条冰柱会散发出情感呢？谁说罗马不是一座土地冰冷的城市呢？

阿格里帕

第十二章
意大利的岁月（一）

我们无法在这里找到最为舒适的房子，即便我们想找这样的房子，花销也实在太多了，我们无法负担。我们希望在意大利过上快乐的生活，要是在这样充满艺术感与历史感的地方，过着一种缺乏艺术性或是舒适性的生活，这会让人感觉比在其他地方更加难以忍受。我还记得每天都吃的大米布丁，这让我们每天都感到很抓狂，但我们对此也无可奈何，毕竟这里的其他消费实在太高昂了。我们知道这样俭朴的生活会给我们带来不愉快的感觉，我们必须想办法去适应罗马这座城市的生活。如果我们能够单纯依靠牛奶来生活，就像罗慕路斯与雷穆斯[①]那样生活，穿上俄罗斯的皮大衣就感到满足，那么我们在这里的心理落差就不会那么大，也能够以更加平和的心态去面对这里的生活。不管怎么说，这里的春天还是如期到来了，四季的轮回总是让我们的内心充满喜悦。我们在度过了寒冷的冬天后，又开始在罗马这座城市参观了许多古迹，其中包括闪耀着历史光芒的废墟，还有废墟上面刚刚长出来的新鲜雏菊，这些大自然增添的额外景致会让我们心神陶醉。我们还会在一个个小喷泉旁边，看着那些单脚或是鼻子扁平的雕像，仿佛在以趾高气扬的方式看着下面的人群。现在，这些喷泉喷不出任何水了，就像醉生梦死的欢宴者一样一动不动，对着那个石槽发出可悲无声的啜泣。不过，当阳光洒在这些雕像上的时候，却又完全是另一幅景象。洒在大理石雕像上的光线仿佛在空气中跳舞，像一位优秀的演员在戏园里进行表演。我们这些小孩非常喜欢这天真无邪的乐趣。

我的父亲从未像现在这样以认真的态度观察着这里的一切。他

[①] 罗慕路斯与雷穆斯（Romulus and Remus），罗马神话中罗马市的奠基人。

现在的身体要比在英国居住时更加瘦削。我父亲给我最大的印象，就是他拥有着极为深刻的洞察力。这座城市散发出的那种充满怜悯情感的气氛，让他像一团云层那样陷入了沉思，陶醉在自己的思想世界里不能自拔。无论他去罗马的哪个地方，都似乎只是沉默地注视着眼前的景象。《玉石雕像》这本书很好地展现了他当时构思出来的句子。他观察石头的标本，仿佛从中可以窥探不受时间限制的永恒思想。当他在罗马认真游览的时候，经常会提到一点，那就是他对人类所面临的问题感到深沉的悲伤，而这些问题都是我们应该去专注解决的。但是，另一个明显的事实就是，虽然他会对人类的历史表达出这样的哀婉情感，但他的作品却经常体现出人类强大的信念。可以说，他的这本书带给我的最大感受，就是书中包含着对人类的希望。每当我与他一起散步的时候，他都会认真观察，全神贯注地研究那些历史遗迹和每一条带有历史气息的小路。也许，他希望通过自己认真细致的观察，然后通过自己的作品让读者感受他所感受到的那种感觉吧。当一个人怀着慷慨大度的简朴心境，摆脱了自我意识与粉饰的思想，表现出坦率以及谦卑的人格魅力时，那么这无论如何都不会给别人带来伤害。这一切是非常有趣的，且让人的内心感到宽慰，就仿佛与一位超验主义者进行了很长时间的交流一样。关于这方面的信条，我的母亲在写给她姐姐的一封信里这样说：

现在，我可以说，自己讨厌超验主义。因为超验主义有着太多言过其实的格言与思想。要是这样的思想蔓延开来，必然会扰乱整个社会的秩序。因此，在我看来，超验主义的思想不

第十二章
意大利的岁月（一）

应该得到传播，除非这些思想仅限于在牧师圈子里传播。要是超验主义的思想向乌娜这样纯真无邪的女孩们传播，这必然会让我感到与贩卖奴隶一样的恐怖。可以说，即便是女修道院也要比超验主义思想来得更好一些。此时，你绝对不能认为我是一名天主教徒。我知道上帝会让那些心灵纯洁的人看到纯洁的东西，上帝是无限仁慈的。但是，我不希望让自己的孩子看到那些不纯洁的东西。

当我们一路前行时，我的父亲始终保持着良好的精神状态。当父亲与一位炒栗子摊贩进行交流的时候，他将几个滚烫的栗子放在了口袋里，然后微笑地看着我。我（我觉得父亲的微笑就是世界上可以给我带来最大欢乐的东西）当时觉得父亲正在做着非常美好的事情。父亲拿出了一枚铜币，完成了这次交易。这不仅让那位水果摊贩感到高兴，而且也让我可以握住父亲那双柔软温热的双手。父亲用他的拇指捋了一下头发，他就像一年中的6月那样，充满激情。当水果摊贩说希望父亲下次继续光临的时候，我的父亲露出了意大利式优雅的笑容。当父亲感到高兴的时候，在他身旁的人也会感到无比高兴。后来，我们遇到了一名农妇，她用大窗帘遮住了下面的灯架。他们都是非常亲切的人，毫无保留地表达了表现欲。她的脸上露出了爽朗的笑容，穿着一条美丽的条纹短裙。在这里，到处都能看到英俊的男人与漂亮的女人，每个人都穿着华丽的衣服。有些人穿着紫罗兰颜色的服装，有些人则穿着粉红色的衣服。即便是路上一个独自行走的男孩也是很英俊的，身上仿佛展现出了人类本应该有的气息。他安静地坐下来，衣服上的颜色仿佛夕阳下山或是美国秋天叶子的颜色。这里的大理石商店也是非常有趣的地方。一阵呼呼的声音会让整个人陷入一种梦境般的状态,让我们产生一种空灵的感觉。湿润的大理石泡沫散发出独特的芳香。当工人擦亮我们所购买的废墟纪念品之后,我们看到这些纪念品都很精致。某个古代男人的半身雕像在他们的巧手打磨下,仿佛变成了充满活力的古代贵族。我们购买了一些金芝麻、斑岩以及其他东西作为纪念品(显然,一旦来到了恺撒的这片土地上,至少应该买点让人想起恺撒的东西)。除此之外,我们还为发现许多彩虹色的玻璃而感到兴奋,这些玻璃具有波斯帝国当年的气派,同时也会让人想到两千年前罗马女人的泪水(当然,这样的泪水只对她本人来说是宝贵的,无论她说什么,都不可以全信)。

位于意大利罗马的恺撒雕像

第十二章
意大利的岁月（一）

在罗马这座城市的中心，你能够感受到圣彼得以及教皇的脉搏。在圣周的时候，当教皇出现在一个很高的阳台上时，我与父母站在一起，看到了教皇。这给我的内心带来了极大震撼。我看到了教皇正在给下面很多聚集起来一睹教皇风采的信众赐福。教皇的目光是那么友善与亲切，却又显得非常威严，与世俗意义上的国王是不大一样的。教皇穿着白色的长袍，脸色看上去也有点苍白。当然，在我幼小的心灵世界里，我认为眼前的教皇仿佛变得非常亲切。于是，我开始谈论有关教皇的话题。母亲给我一枚教皇的圆形浮雕以及一枚意大利金币。直到现在，我都珍藏着母亲送给我的这两样东西。

在周日下午，我们一起前往宾西亚山丘。每当这个时候，我总是陪在父亲身边，这样的时光总是让我感到极为快乐。在下午三四点钟的阳光照射下，我在灰色的长凳上用石头玩着一些小游戏，而父亲则坐在我的旁边。我感觉父亲能够察觉到我的眼神、嘴唇、双手乃至我整个人的存在，因为他的脸上洋溢着最为幸福的快乐表情。当父亲将事先用粉笔做好记号的一块鹅卵石扔到一边的时候，我就会兴冲冲地帮父亲捡回来。当一盘游戏结束之后，我总是很担心父亲不会与我继续玩游戏了。不过，父亲似乎不会显得疲惫或是不耐烦——至少表面上是这样子。父亲是一个非常具有自制力的人，因此在我们看来，他就像一个正在站岗的哨兵。因此，父亲接着非常安静地扔着一些鹅卵石，脸上没有表现出任何的不耐烦，偶尔还说出一两句非常有趣的话。在繁茂的树丛中间，有马车穿行而过。训练有素的乐队正在那里演奏，微风将他们演奏的音乐声传到了我们这边。就在不远处用围墙围起来的花园之外，夕阳将最后

纯洁的良心
——回忆我的父亲霍桑

从宾西亚山丘俯瞰到的罗马人民广场

第十二章
意大利的岁月（一）

的光都洒在我们身上。在穿过了喧嚣的人群以及自然景色之后，我的父亲依旧保持着平和的气息，陷入半沉思的状态。当然，他还在与我进行着这场扔鹅卵石的游戏，或是在此时处于阴影当中的草地上走来走去，空气中弥漫着花朵散发出来的香气。每当我与父亲在周六下午外出的时候，最让我印象深刻的就是父亲手上的雪茄烟。父亲深深吸了一口雪茄烟时的表情，仿佛就是进行着一场庄重的仪式。雪茄烟散发出非常香的气味。我父母对一切事情都追求所谓的古典主义，因此抽雪茄烟可以说是父亲的主要享受之事。他会拿出一个古铜色的火柴盒（这是我姐姐在罗马的时候送给他的），火柴盒上印有秋天丰收时节的景象，给人一种古希腊的优雅感觉。在父亲拿起火柴点火的时候，我们的目光总会聚集在父亲点烟的动作上。我们仿佛看到了一位猎人在回家的路上，带上了许多葡萄等水果，还有一只兔子与一些小鸟，这些猎物挂在一根木棍上。而猎人的妻子与孩子则一脸愉悦地坐在家门口等待着他。猎人所携带的那条猎狗则轻轻地亲吻着年轻妻子的双手。看来，今年的秋天来得有点早，要比往年来得更早一些。这对爱人站在一束小麦捆前面，他们手上拿着镰刀，年轻人则将一大束的葡萄拿起来，妻子则眼睛朝下，轻轻地伸出双手接过这些葡萄。最后，天色慢慢暗了下来，我们无法再玩游戏了。我父亲也披上了黑色的外套，不情愿地抬起了那张英俊的脸庞。在离开这个山丘之前，我们前往西边看了那堵矮护墙。根据《贝尼山纪事》一书的记载，"这是人类建造的最为雄伟的建筑，与上帝创造的最美丽的天空相得益彰"。一些掷铁饼者在下面的那条路上投掷着铁饼。我稍微看了一眼，感觉他们似乎在投掷之前，都要做一个跳起的动作。很多时候，我都没有看清楚他们

第十二章
意大利的岁月（一）

到底将铁饼投掷到了哪些地方。总之，这是一段非常美好的休闲时光，而这些掷铁饼者的训练则让我们感觉非常有趣。

在我母亲的日记里，每天都记录了许多事情，其中包括了她每天所见到的人的事情，当然其中一些人的名字是我熟悉的，一些则是我不熟悉的，因为我也无法分辨母亲是在观光还是在养病，或是在阅读一些书时了解到的他们的名字。之后，我们认识了罗马一位著名雕刻家的妻子，她在一封信里说，1859年的游客非常多，而1860年的游客数量则不是很多。不过，我的母亲非常喜欢与布朗宁先生一起骑马，这似乎也能证明她的身体状况还不错。但在那个时候，美国人与英国人在意大利的确能够玩一些非常奢侈的娱乐项目，之后这些娱乐项目的成本就越来越高了。我的母亲从1859年1月16日开始记录的一些日记内容，激发着我愉悦的想象：

布朗宁先生前来拜访我们，我们一起外出度过了非常愉悦的旅行时光。我第二次阅读了夏洛特·布朗宁的作品。斯托里夫人给我的丈夫写了一封信，邀请他与布朗宁一起喝茶（当时，我的母亲因为要照顾我生病的姐姐乌娜，整天都待在家里）。我阅读了《腓特烈大帝》这本书，之后又给乌娜带回了弥尔顿的《失乐园》。我与丈夫一起去了阳光明媚的科尔索，因为他当时的健康状

布朗宁

纯洁的良心
——回忆我的父亲霍桑

况也不是很好。斯托里夫人邀请我们与德维尔先生、威廉·拉塞尔夫人[1]、艾莉森先生、布朗宁先生以及其他有趣的人共进晚餐。今天的天气非常好,有着蔚蓝色的天空。我正在为朱利安准备狂欢节的衣服。我去了霍尔先生家,在阳台看到一些市政的官员慢慢地走出来。乔治·琼斯带着乌娜乘坐马车前往科尔索,威尔士王子在他的阳台上给了乌娜一束鲜花。我坐在霍尔家的窗边,认真阅读了《叙利亚游记》[2]这本书。前往 E. 霍尔夫人家的这趟旅程是非常愉悦的。她在昨天见到了教皇,教皇亲自为她祝福。斯托里夫人在狂欢节这天乘马车过来,她看上去非常美丽。她戴着一顶装饰着紫罗兰花环的帽子。斯托里

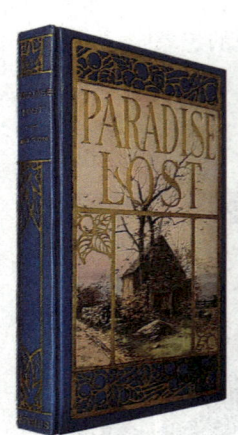

弥尔顿的《失乐园》 　　　威廉·拉塞尔夫人 　　　乔治·柯蒂斯的《叙利亚游记》

---

[1] 威廉·拉塞尔夫人(Lady William Russell,1793—1874),英国外交家和政治家乔治·拉塞尔爵士之妻,社交名流。
[2]《叙利亚游记》(*Howadji in Syria*),美国作家乔治·柯蒂斯(George William Curtis)的作品。

第十二章
意大利的岁月（一）

夫妇邀请我们前往他们在多利亚的别墅。我们欣然应约，一起度过了非常有趣的远足旅行时光。途中，我们看到了五颜六色的秋牡丹，看到了许多震撼心灵的景色。克里斯托弗·克兰奇①先生后来也加入了我们的队伍。今年，我第一次与霍尔夫人前往梵蒂冈。我们在那里见到了霍桑，当时他正与皮尔斯夫人、范德沃特小姐在一起。我们慢慢经过了长达数里路的雕像画廊。之后，乌娜与我前去拜访了皮尔斯夫人、布朗宁夫人、皮克曼夫人、霍尔夫人，并且见到了莫特里夫人。在下午的时候，我与霍尔夫人一起前往斯托里先生的画室。皮克曼夫人前来找我，霍桑与我以及朱利安一起前去拜访库什曼小姐，接着一起前往佩奇先生的画室。在这天很早的时候，莫特里先生就给我们发出了邀请，并用调侃的口吻表示希望霍桑能够

克里斯托弗·克兰奇

布朗宁夫人

---

① 克里斯托弗·克兰奇（Christopher Pearse Cranch，1813—1892），美国作家、艺术家，超验俱乐部成员。

纯洁的良心
——回忆我的父亲霍桑

哈利艾特·霍斯默小姐

与他共进晚餐,顺便见斯宾塞公爵的儿子。斯托里夫人送给乌娜在这个时节盛开的铃兰花。我与罗斯一起前往三一教堂,聆听修女们所做的晚祷。走出三一教堂之后,我们遇到了哈利艾特·霍斯默①小姐——今天真的是运气太好了!我与丈夫一起前去参观了霍斯默小姐的画室,遇到了尊敬的考珀先生,他弯着腰与我们进行友善的交谈。

布朗宁先生在见到我们的身影之后,一个箭步朝我们这边飞奔过来,脸上闪烁着真诚的光芒。霍斯默小姐无法招待我们太久,因为她正在塑造莫当特夫人雕像的鼻子。之后,西摩总督前来拜访。我带着罗斯来到一扇窗户边,欣赏着狂欢节的场景。这是非常疯狂而愉悦的时光。一位先生朝我扔来了一束美丽的鲜花与一些夹心软糖。朱利安、

哈利艾特·霍斯默代表作《熟睡的农牧神》
1865 年,于罗马完成

---

① 哈利艾特·霍斯默(Harriet Hosmer,1830—1908),美国新古典主义雕塑家。

第十二章
意大利的岁月（一）

阿尔瓦尼别墅

我、沃德夫人及查尔斯·萨姆纳先生一起前往阿尔瓦尼别墅。今天真是非常美好的一天！傍晚时分，我与霍桑一起前往古罗马圆形竞技场以及古罗马广场。此时，天上的月亮已经发出了皎洁的光芒。在晚饭之后，我与霍桑带着朱利安一起前往平丘花园。今晚的月光实在太美了。萨姆纳先生在稍晚些时候前来拜访。

在这段时间里，经常与我们在一起的朋友是一位天文学家，她是玛丽亚·米切尔[①]小姐，我们已经认识很长时间了。米切尔小姐在谈到罗马这座城市的时候，总是露出非常愉悦的笑容，似乎她正在认真、耐心地欣赏着星座。每当她露出安静的微笑时，双眼总是会散发出光芒，然后她将手放在自己柔软又丰满的嘴唇上，脸上

[①] 玛丽亚·米切尔（Maria Mitchell，1818—1889），美国女天文学家，于 1847 年以望远镜发现了彗星 C/1847 T1，该彗星因此被称为"米切尔小姐的彗星"（Miss Mitchell's Comet）。

纯洁的良心
——回忆我的父亲霍桑

玛丽亚·米切尔

露出极为满足的表情。我非常喜欢她这样的表情。但我喜欢她的主要原因，是当她与我们在巴黎的时候，正是她极为友善地给我带来了一些非常适合我吃的糕点——法国姜饼。这让我对她始终充满了非常美好的印象！米切尔小姐谈论了许多关于罗马这座城市的教堂、废墟以及画廊，给我一种如数家珍的感觉。她与我的母亲经常就像姐妹那样前去欣赏她所谈到的那些历史名胜古迹。她们二人似乎对这样的游玩与欣赏不会感到厌倦，并且每次都是满意而归。米切尔小姐的声音非常饱满，与我父亲的声音差不多。她表现出来的智慧就像一波波轻柔的思想浪潮那样，给人一种极为舒适的感觉。雕刻家哈利艾特·霍斯默小姐也是一位非常具有浪漫气息的人。她本人就是一个非常快乐的人，经常头戴一顶鼓胀起来的帽子。我还记得，她的微笑就像是一颗名贵的珍珠散发出来的光芒，让我们忘记了世间的所有琐事，只感觉到眼前的美好时光。有时，她也会非常诙谐幽默，话语却始终饱含着她对人生的深刻见解。她所传递出来的深刻思想就像一缕缕光线照在每个人身上，以一种润物细无声的方式给人以震撼。能够在罗马见到伊丽莎白·霍尔小姐，真让我们感到非常惊讶。她之前与爱默生那位才华横溢的弟弟爱德华订婚了，但爱德华后来去世了。在我看来，她就像一座高高耸立且会开口说话的纪念碑，这座纪念碑是用钻石与珠宝镶嵌的。她会以柔和的方式谈论很多事情，她的声音具有很强的穿透力，表情则会显得有点阴郁，仿佛有人在聆听她所说的一些悲伤的故事。她对历史、诗歌以及艺术都有着非常深刻的见解。当我靠近她的时候，能够感受到她那双悲伤的眼睛透露出坚强的力量，仿佛表示她不惧怕任何挑战。在我看来，她似乎正在追求一种更为高尚的自我生活。

下面，我摘录伊丽莎白·霍尔写给我母亲的两封信，这两封信充分展现了她的怜悯心与温柔的心灵：

佛罗伦萨，5月

亲爱的索菲亚：

在度过了一段从各个方面来说都极为完美的旅程之后，我们终于来到了这里，沿途欣赏着美丽的乡村景色。我们看到道路两旁有许多山楂树，还能看到金莲花形成的流苏形状，这些美丽的紫色花朵缠绕在岩石上，仿佛将每一块不平坦的地面都铺上了地毯。金色的金雀花在山丘上到处绽放，还有那些颜色鲜艳的红色三叶草，就像一片无边无际的草莓田。我之前从未在其他地方看到过这样美丽的景色。当时，天空中出现的云团投射下来的阴影，刚好让我们能够以最好的方式欣赏这些美丽的景色。我多么希望你与乌娜能够飘浮在那片云团上，站在高处俯瞰这个美丽的地方啊！每当我看到一种全新的花朵，就会想到可爱的乌娜。只有在这样的时刻，我的内心才不会感到苦

纯洁的良心
——回忆我的父亲霍桑

闷。因为在离开罗马的时候,唯一让我感到失望的是没有见到布朗宁先生,我无法在离开的这天早上送给乌娜一束美丽的鲜花。在离开之前,我就下定决心一定要这样做,但我却始终没有找到足够多的美丽花朵。当我在离开的路途中,看到沿途盛开的山楂树花朵,加深了我内心的失望情绪。我们应该带着朱利安一起出发,让他作为我们沿途旅行的艺术家,给我们采集许多鲜艳的花朵(因为朱利安现在画的花朵已经非常好了)。我们经常会说起可爱又有趣的朱利安。我在佩鲁贾的斯塔法岛画廊里看到了罗斯画的守护神圣罗莎——一个非常美丽的女性。亲爱的索菲亚,我必须感谢你一直以来给予我的各种支持以及安慰。每当我回想起与你的每次见面,回想起我们在多利亚别墅度过的时光以及我们一起去参观埃及女王的大理石雕像(在斯托里画室里),这都让我的内心感到非常温暖。在罗马的这段时光,因为有你的陪伴,每天的阳光都更加灿烂,我的内心每天都感到无比的快乐。当你带着我在晴好的天气去圣彼得广场参观的时候,我们穿过了罗马的城墙,欣赏着古罗马的历史遗迹,这给我的内心带来了极大的满足。索菲亚,那是非常开心快乐的一天。我永远都不会忘记你在罗马这座城市给予我的接待与照顾。我衷心希望,在你离开欧洲之前,能够度过更多快乐开心的时光。只有这样,你会忘记过去3个月里所感受到的不安与焦虑。我希望你能帮我转达对斯托里夫人的爱意。我非常感谢她对我的照顾,我也非常感谢斯托里先生。我始终对他们给予玛格丽特·富勒女士的善意表示感谢。现在,我已经见到了他们,我真的非常喜爱他们。请将我的爱意以及挂念转

第十二章
意大利的岁月（一）

达给乌娜与亲爱的小罗斯。你根本不知道要是有一天收不到你的消息，我是多么难熬。（在另一封信里）我在热那亚收到了你的来信，内心充满了无限的喜悦。从收到你来信的那一天，我就准备与莉齐、梅一起从维尔纳夫出发前往蒙特勒去拜访你。在拜伦酒店的员工告诉我们，你准备在蒙特勒度过1个月的时间。不过，最为重要的消息还是有关乌娜的，因为这是我们离开罗马之后，第一次听到乌娜的健康状况有所好转的消息。我每天都在热切地为乌娜的健康祈祷。在这段时间里，我没有收到霍桑先生的来信。当我得知你在今年秋天不会带着乌娜回到康科德时，我感到非常高兴……

我们的很多朋友当时都在罗马，他们要么是在罗马定居，要么是以游客的身份前来这里参观。我们在罗马度过的最后两个冬天的时光给我留下了许多深刻的印象。这样的印象不仅关乎许多人的个性，还包括许多精致的事物以及很多具有艺术魅力的场景。不过，正如我之前所说的，如果不是我那位身材高大消瘦的父亲在我身旁，或是如果我的母亲不是经常以笑脸迎接许多健谈的人，那么我对这段时间的记忆画面也将是暗淡无光。我父亲在谈到狂欢节的时候这样说："就我本人来说，虽然我会假装对这件事毫无兴趣，但我还是会随时准备像一个淘气的顽童那样撒一些五彩纸屑以及花束。"父亲的这句话充分解释了他所具有的个人魅力。我父亲喜欢观察的优雅外表、始终无法遏制的内心对欢乐以及玩耍的天性——这些天性就像一团代表着纯真生活的火焰，在他的内心世界里始终燃烧着。在狂欢节上，我看到父亲脸上露出微笑，像一个年轻人那样感

纯洁的良心
——回忆我的父亲霍桑

受着狂欢节所散发出来的热烈气氛。

我在之前已经引述了姐姐乌娜的一封信,她在信中表达了对旅途观光的疲倦心理。在此,我会引述她大约在15岁时所写一封信的部分内容。她在信中对欧洲与美国进行了很高的评价:"亲爱的阿姨,这表明你从来没有在欧洲生活过,你不知道每天呼吸着艺术的气息是什么样的感觉。要是你能够像我们这样亲身体验过,那么你肯定会认为我们是心满意足的。事实上,我们也的确感到心满意足。我们在欧洲大陆生活的时间越久,我们内心的喜悦就变得越发深沉与强烈。我们的心灵能以更好的方式去了解这里的文化与传统,我们的灵魂也能更好地了解荣耀与美感的源泉,可以自由自在地从历史上那些伟大艺术家身上汲取灵感。"

在艺术层面上,天主教的包容性让我的亲人以及他们的朋友都为之叹服。因为要是没有天主教的宽容,这一切伟大的艺术杰作就不可能出现。正如科学家与探险家已经证明的一点:除非我们知道地面下存在着包含金子的矿藏,否则我们永远都无法炼出金子。同理,很多缺乏灵感的艺术家也证明,宗教艺术只有在海纳百川的天主教的宽容下才能繁荣发展起来。任何一种脱离了上帝与圣人的宗教艺术,其实已经放弃了对家庭描述的神圣性了。

我母亲在一些信件里讲述了我姐姐乌娜患上了罗马热病的事情,同时讲述了我们所见到的一些有趣人物。母亲在信件里这样写道:

很多人乘坐马车过来询问乌娜的病情。不少人专门过来看望乌娜,甚至连亲爱的布朗宁夫人,这位几乎从来不上楼梯的人,在听到这个消息之后也专门前来看望。布朗宁夫人就像一

第十二章
意大利的岁月（一）

位真正的天使。我之前只见过她一次，当她紧握着我的双手时，我能够感觉到一股电流。她的声音仿佛能穿透我的心灵。沃德夫人之前也一直没有上楼梯的能力，但她连续5天专门过来看望乌娜。一天，我们家的客厅似乎笼罩在一片祥和的气氛当中。因为沃德夫人、布朗宁夫人与斯托里夫人等人都站在客厅里等待着我的出现。她们送来许多美丽的鲜花以及花篮，每当我迎接她们送来的礼物时，总是忍不住眼含感动的热泪。一些前往意大利出差的美国部长也前来看望。奥布里·德维尔[①]先生也过来了。每个之前见过乌娜的人都前来看望她。斯托里夫人有时一天过来看望3次，并谈论有关请更好的医生帮乌娜看病的事情。医生表示，所有为乌娜准备的食物应该按医嘱进行，绝对不能让乌娜吃其他任何食物。"这碗肉汤是谁带来的？""这是布朗宁夫人送来的。""那么请你让布朗宁夫人回去继续创作她的诗歌吧，不要用这碗肉汤耽误我给病人治疗。""这些果冻是谁送来的？""斯托里夫人送来的！""我希望斯托里夫人还是乖乖地帮她的丈夫塑造出更好的雕像，不要尝试拿这些东西给乌娜吃。"

奥布里·德维尔

① 奥布里·德维尔（Aubrey de Vere，1814—1902），爱尔兰诗人、文学评论家。

纯洁的良心
——回忆我的父亲霍桑

某天，皮尔斯将军也一天过来了3次。

我认为，我丈夫的人生在很大程度上都要感谢皮尔斯将军。他是那么友善、充满怜悯且时刻给予我们帮助。

我的母亲接着写道：

没有人能够帮我分担照顾乌娜的工作，因为乌娜始终希望我触摸她且听到我的声音。她不想告诉我她要些什么。在很多天里，她只是长时间地睁开眼睛，看我是否在她的身边。在30个日夜里，我都没有离开过她的床边。只是在早上的时候，我会坐在一张椅子上休息。此时，夏帕德小姐会照顾乌娜一两个小时。乌娜断断续续地处于完全清醒的状态。当她处于完全清醒的状态时，她会用颤抖的双手系好花束，然后送给另一位当时也在生病的朋友。乌娜会抬高手肘，在桌子上给别人写许多感谢的信件。当她谈到这些花束的时候，引用了她父亲在《神奇故事集》里写的部分内容。

我与我的父母前往几位画家与雕刻家的工作室（前往教堂与画廊的次数多得让我记不清楚了），每一次前往这些工作室的经历都会在我的记忆里留下非常深刻的印象。我希望在我父亲的这本传记里，讲述父母的陪伴以及我所见到的一些事情，能够得到读者们的理解。在我的记忆里，印象最深刻的是汤普森[①]先生的工作室，他

[①] 汤普森（Cephas Thompson，1775—1856），美国著名肖像画画家。霍桑的朋友。

第十二章
意大利的岁月（一）

之前已经给我父亲画了一幅肖像。出版商将这幅肖像放在了我父亲的《重述的故事》一书里。他的工作室非常宽敞，但不是很高，室内会出现很多阴影。我不认为他的画能够与拉斐尔相比，但我非常喜欢他使用的色彩颜料所散发出来的气味，因为这股气味总是非常芳香。我想起他放在画架上的那张潮湿的帆布，然后他在帆布上描绘出彼得与一个面容清秀的天使，这让我感觉非常有趣。我感觉他正在用画笔去创作浓缩的历史。当时，我就为自己对画作产生的这种琐碎、鲁莽的想法感到既震惊又惊喜，因为我的父母对他的画作表达出了极大的欣赏与赞美。汤普森先生还为我画了一幅微型肖像。在他绘画的时候，我只能坐在一张硬椅子上一动不动（现在回想起来，应该是一张很高的凳子），并且我的父母只能站在一旁看着我。当时，我感觉自己的行为就像一个绝对意义上的隐士。因此，我从小就产生了这样的印象：我受到了一种无形力量的惩罚，

汤普森自画像　　　　　　　　　《霍桑肖像》，汤普森作品

而我也认为自己应该接受这样的惩罚。这幅关于我的微型肖像虽然让我呆坐了一段无聊的时间，但将我生动地描绘出来了。艺术家在创作时表现出来自视高人一等的姿态，都是我们很熟悉的。当然，这种所谓给别人高人一等的感觉，其实只代表着他们的自信，自信他们的艺术创作能力，同时不会以"我的创作到底有什么用"这样愚蠢的问题来消磨自己的能力。但是，当时我在心底暗暗对此感到愤怒。因为，我不喜欢别人摆出高人一等的做法。我的母亲从小就没有以命令的口吻对我说过话。除此之外，当我想到那位喜欢安静地观察别人的父亲正在以欣赏的目光看着圣彼得的画像，这更让我感到有点恼怒。因为我非常希望父亲能够认真专注地看着我，然后说出"很好"的话语。但在那个时候，我基本上没有那样的修养，最后只能将烦闷放在心中。汤普森先生是一个面容英俊的人，脸上始终挂着灿烂的笑容，这样的笑容似乎更增添了他那灰色头发散发出来的气质。

在我只有7岁的时候，就经常好奇一点，那些艺术家到底是怎么感知他们想要创作的画面所具有的原始形象的呢？他们到底要做出多少次的尝试与努力才能最终取得成功呢？他们想要去描绘的许多历史人物或是虚构的人物本身已经不存在了，他们到底又是怎样思考出来的呢？很多雕刻家雕刻出来的人物形象是那么杰出，他们似乎一开始就在脑海里设想好了这样的蓝图，然后慢慢地按照自己的想法付诸行动。他们仿佛一气呵成完成了作品，就像雪花慢慢降落到大地上一样，在无声无息中将脑海里的想法变成了现实。可以说，过去很多雕像表现出来的平滑柔顺，让它们充满了生命力，甚至连上面出现的一些裂缝，都反而更能展现出雕像的完美细节，就

第十二章
意大利的岁月（一）

像文学作品那样，给人更多去研究与欣赏的乐趣。当地很多用大理石做成的劣质雕像都会出现很多细孔，让人一看就觉得心烦。斯托里先生雕刻的克娄巴特拉七世[①]雕像是那么平滑，每个位置是那么紧致，就像玻璃一样。可以说，雕像上的长袍根本不会掉落下一点石灰。这尊雕像与其他雕刻家的雕像相比，可以归为古典艺术。当我在阅读《玉石雕像》这本书的时候，能够想象到这些雕像作品给父亲的想象世界带来了多么丰富的素材以及思想的震撼。

在欣赏了《临死的角斗士》这尊雕像之后，我们都会奇怪一点，这位角斗士是否已经察觉自己即将走向死亡，他是否

斯托里先生雕刻的克娄巴特拉七世雕像

雕像《临死的角斗士》，现藏于意大利罗马卡比托利欧博物馆

[①] 克娄巴特拉七世（Cleopatra，前69—前30），世称"埃及艳后"，古埃及托勒密王朝末代女王。

在这个时候想起了他的妻子与孩子呢？或是，他感受到的对勇气的侮辱，会带给他比身体的伤痛更加痛苦的感受呢？这尊雕像仿佛要传递出一个英雄对失去爱意以及温馨家庭之后的哀怨情感。

《玉石雕像》这本书里就谈到了这个问题：这尊雕像是否会在某个时刻停止欢笑，或是会在之后的某个时刻继续大笑。源于动物本能的那种愉快会将这位快乐的运动员变成一个手舞足蹈又略显困惑的迷人伴侣，因为他总是在哈哈大笑或是唱着歌。克娄巴特拉七世雕像那忧郁的眼神同样传递出一种经典的感觉。我希望她能够伸直双腿，站立起来。我非常喜欢前往斯托里先生的工作室，我认为他是一个具有无畏精神的人物。

我的母亲经常怀着敬畏之情观察凯旋门，在我看来它只是一扇普通的大门，并没有什么值得认真思考的，虽然建造凯旋门的建筑师也无法解释这样的现象。即便是现在，哪怕是猫咪的猫屋也要有一扇大门的。不过，我觉得，凯旋门之所以能够让我的母亲驻足观察，更多是因为这扇门代表着古代英雄的丰功伟绩吧。在我这幼小的孩童看来，古罗马圆形竞技场也只不过是一堆废墟而已，里面关着一些凶猛的野兽，其中就包括狮子。我经常幻想这些狮子会像妖怪那样从某个山洞里突然跳出来，然后朝我这边扑过来，仿佛我变成了它们口中的猎物。当我看到很多虔诚的游客前来这座城市观光的时候，不禁会对内心一些幼稚的想法进行反思。因为这些游客的一些做法让我感到非常好奇，他们经常会在广场的中央位置双膝跪地，仿佛他们的四周是一些祭台之类的东西。当我来到圆形的废墟里，感到非常高兴。因为圆形废墟中的建筑是参差不齐的，却刚好没有阻挡阳光照射进来。很多美丽的植物都能在这片废墟上找到适

第十二章
意大利的岁月（一）

合的生存土壤。当你走到古罗马广场的时候，总能听到很多人议论着这些废墟，讲述这些属于过去的历史。这些已经变成废墟的小小建筑所存在的优雅，更多只是因为其蕴含的历史悲剧，但是属于这段废墟的历史早已经变得模糊不清了。让我感到奇怪的是，当我认真欣赏废墟所形成的曲线时，我的内心还是能够隐约体会到一种不变的永恒性。

在城墙后面的塞西莉亚·马特拉的坟墓以及亚壁古道上其他的坟墓，给我留下的第一印象就是死亡的气息。当我后来对此进行思考的时候，觉得这些坟墓应该是古罗马人的圣体安置所。这些可怜的家伙都是默默无闻的人，他们显然早已经去了天国世界。在经过了1000年的岁月之后，他们的残骸只是被放在骨灰瓮的小盒子里。他们原本想着在死后依然能够享用各式各样现在早已经生锈的小古

塞西莉亚·马特拉的坟墓，位于意大利罗马

董、玩偶或是那些让人毛骨悚然的彩虹色的水瓶。但我认为，即便是鬼魂，倘若每天对着这些东西，也会感到无比厌倦的。在父母的牵引下，我被拉到一处异教徒的坟墓。不过，这些无人问津的地下墓穴也同样让我感到阴森恐怖。我没有看到地下教堂的标志，就像一位没有接受过任何教育的新英格兰人去阅读古埃及人的图画一样，简直是一头雾水。天主教所传递出来的永恒生命力，显然是我们这些人无法理解的。在很多时候，我只是认为，倘若将死亡加入一种信仰中，那么这样的信仰肯定会以多种形式表现出来。我们没有去理会这种永恒生命到底是以什么样的形式表现出来的，只是认为"我们还活着，但这些埋在这里的人已经死了"。我们无法将这些死人的头盖骨与有生命力的活人所具有的精神进行对比，然后再将这些过去的东西称为装饰或是某种象征。

一些穿着棕色服装的人与僧侣经常穿过罗马的大街小巷，他们看上去是那么勇敢与真实。家人跟我说，要将这些僧侣视为可能存在的魔鬼，这些魔鬼会吸干我智慧的血液。事实上，如果这些忏悔者能够穿着干净整洁的浅黄色衣服，或是头上戴着头巾，那么他们给人的印象肯定会更好一些。这些僧侣经常是脚步匆忙地穿过大街，似乎与这个纷扰世界的俗事毫无关系。母亲跟我说，这些僧侣在某种程度上是不迷信什么东西的，因为他们要是迷信的话，肯定会更加注重自己的仪表与形象。有时，这些僧侣经过大街的时候，会唱着一些歌曲，将一些逝去的人送去下葬。当时，我不知道这些僧侣口中唱的正是代表着《圣经》精神的美好祈祷。我只是觉得他们的这些歌曲虽然比较让人着迷，但毫无意义。在教堂里，一些唱着歌的僧侣与男孩子则给我留下了截然不同的印象。当我们置身

第十二章
意大利的岁月（一）

于天主教堂的时候，即便是没有听到别人说一句话或是表明任何事实，也必然会感受到教堂带给你的那种庄严的神圣感。教堂所传递出来的神圣感，会让我产生一种极为平和的感觉。我脚步轻盈地走过那些双膝跪地的年老男人与女人的身旁，用沉思的目光看着他们沉浸在简单的精神世界里。有时，我不愿意离开那个放置着十字架的花园，我认为这座花园会因为这个十字架而变得更加神圣。我们在罗马生活的这些年里，我经常会对一些宗教歌曲进行戏剧性的模仿，这经常引得我的家人哈哈大笑。他们都说我应该加入教堂的唱诗班。有时，我也会幻想自己有一天在圣彼得大教堂的唱诗班里歌唱着赞美上帝的歌曲。

在四旬斋的时候，我们窗户下面的那个广场摆满了货摊，还有很多商贩制作着烤薄饼。他们戴着白色的帽子，系着一条围裙，

圣彼得大教堂，位于意大利罗马

用手用力地搓着生面团,然后放在装着橄榄油的锅里油炸。眨眼之间的工夫,这些烤薄饼就做好了,很多路人会购买这些薄饼。我看着很多人来来往往,慢慢地觉得四旬斋是一个非常无聊的仪式。在品尝了一些蛋糕之后,我发现自己吃不出这些蛋糕的味道。这些蛋糕表面都是浅黄色的,厨师们用双手将面团扭曲之后,放在油锅里炸,再捞上来。如果这些蛋糕的味道还不错,说不定我会对成为一名天主教徒产生浓厚的兴趣。但是,这些蛋糕的味道确实令人不敢恭维,这更加坚定了我的一个想法,就是意大利人即便是在食物制作方面,也缺乏足够的耐心。虽然我母亲最为重视的一位朋友沃德夫人在那段时间加入了天主教会,但这依然无法改变我的想法。沃德夫人的丈夫就曾用调侃的口吻说:"无论安娜(指沃德夫人)加入了哪个教会,哪个教会都将会拥有一位名叫圣安娜的信徒。"也许,这是沃德夫人的丈夫说的一句最让她感动的话吧。

　　在这个地方没有烤薄饼货摊的时候,也就是我之前谈到的四旬斋还没到来之前,我印象最深刻的事情就是参加狂欢节的活动。我们面前经过了很多穿着艳丽的人群。每个人脸上笑意盈盈,服装华丽,系着围巾,戴着帽子。当我站在阳台上看着狂欢节游行的队伍,内心感到无比喜悦。科尔索这条弯曲的街道看上去变得非常狭窄,街道两旁的房子非常高,一条美丽的蓝色条状丝带在人们的头顶上飘扬,让我们感觉到原来这里还是有很多空间的。人们会从窗户边向街道上抛撒花朵,它们落在下面人群的肩膀或马车上。这让马车上的人感到非常高兴,他们也会做出有趣的回应。在这场热闹的狂欢节上,突然遇到一些亲近的朋友,也是非常有趣的事情。在每条街道的转角处会有一名骑着马的警卫,他头戴闪亮的头盔,表

第十二章
意大利的岁月（一）

情显得非常沉着。

在这场狂欢节开始之前，站在窗户旁或是坐在窗户边，都能给你带来非常棒的感觉。如果窗户与下面街道上的人群平行，那么你就能够在享受其中乐趣的同时，又不需要与那些人挤在一起。你可以轻易地挑选某位美丽的女性，或是一位英俊的男子，然后将你的花束抛给她或他。总之，你可以看到很多充满活力的狂欢者，这些人的手上都拿着鲜花，靠近高高的窗户边，通过一些可以伸缩的木制悬梯，上下移动，看上去就像一把不切实际的梯子。要是雅各布的梯子足够长的话，他就能够与下面街道的人一起握手了。但即便他无法与下面的人一起握手，他的脸上也露出了迷人的笑容。与此同时，很多比较大的花束以及一些比较小但非常美丽的花束被人们从高处扔到街道上，街道仿佛变成了鲜花的海洋。有时，这些花束落到街道之后没有人去拿，那些衣衫褴褛的人就会随时将这些花束抱在怀中，然后以最快的速度卖给没有花的人。总之，这样的情况在狂欢节这天变成了很正常的事情。因为总有一些人希望通过扔花束的方式表达他们内心的喜悦。要是某人特意将一束花扔给某个人，那么这会给对方带来极为快乐的感受，很多时候，他们都会交换着愉悦的眼神。要是一个与我们素不相识的人送给我们一束花、不在乎我们是不是意大利当地人，我们的内心也会感受到巨大的快乐。也许，只有上帝才知道，我们内心的美好感觉不单单停留在狂欢节当天，而是会持续一辈子。

这些都是我喜欢回想和思考的事情，这些事情对我来说，都是极为亲切、极为重要的。

第十三章
意大利的岁月（二）

霍桑一家在佛罗伦萨度过了半年。霍桑夫人的信件持续地捕捉了每处景象具有的特点。蒙塔乌托城堡让霍桑一家人为之陶醉。虽然天主教在历史上导致了许多战争，但它的思想还是深入霍桑夫妇的心灵。斯特拉谦卑而安静地表达了自己柔和的宗教思想。布朗宁夫妇精神主义的思想以病态的方式呈现在霍桑夫人面前。一个孩子根据自己鲜活的记忆，对布朗宁夫妇进行了一番描述。莫特里写了关于《贝尼山纪事》的信件。

我们在罗马度过了两个冬天，将在佛罗伦萨度过夏天。在前往佛罗伦萨的旅途中，从我们乘坐的马车看道路沿途的景色，就像一幅幅美丽的图画。道路两旁生长着很多蓝色、红色或是黄色的意大利银莲花，在这些银莲花的中间还有一些黑色花朵。在我的印象中，这次旅程充满了阳光与休闲的时光。在旅途中，

蒙塔乌托城堡

位于意大利的贝尼山

特拉西梅诺湖

纯洁的良心
　——回忆我的父亲霍桑

我们曾在特拉西梅诺湖①停留了一段时间。我的母亲在一封信里这样写道：

1858 年 5 月 29 日

我亲爱的伊丽莎白：

　　我刚刚看到一轮明月从湖面上升起，月亮的位置刚好就在我所在客厅的窗户对面。今天，当我看到地平线上出现的曙光时，我就立即想到今晚的天空肯定会出现一轮皎洁的明月，但我从未想过今晚的月亮会这样圆、月光如此柔和，这让我产生了想要走出客厅、去外面看看的想法。此时，天空上飘浮的云团似乎闪耀着光芒，月亮渐渐地从高山边缘上升起来，而这些高山似乎是一些勇士手上所持的盾牌，仿佛与月亮进行着一场类似于弗拉米尼乌斯②与汉尼拔③之间的战斗。最后，月亮还是悄悄地越过了高山，月光洒在广阔的大地上。在这片远离故乡的土地上，看到此情此景，我竟然想象到了战争与恐怖的场面。今天下午 3 点钟，我们乘坐马车离开了佩鲁贾，当时的天气非常好。沿途的景色非常有趣，有很多美丽的山谷与绵延起伏的高山。当我们的马车攀登高山的时候，不得不加上两头公牛才行。这些公牛的眼睛就像深井那样深不可测，却又闪烁着平和的目光，似乎盼望在一片田野上吃草，在纯净的小溪边

---

① 特拉西梅诺湖（Lake Trasimeno），位于意大利翁布里亚大区境内，水域面积为 128 平方千米。
② 弗拉米尼乌斯（Gaius Flaminius Nepos，？—前 217），古罗马政治家。
③ 汉尼拔（Hannibal，前 247—前 183），迦太基（今突尼斯境内，与罗马隔海相望）名将、军事家。

第十三章
意大利的岁月（二）

喝水。附近生长着很多棕榈树与藤蔓，还有一些农民正在耕种土地。可以说，美好安静的乡村生活就在这样的静谧中慢慢地度过。拜伦曾将这样的生活称为"这是最为纯粹的人生清泉"。

7月7日。我们终于来到无比美丽的佛罗伦萨！我应该将已经来到这里的布莱恩特所写的日记寄给你看看。布朗宁夫妇就住在我们附近，我们打算很快就前去看望他们。可以说，我无法用语言来描述佛罗伦萨这座城市的美丽，空气中仿佛弥漫着甘露与冰冻果子露的味道，还夹杂着淡淡的芳香。这里有着平整的道路、拱形的桥梁以及其他美丽的景物……

弗拉米尼乌斯

汉尼拔

我们是在炎热之时来到佛罗伦萨的。唯一让我感到安慰的是可以吃到数不清的浆果与杏子。虽然这里也有很多无花果，但我当时不怎么喜欢吃无花果。我的哥哥朱利安有时会与我用手挤开浆果与杏子，然后大口大口地吃着里面的果肉，这让我们满嘴都是红色的果浆，看上去就像临死前的可怕样子。我认为我们在德尔贝罗公寓居住的经历很无趣,幸好我们没有在这里逗留很长时间。我的母亲则对这段逗留的时光有着不同的体验。她在写给美国亲人的一封信里谈道,"在这里生活是非常愉悦的"。毫无疑问,这座房子里面的装饰都是比较华丽的,有3个客厅,还有1个花园。其中,这个花园是我父亲进行"研究"的主要地方。我的母亲则非常喜欢这座公寓里15张舒适的椅子,这可以让她在欣赏这里的风光时,随时都能坐下来。在这里居住期间,更让我的内心感到不满或是懊恼的是,房子后面的地方对我来说非常潮湿,那里长了许多绿色的青苔以及一些树枝下垂的树木,显然这些树木会阻挡阳光照射进房子。当时,给我最大的感受,就是天气非常炎热。当然,大家都处于非常休闲放松的状态。即便是我的内心对此感到些许不满,但炎热的夏天似乎也能将这些不满情绪驱赶走。更糟糕的是,我的哥哥朱利安在那座但丁式的花园里捉到了一只棕色的小鸟,至于这只小鸟是因为受伤还是生病了而被他捉到的,我不是很清楚。朱利安将这只小鸟关在一个笼子里,这个笼子就像一座监狱一样,我能够看到这只小鸟让人心碎的眼神。我的父亲反对朱利安捉到并把小鸟关在笼子里。他不同意朱利安以这种好心的方式来延长小鸟的生命,说小鸟在大自然中会更加自在与安全。现在,这只在花园里被朱利安捉住的小鸟已经死去。我感觉佛罗伦萨这座城市简直让人难以容忍!我经常会沿着一条又长又黑的走廊走来走去,就这样在我们房子里从头走到尾。有时,我感觉自己内心的苦闷让眼前的景象变得失色了。在这个时候,我的母亲再次发挥了她欣赏大自然美感的能力。她对我说:"这个花园里种植着美丽的玫瑰、茉莉花、橙子树、柠檬树,还有喷泉附近的很多柳树。"在阶梯附近的地方,有一排排大理石半身雕像。这个地方始终会让我露出猫咪一样的好奇眼神。我敢肯定,父亲一定会在他的笔记本里提到这些半身雕像里存在着疟疾的感染风险。当别人吃着碟子里新采摘的无花果时,我则满心失望地对着这些无花果。我看到了父亲从一个酒瓶里倒出金黄色的酒,然后美滋滋地品尝起来。我惊讶地发现,父亲竟然露出了微笑,他在抿了一口酒之后说:"品尝这种酒,仿佛就是在感受着贝尼山的阳光。"

没有什么事情能够让我摆脱内心苦闷的状态。我唯一能够去看望的人就是鲍尔斯一家人,他们当时就住在我们的对面。鲍尔斯[①]先生总是摆出一副冷静沉着的面孔,然后对一些事情指手画脚,这让我时常感到恐惧。伟大的艺术家总是善于从更为宏大的视野中观察事物。但在我看来,鲍尔斯先生似乎以一种违背艺术的方式去展现他在机械方面的天赋。尽管如此,他还是能够很好地表现自我。为了证明任何事物都无法阻碍他,他会从一间工作室走到隔壁的房间,用他发明的一个铁制仪器做出一颗纽扣一样的东西。我认为他发明的这台机器做出来的既不是纽扣,也不是维纳斯。不过,至于这台他吹嘘的机器能够做出什么,他显然不是那么关心的。

鲍尔斯

[①] 鲍尔斯(Hiram Powers,1805—1873),美国新古典主义雕塑家。代表作有《希腊奴隶》等。

纯洁的良心
——回忆我的父亲霍桑

这段生活对我来说是灰暗的,但对我母亲来说却是非常光明的。她喜欢这里美丽的风景,喜欢那些大理石半身像,按照她的说法,这些大理石半身像的历史可以追溯到美第奇家族处于鼎盛时期的历史。当我回想起孩童时期听到的:米开朗琪罗曾以国王的气势坐在美第奇家族的身旁。他表现出来的态度似乎是对当时那个世界的一种高傲的鄙视。

清晨的阳光照射进来了,世间万物似乎重新恢复了活力。一个面容清秀且充满尊严的年轻人——达·蒙塔乌托伯爵似乎处于很饥饿的状态,但他依然非常有礼貌地来到我们所住的地方。我听到父母说,我们即将搬到贝洛瓜尔多地区的一处别墅居住。这座别墅位于距离这座城市中心 15 分钟车程的高山上,在夏天的时候去那里度假是非常棒的。这位伯爵拥有这座别墅,我也慢慢对他产生了敬畏之情。多年之后,我才开始思考一个问题,当我们享受这座别墅带来的舒适与休闲时光时,这位伯爵是否在暗地

鲍尔斯代表作《希腊奴隶》

第十三章
意大利的岁月（二）

里下了很大功夫呢？我之前不知道他在这里还有一座别墅。他那忧郁而有趣的眼神似乎给我透露出这样的信息："难道我的生活条件真的比不上我的爵位，真的要出租别墅来给别人住吗？"

在非常开心的一天里，我们乘坐马车外出，经过了斑驳的城墙。有时这些城墙实在太高了，让人根本看不到外面的事物。这些城墙曾让我的母亲专门走了3个小时的路——她走错了路口。在这炎热且充满灰尘的道路上，我们一直乘坐马车前行，目的地就是那座别墅。我的父亲与哥哥之前已经步行前往那里了。当我哥哥站在一道高高的铁制通道门前时，他显得非常高兴，为自己能够亲眼看到这样的事物而感到高兴，也将内心长久以来压抑的不满情绪全部消除了。朱利安在那道铁制大门前一边大声叫喊，一边手舞足蹈。我听不清他到底在说些什么，但我知道他是真的感到非常高兴。

我们对蒙塔乌托这个地方的第一印象是非常美好且有多样性的，这个地方没有古代遗迹所表现出来的那种自负感，同时也将历史沉淀下来的美好展现出来了。大厅的墙壁、楼梯是用灰色的石头砌成的，因此当我们走楼梯上二楼的时候，会感觉石头发出的声音在大厅里回荡。我的姐姐乌娜曾用愉悦的口吻描述这个场景："这座别墅——你根本不知道这座别墅是多么有趣！我认为这座别墅大约拥有100个房间，每个房间的大小、形状与高度都是不同的。这里墙壁的厚度有1.5米，因此，夏天的时候待在室内非常凉爽。要是我能够一辈子住在这里，肯定会感到非常开心。现在，我就坐在凉廊里，呼吸清晨的空气。我真的是非常喜欢这里的每一寸风景！"这里的高塔以及附近的凉廊都是最具本土特色的，也能够满足我们对别具一格的建筑的好奇心理。这些建筑与景色，成为我们每天生活与进行社交活动时谈论的主要话题。在别墅里，我们可以一眼看到高高的路墙，还能看到远处的亚诺山谷。一眼望过去，一片青绿色的景象，而每棵树的枝叶都处于暗淡的阴影下。这座高塔的内部（就像圆桌时代的国王一样，还有牒眼）到处布满了灰尘，显得有点破旧，因此，攀登起来会有一些危险。猫头鹰似乎对这座高塔了如指掌，因为它们经常会发出绝望般的叫声，然后在这座被废弃的高塔上找寻适合生存的地方。高塔的整个结构与监狱没有什么区别，很多应该装窗户的开孔都没有装窗户。在过去，这座高塔肯定是没有窗户的，以防止那些顽固不化的隐士悄悄地爬进来。这座被废弃的高塔是前人建造的，经过风雨的冲刷，它变成了现在这个样子。与高塔内部的破旧相比，外面的世界则显得充满了生机。蓝色的、金黄色的与绿色的花朵以及丁香花在意大利的乡村小道上肆意绽放着。

当我们说起这些楼梯可能带来的危险时，我的父亲哈哈大笑起来。他总是以哈哈大笑的方式面对自己能够感受到的危险（当然，父亲的大笑是充满激情的，不会给人一种唐突的感觉）。即便当他面临着难以抉择的道德困境时，也始终坚持自己的立场，勇敢地对抗他认为不公平的事情。父亲从来不会为我们表现出来的人性弱点而感到遗憾，因为他知道这样的弱点源于我们对很多事情的无知，而这是每个人都会犯下的错误。但在面对那些摇摇晃晃的梯子时，父亲允许我们冒着危险爬上梯子，同时提醒我们不要从梯子上那些洞中掉下来。当他看到我们有人跌倒了，会再次哈哈大笑起来。

"一个昏暗的晚上，我们在这些黑暗的梯子上摸索着。我把鼻

第十三章
意大利的岁月（二）

子顶在墙壁上，这让朱利安看着感到非常高兴。"他后来在日记里证实了这点。哪一位国王不愿意看到像我这样的人去亲近他这座古老塔楼的壁垒呢？特别是如果他有足够宽广的心胸，不会对别人发出的笑感到被冒犯的话，那么这就是皆大欢喜的事情了。我们走到了石梯的最顶端，看到上面长满黄色的苔藓，它看上去非常粗糙。我们急切地想要前往防卫墙，想要看看那里到底有什么。最后，我们看到了佛罗伦萨这座城市仿佛就在我们的眼皮底下，凉风吹过我们的脸庞，房子那边窗户发出微弱的灯光。此时，我们才明白了长期栖息在这里的猎鹰所感受到的乐趣。站在顶端，我们认真地观察着下面的风景。

在塔楼的一边是一块草地，草地四周被一堵较高的半圆形石墙围住了。在石墙前面的那个小山谷后面，是佛罗伦萨这座城市的中心，城市有很多尖塔的建筑与密集的居民楼。这里距离伽利略当年居住的那座塔楼不是很远，据说那座塔楼现在还居住了一两个人。在塔楼的另一边则是微微有点下沉的城堡主楼。在城堡主楼的前面就是一大片青绿的草地，草地附近长满了树木，最后是一堵矮墙隔开了一个草坪。有时，我的父亲与母亲会从那里买回一些葡萄、无花果、石榴以及李子，当地的果农也非常乐意出售这些水果。这些果农种植了很多水果，都很新鲜，因此，要是他们开价稍微贵一些，我们也没有说什么。在塔楼的后面则是一座房子，这座房子的拱门仿佛皱着眉头，面对所有前来这座房子的人。在房子的更远处，则是一大片果园与棕榈树，山丘上还稀疏种植着一些葡萄树。我们经常会在晚上坐在草地上，有时还会在这里接待一些客人。我们会仰望星空，看天上的月亮、星星（我母亲曾将星星称为会发出光亮的花朵），仿佛这些星星与刚刚采摘的花朵没有什么区别。任何人来到这个地方，都绝不会忽视头顶上这片美丽的景色。意大利的夜晚呈现出的天蓝色，显得那么壮丽与美好。我的母亲经常会用非常激动的情感赞美头顶上这一片星空。

关于与彗星相关的事情，我的长辈经常说，彗星的出现经常代表着人类会爆发战争或是遭遇痛苦。在我幼小的心灵里，我始终认为这是铁一般的事实。因此，当我看到如此美丽的夜空出现彗星的时候，我首先感到无比惊讶，觉得这可能意味着不好的事情即将发生。虽然意大利是在"上帝的微笑"之下的美好的土地，但我担心这片土地可能会遭遇一些让人悲伤的事情。父亲与母亲就会经常在书信里提到有关彗星的事情，他们每次都会对彗星的出现表现出担忧。在他们看来，这种担忧的理由似乎源于天主教所带来的"沉重负担"，虽然他们相信天主教最后能够放下这些沉重的负担，变得越来越好。美丽的自然风景始终会纾解人类的悲伤情感，诸如此类的景象是无法在教堂之外的其他地方找到的。在圣灵教堂的长方形会堂里，我的母亲就感受到了这种虔诚的情感所带来的美好。她经常会认真观察那些虔诚信众流露出来的表情，然后在日记本上记录下来。某天，她进入教堂，只想要感受一下清凉且休息，却发现了教堂所具有的高尚美感。正如我母亲在日记里写的那样："在一个小礼拜堂前面，正举行一个孩子的葬礼。棺材上覆盖着白色的缎子，其上镶嵌着白色与红色的宝石，孩子身上还穿着白色的长袍。教堂走道上这样的场景，可以说是教堂这个地方独有的风景。当风管乐器演奏悦耳的音乐时，如海浪舒缓地翻卷着，慢慢地占据着一大片空间，让整个教堂的圆顶都充斥着这些海浪翻滚起来的泡沫与水花。在我看来，这一切似乎意味着天使正在敞开怀抱迎接这个年幼的孩子进入天国。"要是在私人的客厅或是某个破烂的房子里进行这样的祈祷仪式，肯定无法如此强烈地触动人类敏感的心灵，也无法让我们强烈感受到天国与天使的存在。只有在教堂里举行这样的仪式，才能让人们感受到虔诚的情感所带来的那种美好，让人们更好地体会每一个动作或表情都是对上帝以及宗教历史的敬仰之情。在圣灵教堂里，我的母亲还体验了勤勉的祝祷具有的尊严感。"我们走路的时候，圣奥古斯丁教堂的牧师与僧侣都从圣器安置所走出来，他们穿着黑色长袍，分成两列跪在大理石的地面上，靠在一起，大声地歌唱着赞美万福玛利亚的圣歌。这是一个多么美好的场景啊！"我的母亲在宗教观念上，始终坚持着清教徒的理念："上帝教导我们要怀有敬畏之心，去追求美好的事物……当僧侣假装去生活的时候，天使却在过着真正意义上的生活。"但是，我母亲的行为违背了这样的理论。当她亲眼看到这些僧侣做出牺牲、具有神性之后，当她意识到自己之前的一些想法存在谬误的时候，没有谁比她更愿意迅速改变自己的观念。她最为亲密的朋友以及最有思想共鸣的人就是乔治·布拉德福德先生。布拉德福德先生经常让我想起一个真正意义上的牧师。霍尔夫人有着纯洁的灵魂，经常怀念已经去世的未婚夫，这让她给我一种修女的感觉。有时，我的母亲也看到了一些严格遵守教义的男修道士所表现出来的自我奉献精神。在菲耶索莱，"一位年轻的僧侣就为我们展现出了一种状态：他显得非常有礼貌，并且给人一种不同寻常的善意与真诚之感。他就是那些'目睹神性'的人之一。事实上，我表示要给他一笔钱来帮助他解决困难，但流露出悲伤神色的他却做出了一个表示果断拒绝的手势。这让我大感惊讶,谁也无法反驳他的做法。当时,我感到非常尴尬,因为我认为在黄金面前,任何教义与对神圣的追求都会变得无足轻重。我希望他知道在他之前的历史"。我同样希望她能够知道这点,因为这能够让她感受到我们这个时代那些追求神圣宗教精神的年轻人所表现出来的美好精神。这些年轻人表现出来的专注与虔诚,甚至可以与米开朗琪罗在艺术创作上追求的纯洁性相提并论。我希望母亲能够在不受任何外在影响的情况下,怀着谦卑之心感受这样的美好。据我观察,我母亲在这方面所持的观点以及固定的信仰与我父亲是非常吻合的。他们不相信意大利处于"天主教沉重负担"的枷锁之中,也能够感受到天主教或是十字架带来的物质上的压力,但是他们认为这对于天主教徒来说是一种永恒的精神力量。

在蒙塔乌托别墅里,我经常会故意远离一些地方,比如被废弃的客厅与宴会厅,都是我不敢靠近的地方。当然,还有一些地方是那些具有美好心愿的人不愿意看到的。顺着墙壁看过去,有一些固定的座位,就像一些破败大教堂的后堂一样突出。这些被墨绿色苔藓所覆盖着的座位,似乎在暗暗地诉说着往日的荣光。房子中间的位置摆放着一些沉重的桌子。当我进屋并看了一眼之后,马上就吓得逃之夭夭了。对我来说,演讲台是最激动人心的地方。因为从这里能够前往我姐姐乌娜的房间——一个宽敞却有点阴沉的房间。据说,这个地方每当到了拂晓的时候,就会出现一些鬼魂。除此之外,这个地方在历史上还发生过很多悲伤的事情。我的姐姐是一个足够勇敢的人,她表现出来的勇气能够吓退所有的鬼魂,因此,她对自己所住的这个房间感到非常满意。但没过多久,乌娜似乎就失去了往日的活力。一些人说,乌娜肯定是在那个房间里见到了某个

第十三章
意大利的岁月（二）

可怕的女人，从而产生了巨大的心理阴影。在我父亲所著的《贝尼山纪事》一书里，就对那个演讲台进行了非常细致的描述："这个演讲台就在十字架下面……摆放着一个头盖骨……在灰色的雪花石膏上雕刻着一些图案，这些图案显得非常精美……头盖骨上的牙齿雕刻得非常精细，每个接缝位置都显得天衣无缝，最让人惊叹的就是那双空洞的眼睛。"在蒙塔乌托的每个地方，似乎都能够展现出这种给人强烈感受的景色或是画面，这深深地满足了我父亲内心强烈的浪漫情感需要。父亲就将斯特拉[①]这个人物加入这本书中，甚至连她的名字都没有改动。在我那些惊慌与孤独的日子里，父亲这样做会让我的内心感到深深的安慰。我将她称为"一个物体"，因为我根本听不懂她说的任何一句话。当我们在一起的时候，她几乎根本不开口说话。她看上去是那么友善，虽然她的脸庞有着意大利人特有的冷峻。当我的情绪处于最低点的时候，她经常会给我带来一些干西瓜籽来吃。有时，我发现她来到一个靠近进口门廊的井边。阳光洒在她身上，让我可以清楚地看到她那黑色的辫子与脸上的许多皱纹，她戴着一个金色耳环，羊皮纸一样的手臂是光滑的棕色。有时，她会脚步轻盈地走到我的房间，让我从忧郁的情绪中走出来。她戴着一个黑色的十字架，她一直非常珍视这个十字架。我有时会认为，她如此频繁地进行祈祷，是不是精神有些失常了？我也知道她会对此做出反驳。我非常喜欢她这样的举动。不管她所信仰的事情是否正确，但她这样的精神始终让我感到非常敬畏。一个16岁左右、非常美丽的意大利少女经常与她一起双膝着地跪在十字架

[①] 即 Stella，《贝尼山纪事》中的人物。

面前。斯特拉有时不得不帮这个少女进行祈祷，让她摆脱内心的苦闷。如果我发现了她，我就不去感受她的敬畏心理，总是会不厌其烦地想要打断她低声细语的祈祷。斯特拉对我的调皮捣蛋做出的惩罚，就是给我一个蜡制的睡眠小孩玩偶，这个玩偶的四周都有鲜花围绕着。这个玩偶的脸上流露出了天使般的仁慈微笑，似乎在原谅着我的一切捣蛋行为。我感觉即便在它沉睡的时候，上帝肯定也是爱着它的。我非常喜欢观察斯特拉流露出来的眼神，她的眼神经常让我从沉沦的思想中醒过来。

为了让读者对这座别墅有更好的了解，了解这段对于我们来说充满了美好回忆的岁月和发生在我父母身上的事情，下面节选我母亲所写的一封信的内容：

1858 年 8 月 14 日

我亲爱的伊丽莎白：

乌娜与罗斯有生以来第一次出现了脸色苍白的情况。霍桑也显得非常倦怠，对城市的生活表现出了厌倦。一位英国女士、布朗宁夫人的朋友跟我们说了这座别墅，蒙塔乌托伯爵也希望在这个夏天出租这座别墅。于是，我们就前去咨询，并且最后租下了它。这座别墅位于一个非常好的地点，房间非常宽敞，布置得也很整洁。我们终于来到了这座充满着浓郁中世纪气息的地方，当年萨佛纳罗拉[①]被囚禁在这个地方。从这座别

[①] 萨佛纳罗拉（Girolamo Savonarola，1452—1498），意大利道明会修士，从 1494 年到 1498 年担任佛罗伦萨的精神和世俗领袖。

第十三章
意大利的岁月（二）

墅中，我们可以看到梦想中美丽的景色，但没有看到什么人烟。不过，因为这座别墅所处的地势较高，所以我们在一楼就能看到远处的景色，从西面的窗户能够欣赏到亚诺山谷的景色。那是一片广阔的平原，种植着一排排的葡萄树、棕榈树与其他水果。这些果树在美丽的山丘上茁壮生长，远处的亚平宁山脉正映着即

萨佛纳罗拉

将下山的夕阳。我们经常看到白色的公牛沿着山谷两旁种满树木的道路缓慢地前行，这里的农妇还是像辛辛纳图斯时代①的人一样勤劳。这里的生活环境与自然景色让我们产生了一种无限平和与安静的感觉。我们能够听到小鸟发出的婉转歌声，在晚上的时候，能够听到猫头鹰唱着优雅的曲调。空气里弥漫着最为清新的气息，柔和的风夹杂着香气缓缓地吹过，这里还有农民辛勤耕种的田地和连绵起伏的山丘。在我们附近的地方就是奥罗拉·利的塔楼，更远处的塔楼就是伽利略塔楼，伽利略当年就是在这个塔楼上研究天文学的。在我们的东北方向就是美丽的佛罗伦萨市区，那个位置刚好在山丘底部，可以看到许多圆顶屋、钟楼、宫殿以及教堂。佛罗伦萨这座城市的发源地——菲耶索莱在东边的高地上清晰可见，还可以看到圣米尼

---

① 辛辛纳图斯时代（the days of Cincinnatus），古罗马共和国的一个历史时期。

亚托,那里有许多柏树的花园,它们一直延伸到南端。这里的景色实在是太美了。每当我们面向不同的方位,就能感受不一样的景色。当太阳慢慢下山的时候,这里的景色则处于最佳的状态,给人充满诗意的感觉。因为这里的玫瑰与紫色的雾气此时仿佛笼罩在整个山丘上,这里的高山包括平整的土地仿佛变成了紫水晶、黄金、蓝宝石以及任何语言无法描绘出来的乳白色的天空。太阳的光芒似乎无法穿透山谷下面的一切。当夕阳照在山谷上方的雾气上时,就像珍珠闪耀着光芒一样。没错,我就是指珍珠的光芒,并且它还会随着光线的慢慢移动,呈现出各种变化。这样美好的轮廓是我们根本无法用画笔勾勒出来的,光线看上去是充满生命力与吸收性的。一天晚上,在太阳完全沉下山之后,蓝色与玫瑰色的光线似乎以半个齿轮的形状发散出来,那样的景致无法用任何言语表达。要是我们想用窥探式的目光进行深入观察的话,就会发现这样的光线似乎根本不存在。但是,如果我们以一种随意的目光去看,就会发现它们是真真切切存在的。当然,更有可能,这只是我们想象到的景象,而非真实存在的。在这个夏天,我们第一次欣赏到了意大利的夕阳,因为我们非常肯定一点,倘若我们继续留在罗马生活,肯定会感染罗马热病的。我们认真观察夕阳慢慢从亚诺河边的桥梁下沉,这样的景致也许最能打动我们,因为河流给这样的景色增添了几分别样的美感。河流里的水慢慢地自东往西流淌,因此我们无论站在哪个角度去观察这座桥梁,都能欣赏到同样光芒四射的景物。拱桥倒映在水面,城市的宫殿与教堂、远处的山丘,这一切构成了眼前这片雄伟壮丽的景色。可

第十三章
意大利的岁月（二）

以说，这是上帝所能创造出来的最美好的一片土地了。

乌娜的房间就在塔楼上（可以从房子里直接过去），那是一个宽敞、舒适且有拱顶的房间，房间外面还有一个演讲台，墙上悬挂着许多圣母像，还摆放着一些圣体容器等宗教之类的东西。塔楼附近还有一座很小的教堂。霍桑拥有一间可以创作的书房，还有客厅、衣帽间以及房间，距离家人有一点点远。

8月25日。昨晚，亚达·夏帕德小姐与我一起前往附近的一座别墅，想要体验一下"转桌子"——这不是与神灵相关的东西。弗兰克·布特①先生就在那里，另外还有一个佛拉芒人，他是乌娜的绘画老师。我们在桌子上耐心地尝试了两个小时，虽然桌子在不断地晃动与摇摆，但还是没有转出什么来。于是，夏帕德小姐拿出一张纸与一支铅笔，让神灵将想要说的话写出来[前提是这些神灵真的会将他们想说的话说出来（夏帕德小姐的尝试无论在当时还是现在都是成功的，我的母亲也会莫名地谈论一些世俗的情感，这经常给她带来强烈的愉悦感）]。接着，亚达感觉到一种异乎寻常的全新力

弗兰克·布特

---

① 弗兰克·布特（Francis Boott，1813—1904），美国古典音乐作曲家。

量仿佛控制着她的双手,她马上写道:"你是谁?""母亲。""谁的母亲?""霍桑孩子的母亲。我正与你在一起,我想要跟你说话,我就在你的身旁。我与你在一起的时间超过了任何其他人。"亚达的双手似乎被一种强制性的力量控制着,不由自主地在"身旁"这句话下面画了着重线,她是以极快的速度写下这些字眼的,据说只有这样的速度才能迅速联络精神的媒介。不过,我在心底对这样的事情始终有些反感,因为霍桑就非常讨厌这样装神弄鬼的事情。布朗宁夫人是一个精神主义者。布朗宁先生同样极力反对这样的事情,但他现在表示,自己愿意接受这样的想法。布朗宁夫人是一个非常有趣且愉悦的人。可以说,她是我见过的心灵最为敏感细腻的人。一天晚上,我们在布朗宁夫妇居住的加萨古迪伊的房子里,进行了一场关于神灵的对话。他们给我讲了一个非常神奇的故事,说布朗宁夫人通过休谟先生的通灵能力,竟然直接把一顶花环套在了自己的头顶上。布朗宁先生宣称,他相信这两只手就是休谟先生创造出来的,并且受到休谟先生脚趾的控制,因此休谟只需要移动脚趾,就能将花环戴在布朗宁夫人的头顶上。布朗宁夫人总是尝试用柔和的声音打断布朗宁先生的话,但布朗宁

布朗宁先生

第十三章
意大利的岁月（二）

先生的话匣子一旦打开，就根本停不下来。他不顾布朗宁夫人柔声细语的反对，继续谈论着自己对这方面的看法。布朗宁夫人无法清楚地解释这到底是怎么一回事，也不知道那双精神之手到底是从哪里来的。当然，她在接下来的冬天肯定会继续留在罗马生活，前提是她不去埃及旅行。要是你能够与布朗宁夫人见面，你肯定也会被她强大的个人魅力所征服。布朗宁先生对这个问题显得比较灵活，经常会将自己对此的看法写在纸上，而布朗宁夫人则保持沉默与沉思的状态。毋庸置疑，布朗宁先生给她的爱意拯救了她的人生。我与你一样认为，布朗宁夫人所著的带有自传性质的《奥罗拉·利》一书浓缩了她深刻的思想。我认为其他文学作品都不会像布朗宁夫人的作品那样，像露珠那样纯洁、柔软与清新。霍桑在绍斯波特[①]的时候就曾给我念过这本书，当我此时坐在凉廊上再次阅读这本书的时候，我的眼前仿佛呈现出奥罗拉的塔楼……

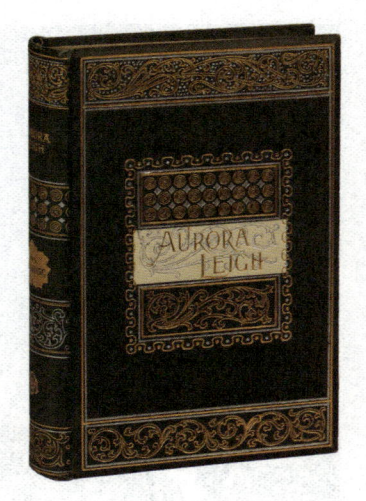

《奥罗拉·利》

凉廊的两边是开放通风的，乳白色的椭圆形缘梁架石很自然地映入我们的眼帘。就在它的阴影下方，我们欣赏着远方充满着拉

[①] 绍斯波特（Southport），英国塞夫顿地区爱尔兰海海边的一座城市。

绍斯波特的海军路桥

斐尔绘画风格的风景，度过了很多美好的晨光。很多游客会来到这里，与我们一同静静地欣赏这样的景色。在这些游客当中，就有伊丽莎白·布特[①]小姐，也就是后来的杜韦内克夫人。当时，她经常会带上那本很小的素描簿前来写生。她为我父亲画了一幅水彩肖像画。现在，她是一位年轻的艺术家，而当时的她还是一个小女孩，长着狮子鼻，有粉色的皮肤、蓬松的头发，活像一个小天使。当我看到她以前画的那幅肖像画时，强烈的愤怒情感差点让我晕过去，因为她将我强壮的父亲画成了古怪的洋娃娃形象。当然，那时候的布特小姐还只是一个尚未成熟的绘画者，在四不像的画作里还是隐

---

① 伊丽莎白·布特（Elizabeth Boott，1846—1888），美国艺术家、画家。

第十三章
意大利的岁月（二）

约能够看到怪诞的相似之处。可以说，这是我们见过的最让人震惊的画作了。我真诚希望这个年轻的女孩依然保持着那份激情与热爱，坚持画下去，她的作画技巧会大有进步，通过画作向世人展现她诚实的品行与深刻的洞察力。另一位年轻女士也经常前来这里，欣赏远处的风景。从各个方面来看，她都是一位非常美丽的女性。我的母亲喜欢与她一起聊天，说几句赞美她的话。她有着一双圆圆的棕色眼睛，这双眼睛散发出的魅力是无法用语言描述的。她脸上露出活泼与善于表达的表情。她的脸比较圆，略显苍白，似乎被那位叫"遗憾"的著名雕刻家塑造过一样，显得有点悲伤。她坐在那里，她的手托着脸颊，手肘放在椅子的后方或是扶手上。不过，她的坐姿始终不会显得出格，而是显得非常淑女。她之前曾在情场中失意。我们知道，她并不是与年轻的小伙子谈恋爱。她实在太美了，肯定不会为情寻短见。不过，她看上去很悲伤。我们都喜欢与她一起待着欣赏风景，更愿意感受她这种充满魅力的悲苦情感。

伊丽莎白·布特

纯洁的良心
——回忆我的父亲霍桑

这条道路是从一堵堵围绕着这片乡村地带的奶油色石墙中延伸出来的,因此,当人走在这条道路上,就会感觉非常炎热。直到现在,我依然还记得当时炙热的阳光照在我身上,让我不得不将头发绑起来,然后像一些被烤焦的植物那样弯着身子。当我看到那些像小女孩一样的妇女走过来的时候,我想要弯腰躲在她们所背着的小麦包与木柴所形成的阴影里,让自己凉快一些。如果她们没有背负什么东西,那么炙热的阳光会晒得我大口地喘着气。我观察她们所戴的图斯卡纳帽子,这种帽子就像车轮子那么圆,能够将她们整张脸都遮住,避免太阳的暴晒。她们不时会用手挪一下帽子,或是将帽子稍微向头部后面移动一下,但这似乎仍然无法完全遮住阳光。通往佛罗伦萨的道路似乎是走不完的,这趟旅程也给我留下了极为不好的印象。一路上,我只感受到了炎热,闻到了灰尘的味道,这是我第一次有这样的感受。不过,这里的风景还是多姿多彩的。远处的田野仿佛散发出蒸汽,高高的路墙后面还有一条大道沿着斜坡延伸下去。没过一会儿,我们就看到了一些零散的村庄。一些老妇人坐在家门口处编织衣服,她们娴熟的动作就像纺织机那样。她们唯一所使用的辅助工具就是卷线杆。一些小女孩看上去也像是非常经验老到,只是她们的年龄要小很多,也没有我之前见到的那些农妇丰满。但是,她们也在家门口处编织着蓝色的袜子。显然,她们也为自己的心灵手巧以及吃苦耐劳的品质而感到高兴。她们看上去那么小,表情那么恬静与自如,却蕴藏着一股犹如火山喷发般的巨大能量,只是这股能量暂时还没有释放出来。总之,我非常着迷地看着她们。来到了这座城市中心之后,看到了与此截然不同的景象。一些人住着豪华的房子,而一些人则过着潦倒的生活,还有一

第十三章
意大利的岁月（二）

些身体残疾的孩子在街道上乞求食物与金钱。人类所犯下的错误在这座城市得到了极为充分的证明，我也始终不会忘记这样的印象。那一群脚步匆忙、衣衫褴褛的人想要从这座城市里"体验商业中的贪婪，享受自私的欲望"，但因为走得太快了，跌倒在街道上，满脸灰尘。在我看来，那些没有人性的父亲不应该让残疾的孩子做乞丐，因为这会让孩子的母亲为之伤心落泪。我的父亲在佛罗伦萨生活期间，没有忘记文学创作。虽然在他的《贝尼山纪事》一书里，对这些让人感到伤心的景象没作过多的描述，但是悲伤的情感还是静默无声地传递给了读者。

有时，当母亲前去布朗宁夫人居住的加萨古伊迪时，我会跟着她一起去。我一直有一个坚定的想法，就是认为伽利略应该属于他们家人的圈子。在我的想象世界里，我仿佛感觉自己清楚地看到了伽利略，就与我看到布朗宁夫人一样，是真切存在的（虽然我曾坐在布朗宁夫人的膝盖上）。我想象着伽利略在自家的后院里，将太阳玩弄于股掌之中。即便当他身陷囹圄的时候，也会在自己的想象世界里研究着天文学。我还记得，布朗宁夫人居住的这座房子是一栋两层楼的房子，每个房间都投下很多阴影，因此走进这座房子马上就会有凉爽的感觉。即便在这栋光线不足的房子里，布朗宁夫人也会露出阳光般的笑容。布朗宁夫人具有的乐观品质始终让这座房子充满阳光，让每个走进这座房子的人感受到温暖。接受过高等教育的英国人在说话的时候，听上去总是给人一种愉悦的感觉。布朗宁先生在这方面超过其他英国人，当他在表达自己内心汹涌的思想时，说话的声音是那么抑扬顿挫，脸上的表情是那么愉悦。布朗宁夫人安静地坐在房子里，你可以看到她有着浓密的黑色卷发、白色的脸颊。当你与她的目光相遇时，这会让你产生一种梦幻的感觉，会让你怀疑自己是否真的还活着。她常常双手托着下巴，看上去就像幽灵一样。她的身材娇小，经常靠在躺椅上或是沙发的一角，看上去非常不起眼。伽利略要是还活着，肯定也不敢相信自己的邻居竟然是一个如此睿智且聪明的人。伽利略这位贫穷的科学家要是还在这里的话，肯定无法相信布朗宁夫人会拥有这样的气质，肯定会怀疑自己所观察到的一切。我的母亲在第二次前往罗马的时候，就谈到了布朗宁先生的拜访给她带来的思想震撼。母亲说，与布朗宁先生的这次突然相遇，让她能够从我姐姐乌娜生病以来的紧张情绪中松弛下来。布朗宁先生带给她的内心安慰，与她在我姐姐身旁照顾的感觉是相似的。根据母亲的说法，布朗宁先生有时会与你进行直接的个人交谈，谈论这座城市的图画与雕像，谈论他见到过的景象。我开始有了要对艺术与废墟产生敬意的念头，前提是这些艺术与废墟要像在罗马这座城市中如此集中。因此，在这之后的一段时间里，我将这样的念头埋在心里。在我看来，布朗宁先生就是一个完美之人、一个始终充满无限活力的人！多年来，他一直出现在我的脑海里，带给我无限美好的感觉，始终让我想起在意大利的美好时光。当我们再次回到了缺乏艺术气息的新英格兰地区的小村落里，布朗宁先生留给我的美好印象，帮助我度过了许多孤独的岁月。他经常会在梵蒂冈欣赏美丽的《戴安娜》画像，还会认真欣赏拉斐尔的圣母像、珀耳修斯的雕像、贝雅特里·倩契的画像以及我们之前乘坐四轮马车沿途所看到的景象。他的脑海里似乎存储着许多充满美感的艺术画面，这点是我深深敬佩的。我们注意到布朗宁先生有着透过事物表面、直抵事物核心的能力。更让我佩服的是，

第十三章
意大利的岁月（二）

拉斐尔的《西斯廷圣母》　　　　　珀耳修斯雕像

他这样做的时候似乎不需要耗费什么精力。

我母亲在她的一篇关于罗马的日记里这样写道："我见到了布朗宁先生。或者说，是他专门走了很远的路程前来见我。他大概是乘坐马车过来的。"这有点像布朗宁先生希望教会人们如何按照他的诗歌思想去观察事物，不要奢望站在山顶上去观察风景，而要专注于自己在每个时刻都能见到的事物，这才是最为重要的。在所有的大师里，并不是每个人都能像布朗宁先生这样始终露出阳光的笑容，有着飘逸的卷发、和善的表情。他有着最让人愉悦的性情，却给人一种虽然他距离你很近，但又非常遥远的感觉。这就是他的个性。我有时会想，要是布朗宁先生没有以如此愉悦的方式进入我父亲的视野内，他的作品是否能够以愉悦的笔调去描述当地存在的一

纯洁的良心
——回忆我的父亲霍桑

些悲伤情感呢？我的父亲写道："布朗宁先生所说的一些胡话，是非常真诚且具有思想深度的。这是一个睿智且具有能量之人所喷射出来的思想源泉。他就像一个天真淳朴的孩子那样，在朋友面前将自己内心真实的想法表露出来。"

在父亲的作品中，能持续给我带来快乐和刺激的是《格里姆沙威医生的秘密》这部小说，是这部小说的写作背景可以追溯到我们在贝罗斯瓜尔多山丘上的生活。因为在蒙塔乌托这个地方居住，让我们胆战心惊的一样东西就是这里的大蜘蛛。我根本无法用语言描述这些蜘蛛的体形或是可怕程度，也许只有《格里姆沙威医生的秘密》的小说里才能对此进行一番描述。这里的蜘蛛会让世界各地的人们都感到恐惧。几年后，我在威赛德看到的一只蜘蛛就跟在意大利拉尔克路上看到的蜘蛛一样大。但在蒙塔乌托这个地方，这些蜘蛛真的会大摇大摆地活动着，似乎不惧怕任何人。我们只敢远远地看着它们，要是我们稍加不注意，肯定会酿成大祸的。每当见到这样的蜘蛛时，我的内心就会产生一种警告："那只蜘蛛爬过来了！"然后双眼定睛盯着某个方向，那里肯定有一只蜘蛛。我可以很轻易地创作出一个糟糕的故事，但无法写出一本好的小说，因为我无法用语言描述这些蜘蛛的可怕程度。它们的目光似

圭多·雷尼的《贝雅特里·倩契》

乎在寻找着床帷的裂缝，然后像幽灵那样穿过炉墙或是爬过窗户，我猜父亲肯定会喜欢看到这些蜘蛛。这里的蜘蛛就像李子那么大，有很多条腿，要想数清楚它们到底有多少条腿，这几乎是不可能完成的任务。难怪一些浪漫主义者幽默地说，每一只蜘蛛都是一名医生，因为它们拥有着像烟道那样的庞大网络。

我父亲所著的《贝尼山纪事》一书，受到莫特里先生与他夫人的赞赏。他们是我父母多年的好友。下面，我将莫特里先生写给我母亲的一封信全部引述下来：

泰晤士河边的瓦尔顿，1860年4月13日

亲爱的索菲亚：

你还记得，在年轻的时候，我始终不愿意忍受提笔写信所带来的甜蜜折磨。但在阅读了你的来信之后，我怀着愉悦的心情给你回复信件了。你的来信似乎会对我产生一种魔力，我还是像以前那样非常欣赏你这样的能力，并且将你在罗马写给我的每一封信珍藏起来了。我喜欢你在信件里表现出的女性特有的热情，每当我感受到你的热情之后，总会产生一种更加美好与快乐的感觉……我很高兴看到你喜欢莱思罗普那封赞美与感谢的信件。当我们在阅读霍桑先生那本充满着浪漫情感的作品时，任何表达感谢的语言都会显得苍白无力……现在，我不会再对霍桑先生的这部作品说什么好话，因为我知道无论我说什么都是苍白的，都无法表达我在阅读时所感受的深沉愉悦与无限满足。我想你肯定也会非常欣赏自己丈夫所具有的文学天赋

吧。当得知霍桑愿意在回到伦敦之后与我们会面，我们每个人都感到非常高兴，因为这是我们之前所不敢奢望的……至少，我承诺一点，霍桑什么时候回到伦敦，我务必会登门拜访他。目前这个季节，我们居住在哈特福德大街31号——这座房子是属于拜伦夫人的，她与孙女安娜贝拉·金一起生活在这里……最年长的兄弟奥卡姆爵士是一名机械师，现在在布莱克沃尔岛上的一家机械工厂里工作。我认为，他选择这样的工作，似乎是想要追求自己的兴趣，而不是像彼得大帝那样要有一番大作为。他的父亲是一位典型的贵族，曾经将他抛弃。莱思罗普先生也为你赞美他的话语而感到高兴，我同样如此。因为你的赞美对我们来说意味着很多，这是很难得的，这些都是你发自内心的赞美。听说你的丈夫霍桑又准备写一本书……请告诉他，在他手头上这本书出版前不要开始动笔。

永远忠诚于你的朋友
M.E. 莫特里

莫特里在上面那封信里提到的"赞美与感谢"的信件，就是指他所写的下面这封信件：

我亲爱的霍桑先生：

我无法抑制住内心的冲动，必须给你写信，感谢你这本新书给我带来的愉悦感受。大凡是你的作品，我都读了很多次。当我第一次在《波士顿象征》这份报纸上读到你的《尖塔之

第十三章
意大利的岁月（二）

光》时，就开始欣赏你的才华了。我现在回想起来，仿佛那已经是好几百年前的事情了。当时，我们都比现在年轻许多。后来，我同样非常喜欢你的《老苹果贩子》，我认为你的才华在这部作品里崭露头角了。现在你已经变成了一名如此伟大的作家！但是，你刚刚出版的《贝尼山纪事》一书却给我带来了不同以往的阅读感受，因为这是我在有幸认识你之后，第一次阅读你这样的作品。当我阅读这本书的时候，我的记忆仿佛立即回到我们一起沿着台伯河与平原地区散步的情景（当然，这样的情形其实也出现得不多，但我具体也记不清楚了）。在那段让你为乌娜的健康忧心如焚的日子里，你依然表现出足够的睿智与冷静。现在，我手上拿着你的这本书，感到非常高兴。因为我知道这本书里饱含着你的思想，你无法再像之前那样不告而别地离开我们，因为有你这本书的陪伴，仿佛你就在我们身边。我真的非常喜欢这本书。其实我是否喜欢这本书，对你来说也不起什么作用。但我认为自己有必要说，这是我内心的真实想法，至于我的真实想法是否已经将我全部的敬意表达出来了，就不敢保证了。我觉得你的耳朵可能对别人的赞美已经厌倦了，但我希望在别人的赞美声中，你不会忽略像我这样一位真诚的崇拜者所说的赞美之词，当然这其中包括我的妻子与女儿的赞美。我不知道我们3人中谁是对这本书最为热情的，因为我们3人经常要抢着看这本书，至少在我们第一次拿到这本书时，都迫不及待地想要阅读。我只是以一种模糊、唠叨与缺乏批判性的方式来给你写信，表达自己内心真诚的敬意与感恩之情，绝对不是要表达任何批评的意见。如果我现在是要写一篇评论文章,我肯定也会觉得有必要表达对你的敬意。我此时只是遵循内心的冲动写信。不过,请允许我冒昧地说一句,你的写作风格似乎要比之前更加完美了。到底是哪一位教母赐给了你如此的天赋,让你可以通过文字来表达出珠宝与钻石一般的思想呢?当别人冥思苦想都写不出来的时候,你似乎轻而易举就能做到。请相信我,我在这封信里所说的赞美之词,根本没有我在其他人面前对你的赞美之词一半那么多。我已经说了好多次了,在英语系作家里,任何人都无法与你相比。关于这本书的故事本身,虽然遭受到一些人的批评,但对我来说,这本书的一切来得恰到好处。霍桑派的写作风格已经很成熟了,整个故事情节就像一根金线那样贯穿始终。我喜欢你讲故事时那种朦胧的感觉。这本书的故事从一开始到结束,轮廓是非常明确的,只有那些拥有丰富想象力的人才能够与你一起进行天马行空的想象之旅。对于那些抱怨这本书写得不够好的人,我只能说即便是更加直白的书籍,也会让他们反感。这些人在阅读任何书籍的时候都带着一种先入为主的成见或一种过度思考的态度,似乎只有他们的耳朵完全被一顶睡帽盖住,他们才会完全感到满意。

请原谅我的冒昧,但是有些人认为你应该将作品中那种朦胧与不确定的因素去掉,从而转向讲述普通日常生活的小说故事。这些人的说法让我火冒三丈。你的这本书,正是我想要寻找与阅读的那种类型的浪漫小说。即便你将书中所设置的背景或是人物名字从古代变成了当代马萨诸塞州的风格,这也让本书散发出浓郁的意大利风情。可见,你的作品是极为成功的。之前,我还不知道自己特别喜欢书中米里亚姆与希尔达这两个

第十三章
意大利的岁月（二）

人物，或者说，我可能更加关注多纳泰罗的命运。但是，真正让我喜欢的，是你在书中将人们熟悉的情景变得陌生起来之后所产生的非现实感。书中那两名受害者在狂欢节那天的舞蹈是震撼心灵的。这就像一幕古希腊悲剧活灵活现地发生在眼前，同时不会让人联想到任何与古希腊相关的念头。正如我之前所说，我无法单独挑选出某个场景、某段描述或是某个人物形象，来证明或是阐述我对这本书的喜爱之情。当然，在我第二次阅读这本书的时候，我肯定会有更深的感悟。我对这本书的评价可能会更加客观公允。我是在一口气阅读了3卷你的作品之后，给你写信的。如果我给你写信的口吻显得过分兴奋或是狂喜，我只能说这可能是因为你的作品如美酒那样醇厚浓郁。我所欣赏的是你这本书整体传递出来的情感与思想。我希望你会原谅我絮絮叨叨地给你写了4页纸的内容，而不是用简单的4句话来表达自己的想法。

今年夏天，我们是否还有机会见到你呢？下个月，我们应该就会在伦敦了。要是你不让我们见见你，这肯定会让我们感到非常难过。但我知道你在这方面是有分寸的。不管怎么说，你可以确信一点，你的这本书给我们全家人带来了莫大的愉悦。如果我这封信让你感到厌烦，你可以完全置之不理，也不用回复。我知道你现在每天肯定会收到如纸片飞来般的赞美之声，我也没有想过要收到你的回复。当然，要是我能够收到你的回复，这肯定会让我喜出望外的，毕竟你我是老（新）朋友嘛！

永远忠诚于你的

莫特里

纯洁的良心
——回忆我的父亲霍桑

关于《贝尼山纪事》一书的讨论,我记得听到当时很多人说过。我的母亲当时还笑着朗读了一些批评父亲这本书的信件内容,这些批评信件指责霍桑的这本书存在着过分模糊的问题,也缺乏对良知的包容性。我的父母一直对读者的评论保持着宽容的态度,对很多人的毁誉不是过分放在心上,因为他们也知道很多人根本没有能力去体会书中所包含的思想。我的父亲从来不期望自己的作品能够得到大众读者的理解,虽然他的内心还是希望读者,至少是部分读者给予肯定。他在创作这些作品时,肯定也是删除了一些过分注重分析和推理的内容,从而迎合大众读者的阅读品位。父亲给我的感觉,就像一个被公开审判的无辜之人。即便我不是他的家人,我也肯定会为他感到难过的。正因为他是我的父亲,我才感觉父亲有必要对那些批评或是贬低的声音保持沉默、耐心与冷漠。现在,他的作品已经达到了一种完美的境界。我的母亲对大众的那些廉价小说的写法表达了极为愤慨的态度,但她也知道那些廉价小说的存在只是暂时的,无法真正感染读者。与此同时,莫特里先生在来信中所表达的溢美之词,足以让我的父亲产生继续创作的动力。

也许,在谈到莫特里那封充满溢美之词的信件时,在我当时尚未了解父亲的作品时就做出这样的评价,是有欠妥当的。我们可以看到,莫特里就像欧玛尔·海亚姆[1]那样将自己的真实情感表达出来,几乎无任何保留。听到诸如莫特里这样的人不过分注重一本书字面上的意思,而更加关注这本书激发读者想象力与心灵感受的内容,这的确是让人产生共鸣的。虽然我不敢说莫特里是否真的了解

---

[1] 欧玛尔·海亚姆(Omar Khayyam, 1048—1131),波斯诗人、天文学家、数学家。代表作有《鲁拜集》等。

第十三章
意大利的岁月（二）

我父亲想在那本书里要表达的意思，但是他的赞美之词对我的父亲肯定是一种鼓励。莫特里先生按照自己对现实的理解认知是一种梦幻般的鲜明特色。我认为他所感受的力量源于一种庄严的道德现实。因为现实中存在着污秽与神圣，我们完全可以沉浸在日常普通的生活中，而忽视掉那些罪恶的时刻。米里亚姆与多纳泰罗乍看起来可能像虚构出来的人物形象。但我从小就认识到，他们其实与我们一样，都是有血有肉、真实存在的人。一开始品尝真理之酒是让人头晕目眩的，慢慢才会体会到其中美味。

欧玛尔·海亚姆

第十四章
威赛德

霍桑一家人回到了威赛德,重新感受了这里的简朴、欢乐与宁静。为人类的进步作出努力的有趣之人获得最大的奖赏,就是过上安静的生活。对爱默生、奥尔科特、梭罗与钱宁的一番描述。霍桑一家拜访在波士顿的菲尔德斯一家,见到了一些难得见到的人。虽然威赛德是一个比较安静的地方,但并没有脱离世俗的世界。外面的朋友经常过来拜访霍桑,很多信件也会寄到这里。路易莎·奥尔科特的一首有趣的诗歌。霍桑夫人提到了希区柯克将军,她认为希区柯克将军是非常优秀的人。霍桑夫人在日记与书信里对康科德的生活进行了一番描述。霍桑的健康状况出现了大问题,这让全家人感到非常担忧。林肯总统成为一个被民众认可的理想人物。

为了让读者更好地了解我们全家从欧洲返回康科德的原因,我有必要首先描述一下我爸妈相识的那座小村庄美丽的景色所具有的魅力。之前与他们经常交

第十四章
威赛德

流思想的那帮人依然等待着他们。他们知道我们无论到哪里，最后都要回到康科德，完成最后的一站旅程。尽管在康科德生活期间，他们遇到许多慕名的拜访者，但这样的打扰还是无法影响他们对这片土地的深爱之情，无法改变这座小村庄对美国历史与文学界所产生的重要性。这个地方产生了很多重要的人物，以至于当地人在谈论起来的时候，会将自己称为波士顿人。爱默生、梭罗、钱宁与奥尔科特等人散发出来的魅力吸引了很多人，时至今日，他们说的话仍然表现出宽容与勇气。

爱默生是第一个敢于站出来表达个人主观性的人，他的地位就像美国国旗一样。他在康科德的领袖地位，与我们所见到的一般光芒是不大一样的，而是那种来自朋友的光辉。多年以后，我一直盼望能够重新回到爱默生居住的那座房子里看看。我最早关于他的记忆是，当他来到我身边的时候——他是一个个子较高的人，一侧肩膀有点倾斜，用一种略带疑惑的眼神看着我的脸庞，但他脸上却挂着笑容，这让我产生了奇怪的感觉。他穿着一件黑色的外套，戴着一顶黑色的帽子，走在康科德的大道上。这条黄色的大道一直延伸到莱克星顿这座充满历史意义的城市。一开始见到他的时候（因为比我大的人总会摆出一副尊贵的模样），我深感敬畏。当我经过他身旁时（当时我还只是一个小女孩），我都怀疑这是否是真实的，我之后对他的印象越来越好。后来，我发现在路上遇到爱默生先生是最有趣的事情。每当我看到他那张洋溢着笑容的脸庞，总会让我内心感到欣喜。但是，我还是对他表现出来的自我意识以及笑容有点吹毛求疵。我经常会抱怨说，爱默生应该等到真正有什么好笑的事情之后再笑。当然，我不知道他是否暗地里偷偷地为一些希腊笑

纯洁的良心
——回忆我的父亲霍桑

爱默生  　　　　　　　　　　 奥尔科特

梭罗  　　　　　　　　　　 路易莎·奥尔科特

话而发笑，因为我记得他在康科德的一棵榆树下就独自发笑过。经过一段时间之后，我发现他就是一个喜欢笑的人，而不是要等到有什么好笑的事情发生才会笑。渐渐地，我发现他始终能找到一些可以让他发笑的事情。正如他对我们说的那样："最好的笑话，就是我们站在哲学家的角度，通过自身的认知去对事物产生一种共鸣的沉思。"但我当时只是一个愚昧无知的女孩，根本不懂这样高深的道理。当我看到他回答别人问的一些琐碎的问题时，脸上会以一种极为缓慢且不易被人察觉的方式露出微笑，直到他的脸上完全露出灿烂的笑容（整个过程就像是太阳从东边升起来那样让人感觉极为美好）。有时，我认为爱默生这种乐观的天性有点过头了，他不应该整天都露出这样灿烂的笑容，而应该留到某个特殊的场合，给别人一些惊喜。但是，爱默生根本不管这些，依然经常发出爽朗的笑声。他将这些发笑的时间称为休闲时光，说这都是他喜欢的个人感受时刻，是一种"愉悦的身体痉挛"或是"肌肉发痒"。

当我长大之后，我认为爱默生先生的微笑会让每个见到他的人产生一种自在、舒适与激励的感觉。可以肯定的是，爱默生先生的表现会带给人们疑惑，有时甚至让人觉得古怪，会被人们视为自我保护的防卫。但是，爱默生表现出来的善意，却是任何人都无法怀疑的，也是任何人无法效仿的。他的每个举动都没有表现出任何高人一等。他表现出一些愉快的行为，其他人会慢慢习惯他这样的举动，不会感到大惊小怪，直到大家最后适应了他那类似于菲利普·西德尼爵士[①]的礼貌举动。他那双弓形的暗黑色眉毛有时看上

[①] 菲利普·西德尼爵士（Sir Philip Sidney，1554—1586），英国伊丽莎白时代的大臣、诗人、学者和战士。

纯洁的良心
——回忆我的父亲霍桑

菲利普·西德尼爵士　　　　　　　　拉尔克小径

去是那么不怒自威,他很快就会舒展自己的眉毛,让自己流露出一种善意。随着年龄的慢慢增长,他原本看上去威严的眼神现在却充满了极大的善意。

要想对威赛德这个地方有更加深入的了解,就必须与这个地方的主人具有的恬静性格和不喜欢社交的习惯联系起来。正如奥尔科特先生经常被人们看到,独自一人沿着我们两家之间的那条两旁都种植着树木的拉尔克小径[①]行走时的情形。但是,我能够察觉出每个看到他的人似乎都在表达对他的认可。也许,即便是他的一个微小的举动,也能给人带来这样不同的感受。我还记得,我的一些观

[①] 拉尔克小径（the Larch Path）,位于美国马萨诸塞州康科德镇威赛德地区的奥尔科特故居、霍桑故居前的一条著名小径。

第十四章
威赛德

察行为会引起他的好奇心理。每当他来我家的时候，我母亲的眼神总会变得柔和起来，而不像她在思考的时候眉头紧锁。我非常清楚奥尔科特先生是一位受人尊敬的人，但他有时会随身携带一些诗歌手稿，这都是由他个人灵感诞生的"孩子"。在我看来，他的这些诗歌要比一些使大人难堪的孩子更加不受欢迎。他还曾特意给我的父母朗读了一首特别冗长的诗歌（这听上去是一件无伤大雅的事情），这首诗歌给我的父母带来了持久而深刻的印象。通过了解大人们对这首诗歌的看法，我了解到奥尔科特先生的这首诗歌就像柔和的月光洒在一片平坦的原野上，给人带来一种安静柔和的感觉。奥尔科特先生的脸上经常表现出激动、自信与柔和的神色，他的声音是那么抑扬顿挫。我认为，即便他昨晚做了一些充满幻觉的梦，也不会感到丝毫震惊，这些充满幻觉的梦境似乎只是在告诉他应该去追求崇高的梦想，鞭策他继续努力。他经常露出快乐的笑容，有时甚至会像一个孩子那样高兴地跳起舞蹈，有时也会像天真稚气的孩子那样露出傻笑，迅速抬起自己的头颅，接着微微地弯着腰。这种迅速且愉悦的身体动作是那么有趣，让每个与他说话的人都感到非常震惊，为见到他这样的表现感到非常有趣。但是，我注意到他的脸色是那么苍白与忧伤，仿佛他那个高尚的女儿没有取得辉煌的成就一样。但是，这样的行为并不能代表他的品格，环境也无法奴役他的身心。他始终表现出一种超越环境限制的决心，不会像一只被枷锁限制的羔羊。当我某天看到他缓慢走路或是慢慢地修建充满乡村气息的栅栏时，他可能会被视为年过百岁的老人——仿佛他正在听从某位古代法老的命令。但在10年之后，他变成了一个与此相反的人，变成了一个"巨人"：令人愉悦，头发花白，举止优雅，随时准备重新开始自己的生活。

对我来说，奥尔科特就是我们这座村落里一个神奇的存在，我经常会在村里见到他。我曾听说他专门前往树林里寻找一些奇形怪状的树根与树枝，这让我觉得他是一个在乡村建筑方面有着独特天赋的人。据说，在我们村附近的地方，任何人拥有了古玩或是古董都会找他鉴赏。如果你在那时候拥有一棵形状奇特的树木，那么人们就会说这棵树在奥尔科特手上会更加安全。我想象着他穿着黑色的衣服，戴着一顶别具特色的帽子，微微弯下高大的身躯，在森林的小径里来回走动，或是在回家的时候，背着一些诸如石雕形状的树根。他这种有趣的爱好与追求，可以从他制作的一些手工制品中看出来。当然，他这些手工制品现在已经由原本的铜黄色变成了苍白的颜色，但这些作品似乎依然具有生命力。简言之，他的热情一旦满足之后，就很容易消退，就好像诗人创作出来的诗歌在理论家面前，立即变成打油诗一样。事实上，奥尔科特是一个喜欢沉浸于自身思想当中的人。他总是习惯一个人做自己喜欢做的事情，不大愿意去面对更加困难的现实。我还记得，别人跟我说，他的女儿路易莎在内战期间照顾受伤的士兵，感染了斑疹和伤寒去世了。之后，他打掉了一名叛军士兵的下巴，当时我整个人惊呆了。当时，他的目标就是带自己的女儿回家，人们很难相信，即便当他面对痛苦不堪的结局，他也依然能够勇敢地面对。我从未期望能够再次见到他。他在这个世界上唯一的追求，就是对苹果树的痴迷。在他的果园里，他是一个非常有趣的人，整个人都变得非常随和。当他看着一大堆采摘下来的红彤彤的苹果时，他的脸上也会闪耀着光芒，他的整个身体会变得柔软，仿佛自己就与他种植的水果一样，都是

第十四章
威赛德

非常成熟的。他的果园就在道路旁边，很多树木从一块盆地形状的草地上生长出来（这片土地之前可能是沼泽）。在我看来，他是一个有着完美灵魂的人。当我们在这个小镇来回走动的时候，见到他的身影总会让我们感到开心。难怪，在他人生事业开始阶段，在花园里玩耍的孩子能给他带来那么多的灵感。当他置身果园的时候，他整个人似乎表现出来一种柔和的渴望与仁慈心理，他对那些孩子露出微笑，展现出无限的爱意。

在很多时候，他说话都是非常谦卑的，但他从来不会让别人认为故意摆出谦卑的姿态。在我看来，他的弱点是非常荒唐可笑的，有时也会让我感到非常生气。当然，这是我找的借口，他是一个勇敢的人，但即便是勇敢的人也存在着缺点。但我后来发现了一个永恒的事实，那就是一些毫无价值的事物对于那些具有鲜明特点的人来说，是非常自然的存在，也许正是它们在抵御着来自各方面的攻击。我认为，人们肯定会慢慢地认识到饱含着认真精神的潜意识爱好所具有的价值。当然，这样的爱好并不是"过分聪明的百眼巨人"的形象，更多的是充满着天真稚气的轻信。这种未被玷污的天真稚气以及柔和的自信特点，其实是他应该得到的赞美。当奥尔科特没有从苹果园或是他自身的灵感中走出来的时候，他是一个心智绝对健全的人，充满简朴的人性，对造物主赐给他的个人能力充满无限的自信。因此，他给我留下的印象是充满尊严的，虽然他的性格中存在着反复无常的特点。当然，他所表现出来的反复无常的性格特点，与《国父》[①]一书里提到的那些反复无常之人是有区别

[①]《国父》(*The Father of His Country*)，美国作家、教育家奥尔科特（Amos Bronson Alcott）的作品。

的。他始终为坚持自己的立场而感到骄傲。他经常穿着绿色的外套与紫色的裤子,但他对此却丝毫不在意。他知道即便别人对此有任何其他的看法,也都只是他人生的插曲,他不需要对此付出太多的关注。

艾勒里·钱宁先生可以说是整个城镇上最受欢迎的人。我的父母对他充满敬佩与友好的情感。要是我在本书里不提到我父母的这位好朋友,那么这肯定是我犯下的一个巨大错误。当然,我肯定也希望他原谅我这样做。毫无疑问,要是康科德这个地方没有艾勒里·钱宁先生的存在,那么这个地方在世人的想象空间中肯定会少几分重量的。正如我看到的老年时期的他,是那么柔和与宽容,有时会像一个孩子那样喜欢做出一些古怪与滑稽的动作,给人带来一种非常有趣的感觉。我很高兴能够见到他那双散发出光芒的蓝色眼睛——他最后总是会优雅地微微低下头。对我来说,他的眼神似乎能够穿透厚厚的墙壁、超越任何障碍,仿佛就是从天空俯瞰地平线的感觉。当然,他这样的眼神并不会给我带来任何困扰。可以说,钱宁先生实在是太友善了,任何人都不忍心去批评他——也许这只是我个人的想法。毫无疑问的是,钱宁先生在去世之前,也曾表达过自己的一些遗憾,但那正是他对身边朋友的眷恋之情。当我说到友情这个问题,我认为真正触动他(一个男孩连续失去他的大理石玩具)放弃自己所有忠诚的朋友,同时没有说半句解释的话语,没有做出任何代表着理智的行为的唯一解释,就是这个充满魅力的男孩在年老之后,失去了他年轻时期最为愉悦且强大的那种功能。当他经过我们身边的时候,再也不会向我们点头问好了。接着,他再次找到所谓的"大理石玩具",然后将这些东西放在自己的口袋里，仿佛什么事情都没有发生，依然露出腼腆的微笑，与别人进行友善的交流。一个人最强大的标志就是他所具有的能力。当钱宁先生的"大海"对我们来说是充满浮力且洒满阳光的时候，这代表着一股强大的力量，会让人们充满强烈美好的情感。在那些岁月里，他几乎每天外出呼吸新鲜空气，他对大自然的感情是我们这些小孩当时根本无法理解的。即便当我们想要按照他的想法进行思考的时候，也无法真正获得有价值的思考。他总会邀请他的好友与他一起散步，我曾有幸与他一起攀登一座高山，然后看着夕阳西下的情景。当时我意识到，这样的景色是这个世界上最美丽的！

另一个经常困扰我们的特殊人物就是梭罗。梭罗有着一双圆圆的眼睛，有着深厚的宗教情感与智慧，同时有着狂放不羁的一面，但总的来说，他还是一个非常温顺的人。他的脸上经常流露出奇怪的表情，但这样的表情似乎是各种力量交织起来之后形成的力量。一开始，他这样的表情让我感到非常恐惧。但是，他在不经意间做出的一些让人无法反驳的回答，却经常让我对他充满仰慕之心。在他长期生病期间，我的母亲经常拿出我们家那个古老的音乐盒借给他。我的母亲在老屋居住的时候，就曾一边听着这个音乐盒发出的美妙声音一边跳舞。即便是到了现在，这个音乐盒依然会发出非常柔和美妙的声音。当梭罗去世的时候，他就像一朵最美丽的银莲花，被人们移植到一个安静的树林里，埋葬在一片荒芜的蕨类植物与苔藓之间，再也不会受到路人的任何侵扰了。梭罗是一个追求自由与机会的人。他就像圣人那样亲近自然，感受自然的平和，然后他将自己的感受通过书籍的形式表达出来，带给美国读者对大自然的全新认知。他就像一个懂得自我克制的人，始终以隐士或是旁观者的角度观察这个世界。他为自己严格践行的禁欲主义而感到骄傲，正如每个追求权力的人都会为最终获得权力而感到自豪一样。不同的是，梭罗追求的这种能力，是一种能够激发人们对最需要关注的事物的感知能力。他展现出来的形象就像4月的花朵那般沉静。你绝对不会猜到他会以如此诙谐的方式描述猫头鹰这种动物。他描写大自然的文字，似乎让读者认为他会与大自然的生物一起兴奋、悲伤或是哭泣。当时，我从未攀登过康科德地区的任何一座高山或是穿越一片广阔的田野，从未想过他竟然是大自然如此亲密的朋友，是一个如此喜欢画眉的人，同时还是一个与印第安人有着如此亲密关系的人。每当我们前往瓦尔登森林的时候，整个森林发出沙沙的声响，似乎都在呼唤着梭罗的名字。

当我们离开欧洲，回到美国之后，就立即从火车站乘坐马车前往威赛德。我还清楚地记得，这些让我倍感陌生的非英国式的风景与那间就是我们家的破烂房子给我带来难受的感觉。我的内心马上产生了忧郁的情感，感到以后将要过着压抑的日子（至少，这是我当时的个人感受）。但后来，我惊讶于花园里竟然有那么多沙子以及我们在这里的仆人服务得竟然那么周到。

多年来，我一直想凭借自己的语言能力，与我在英国或是其他地方的女性朋友进行交流，这与康科德的生活是存在很大区别的。也许，下面这两封信（其中一封信是在英国的巴斯写的，另一封信则是在康科德写的）虽然从来没有寄出去，但其中节选的部分内容还是被我的母亲保存下来，没有被大火烧掉。也许，这两封信的部分内容能够将我们全家人当时的一些想法呈现出来：

第十四章
威赛德

英国巴斯,查尔斯大街 31 号

亲爱的汉纳(雷德卡·汉纳):

当我要回家的时候,我认为没有比即将回到故乡更让我感到开心的事情了,因为我在故乡会拥有一个面积庞大的花园,我的一些闺蜜经常过来看我。我认为,在我的人生里,没有什么比我在家乡的时光更让我感到开心的了。

在度过了那段过渡期之后,下面的这封信这样写道:

马萨诸塞州康科德

现在,我已经回到了康科德,非常急迫地想要见到你,但我认为这样的想法是毫无意义的。在我完成了自己的功课后,我会走出家门,度过美好的时光,这是可以肯定的。我眼前的只是一片冰封的土地,我必须想办法找点事情来做,从而让自己的身体保持温暖。因此,我必须在外面运动一会儿,然后再回家。事实上,我也不知道该怎样做才能让身子感到暖和。你现在在英国,即便是在冬天,你也会感到无比温暖,你应该对此心存感激。冰霜已经出现在我们家的窗户上了,你无法透过窗户看到外面的景象。

我想着要通过创作一些故事给我在康科德的生活带来一些乐

趣——我只向我的一两个闺蜜透露了这样的想法。我的父亲听到了我说出的这些充满虚荣心的话，因为他就坐在我房间外面客厅的沙发上，而我的房间没有关门，我的两个闺蜜在房间内认真聆听我的计划。她们在聆听了我的想法之后，很惊讶，双眼睁得圆圆的，我也为自己这一项激动人心的声明而感到无比自豪。我感觉自己身处甜三叶草的花园里，满脑子都是其白花盛开的样子，绝对无法想象自己的这个宏伟目标会遭到当头一棒。几分钟之后，我的父亲就走了进来，他的眼中似乎散发出怒火。"永远不要让我听到你提到这些创作故事的计划！"他说话的口气显然是有点恼怒了，因为我之前也听过父亲说出类似话语时的口气。"我不允许你去创作这些故事！"但我认为，父亲的这种反对只会让我产生更大的动力要成为作家。尤其是当我在脑海里思考成为作家的各种美好情景时，我的内心更是产生了无法抑制的冲动。

当我们去波士顿拜访菲尔德斯夫妇的时候，原本的一片荒地变成了绿地。我的母亲曾用文字记录了当我呼吸大自然的味道时，内心感到喜悦的情形。我的母亲曾怀着愉悦的心情写下这段话：

我亲爱的爸爸，当我来到波士顿之后，我们肯定会立即给你写信的。我们已经安全抵达这里了，也为我们终于再次回到这里而感到无比高兴。当我们到达之后，就能吃到美味的蛋糕、喝到雪利酒了。安妮一个箭步冲向我们，她看上去是那么可爱。菲尔德斯先生在晚饭前才出现。他表示，霍桑在领事馆工作的这段时间表现得极为出色。（当然，我在这里使用了比较带有感情色彩的一个词语。）我们一路上顶着毒辣的阳光，来到了教堂。菲尔德斯先

第十四章
威赛德

生走在阳光下，显得非常愉悦。菲尔德斯夫人（我们经常将她称为"草地夫人"）就询问菲尔德斯先生为什么要走在太阳下面，而不是躲在阴影里。菲尔德斯先生幽默地说："因为太阳的光线会让我们每个人都不断生长。哦，当我置身于阳光下，我就感觉自己似乎在生长！"菲尔德斯先生说前往教堂会让他产生困意，他之所以会产生这样的想法，是教堂执事的缘故。他说这个世界因为你创作的《利明顿温泉》而充满了欢喜的情感。他不知道如何表达对这部小说的喜爱之情。当我们在画廊里见到阿普尔顿[①]先生时，他显得非常具有教养。画廊里挂着一幅亨特画的杰出画像。阿普尔顿先生将这幅画称为"伟大的艺术"。这幅画也深深吸引着我。我之前听到了太多人谈论所谓的"伟大的艺术"，但这幅画的确给我带来不同以往的感受。画廊里还挂着一幅亨特本人的自画像，画像上描绘眉毛的手法与米开朗琪罗有点相像。"有一点向米开朗琪罗致敬的感觉"。弗雷蒙特画廊的负责人是一个面容英俊的人，但他表现出来的能力似乎不足以管理好这样的画廊。他看上去就像一只老鹰，为人忠诚老实，但缺乏足够的智慧。我们为当时政府军在战场上取得的胜利而感到骄傲，也为见到美国国旗在飘扬而非常开心。我们与

阿普尔顿

[①] 阿普尔顿（Tom Appleton, 1812—1884），美国作家、艺术家。他的妹妹弗朗西斯后来嫁给了美国诗人亨利·朗费罗。

戴西先生一起吃早餐。能够听到戴西先生的英国口音，他的口音要比亨利·布莱特先生那种特有的兰开夏郡口音更有意思，这真是让我们感到开心。我们与巴托尔夫妇一起喝茶，菲尔德斯先生也是一个极为睿智的人，我们在茶桌上被他逗得差不多要笑死了。巴托尔夫人则因为笑得太开心了，喘着气对菲尔德斯先生说，他是专门想出这样的"阴谋"，好让我们无法吃更多东西，并且想要通过让我们不断地发笑来谋害我们。安妮戴着一个红色的冠状头饰，这让她看上去更具有魅力。菲尔德斯说，安妮小姐就像置身于大火之中的苔藓。接着，菲尔德斯先生说，千万要等到他过来之后，再让刺槐绽放出花朵！请将他的爱意传达给乌娜与朱利安！

父亲也在菲尔德斯先生与"草地夫人"家里感受到了无尽的快乐，度过了愉悦的时光。

在威赛德，我们同样度过了愉悦的时光。虽然我们过着简朴与避世的生活，但是这里骄阳似火，到处繁花似锦、青草茂盛。康科德这座小镇在天气晴好的 6—10 月份之间是极为美丽的。我们还能在这里感受路易莎·奥尔科特夫人的友善招待。她总是能够让我们露出灿烂的笑容。在我看来，她过着一种最为勇敢、美好的生活。当我们给她寄去生日礼物之后，她也同样寄给我们一首诗作为回赠礼物。我从她的这首诗里节选出部分内容：

山楂树[①]是一种优雅的树木，

[①] 山楂树（Hawthorne），这里是双关语，亦指霍桑，因为霍桑的名字在英文中本身就有山楂树的意思。

第十四章
威赛德

从刚刚抽出的新枝到那些粗壮的老根,
当其他树木已经凋落了叶子,孤零零地站着时,
它依然欢快地摆动着叶子,结出果实。
在某个时刻,一阵轻柔的风吹过,
让跳跃的树枝微微地颤动,
一份精美的礼物似乎就在风中跳动,
就如雪花悄悄堆积在邻居的大门口。

那位年过三十的老姑娘终于碰上了运气,
找到了自己一生中的如意郎君。
最好的证明,就是她那颗原本枯萎的心,
重新焕发出生命的活力。
她变成一个更好的女人,
成为一个更好的母亲!

友谊之树可能需要很长的时间,
才能在春秋两季生长。
谦卑的小鸟在树荫下鸣叫着。
盼望这些小鸟安静地唱着优雅的歌曲,
时间会给它一个永恒的名字。
斧头无法伤害到它,冰霜无法杀死它。
在爱默生种植的松树与梭罗种植的橡树下,
山楂树将会永远受到人们的爱戴!

母亲在写给我父亲的一些信件里，就曾提到了辛勤的劳动几乎占据了她多年的人生（她的女儿也尝试以她为学习的榜样）。这些记录也表明了我们从欧洲回到故乡生活之后，与先前生活的差别：

当罗斯看到了花园里盛开的番红花之后，她欢呼的尖叫声在整个乡村里回荡。美丽的春天景色就像"醇厚的美酒"，让她的心灵为之陶醉。她不断地拥抱我、亲吻我，表现得非常热情。即便是一处绿色的草地，也会让她感受到一种难以言喻的快乐。

1860年9月9日。在喝茶之前，朱利安的心情非常好。在喝茶后，我给他与罗斯读了《圣经》"马太福音"的一节，然后与他们谈论了关于保罗的事情。现在，罗斯的画已经画得很好了，她经常会在黑板上描绘出本诺克先生的画像，还有她喜欢的夏洛特·马斯顿与朱利安等人的画像，这些画像都有点相像。本·曼恩先生带来了一封来自乌娜的信件，还有另一封来自英国本特利的信，他们在信中以谦卑的口吻询问着你即将出版的那本书。花园里疯狂生长的野草简直超乎你的想象，野草已将甜瓜、胡瓜、南瓜乃至大豆全部遮盖住了。野草的高度已经完全超过了其他庄稼的高度。这些不请自来的"客人"是我之前根本没有想到的。我应该尝试做点什么，但我担心自己虚弱的身体无法将这些野草全部铲除掉。花园里潮湿闷热的气温让这些野草得以繁茂生长——我之前只有在古巴才看到过这样的景象。我们的房子与阶梯之间的后门地带，几乎变成了一个真正意义上的原始森林。这样的景象带有英国与爱尔兰地区的特色。今天，我采摘了40根玉米，我们全家人前往奥尔科特先生家里喝茶。当我们在日落时分出发的时

第十四章
威赛德

候，天空是晴朗的，但似乎弥漫着很大雾气。我们的这趟旅程非常愉快。奥尔科特先生是一位非常友善且仁慈的人，奥尔科特夫人看上去就像朱庇特·奥林匹斯那样的人。希区柯克将军已经提前1个小时到达那里。孩子们送给我从布尔先生那里采摘的美丽玫瑰花，这些玫瑰花颜色各异，有的是深红色，有的是浅粉色。我看到了一张带有罗马风格的桌子上摆放着一个玻璃器皿，这张桌子与霍桑放在家里的茶桌很相像。而花瓶里那株番红花则显得非常美丽，大丽花与虎百合则放在主显圣容画像的下方。整个客厅看上去是非常美丽的，散发出芳香的玫瑰味道。所有的窗帘拉开了，房间里显得比较明亮。窗外是一片绿油油的青草，远处还有种植着树木的山丘与草地，整个景象让我们感到非常愉悦。在宽敞明亮的客厅里，我见到了希区柯克将军。当我表示认可他的思想之后，他的脸上露出了最为灿烂的笑容。我也露出了与他的表情一样的神色。希区柯克将军那双平静的眼睛一看就是见证过许多世间风雨的人，他以客观的角度去观察世间的一切，这让他的许多看法是非常客观的（他之前已经对炼金术以及所有的神秘哲学进行了一番研究）。昨天，伊丽莎白·霍尔女士与我一起度过了整个上午。我们谈论着在罗马以及佛罗伦萨的见闻。霍尔女士认为我们的房子是所有房子中最美丽的，她的身上始终散发出圣保罗般的高尚品格。在一张罗马桌子上，摆放着一个玻璃花瓶，花瓶里插着美丽的睡莲花，这株睡莲花是乌娜今天早上从河边采摘过来的。在桌子中央位置，一株百合花也被放在一个高脚玻璃杯里，非常美丽。在白色的桌子上，摆放着一个凤仙花图案的玻璃瓶，玻璃瓶里放着从深红色到浅桃色的花朵，还有一些紫色与白色的花朵。今天，乌娜从波士顿回家了。她在这次旅程中玩得非常开心，见到了很多不同的人，每个人都表达了对她的喜爱之情。"妈妈，为什么每个人都那么喜欢我呢？"乌娜问道。当然，每个人肯定会喜欢乌娜的。今天，乌娜的舞蹈老师前来拜访。他是一名性情温和之人，脸上总是挂着微笑，见到我的时候总是会鞠躬问好。我希望你能够见到这个人，这会让你真正感受到真正优雅的言谈举止。你肯定会说，这是多么有趣的事情啊！我曾听你说过："自然是让人好奇的！"我参加过伊迪斯·爱默生的聚会，她在树下摆放了一张很大的桌子，桌子上面摆放着鲜花、蛋糕与糖果，十几个小孩在树下跑来跑去，每个人围绕着一个"大人"绕来绕去，大人们则是责备这些孩子，让他们不要乱跑。爱默生夫人以一种女修道院院长的姿态走了出来，她戴着有花边的装饰头巾，穿着黑色的丝绸衣服。我在昨晚收到你的来信，你的这封来信给我带来极大的乐趣。我已经将你的衣服都拿去修补了。哎呀，你的衣服跟在旧衣市场上看到的那些破烂衣服没有什么区别啊！为什么你之前不早点告诉我呢？奥尔科特夫人给我买来一些云杉酿造的啤酒，这些啤酒的味道非常不错。当你回家的时候，同样应该拥有属于你的啤酒。巴布前去看望奥尔科特夫人，我则继续着除草工作。在7点钟的时候，我听到了13发炮弹发出的声响，但不知道到底发生了什么事。接着，我一个人待在威赛德的家里，直到晚上8点钟。在这段时间里，我只听到了鸟叫的声音，除此之外，没有听到任何其他的声音。这样的感觉是那么怪异却又那么美好。我每天在思念着你，每天在为你祈祷。在大约8点钟以后，我听到有脚步声从拉尔克小径

第十四章
威赛德

桑雕像，位于美国康科德镇威赛德故居内

霍桑用过的椅子，现收藏于马萨诸塞州塞勒姆的霍桑出生地博物馆内

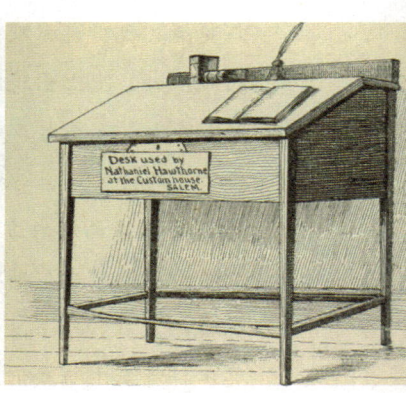

霍桑站着写作的桌子

上传过来，我终于见到孩子们的身影了。乌娜给我念了你的《一个古玩收藏家的搜集》①的部分内容，然后怀着愉悦的心情上床睡觉了。我还收到了来自本诺克先生的一封信，他就像耶利米那样为我们国家出现的这场战争而感到无比焦虑，同时希望能够尽快得到你的回信。他将他本人以及他妻子的照片都寄过来了。照片上的他看上去有点忧郁，一对浓密的眉毛看上去特别显眼，脸上的表情却是那么温和。

以下内容来自我母亲的日记：

1862年1月1日。我收到了来自皮尔斯将军寄来的信件

---

① 《一个古玩收藏家的搜集》（*A Virtuoso's Collection*），霍桑的一部小说。

与美酒。我听说爱默生先生发表了关于战争主题的演说。今天的风很大,晚上出现了一轮明月,河上还漂浮着一条金色的小船。晚上,霍桑大声朗读了《中洛锡安郡的心灵》(我想要知道我所写的文字是否与托马斯·布朗爵士①的文字相似),我丈夫还曾用易位构词的方式对我的名字进行了一番调侃:"暴风雨中的希望!"皮尔斯将军在中午的时候来到我们家。我当时前往城镇大厅聆听五重奏俱乐部演奏贝多芬的《第五交响曲》。奥尔科特先生与我们一起前去。在午夜时分,一轮皎洁的月亮悬挂在空中。皮尔斯将军在我们家待了一个晚上,我的丈夫同样对皮尔斯将军的名字进行了一番易位构词法的调侃:"普林斯里·弗兰克。"我丈夫大声给我朗读了《兰斯洛特·格里夫斯爵

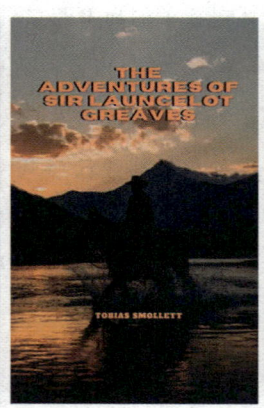

托马斯·布朗爵士　　《兰斯洛特·格里夫斯爵士历险记》　　《迷雾中的少女》

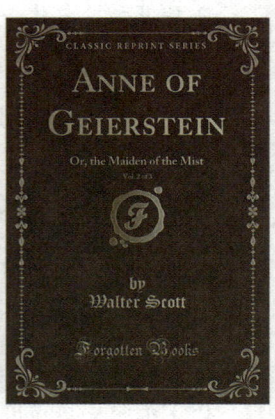

---

① 托马斯·布朗爵士(Sir Thomas Browne,1605—1682),英国医生、作家。

第十四章
威赛德

士历险记》[1]还有《迷雾中的少女》[2]两本书。我正在为朱利安准备一个蓝色的胡子,艾伦·爱默生答应借给我这样的道具。我们整天都在努力工作。我们收到了乌娜与我本人的照片。当然,照片上的我看上去不是很美丽。提克诺尔先生今晚过来一起用餐。布尔摩尔先生(史蒂芬·布尔摩尔的儿子,他所写的关于海关办公室的故事是无法模仿的)也过来了。我丈夫今天感觉不是很好。我一直对他的身体健康状况感到很忧虑,但谢天谢地,他今晚的状态还算可以。我的右手感觉不是很舒服,只能将它放在山金车花的水中浸泡。因为我之前一直忙着制作鞋子(这些都是为孩子们准备的道具)。

艾伦·爱默生

母亲在写给父亲的信件里接着说:

艾伦·爱默生、伊迪斯·爱默生与乌娜一起喝茶,他们很早就回家了,时间大约是8点钟。在10点钟的时候,我听到一个男人的脚步声,然后听到了门铃的声音。我走到门前,但没

---

[1]《兰斯洛特·格里夫斯爵士历险记》(The Adventures of Sir Launcelot Greaves),苏格兰作家托比亚斯·斯摩莱特(Tobias Smollett)的作品。
[2]《迷雾中的少女》(Anne of Geierstein),苏格兰作家沃尔特·司各特(Walter Scott)的小说。

纯洁的良心
——回忆我的父亲霍桑

有立即开门。我用一种质问式的口吻大声说:"谁啊?"没人回答。我接着更大声地说:"谁啊?""艾伦在这里吗?"我听出来了,这是爱默生先生那柔和的声音,这让我感到非常惊喜。我立即解开了大门的闸门,然后用一个女人最柔和的声音说话,希望能够得到爱默生这位圣人对我刚才的粗暴无礼的原谅。这个面具舞会是值得我为此花费较多时间去准备的。乌娜穿上那件闪耀着银色与金色光芒的刺绣衣服之后,显得非常美丽,她佩戴的女士头巾上也镶嵌着好看的石头与珠宝。她的脸颊就像一朵娇艳的玫瑰慢慢绽放,她的双眼就像两颗散发出耀眼光芒的星星。她与来自苏格兰的肯尼斯爵士一起跳舞,然后巧妙地将自己伪装成了爱德华·爱默生,她的表现是那么完美。"哦,父亲!我在面具舞会上感受到的快乐肯定要超过任何其他人。整个舞会就像《一千零一夜》里面的景象。舍赫拉查达王后[①](作者母亲饰演的角色)最后看到了一个场景,周围洋溢着光芒。此时,她不需要面临死亡的威胁,她的精神完全沉浸于这样美好的精神力量当中,然后回归正常的状态。也许,她要比之前看上去显得更加疲惫。但不管我怎样说,她在那样的状态下没有去创作一个全新的故事,这完全是超乎了大家的想象。很多人跟我说,我穿的裙子非常美丽。妈妈也为我能够穿这件黑色的天鹅绒衣服而感到高兴,她为我买了这样一件款式的衣服,并且还用一些小珍珠进行装饰。当然,制作这件衣服的账单肯定已经摆放在

[①] 舍赫拉查达王后(Scheherazade),《一千零一夜》一书中的那位苏丹王后。

第十四章
威赛德

你的桌子上了。在我的余生里，我都会去找寻这样的'女王'。如果你还想将我称为'洋葱'的话，那么你必须帮我找到那只波斯猫。"

我的母亲在日记里接着写道：

　　我丈夫给我念了他在前往华盛顿途中写的一些文章。乔治·B.洛林[①]博士与派克先生（他也是塞勒姆人）晚上过来一起喝茶。梭罗先生在今天早上去世了，他的葬礼仪式在教堂里举行。爱默生先生在葬礼上发表了演说。奥尔科特先生朗读了梭罗生前写的一些文章。梭罗的遗体被摆放在前厅里，上面覆盖着野花。我们前去他的墓地，送他最后一程。之后，我丈夫与我一起步行来到过去的老房子与纪念碑。之后，我前去爱默生先生家里，见到了安妮·菲尔德斯[②]小姐，大家显

乔治·B.洛林博士

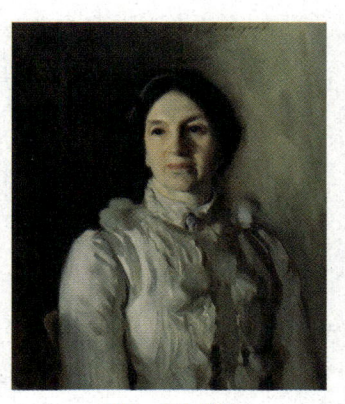

安妮·菲尔德斯

---

① 乔治·B.洛林（George B. Loring，1817—1891），美国政治家、众议院议员。
② 安妮·菲尔德斯（Annie Fields，1834—1915），美国女作家。

位于康科德睡谷公墓的梭罗墓地

得比较沮丧与阴郁,仿佛大人国(《格列佛游记》中的地名)从屋檐下掉落下来了。但今天早上的天气却非常不错。我丈夫将一些太阳花移植到其他地方(他非常喜欢这种花,虽然他也一样喜欢铃兰花)。我丈夫与朱利安一起前往波士顿,朱利安后来步行了8个半小时回到家里(全程大约32千米)。乌娜的聚会在今晚举行。霍桑的出现让乌娜感到非常高兴。总的来说,今天还是非常愉悦的。霍桑精心采摘了一些草莓[我与他一起前往山顶(在6月的一个周日)摘的],因为今天是我们的结婚纪念日。今天的天气非常炎热,天空中弥漫着很多雾。我们还以为这些雾是战斗中产生的,幸好战斗没有蔓延到这里。奥尔科特先生今天忙了一整天,只休息了3个小时,他将大部分时间用于在我们山脚下的地方修建一座房子。我与霍桑在山顶上逗留了很长时间。对我来说,这段时间代表着一种不可言喻的幸福,今天也的确是让人感到非常愉悦的一天。我阅读了《基督的精神》①一书的部分内容。罗斯也朗读了《登山宝训》②中关于要帮助别人的四句诗歌。我们一起进行了非常有趣的交谈。乌娜前往教堂，乔治·布拉德福德先生则前来看望我们。乌娜与朱利安在晚上的时候前去爱默生先生的家里，再次阅读《利明顿温泉》。终于到了感恩节这个充满无限力量与让人感恩的日子了。我们邀请艾勒里·钱宁先生前来，但他因为有事无法过来。当我回家的时候，发现我的丈夫看上去患了很严重的疾病。朱利安已经外出前往菲尔德斯先生的家里。我的丈夫看上去病得很重。当他生病的时候，我看到任何事物都会感到非常悲伤。今天，我丈夫看上去好点了。他今天去爬山了。霍桑与孩子在晚上的时候玩了一会儿惠斯特牌，而我则阅读了查尔斯·里德③的作品。赛丽亚今天打扫了陈旧的阁楼。我发现天空中挂

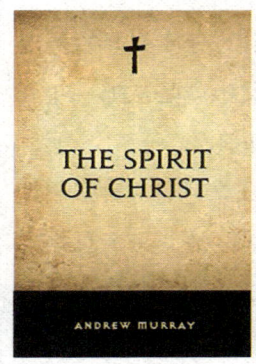

《基督的精神》 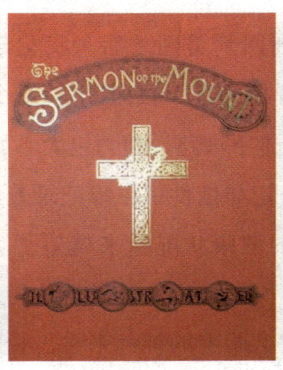　　　　　《登山宝训》 　　　　　查尔斯·里德

① 《基督的精神》（*Christ the Spirit*），南非作家安德鲁·穆雷（Andrew Murray）的作品。
② 《登山宝训》（*Sermon on the Mount*），《圣经·马太福音》中耶稣在山上所说的话。
③ 查尔斯·里德（Charles Reade，1814—1884），英国小说家、剧作家。代表作有《患难与忠诚》《可怕的诱惑》《设身处地》等。

纯洁的良心
——回忆我的父亲霍桑

着明亮的星星,照亮了我丈夫过去在老房子的那间书房,还照亮了乌娜那双小时候穿过的袜子。霍尔大法官前来邀请我丈夫与尤里提斯、毕米思以及爱默生先生一起喝茶。但是,霍桑没有赴约。我阅读了有关战争的一些不幸消息,这些消息让我感到非常难过与悲伤。我阅读了《基督的精神》,还阅读了有关炼金术师以及斯威登堡的一些书籍。

巴洛将军

艾勒里·钱宁先生在晚上过来喝茶,并且与我们度过了整个晚上。他询问我是否可以邀请巴洛将军[①]在周二的时候一起喝茶。

几乎在我们从欧洲回到美国之后,我父亲的身体就开始每况愈下了(当然这个过程持续了一段时间)。我父亲就是从那一年开始,身体状况开始慢慢走下坡路,精力也大不如前。

在我母亲的许多日记与信件里,都记录着父亲过着一种强制性的单调生活,还有他的健康状况越来越差了。但是,父亲总是本能地展现出他的爱意,因此我们始终没有认为父亲所面临的健康问题是致命的。若是从父亲脸上的神色来看,我认为他肯定非常了解自己的状况。在他的身体机能尚未完全影响他的生活方式之前,死神就已经坐在他的右手边了。他试图去压制这样的衰老过程,但这

[①] 巴洛将军(Francis C. Barlow,1834—1896),美国律师、政治家,美国内战期间联邦军的将军。

样的努力徒劳无益。他经常会步行很远的路,登上家后面的那座高山。他那安静移动的身躯在昏暗的天空与树枝的交汇下,显得那么沧桑。当时,我在一片开阔的草地上看到父亲的身影,而那些树木围绕起来的草地看上去就像一个圆形剧场。一位住在附近农场的朋友告诉我,他有时会看到我父亲坐在山丘上的一个地方,似乎正在努力恢复着自己的健康。山上的一些树木已经被砍掉了,父亲还每次借助绳索将两块大木头搬运下来。沿着山脊线,然后经过两旁都是松树的道路,他缓慢地走了出来,似乎在沉思,有时还会停下来思考一些有关人生或是道德层面上的事情。与此同时,这些木材慢慢地被搬了下来,就像水滴石穿那样,只要肯坚持去做,就一定能够做到。但是,我父亲的活力似乎不复存在了,他的头发变得花白。我的母亲经常在日记里记录有关父亲的事情。当时,父亲离开了家,到其他地方调养身体。

1860年9月9日。今天早上,我一觉醒来的时候,看到外面有一团厚厚的乌云,天空下着雨。但是,我对此并不关心,你并不在这里,因此你不需要忍受这样阴郁的天气。到了傍晚的时候,天空出现了美丽的晚霞,夕阳照射在草地以及我们门前的那条小路(这条小路在冷杉木之间)上。接着,星星就在天空中开始闪闪发光了。康科德人进行斋戒的方式,就是以懒散的方式在大街上游荡,或是乘坐马车来回走动。总之,就是以游手好闲的方式去做事,没有人会为他们自己或是国家所犯下的罪恶而感到悲伤。现在这些人的行为肯定会让我们信仰清教徒的祖辈们感到不安。在晚上的时候,朱利安给我带来了一封信。"这是一封从纽约寄过来的信件,"他说,"但这不是爸爸寄来的信件。"虽然我不认识这封信上的字,但我知道这封信是来自谁的。我马上拆开信封,看到了"N.H"(指的就是纳撒尼尔·霍桑),里面还写着"我一切安好"的字眼。感谢上帝!今天没有出太阳,现在还刮起了一阵猛烈的大风,呼呼的风声就像一头野兽在捕获它的猎物一样。我认为这是代表着不祥预兆的声音。

1862年3月15日。当我得知你的胃口变好的消息之后,我感觉自己仿佛也获得了新生,这也让我的胃口变好了。

7月。在这样的下雨天,我担心你会感到非常恐惧。这里下着倾盆大雨,并且还伴随着猛烈的雷鸣声。但我还是抓住了雨停的间隙到花园里除草。在这样温暖的雨季,我能够看到万物皆在慢慢地生长。玉米仿佛从之前的牵拉状态中重新恢复了生命的活力,黄色的百合花也慢慢地伸展着花朵,面向天空。猪草也像长颈鹿那样身躯挺拔……你现在每天只能吃到干燥的苹果派以及瓶装的糖浆,这让我感到难过!这实在是太糟糕的食物了!我认为,你应该多吃点新鲜的水果与蔬菜。我真心希望你能够住在一间更好的房子里,吃上更好的食物。我知道,你的这次旅程肯定会给你的健康带来帮助的。你以后应该更多地进行这样的旅行,那样,你就会以更好的心境去看待其他事物。当你在某个地方待了太长时间,就无法保持旺盛的精力。我很高兴洛伊茨[①]能让你待在他那边(因为洛伊茨正在给霍桑

[①] 洛伊茨(Emanuel Leutze, 1816—1868),美国历史画画家。代表作有《华盛顿横渡特拉华河》等。

第十四章
威塞德

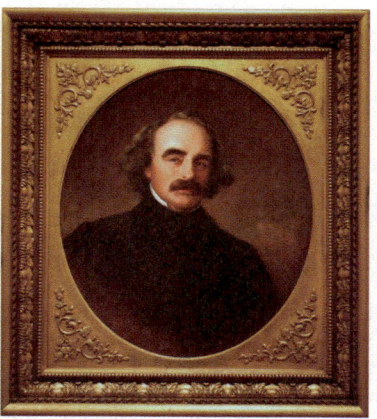

洛伊茨

洛伊茨的《霍桑肖像》

洛伊茨的代表作《华盛顿横渡特拉华河》

纯洁的良心
——回忆我的父亲霍桑

画肖像画）。你还是等到9月中旬再回家吧。你要知道我们这边目前的天气还是非常炎热的，你无法忍受这样的高温酷暑。当我意识到你不在我的身边，我始终无法在这个地方感受更加纯粹且完美的满足感。接着，我会坐下来，通过对你的思念来让自己放松下来。放心吧，所有的忧虑都会结束的。要是你昨天能在这里，即便给我整个英国，我也不会要。昨天的天气太热了。即使我们一动不动或是不说一句话，也会感到非常燥热。但是，你现在身在波士顿，没有在这里的山丘之下。如果你希望我感到快乐，你就必须答应我，一定要在海边度过这样炎热的日子。在每个清凉的早晨之后，接下来都是炎热的一天。以你现在的身体状况，根本无法抵御这样的天气。相比于室外的温度，屋内就像是一个制冷的冰箱。我们之前也曾一起度过了很多让人难以忍受的潮湿天气。如果你现在不是在海边休养，这肯定会让我感到无比难受的。你之前在一个地方待了太长时间，没有改变过自己的生活环境，我肯定你能在目前这样的生活状态下受益。毕竟，霍拉肖·布里奇夫妇在那边会好好地照顾你。你同样可以在华盛顿那里看到美丽的红花半边莲，呼吸清新的空气，在清晨的时候感受泥土的芳香。昨天下雨，家附近的那条小溪变成了一条小河，这让我们这里的风景变得更加完美。在我看来，我必须为这样美丽的景象而唱歌跳舞。现在，我才发现原来我能有那么好的心情，完全是你给我写信的缘故。罗斯与我沿着一条直路行走（这条直路后来被称为教堂大道），准备去看一眼这条刚刚形成的河流。因为今天的天气很好，我也推迟了刺绣的时间。我在塔楼的大门口处停下了脚

第十四章
威赛德

步。我在这里看到了非常美丽的景色，塔楼充满历史感的脊梁仍在古老的房子上清晰可见。我带上了锯子，前去那里逛了一圈，但我只看到很多枯萎的枝条散落一地。能够在这样的时刻走进森林、感受森林的真谛，这样的感觉实在太好了！这给我带来了无限美好的感觉。我可以肯定一点，在这样美好的日子里呼吸这样清新的空气，我们肯定会表现出更加勇敢与柔和的品行，就像人类历史上出现的各种伟大的英雄人物一样，终会青史留名。你的来信就像一盏明灯，照亮了我的整个心灵。但是，我对你现在居住的房子感到非常不满意，那里有太多失聪的女人，还有小提琴发出的嘈杂声音！我希望你能够尽快更换住处，让自己的内心变得更加平和。如果你连续三周在这样喧嚣的环境下生活，那么你肯定要诅咒自己的幸运星了。玛丽给我送来了一封信，说一份报纸上的某个段落谈到了你在华盛顿生活的情况，还说林肯总统非常郑重地接待了你。你想在那里待多长时间就待多长时间，直到你的健康状况有所好转。我不能让你在目前的健康状况下回到这里。林肯总统与一个黑人代表团进行了非常友善的谈判，他与他们说话时的口吻就像与孩子说话时一样温柔。我可以猜想，林肯总统本人肯定是一个非常和善的人，我非常喜欢他。如果不是总统需要处理那么多繁重的事务，我真的希望你能够成为我们国家的总统，帮助我们国家渡过这次危机，向全世界展现你所具有的洞察力、出色的智慧以及执行能力。我相信，只要你在华盛顿那里居住一段时间，那么你所散发出来的道德感召力与精神力量，肯定能够带来诸多的改变。如果你也同样喜欢林肯总统，请将我的爱意与祝

纯洁的良心
——回忆我的父亲霍桑

玛丽·曼恩

福转达给他。林肯总统所发表的许多意味深长的演说,都让我的内心感到无比兴奋。有时,我甚至会认为,天使会从天上降临,始终保佑着林肯总统。林肯总统肯定是一个真诚务实的人,否则天使是不会这样庇佑他的。玛丽·曼恩①说,她认为报纸上的那段话没有说到重点。但是,我认为当一个人能够做出如此谦卑的评论,其实就已经展现出了她的理论。你还是将我的敬意与爱意转达给林肯总统吧。

我之前也想过要给他写信的,但现在给他写信的时机已经过去了。我想要对他所传递出来的智慧表达由衷的感谢!

---

① 玛丽·曼恩(Mary Mann,1806—1887),美国教师、作家、教育改革家和政治家。

第十五章
工作状态中的艺术家

霍桑的女儿罗斯对父亲的工作习惯以及心灵进行了一番描述。《北英评论》引述了霍桑对艺术的看法。霍桑想要通过锻炼,以坚毅的精神继续工作。

有人曾希望我能够阐述一下我父亲的"文学创作方法",这样的要求让我觉得非常有趣,但我又觉得是不大可能做到的。我希望知道父亲的文学创作方法到底有哪些,这样的话,我也可以借用这样的方法去创作一部浪漫小说。但是,正如一只在树枝上停留的小鸟,只能偶尔看到人们在做什么,小鸟本身可能不愿意像人们那样在田野上辛勤地劳作,或是希望直接通过不劳而获的方式去获得自己所需要的东西。为了解决一些人这样的疑问,我认真研究了父亲在进行文学创作时的一些行为与做法,并搜集了相关资料。

我父亲的文学创作方法的一大特点,就是他始终专注于写作,不管写作这样的行为本身是否可以给他带来金钱——这不是他首先考虑的事情。他可能没有在进行创作，但会将大部分休闲的时间都投入在乡村或是城市街道的散步当中。甚至头上飞的小鸟都会觉得父亲在浪费时间，但这绝对是误判。我父亲的另一个明显特点，就是相对于他所鄙视的人，他更加热爱与怜悯人类，因此他创作出的每个人物形象必然首先要强烈地震撼读者的心灵。即便他要描写一根稻草，都会在最后的结尾让读者感受到这根稻草所具有的核心力量。他获得成功的一个方法，就是他始终会尽自己最大的努力去刻画他感兴趣的事物。在这个问题上，他会充分调动自己的脑细胞进行思考，不达到自己满意的标准之前绝对不动笔。他要确保自己写的每个字眼都能经受住他最为严格的自我审查，必须确认这些文字是真实可靠的。他热爱的艺术要超过他所处的那个时代，超过他所享受的安逸。倘若他认为自己写的一些文字比较夸张或是词不达意的话，他会毫不犹豫地将这些文稿烧掉。

我父亲在创作时避免失败的一种方法，就是他始终在日常生活中保持着充沛的活力。对他来说，怀着一种无聊的心态去面对生活，或是经常被别人打断自己思路的生活状态，是不可想象的。他不会与傻瓜交流，也不会刻意去迎合别人、讨别人的欢心。我认为，要是当他置身于一群讨厌的人当中，他肯定会认真地研究这些人的性格。很多人会说，我的父亲总是显得那么缄默，不爱说话。但是，我父亲在沉默之中并没有浪费时间，他同样会很有礼貌地与那些人交谈，但不会在背后嘲笑他们，或是像他们那样完全沉浸在愚蠢的行为当中。因此，我父亲有充裕的时间可以进行思考。当他在清晨呼吸清新的空气、在书房里来回踱步的时候，他会进行深刻的思考。很多成功之人都讨厌静止这种行为。对这些人来说，思想的静止要比行为的静止更加让他们感到难以忍受，因为要是他们停止了思考，仿佛就会变成死人。因此，当我父亲在沉思的时候，如果没有走出家门，他就始终会保持警觉的状态，双手背在背后，安静地进行思考，他要么微微地低下头，要么突然抬起头来，露出一双炯炯有神的灰色眼睛。

他的写作时间主要安排在早上。只有在早上这段时间里，他才能将更好的专注力以及精神状态投入创作当中。当然，这也是每个成功之人的共同特点。从 1861 年开始，当他的健康状况开始出现问题的时候，根据一位亲人的描述，我父亲的意志能量、思维方式以及活力依然没有出现些许衰退，他只需要一张比较高的桌子，然后他在写作的时候站着，就可以恢复之前所拥有的那种能量。他对很多事情都抱着比较宽容的态度。即便当我们在威赛德的家里，他也只是提出了这个同样的要求。但是，他从来不允许自己做出错误的判断，这点是他始终坚持的原则。他使用一张核桃木做成的简朴桌子，对此他没有任何抱怨之词，显然这张桌子刚好能够满足他的写作需求。我父亲所用的东西都非常普通，比如他有个非常好看的意大利铜制墨水瓶，墨水瓶的瓶盖上印有年幼的赫拉克勒斯的画像，似乎在掐死一只鹅。我父亲使用的是鹅毛笔，有时，他也会用一支金笔写字。我现在还记得，父亲经常用这支金笔在雪白的纸张上写字，直到将这张纸都写满了。在写作的时候，他的整个身体微微倾向左手边，写完之后再用左手拿起这张纸认真地检查，看上去就像一个淘气的男孩。在写完了句子之后，他有时会无意识地低着头，似乎在向自己表达出来的一些想法告别。

在写作的时候，他从来不会在乎用的是什么纸张或墨水。可以

纯洁的良心
—— 回忆我的父亲霍桑

肯定的是,那张长方形的手稿是紧紧地贴着封面的,而所用的纸张的背景颜色通常是中性蓝。我说他对这些外在因素不是很关心(我的意思是说他从来不担心这些信纸给别人带来什么样的感受),我相信他本人非常喜欢这样的手稿,他似乎对这样的做法感觉很幽默;他经常比较大气地进行写作,而不在意表现方面的一些细节。当他写完之后,会煞有介事地将这些手稿重新整理一下,然后放好。他写的文稿有时在顺序方面出现一些差错,自己似乎也不是很在乎这样做会给排字工人带来更多工作上的麻烦。父亲似乎对司各特与巴尔扎克的作品不是特别狂热。如果说他做出了什么比较全新的改变,那就是他会用自己的双手写出更能代表无所畏惧精神的文字,让每个读者都去认真阅读,并从中得到一些思考。在父亲追求的艺术理念中,是绝对不允许存在乱写或是过分的自我批评的。

每天,他会在写作之前进行一番深入思考,预先给自己提出一些问题。只有在解决了这些问题之后,他才会动笔写作。如果他认为写下的某个词语不恰当,他会在墨水尚未干之前,就进行改正。我认为,《格里姆沙威医生的秘密》的手稿从某种程度来说是一个意外。因为这份手稿有比较多的作者自我对话以及改动的痕迹。在这个过程中,父亲的健康状况开始走下坡路了。尽管如此,他还是凭借巨大的意志力创作出《多利弗的浪漫故事》。这本书是他在健康完全崩溃的情况下完成的,我们可以看到他的意志精神所具有的巨大能量。可以说,这是他创作出的最具美感的一本书,因为他的心智状态在这个时候要比以往任何时候都更加强大。因为死神无法让他惧怕,他勇敢地每天面对死神,依然倾注自己最大的心血去完成这本书,就像临终的士兵依然坚持作战,完成生命中最后的一项壮举，为他心爱的事业付出自己的生命一样。虽然这本手稿上的手迹是很难辨认的，但是可以猜测这是他拿起笔之后双手颤抖的表现。我不敢肯定，我父亲有时是否会毁掉他的初稿。关于这方面，我们是知之甚少的。事实上，我们对此还有一个专门的猜测："他在白天写下了一个故事，在晚上却将它烧掉了！"尽管如此，我们还是可以了解他对自己的构思、设置的场景以及人物形象刻画的要求是多么严格，倘若写出的故事无法达到他内心的要求，他会断然放弃。

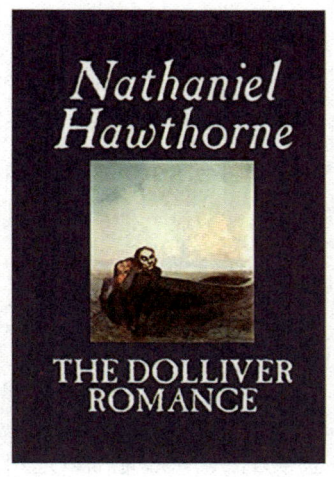

《多利弗的浪漫故事》

因为父亲进行写作，并不完全是为了享受创作带来的愉悦，而是要进行道德与艺术完美和谐方面的考量，所以，他无法完全沉浸于自发产生的激烈情感中。他会对这样的情感进行一番自我控制，不会任由它们控制他的内心，从而影响到他的写作风格。因为他知道，倘若他完全顺从了这样的情感，那么他创作出来的作品就与其他小说家的作品没有什么区别了。他经常训练自己进行反思与判断，因此他从未体会过天马行空的思考与油然而生的激烈情感所带来的感受。在他所设置的历史场景里，他会充分感受其中的美感与乐趣，然后在这样的场景下描述他想要刻画的人物形象，描述的内容有时是非常有趣的。在他的作品里，我们可以看到许多关于描写现实生活的段落。他知道生活是一门需要每个人专注的学科，而专注这门学科要比单纯研究地理学或是化学更为重要。他喜欢感受生活中充斥的爱意与阴谋，喜欢让读者通过他的作品去感受生活。他不希望作品中表达出一种极端的情感，而是希望文学作品可以变成读者美妙的精神食粮。他在写作的时候非常节制，无论是表达对人性的怜悯与挚爱，还是表达帮助人们了解救赎本能的希望，他都表现得非常节制。他的写作风格是哲学化的，最大的风格就是宽容。为了创作这样带有节制精神、符合逻辑以及文字简约的作品，他宁愿放弃写作过程中的任何乐趣，以一种置身事外的旁观者角度进行描述，让每个读者感受到，他放弃了任何艺术层面上的讨好或是追求固有的创作模式的原则。为了实现这个目标，他需要一套独特的思考方法，认真地加以运用。这就像煤炭检验员对煤炭的重量进行测量那样，当完成了这项工作之后，他就会用钢笔在纸上将自己认为合适的文字写出来。即便他在作品中描述一个魔鬼的个性时，他首先也会看到魔鬼所具有的人性，再证明真正的魔鬼完全是另外一回事。事实上，他也许从来不允许自己表达上述这样的称号。我母亲在一封信里就曾写道："我认为，任何人都不应该被称为魔鬼，除非此人是一个诽谤者。"

虽然父亲创作的大部分作品都是小说，但他从来不在小说里描述任何怪诞的巫术或是单纯满足人们幻想的古怪事物。在他看来，对这些事物的描述只会让人的心智陷入麻木状态。他最担心的就是我们的心灵是否保持足够理智的状态。他表现出来的好玩天性就像阳光那样给人温暖。简言之，他是一个在艺术层面上追求神圣的人，运用自己的能力去追求真理。他之所以做得这么好，就是因为他能够与一帮基督教的朋友交流，这让他更好地保持自己的品格。若一些社交活动烦扰了父亲和谐的艺术生活与创作，那面对这样一些无法

第十五章
工作状态中的艺术家

避免的应酬，父亲也能很绅士地去面对。若他不能以老王后协西巴[①]的精神去创作，或者无法将自己的目标定得太高，那么他就会陷入精神的泥潭之中，任何人都无法将他拯救出来。他从来不会畏惧任何可能玷污他双手的罪恶，因为他知道这一切都是上帝对他的考验。

"灵魂知道自身感受的痛苦，任何外来者都无法影响这样的乐趣。"进行创造性工作所感受的欢乐与痛苦，是外人的任何赞美或是诋毁都无法影响的，前提是艺术家本身要始终保持坚定的个人自尊。我认为，我父亲非常享受自己对已有成就的淡漠之情，他知道这些作品的价值与钻石的价值差不多。有时，他也会对自己的一些想法提出疑问，然后聆听内心的正确回答。同时，他也知道任何人都无法理解超人创造的奇迹。我认为，在少部分具有伟大心智的人当中，我们最为崇拜的都会有两方面：一方面，他们欣赏自己；另一方面，他们鄙视自己。因此，我父亲能够以冷静的心情聆听内心的赞美，同时也能以愉悦的心情聆听别人对他的批判。

1851年，爱丁堡出版的《北英评论》[②]杂志曾刊登了一篇文章。这篇文章曾让一位妻子的内心感到喜悦。我

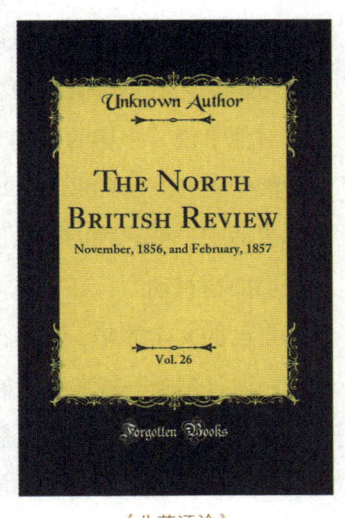

《北英评论》

[①] 协西巴（Hepzibah），《圣经·列王记》中的人物，为犹大国王玛拿西的母亲。她亲眼看到儿子玛拿西行耶和华眼中的恶，晚年的她励精图治，决心行耶和华眼中的义，将王国重新带入正轨。
[②] 《北英评论》（North British Review）杂志，苏格兰一份有影响力的著名文化学术期刊，1844年创刊。

母亲就曾引述这篇文章的一个段落:"霍桑在这些作品中表现出来的杰出文学才华是让人震惊的。他有高超的写作技能,同时在创作中保持一如既往的高水准……要是我们从每一页的文字里删去一个词,都必然会影响原本的意思。可以说,霍桑的作品是当代艺术中不可多得的杰作……他所使用的语言是极为精确的,却又显得那么轻盈与自由……我们认为,没有什么作品可以与他的作品相比。在整个英语文学体系当中,我们看不到可以与霍桑的作品相媲美的作品。可以说,霍桑的作品处于更高的高度。"

如果我的父亲能像运煤工人那样精确地对自己的艺术成就进行衡量,那么他肯定不会过分在意这些写作方法或是写作哲学。在他看来,这都是他自然而然养成的写作习惯与艺术目标。至于这样的写作习惯与艺术目标会带来多大的影响力,这不是他所要考虑的问题。对他来说,一切的写作方法或是目标,就像阳光那么温暖,像大自然中五彩缤纷的颜色、闪电、乌云等事物一样,虽然有时可能会将生活中一些熟悉的事物遮蔽,但无法长久地掩盖这些事物所带给我们的精神动力。在写作方法与习惯上,我父亲始终不遗余力地发挥自己的文学才华,将自己内心的很多思考与想法通过作品表达出来,通过刻画一些人物形象表达他对现实的深刻思考。

我父亲的另一个特点,就是在面临争吵或是辩论的时候,他始终保持沉默,不浪费自己的能量。他始终表现得非常冷静。他绝对不是一个没有激情的人,只是将激情限制起来而已。他不允许对别人的反感或是敌对的念头消耗自己的活力,不允许自己因为愤怒而高谈阔论,然后生很长时间的闷气。可以说,世界上没有谁在这方面比他更具有天赋了。他不愿意像爱伦·坡或是愤怒的沃尔特·萨维奇·兰德①那样在争吵中浪费自己的精力。节制代表着对自身激情的控制。在每个能够控制心中怒火的人中，我们都可以感受到这样的美好与尊严。

当父亲面对罪恶的事情时，这对他而言会变成一场彻底的悲剧。当他面临庸俗时，在《追求美的艺术家》②一文里，他会感受无法避免的哀婉之情。当他面对别人的猜疑时，正如《胎记》③与《拉帕西尼医生的女儿》④一文所写的那样，能够激发他的忠诚和信任。

很多人认为，霍桑会从他的家人或是朋友那里获取描述人性方面的素材。提出这些问题的人证明了他们对文学艺术的不了解。从文学角度来看，刻画一个人肖像画一般的形象并不是艺术，虽然很多伟大的艺术家都会这样做。如果我父亲选择这样做，他肯定也能做到。对于像我这样从小深受艺术熏陶的人来说，要是真正的艺术作品就是对个人模型的真实模仿，那么这会让我感到非常不可思议。文学形象与真实的形象之间必须保持一定的距离，就好比蓝天白云与地面的距离，或是夜晚出现的星星与地面上的距离。只有这样的距离感才能让我们对事实有更清晰的认知，也才能让我们产生愉悦的情感。在阅读《红字》一书充满怜悯的引言以及这本书时，我们可以感受到荷兰式的现实主义与充满想象力的作品带来的激动感情之间的鲜明区别。我们可以利用上帝创造出的美好事物去让人们对这些事物有更好的了解。当然，这些事物本身必须通过制造距

---

① 沃尔特·萨维奇·兰德（Walter Savage Landor, 1775—1864），英国诗人、作家、散文家。代表作有《假想对话录》《罗马人》《希腊人》等。
② 《追求美的艺术家》（The Artist of the Beautiful），霍桑的一部短篇小说，发表于1844年。
③ 《胎记》（The Birthmark），霍桑的一部短篇小说，发表于1843年。
④ 《拉帕西尼医生的女儿》（Rappaccini's Daughter），霍桑的一部短篇小说，发表于1844年。

纯洁的良心
——回忆我的父亲霍桑

爱伦·坡

沃尔特·萨维奇·兰德

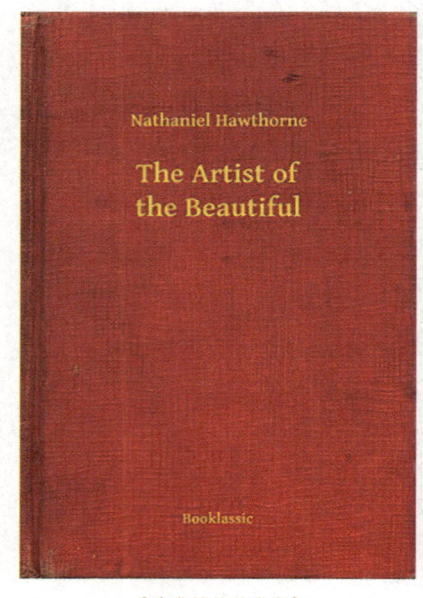

《追求美的艺术家》

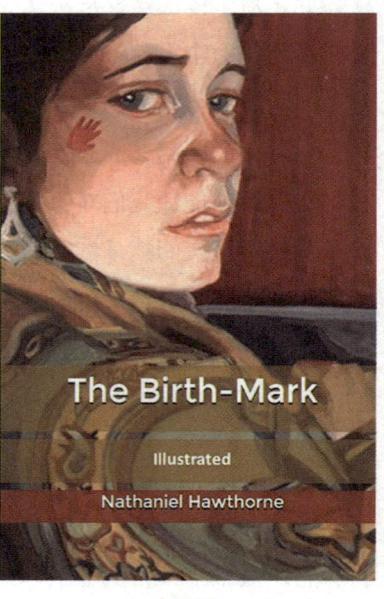

《胎记》

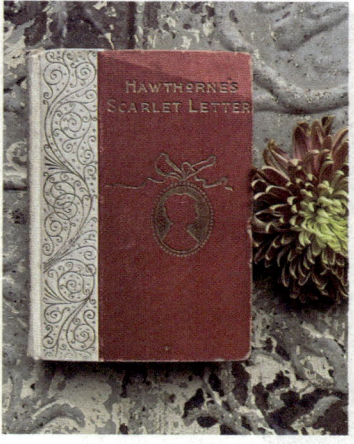

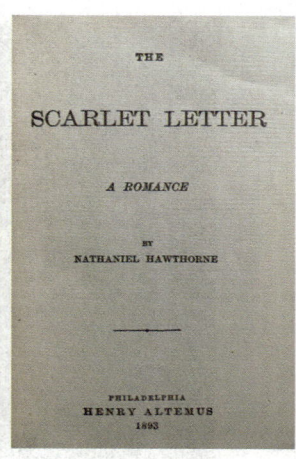

《拉帕西尼医生的女儿》　　　《红字》，1839年版　　　《红字》扉页，1839年版

　　离感的方式呈现出来。只有这样，才能让每个听到或是看到的人感受到一种愉悦的情感。我父亲从来不会刻意描述他所遇到的人们。在他看来，这样的创作方式会让我们走向一个永远走不出来的密林。

　　在下午时分，如果情况允许，他会投入大自然的怀抱，或是至少外出呼吸一下新鲜空气，为接下来的创作补充一些灵感。他最好的帮手，莫过于清新的空气、美丽的风景，当然还有他手上的那根雪茄烟。但是，我的父亲在抽烟方面是非常克制的，我肯定他每天只有在完成一定的写作任务之后，才会拿出雪茄烟来抽一下，这也算是对自己的一种犒劳。

　　在1861年，正如我之前所说，他经常会去房子后面的那座山丘。要想到达那座山丘，他需要走过多条小路，还要经过落叶松与松树林，还有凹凸不平的苹果树林。我们可以看到他经常在山路上走来走去。天空偶尔发出淡蓝色的光芒，照在树木上，照得他的身

纯洁的良心
——回忆我的父亲霍桑

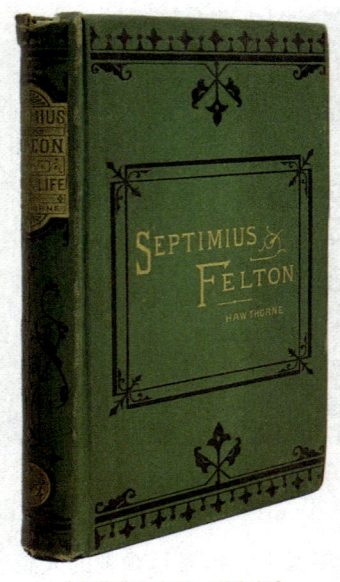

《塞普提米乌斯·菲尔顿》

影是那么清晰。当他沿着这条路慢慢前进的时候，他构思着《塞普提米乌斯·菲尔顿》[1]这出悲剧。菲尔顿这位年轻的英国军官葬在英国一座小山丘上，父亲在英国的时候经常会路过那里。而在我们房子后面山丘道路的尽头，是一片茂密的桦木与枫树。从路的西边看过去，整个村子就像山丘下的一道宽眉毛，坡度沿着莱星顿路迅速下降，还可以看到一大片草地与远处山脉上的树林。那里可以看到一些普通人家的房子，还能看到奥尔科特先生家草地上那棵榆树上的猫头鹰巢。在春天，当我们沿这条路行进的时候，会看到一大团淡蓝色的紫罗兰，它们面向太阳，其纯净的感觉有如父亲的眼睛。在这一大片紫罗兰的旁边，生长着许多香蕨木，一大片棕色的松树生长在香蕨木的两旁，更远处则是一大片的黑莓树与一些普通的花朵。我父亲采摘的紫罗兰让我们很惊讶，因为他拿回家的这些花朵非常美丽。直到他去世的那一年，当我们将他葬在沉睡谷的时候，我们也将类似的紫罗兰花朵放在他的墓前，让他在威赛德的山丘上有鲜花陪伴。

能够与世界各地那些怀抱着希望与高尚精神的人相处，这是非

---

[1]《塞普提米乌斯·菲尔顿》(*Septimius Felton*)，霍桑的一部小说，发表于1872年。

常美好的一件事。这样的人可能过着贫穷的生活，或是始终无法得到同辈们的赞美，但是他们能够轻易地感受到来自上帝的欢乐与赞美。在精神层面上取得了一些小小的胜利之后，这样的感受就会像炎热天气里的清泉一样，让他们怀着高尚的精神去做自己想做的事情。这些人如果能够怀着客观的思想去激发想象力，并且坚持下去，那么他们就会像火绒草那样突然绽放。即便是那些长年累月为家庭而努力的机械师，也从来都不会埋怨自己的妻子或是孩子，反而要比那些内心敏感或是勇敢之人做得更好。他们能够从最简单的祝福中感受到精神的愉悦，这样的精神愉悦帮助他们抵御诱惑。父亲所描述的蝴蝶仿佛在每页纸上翩翩起舞，只有当失去了品德或是内心的高尚灵魂之后，罪恶才会侵扰它们。内心的这只蝴蝶会一直飞着，吸引着我们追求高尚的事情。我可以肯定的是，这种展翅飞翔的生物会为《大卫·斯旺》[①]里描述的美丽花朵而感动，它不会惧怕任何邪恶的侵扰。

  我父亲怀着饱满的情感将内心的每一种触动都表达出来。他要让我们真正感受上帝的仁慈之心。无论是他沿着大道还是小径长时间地行走，或是来到没有任何污染的开阔乡村，他始终相信人性会有希望。贫穷、烦恼、罪恶及欺骗行为、愚蠢与自

《大卫·斯旺》

[①]《大卫·斯旺》(David Swan)，霍桑的一部短篇小说，发表于1837年。

纯洁的良心
——回忆我的父亲霍桑

负……这些存在的现象都无法让他放弃怜悯心。如果坚持这样的怜悯心会给他带来不便，那么他也会想办法从中取得另外的收获。他始终坚持男子气概，绝对不会屈服于任何傲慢的行为，绝对不会逃避说出朴素真理，绝对不会昧着良心去做自己认为错误的事情。也从来不会侮辱别人，他没有任何自私的目的。作为一个与人为善的人，他每时每刻都在追求更高层次的道德与心灵状态。那些在塞勒姆海关办公室与他打过交道的人、在利物浦领事馆与他交往过的人或是在其他地方遇到他的人，都会认可一点，即我的父亲是他们认识的最为豁达且正直的人。这些代表着他的为人。那些懒散之人喜欢在酒宴上喝得酩酊大醉，认为整个世界都是属于他的。但是，我父亲却始终保持冷静、理智的头脑，思考着如何以自己的方式去影

霍桑用过的床，现收藏于马萨诸塞州塞勒姆的霍桑出生地博物馆

第十五章
工作状态中的艺术家

响别人。在我看来，他在精神层面上似乎是死气沉沉的，但他会告诉你，他相信人与人之间真切的友情，希望得到别人的陪伴。我们不知道如何才能触动他的心灵，也不知道该说什么话才能让他真正听明白。他似乎就是一个生活在火星上的人。但是，他可能表现得就像哨兵那样严肃且不苟言笑，或是像大理石那样死板，但是他却像一台保养良好的机器，从来不会对抗任何规则，他凭借着精力勤勉地工作，以此激励着我们。他对别人的关心，让别人觉得他似乎要为别人放弃自己的人生一样。他像一名真正的士兵，将个人的自私与懦弱都留在了帐篷里，勇敢地冲锋，像一尊雕像，给人无限的精神力量。他始终在最擅长的方面发挥优势。他就是一个如此伟大的艺术家。他对那些绅士与乡民一视同仁，从来没有任何鄙视别人的不良思想。正如之前所说，即便他不喜欢那些愚蠢之人，也会原谅他们。

父亲除了文学创作之外，还喜欢做一些手工。无论他做什么手工，都能显示出技术含量。他的手工制作水平可以从下面这个事实得到证明。他还是一个年轻人的时候，就学会了用刀子慢慢地将写字桌上的木屑刮掉，同时思考自己要创作的故事。在这个过程中，他肯定感受了很多乐趣。想象一下他脑海里想象的有趣场景、有关人的微妙动机这些有趣的事。他会思考如何将让人着迷的景象变成具有神性美感的文字。每当他拿着锋利的小刀在桌子上切刮的时候，他的脑海里肯定进行着一番激烈的思考！他在创作《红字》一书的时候，根据朱利安的保姆朵拉·朗回忆，我母亲当时每天都在忙着为朱利安缝制好看的亚麻布衣服，有一天她将裁好的一只袖子和一些布料放在桌子上，我父亲当时正在阅读，之后他放下书，用

纯洁的良心
——回忆我的父亲霍桑

剪刀裁好适合朱利安穿的另一只袖子。

"亲爱的,我为这件衣服要裁的另一只袖子的布料哪里去了?"我母亲问道。当时父亲正陷入故事情节的构思中,只稀里糊涂地听到母亲好像在问他什么。在父亲的书桌上还摆放着裁剪好的亚麻布袖子。这证明了父亲在手工方面也是有一定技术水平的。

父亲的那把大折刀给他带来许多欢乐。一有机会,他就会拿出来用用。有时,他会用大折刀割下一段树苗,然后做成哨子或是其他有趣的小玩意儿。或者他用大折刀切下一些干草,配上黑色的煤炭,这样的装饰组合看上去比较美观。

父亲要么是认真地观察,要么是耐心地看着什么。当然,他在散步的时候,也会经常迷路;在思考的时候,有时也会破坏一些东西。但当他进行思考的时候,加在他身上的整个世界的枷锁似乎都消失了。

据说,我父亲在很小的时候就经常动脑思索问题了。他的姐姐艾比·霍桑曾给我一尊约翰·卫斯理[①]的半身雕像。雕像上的约翰·韦斯利穿着牧师那样的白色长袍,面容与奥尔科特很相像,同样有着又长又白的飘逸头发。这尊雕像似乎在说:"我的布道演说还没有讲完呢!"

约翰·韦斯利半身像

[①] 约翰·卫斯理(John Wesley,1703—1791),英国神学家。

第十五章
工作状态中的艺术家

艾比姑妈有时会弯着腰，笑着对我说："你父亲一直非常讨厌这尊半身雕像。"

为什么我的父亲会不喜欢它呢？在他4岁的时候，他就已经看腻了韦斯利的这尊雕像。我的姑妈经常笑着描述他的弟弟是如何讨厌这尊表情忧郁且带有色彩的雕像的。根据姑妈的说法，有一年冬天，我父亲通过底座的一个孔，用水灌满这座雕像，证明这座雕像里面是空的。当时，他将这尊雕像倚着墙壁，倒放在一个比较冷的地方，认为这会让雕像里面的水结冰。他希望韦斯利这尊布道者的雕像会像一个装满水的水罐那样破裂。但是，雕像没有破裂，这让我父亲大感失望，当时，他那双充满稚气的眼睛露出了难以置信的神色。

第十六章
告别

　　爱默生与朗费罗表达了希望与霍桑成为朋友的意愿。霍尔姆斯博士在谈到霍桑的个性时，表现得那么愉悦与深沉。伊丽莎白·霍桑小姐前去威赛德，她的侄女罗斯想要认真观察她。乌娜对伊丽莎白·霍桑终生的爱意与崇拜。霍桑始终关心着她，也将这样的爱给了家人。霍桑夫人在给某位朋友的信件里，表达了一些充满活力的宏大想法及行动原则。霍桑是在妻子不在身边的时候去世的，但索菲亚能够感受到霍桑的存在。

　　在我父亲去世之后，爱默生写给我母亲的这封简短的信件，能够让读者感受到他们这两个惺惺相惜之人的友好情感。虽然他们平时没有太多见面的时间，但是他们都有着一个共同的目标。

第十六章
告别

康科德，1864 年 7 月 11 日

亲爱的霍桑夫人：

昨晚，很多客人与来访者劝我暂时不要给你写信，但是，我必须给你回信，感谢你给我寄来的那封极为大度的信件，告诉你那封来信给我的内心带来的安慰。即便在面临如此深刻的悲伤时，你依然能够从那么纯粹与高尚的情感中获得慰藉，这是极为难得的。对霍桑先生遗像的选择，证明了波墨[①]既是一名诗人，也是一名圣人。但他首先是一名圣人，然后通过自身的圣洁成为诗人。霍桑先生是一位经历了漫长岁月考验的人，他经常会在孤独时思考、感受着人生存在的意义，但他总是能够从思考中走出来，怀着愉悦的心情与我们见面。至于你在来信中所谈到的那些想法与体验，能够让我们暂时摆脱这个世界的桎梏与束缚，回归一种安静美好的状态。最近，我两次想要去看望你，一次我已经走在半路上了，却被别人拦住了。当我听到霍桑先生去世的噩耗之后，我的内心也感到无比悲伤。对我来说，他始终是一个能够给我带来无限希望的人。我曾经想过，要是我们

波墨

[①] 波墨（Jakob Böhme，1575—1624），德国哲学家、神秘主义者。

纯洁的良心
——回忆我的父亲霍桑

位于美国马萨诸塞州康科德睡谷公墓的霍桑墓地

当年都不那么专注严格地研究或是执着于彼此不同的习惯的话，我们应该能够一起度过更加美好愉悦的时光。因为与你的丈夫每一次进行毫无保留的交流，都能给我的思想与精神带来极大的提高。我之前还认为，我可以等到他有空闲时间的时候，再与他好好地进行一番攀谈。对我来说，他做出的实际成绩总是要比他表现出来的形象更加伟大。要是他能够再多活几年，我敢肯定他会取得更大的成就。我对霍桑先生的去世感到无比哀痛，也为无法再与他见面而感到悲伤，但我必须好好抓住余下的时光，多去看望你，与你做更多的交流。

拉尔夫·瓦尔多·爱默生

就算我的父亲能够像爱默生在信中谈到的那样，与当时美国文学界更多的杰出人物进行交流，也会因为当时的环境所限而无法做到。内战的爆发并不是让他过上了比在欧洲期间更甚的隐居生活的主要原因，而是因为他的内心感到了沉重的悲伤。也许，我应该说，当

第十六章
告别

他出现的时候,已经无法给人们带来他在英国生活时期的那种愉悦情感了。特别是对他在文学界的一些朋友们来说,更是如此。在完成了《贝尼山纪事》一书之后,他在很长时间内都没有进行文学创作了。我还记得他经常参加周六俱乐部举行的晚宴。这些晚宴活动的其中一张账单的时间是早在 1852 年。账单上这样写着:"特雷蒙特家里,帕朗·史蒂文斯,业主。一共有 12 个人,在下午 3 点钟的时候开始用餐。"接着,账单上写着丰盛的菜式,其中包括北美帆布背潜鸭与马德拉白葡萄酒,证明了当时参加晚宴的人对这样的酒菜感到非常满意。我父亲的名字也在宾客的名字中。还有爱默生先生、克拉夫先生、艾勒里·钱宁先生、查尔斯·萨姆纳先生、西奥多·帕克先生、朗费罗先生、罗威尔先生、格林夫先生、萨缪尔·沃德先生以及其他几位知名人士。可能是因为我父亲希望保留自身的精力,因此他没怎么经常拜访他的那些最为友好的朋友。如果他全身心地投入工作之中,或是需要付出比平常更多的精力时,他一定会拒绝所有的社交活动。即便在那个时候,我父亲也开始感觉到精力不济了。罗威尔曾经试图通过一封名为"关于霍桑的研究"的有趣信件,邀请他参加社交活动,但是我父亲还是拒绝了,之后朗费罗与其他人进行了类似的尝试,但都没有取得成功。

我在不经意间发现了父亲给霍尔姆斯博士留下的印象记录。50 年前,我们参加在波士顿纸莎草俱乐部举行的晚宴,坐在霍尔姆斯博士的旁边。那天晚上回来之后,我逐字逐句将我们之间的对话记录下来。下面,我将这段记录的部分内容节选如下:

霍尔姆斯博士将他的名片递给我,然后收下了我的名片。

纯洁的良心
——回忆我的父亲霍桑

伊丽莎白·斯托达德夫人

他说:"这是认识别人最简单的方法啊!"

"我正准备进行自我介绍呢。"我说。当时,伊丽莎白·斯托达德夫人①就坐在我旁边,我转过身与她聊天。

过了一会儿,霍尔姆斯博士再次看着我的名片,然后说:"再让我看看。"

"你还不知道我是谁吗?"我问道。

霍尔姆斯博士脸上露出了微笑,然后戴上眼镜认真看了一遍,接着有点犹豫地靠过来,说:"名片上就是你的名字?"他问道。

"罗斯·霍桑!"

他慢慢地读出我的名字,脸上露出了笑容:"对啊!我还认为——但是,你应该明白,如果我刚才犯了什么错误,请原谅!因为如果你不是她的话,那就太糟糕了。你知道吗,我一开始看到你的时候,就觉得你很脸熟,但又不敢确定。"

"我很像你的熟人吗?"我打断了他的话,希望能够帮他整理一下思路。

霍尔姆斯博士接着说:"当然,我不敢说自己与你的父亲很

---

① 伊丽莎白·斯托达德夫人(Elizabeth Stoddard,1823—1902),美国诗人、小说家。

第十六章
告别

熟,只能说与其他人一样,见过你父亲几面。但是,那几次见面交流,都给我留下了极为良好的印象。当时,我并没有机会经常见到他,但每当我有这样的机会,我们交流时总是感到非常自在。我与你母亲的交流也是非常有趣的。"

我回答说,我的父母也曾表达过对他的欣赏。

"我为自己曾经与你的父亲交流过许多思想而感到高兴。"霍尔姆斯博士接着说道。他说话的方式总是那么优雅,展现出充沛的活力,脸上愉悦的表情让我们所有人感到惊讶。"也许,他在一段时间里不会回复你的来信。有时,他会隔很长一段时间才回信,但是他的每次回信都会给我带来不同的感受。不管怎样,我每次给他寄去的信件,总能收到回信。你知道,这样的感觉就好比高山的回声一样——你看那边的墙壁,要是有人在旁边大声说一句话,马上就能听到回音。但是,试想一下你在高山上大叫一声,肯定要隔一段时间之后才能听到回音。前不久,我还曾去塞勒姆地区的海关办公室里转了一圈,你父亲当年就是根据在那个地方的一些有趣事件,创作出了《红字》这部杰作。你父亲是一个多么具有文学才华的人啊!他似乎能够将平常人忽略的细节以一种全新的方式呈现出来,给所有读者带来全新的感受!可以说,塞勒姆海关办公室不再是因为其地理位置或是靠近大海而闻名了,而是因为你父亲曾经创作《红字》一书而闻名!他为塞勒姆这个地方的名声做出了巨大贡献。哦,那时一道紫色的光芒穿过了柔软的薄雾,始终停留在新英格兰的这个地方!他做到了!塞勒姆地区因为有你父亲的存在,再也不是一个荒蛮之地了!你父亲对塞勒姆这个地方的

纯洁的良心
——回忆我的父亲霍桑

了解是多么深刻啊!"

"塞勒姆当然是一个好地方!"我回答说。

"是的,当然是一个好地方。"霍尔姆斯博士点头说,"那里住着一群有趣而奇怪的人啊!塞勒姆这个地方就是这群人的一个完美的避风港。美国很多轮船在唐纳这个港口慢慢退出历史舞台了,在多年风雨的洗礼下变成了碎片,最终回归大自然。但是,这个地方却慢慢迎来了一个全新的时代。可以说,塞勒姆所面临的情况同样如此。正是因为这个缘故,塞勒姆地区是让人感到非常愉悦的,始终保留历史遗留下来的那股精神,依然拥有霍桑所著的《七个尖角阁的老宅》中描写的那样的气氛。"霍尔姆斯博士露出了微笑,知道那座所谓的凶宅只是我父亲虚构出来的。

我说:"那里的人们的确是有点奇怪。当你走在每个路口,都会因为陌生人表现出某些强烈的特征而惊讶。在这个地方,你始终能够感受到不同的氛围。"

"这是因为那里的环境与历史促使很多人变成那样子的!"霍尔姆斯博士大声地说,就像一个兴奋的男孩那样,脸上泛着红潮,有点手舞足蹈的样子,"到底是什么让这里的一切闪耀着灿烂的光芒,就像玻璃酒杯闪耀出来的光芒呢?多年来,这样的光芒始终闪耀着,就像温暖的阳光一样洒在这片土地上、棕榈树上、花园里,正如我们手上拿着散发出芳香的酒瓶一样!你能明白吧?"他以反问的方式希望我能够跟上他的思路,我似乎知道他想要我说出的话。"我希望你没有领会错我的意思,"他接着说,"我想知道在你父亲那些书里,你特别喜欢哪几本书。假设你阅读了他的全部书之后,我相信你肯定会对此有更加深刻的了解。"

霍尔姆斯博士的话让我感到惊讶。在 15 岁的时候,我已经读了父亲除了《红字》之外其他所有的书籍,因为当时一些人告诉我,只有等到我 18 岁之后才能去阅读《红字》这本书。事实上,直到几年前,我才认真研究了《红字》这本书,这给我带来了全新的体验。至于霍尔姆斯问我特别喜欢父亲哪一本书,我觉得应该是《玉石雕像》这本书。

霍尔姆斯博士说:"我认为你父亲的《红字》一书是最为杰出的。在我看来,你父亲在文学界的历史地位将由这本书确立。"

我承认,我也认为《红字》一书是父亲创作出的最为杰出的作品。

在上面这段对话里,我体验到了之前经常感受到的那种入迷的感觉:别人对我父亲的个性或是作品(很多人都与我父亲素未谋面)的赞美。他们的这些赞美并不单纯出于礼节,更是读者对霍桑爱屋及乌。他们一个个就像对文学充满热情的爱好者,纷纷表示我父亲的作品影响了他们的人生,并且我父亲的思想也变成了他们思想的一部分。其中一人对我说,希望能够亲自握住父亲的手,另一些人表示希望能够与我父亲进行交流,与他成为朋友。但他们都说,因为时间与空间的关系,他们的愿望在我父亲去世之前都没有实现。很多人对我说:"我深爱着他!"当我父亲的一些读者说出这样充满感情的话语时,我总是低着头,忍住自己的泪水,同时希望说出感谢他们的话。在这些读者当中,几乎没有谁见过我的父亲,但我很高兴能够替父亲感谢他们的支持!霍尔姆斯对我父亲表现出来的真诚,让我久久不能忘怀。他说的每一句话就像充满魔力,让我们感受到超越自身的完美与独特,并且会持续到永远。

关于让我母亲产生莫名恐惧感的想法,可能就预示我父亲即将去世的事实吧。下面这篇日期署为1864年4月4日的日记,也就是我父亲去世前六周时的日记,我母亲在日记里这样写道:

> 我很高兴得知你现在的健康状况良好。但为了你的健康得到持续的恢复,我认为你最好在健康完全恢复之前留在那里。我之前收到了提克诺尔先生的来信,知道你的健康状况不是很好,但是朱利安向我解释说,提克诺尔先生在信中的每一句话都说你的状况越来越好。他不知道你现在的具体情况是怎样的,我也不知道。

我们从欧洲返回美国的第一年里,来自国外的信件与拜访者就经常打断我们平静的生活。很多朋友是慕名过来看望我父亲的。但是,长达一周沉闷无聊的生活对我来说是非常漫长的,而几个小时的有趣时间相对来说实在是太短暂了。我们重新回归了大自然,过上了隐居的生活,必须与在欧洲期间那种旅行生活告别了。每当我们想到伦敦这座城市,就会回忆起在英国生活的情景。但是,我父母认为,倘若一个人总是为很多事情烦心或是被外界太多的事打断,很容易会让他错失真正的机会。当我们在智趣层面上进行思考与摸索的时候,灵感的花朵会突然绽放,闪耀出无限的光芒。

第十六章
告别

这是一种愉悦且又不总是让人彻底满足的情感。不过,在我父亲的这个例子里,我认为他的生活因为太多世俗的事情而遭受到严重的影响,因此他选择过一种克制的隐居生活,始终追求自己想要的生活。毫无疑问,他的脑海里存储着许多人生的阅历与体验,这些都是可用于创作的。他可以安静地坐着思考,或是独自前往树林里散步,年复一年地过着这样看似单调沉闷的生活,但他依然感觉自己与整个世界、祖先之间能够交流,而这样的交流激荡着他的心灵。他告诉我们,这是一种令人震撼的休闲时光。但正是这样的遗产,才让一个人始终做好准备,懂得自力更生。当很多重要人物终于认识到我父亲存在的价值时,已经太晚了。他们之前一直轻视我父亲的作品,怀疑它们的价值。我父亲没有主动去接触这些人、询问他们是否愿意与他进行交流。他们是否了解一点:任何伟大的作家都应该通过无限的想象力与现实的感知创造独特、纯粹且杰出的作品。要想忽视我父亲这种追求真理的至简原则,就必然要忽视他在观察人事方面所付出的努力。我父亲从未想过要以自身的想法去影响别人,因为他知道这是智慧的一大弊端,这必然会让他不敢迈出应该迈出的步伐。在时机成熟的时候,一切会变得越发清晰。爱默生经常谈到当年没有与父亲多交流些,实感遗憾。朗费罗在一封写给我母亲的信件中这样说:

剑桥,1864 年 6 月 23 日

亲爱的霍桑夫人:
　　我一直都想给你写信,感谢你那封充满善意的来信,感

纯洁的良心
——回忆我的父亲霍桑

谢你给我寄来了哥尔德斯密斯[①]的作品。但我一直没有这样的心情给你回信。因为,我知道有些事情是无法用文字表达的。我无法表达我是多么珍视你给我寄来的礼物,我经常看着扉页上那熟悉的名字;那不单纯是一个名字,而是一个与我青年时期联系紧密的符号。

在 5 月 23 日,我就尝试写过一些文字,想要表达自己的想法。我将随信寄去我当时的一些想法。我只希望你一个人看到这样的文字。我还将这段文字寄给了菲尔德斯先生,让他发表在《大西洋期刊》上。我感觉这段文字是不完整且不充分的,但我相信你肯定会原谅我存在的不足,而只会感受到我对你丈夫霍桑的无限爱意。我也为自己日复一日推迟前往康科德看望你的做法感到遗憾。请你放心,我迟早会出现在你家门口的。

永远忠诚于你的朋友
亨利·W.朗费罗

还是谈谈我们在康科德遇到的一些趣事吧。在我们从欧洲返回

[①] 哥尔德斯密斯(Oliver Goldsmith,1730—1774),英国诗人、剧作家、小说家。代表作有《威克菲尔德的牧师》《荒村》《屈身求爱》等。

第十六章
告别

美国没多久，布莱特先生就发来了他的问候：

西德比郡，1860 年 9 月 8 日

我亲爱的霍桑先生：

  我当然知道你不会给我写信的，虽然你口头上说你会给我写信。也许，在这个时候，你已经将我们这帮人都忘掉了，或是将我们与米里亚姆以及多纳泰罗都遗忘在那一片迷雾之地了。也许，在你看来，整个英国就是一片迷雾之地，你看到的只是康科德这个地方以及那些白色的房子，还有你家附近的紫菀属植物以及山丘，还有山谷下面的南瓜！好吧，不管怎么说，我都没有忘记你以及你的家人。你现在离开了我们，我也感觉好像失去了许多的乐趣。你还记得我们在你那间有趣的办公室里进行的有趣交谈吗？还记得我们一起前去洛克菲里那个地方游玩吗？还记得我们冒着大雪前去绍斯波特的事情吗？还记得我们前往威尔士远足，穿越伦敦的街道，前往鲁格比以及剑桥吗？还记得当你在亚丁森的毕尔顿家采摘月桂花吗？还记得你在三一教堂那些黑暗的房间里丢失了你的雨伞吗？还记得我们一起在里士满就餐，看到了一个就像夏洛特皇后时代的伴娘的年老女性吗？还记得我们在很多地方进行的交流吗？还记得我们一起聆听汤姆·休斯唱《一个很小的岛屿》这首歌吗？但是，我必须就此打住，现在你回忆起我了吗？记得你当初承诺过，要给我写一封长信，跟我讲述你回到美国之后的所见所闻。《玉石雕像》(手稿)正在装订当中。当我渴望着这份手稿的时候，终于收到了它，我马上将你这份珍贵的手稿交到工人的手上。我已经在特利斯顿度过了一周的假期，遇到你之前在这边的好几个朋友，包括汤姆·休斯夫妇、普罗科特夫妇以及米尔内斯夫人。米尔内斯夫人以极为深情的方式谈论着你。还有我在两天前遇到的安斯沃斯夫人，她同样说了你的很多好话。但是，她说你答应过给她写信，谈论有关《血腥的步伐》（或是《祖先的脚步》）这个故事的内容，但你却始终没有这样做。我非常喜欢安斯沃斯夫人，她经常喜欢说一些非常有趣的话。H夫人目前在诺里斯格林，她现在变成了一个非常虔诚的人，会在每个周三与周五前往教堂礼拜。我希望收到你那边的消息。朗费罗现在怎样了？跟我说说《草叶集》这本书是怎么回事吧，我是在米尔内斯夫人家里看到这本书的。请告诉我这本书的作者是谁，有什么背景？告诉我谁会购买这种充满无畏精神的书籍来阅读？现在，我必须放下笔了。爱默生肯定已经忘记了我是一个非常谦卑的人，但我无法忘记与他一起度过的时光是多么愉悦。请你帮我问一下朗费罗，希望他能够尽快到这边来。当然，我也希望你能够尽快给我回信。

永远忠诚于你的朋友
H.A.布莱特

布莱特先生在一封写给我母亲的信件中这样说："感谢你给我寄来如此珍贵的亲笔信件，还附有目前参加过战争的许多杰出将军的签名……你在来信中对朱利安的描述让我感到非常愉悦。请将我

第十六章
告别

的爱意转达给他。他现在肯定已经成长为一个强壮的男人了,肯定看上去非常威武。千万不要忘记我们,因为我们始终思念着你们。"布莱特先生在这封信里还谈道,他与我父亲之间的友情"是他一生中最值得骄傲的财富"。

布莱特的一位朋友在一封来信里,原谅了我父亲始终没有给他回信的事:

沃特汉姆十字街沃特汉姆大楼,1861 年 8 月 10 日

亲爱的霍桑先生:

虽然我对你与布莱特先生在去年未能如期赴约,来我这里一起抽雪茄的事情感到非常失望,但是我选择原谅你。我希望你能够好好招待即将前往美国旅行的安东尼·特罗洛普先生,能够与他进行会面握手,看在你我都是好朋友的份上,请你帮我这个忙。

永远忠诚于你的
W.W. 辛格

下面,我要引述乔利[①]先生写的两封信,这两封信是他在我们离开英国之前写的。这两封信表明,即便是作家与朋友之间,也会出现一些让人烦恼的琐碎之事。有时,母亲会跟我讲述她与这位著

[①] 乔利(Henry Chorley, 1808—1872),英国文学、艺术及音乐批评家,也是作家和诗人。

乔利

名评论家之间发生冲突（当然，这位评论家也是我父母重视的一位好友）的有趣故事。当时，这位评论家就《贝尼山纪事》发表了一篇专题论文，这篇论文根本没有抓住这本书的核心内容。但是，他在论文的补充章节里表示，要是这本书能够补充一个浪漫故事，肯定能够激发更多人的购买意愿。在我父母看来，这种画蛇添足的做法是毫无用处的。

韦斯特伊顿大街13号，1860年3月6日

亲爱的霍桑夫人：

我急切地希望你还记得我，感谢你有足够的耐心阅读我的来信。如果我没有就我所谈到的增加"浪漫故事"的情节收到任何回信，这可能是基于你个人的一些看法，或是我们所持的不同立场所导致的。当然，每个人对某些问题的看法是不一样的。如果我们3个人坐在一起交流，我认为这样的交流也无法将我们内心的想法全部表达出来。顺便说一下，我们对这个问题的分歧是客观存在的。当然，我必须承认一点，我同样非常喜欢你丈夫的这本书，深受这本书感染（更别说我过去所认识的一些人以及个人的偏好了）。我从来都不会以一种吹毛求疵的

第十六章
告别

态度去阅读一本书或是写评论。只有当我真的喜欢一本书,并且认为这本书深深打动我的时候,我才会这样做。对于那些我不太重视的人,我绝对不会浪费这样的心思(如果在你看来,我是一个肤浅或是轻浮的人),我只能说,这绝对不是我的本意。可以肯定的是,最为优秀的作品必然能够接受最为严苛的审视,无论是对美好还是瑕疵来说,都是如此。

我必须再次重申,我非常感谢你愿意费心劝告我要改正这种固执的做法,我也非常关注我的文章是否给你们带来了什么不便之处。但是,当我再次回头看的时候(从我开始写这封信到现在,我已经被打断了不下20次了),难道发现我没有将希尔达认为是"表妹"?也就是说,那仅仅代表着家庭称呼的喜好,而不是身份的认同,虽然这个词语本意是这样。我的意思是,这代表着同一种纯粹与优雅,可以让救赎陷入一种被催眠的状态,然后通过某种声响来触发。我完全抵制任何矫揉造作的写作方式。至于亲爱的霍桑先生,我认为,他在创作这个故事的时候,这个故事也必然会融入他的灵魂当中。我敢说,这样的情况在他之前的创作中也会出现的。最为美好的灵感往往都是在不经意间呈现出来的。如果霍桑只是想要创作出罗马田园诗,那么他肯定不会对此产生太多兴趣。问题是,为什么我们要去探寻那些属于地下墓穴之类的事情呢?

恕我冒昧(就像莫里哀描述的那些年老的女性),我是多么希望这本书能够有第二个版本,让这本书在结尾处能够留有更多余地、给读者更多思索的空间?

你一直非常友善地忍受着我的评论,在伦敦的时候,你也曾专门过来与我交流。我还记得，你的到来让我感到非常荣幸，我认为你是一位非常友善且善良的人。正因为如此，我才冒昧地给你写这封发自内心的信件。如果你认为我的这封信是胡言乱语，或是你认为这只是戴眼镜的迂腐之人写的，我只能相信你会用宽容的心去包容。

你还会再次来到我们这座城镇吗？如果你过来，可以允许我邀请你们前来吃一顿丰盛的晚餐吗？我只能祈祷，亲爱的霍桑先生，千万不要再次让我等待太长的时间。我必须再次祈祷，希望你能够明白，我始终是你们真诚的文学方面的朋友（或许，我应该以其他方式来展现自己的友情）。

永远忠诚于你的
亨利·H.乔利

附注：这是我一些比较零散的想法，很多时候只是用"他"或"她"来指代某人。请你再次原谅我在信中写的一些语无伦次的话。我现在的疾病依然没有康复，每天都感觉没有真正属于自己的时间。

韦斯特伊顿大街13号，1860年3月10日

亲爱的霍桑夫人：

我向你保证，我的文章绝对不是故意找碴。对于一位评论家来说，能够得到像你这样友好的回复与问候，这是非常罕见

第十六章
告别

的。不过，我所写的一切内容都是出自内心真实的想法，当然，至于我的想法是否公正、客观，这是我无法保证的。最为重要的是，我感觉你们考虑了我所提出的建议。我认为，当我的信件寄出去之后，就感觉自己的那封信是以一种奇怪且零散的思路写的。因此，我当时认为自己肯定会收到"管好你自己的事"之类的回信。因为，我这样的做法可以说是闲着没事做。当你在信中告诉我这本书所取得的成功之后，我感到由衷的高兴。但是，我们等待这本书第5个版本的时间不应该这么长吧？

我将自己所写的《意大利故事》通过快递寄给你了。我正在忙着寻找一个愿意出版这个故事的出版商，因为我之前在这个领域没有取得任何成功。当然，这只是我创作的第一个故事。这个故事发生的时间设置在1848年，结束在意大利战争爆发之前。我的一些读者（大约十来个）为我只在书中谈论少数意大利爱国主义而感到悲伤。我在书中谈到爱国主义，只是将其视为一种内容要素而已，而不是将其视为一种政治层面上的东西。我不希望他们从这份手稿中感受到政治方面的思想，而是希望他们能够了解真正的自由与更高尚的道德意味着什么。我之前应该给你寄去一封手稿的，你就像特蕾莎·潘扎一样，知道什么样的作品才是好作品。

你将会来我这座城镇，因此我希望你在离开之前，务必在我家吃上一顿美餐。也许，我可以在复活节那天前去拜访你，因为我那天有可能会在伯明翰。

有一座叫康普顿·温盖特①的古老房子，我非常想过去参观。霍桑是否已经参观过那座房子了？

我要再次深情地感谢你——一个历经了生活艰难与痛苦的人，就此培养出了宽容大度的心灵。我可以向你保证，能够在1859年见到你，这是我最大的荣幸。

永远忠诚于你的
亨利·N. 乔利

在欧洲生活了大约10年之后，霍桑最后还是决定回到美国，这是为了让他的孩子能够培养对美国的爱国之情。同时，他也希望回到故乡过上安静的生活，感受故乡独特的美。做这样的决定在很大程度上都是一种自我说服的过程。他返回美国之后写的第一本书就是《我们的老家》②，这是霍桑内心世界的一份适当的告白。他认为，要是在美国爆发战争期间，选择生活在国外，这是一种非常卑鄙且懦弱的行为。他认为，在美国国内出现战争的情况下，在国外抚养他的孩子，无论他的孩子成长为多么强壮的人，他都不会感到快乐。因为他知道一点，必须让自己的孩子从小感受美国这个建国没多久的国家的历史，只有让他们亲自在这片土地上感受这点，才能让他们有更深刻的感受。对霍桑来说，这样的爱国之情是不能有任何瑕疵的。怀着对国家忠诚的爱意，他选择回到新英格兰——这

---

① 康普顿·温盖特（Compton Wynyates），位于英国瓦立克郡，是建于英国都铎王朝的一处乡村别墅。
② 《我们的老家》（*Our Old Home*），霍桑的一部旅英札记。

第十六章
告别

片让霍尔姆斯博士为之神迷的地方。此时，他发现家乡的景色不再像以往那样吸引他了，因为只有家乡人的美德与善意才能让这样的景色变得更加美丽。在经历了在伦敦与牛津的有趣生活之后，他毅然选择回到故乡。

回到康科德之后，他选择疏远了之前的很多朋友，几乎与他们断绝了来往。当然，在

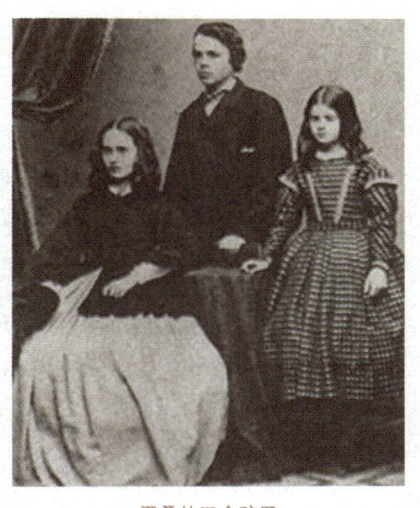

霍桑的三个孩子

我父亲看来，这样做有助于他更好地进行文学创作。在这个时候，他能够专注地进行观察。在这段时间里，他将之前一直搁置的《多利弗的浪漫故事》完成了。这个故事阅读起来是那么纯粹与美好，因为里面透露出来的精神与思想会让每个读者的内心感到安宁。对很多拥有伟大灵魂的人来说，当他们值得拥有更加美好的奖赏时，却遭受到了自身的毁灭。当我父亲的心智和能力开始衰退的时候，他依然凭借着意志力坚持创作。他对我们日常生活中那些知识局限与充满恶意的事情感到厌烦，但他依然会微笑着应对，并且始终以不屈不挠的精神取悦我们，指引我们继续前进。虽然在很多时候，他会表现出更长时间的沉默。当父亲坐在那张安乐椅上思考的时候，我从来不担心自己跑过去会影响到他。有时，我看到父亲安静地躺在那张椅子上，我感觉他思考的样子会持续到时间的尽头。我知道，当父亲见到我跑过去，脸上肯定会露出灿烂的笑容，这会让

我的内心充盈着无限快乐。但是，父亲脸上短暂的笑容似乎就像教堂塔楼的钟声那样，很快就消失了。一开始，响亮的钟声会吸引小鸟的兴趣，但是小鸟对展翅高飞有着更强的愿望。

在这段时间里，给我父亲带来愉悦的事情，就是他的姐姐艾比·霍桑长途跋涉前来看望他。我父亲给他的姐姐起了这个名字，而不是像之前使用其他称呼替代"伊丽莎白"那个名字。我是日后才慢慢了解艾比姑妈的。我对她与父亲在很多方面的相似之处感到非常惊讶。我始终还记得她展现出来的那种不容置疑的能量。她是一个有着世俗智慧的人，虽然她在很多时候过着一种修道士般的隐居生活，只允许自己在两个领域去观察：一个是森林，另一个就是文学。她从报纸上了解最新的新闻，也知道报纸上刊登的一些最为经典的作品。我们都认为，她可能是一个有着潜在危险或是精神扭曲的人。但是，我无法用任何语言对她进行描述，她的弟弟似乎也从来没有意识到这点。但是，他们显然都明白一个事实，那就是我父亲的才华似乎也在他姐姐的身上闪耀着光芒。艾比姑妈在面对一切事物时表现出一种排斥宗教的想法。但除这些之外，她是一个有着健全心智、充满智慧以及仁慈心灵的人，给人一种艺术家的气质。也就是说，她是一个坚持自己人生理念的顽固之人，但她同样是一个非常卓越的人。她就像那些很少被世人砍伐的珍贵木材，没有受到任何玷污。我的姐姐非常喜欢艾比姑妈，曾经进行了100多次的信件交流。后来，她将这些信件交给我。

我亲爱的姑妈：

你这周寄来的信让我感到非常高兴。你的来信是多么具有

第十六章
告别

魅力啊！你千万别笑，认为我是在胡说八道，我说的是真的。你描述事情的方式，能够让最简单的事物都显得那么有趣。你的观察力是那么敏锐，人是那么幽默，我经常会为世人不了解你而感到遗憾。我记得你从不会两次跟我讲同一件事。虽然很少人了解你的才华，但是至少有一些人肯定你的才华。我最亲爱的姑妈……

我第一次见到艾比姑妈的时候，她看上去不是一个浪漫的人，也不是一个严格意义上的神秘主义者，但她还是让我感到非常困惑。她有时会在我们家的图书馆里编织一些很厚的蓝色袜子，她手上拿的针非常粗，在阳光下闪耀着光芒。我不知道她为什么愿意做这样无聊又沉闷的事情。可以肯定的是，在那个时候，家家户户都有女性为正在前线作战的士兵编织袜子。但不管怎么说，艾比姑妈给我的感觉不是那种真正仁慈的人，我有时甚至怀疑她是否真的为她从未见过的某位士兵编织这样的袜子。她想要教我编织袜子，因为我那个时候非常害怕她，所以我只能装作很急切地想要学习的样子。

有人跟我说，要想让艾比姑妈走出家门到几里外的地方，这几乎是不可能的事情。外面世界的喧嚣与吵闹、拥挤的人群、蒸汽火车以及马匹所带来的危险，都会让她浑身颤抖、非常难受。艾比姑妈有时表现出来的颤抖给我留下深刻的印象，因为我知道她其实有足够的意志和能量去影响这个国家，前提是如果她选择这样做。她可以通过发表讽刺文章去改变民众对局势的一些看法，从而改变他们的固化思维。在我看来，任何事物都无法逃脱她那双能洞察一切的眼睛，任何事物都会在她的视线下无所遁形。试想一下她面对蒸汽火车时浑身发抖的样子，这的确是她面临的一个严重问题。她经常穿着淡棕色的马海毛衣物，因为这样的衣物不容易出现褶皱。就这样，艾比姑妈经常坐在我们家那间小小的图书馆里，不厌其烦地编织着袜子。我会孤独地坐在她身旁，跟着她学习如何编织袜子，感受着姑妈带给我的那种相互矛盾的印象。我感觉她应该穿上柔软的黑色丝质衣服，并在嘴唇上涂唇膏。

艾比姑妈很快就察觉到我也是一个不怎么爱说话的人，就带着我去森林里散步。这是我第一次与她独自外出的经历。

她缓慢地沿着两旁生长着树木的小径走着，手上拿着那件一成不变的马海毛衬衫，似乎这件衣服能够抵御任何狂风的吹袭。当她听到小鸟的鸣叫或是看到松鼠的跳跃，目光会迅速地转过去。她那双明亮的眼睛睁得圆圆的，然后似乎又被眼皮给覆盖住了。她有着深棕色的长长睫毛，还有着看上去比较威严的眉毛，这与她苍白的脸色形成鲜明的对比，给我留下了极为深刻的印象。她的目光就像月亮发出的光一样，即便当我没有直接看着她眼睛的时候，也是如此。渐渐地，她的脸颊上会出现如晨曦一样的粉红色。在生病之前，她都是一个极为健康的人。她与我在树林中散步时脸上的表情，就可以证明这点。

在我们找到某一朵特别美丽的花或是一片苔藓前，她就知道应该在哪里找到这些东西，并且像不可逆转的命运终究会到来那样，将这些东西采摘下来。与艾比姑妈一起前往树林散步，如同跟父亲一起去森林散步一样感到愉快。艾比姑妈即便是沉默的时候，似乎也在表达着很多情感。当她开口说话的时候，她表现出来的怜悯让每个人都感觉得到，就像一把竖琴那样，能够触动每个渴望聆听音

第十六章
告别

乐之人的心灵。不过，艾比姑妈对这些苔藓与枝叶的喜欢，似乎与某些人热爱灵魂一样。我认为她会选择将那些最不具危险性的东西视为自己喜欢的事物。我的父亲似乎是最看重灵魂的，因此他为了拯救我与其他的灵魂，有些时候宁愿放弃前往这片森林或是葡萄树林散步的念头。

在一封写给皮博迪小姐的信件里，我详细地描述了与艾比姑妈的散步经历给我留下的深刻印象：

我亲爱的莉齐阿姨：

收到你的来信，真是让我感到非常高兴，因为你在信中告诉了我其他人不会告诉我的消息。今年夏天，我与艾比姑妈一起度过了多么愉悦的时光啊！在我们散步的时候，所有美丽的花朵似乎在向我们点头，太阳似乎也在不遗余力地将阳光洒在地上。我与艾比姑妈各自提着一个篮子拿着一本书，然后在树林里待了一天时间。我们带着一些花朵与绿色的叶子回家了。在树林里散步时，我从未像这次与艾比姑妈散步这样开心。在英国的时候，我的保姆芬妮与我经常在周日沿着小路走上很远的路程，或是前往公园里散步。当时，我们也是提着篮子，采摘了满满一篮子的粉红色、白色的雏菊。之后，我们就走上了那条看上去没有尽头的小路，这条小路上没有标记什么地方有房子或是村落（直到我们走了足够远的路程，才看到了一座小村庄）。没有人乘坐会发出"咔嗒咔嗒"声的马车经过这里。在周日的时候，你在这条小路上不会遇到其他人。这条小路的两边都有一条很深的沟渠。如果你想跳进沟渠与里面的野草比比谁更高,你会发现野草胜利了。我经常在沟渠两旁跳来跳去,采摘一些野生的山楂、玫瑰花与金银花,直到手上捧着大大的一束花为止。之后,我们还会在绿色的草地上看到金凤花、雏菊与紫百合!在那些小路上,看不到泥土的踪影,只能看到一大片绿色的草地。当时的阳光是那么猛烈,你穿上家常便服就可以了。但是,我无法向你解释我所看到的景象,你也无法想象那样的情景。你只有亲自来这个地方,亲身体验一番,才能知道那样的感受。那里的公园不是一大块平整的土地,而是有很多起伏的高山!亲爱的阿姨,在这些山丘上来回跑动或是滚来滚去、跳绳,都是非常有趣的。

我父亲开始对艾比姑妈交代一些后事,以防他突然去世。父亲对艾比姑妈说,在他去世之后,要烧掉过去的信件,告诉母亲与乌娜他想要对她们说的话。父亲最反对家人在他去世之后为他写传记,他不允许在自己去世后的一段时间内,家人为他写传记。父亲去世前的这个指示,我们遵循了很多年。但是,父亲这个指示一直以来都是我们想要违背的,它最后被彻底遗忘了。要是让我解释自己从一开始强烈反对给父亲写传记,到现在主动为父亲写传记的心路历程,这需要太长的篇幅,我在此不再赘述。事实上,我个人心路历程的改变根本不重要。像我父亲这样的重要人物,理应得到世人的完全了解,正如伟大的圣人迟早都会被世人所知一样,任何想要隐藏这些人物的仁慈之心都是徒劳无功的。我父亲希望自己能够在平静且没有痛苦中去世。我母亲后来为了安慰我们与她自己,说父亲非常害怕年老时的那种无助感。母亲也为父亲在他年老体弱之

第十六章
告别

晚年的霍桑

前离开家去休养的决定感到高兴。但是,母亲这样明智的决定却并不是我们所愿意看到的。我父亲从欧洲回到美国之后,整个人的健康状况似乎发生了突然的改变,就像从阳光明媚的温暖地带回到了一个寒冷阴沉的地方。关于这方面,我理解起来是没有任何难度的。

我父亲这辈子另外一个比较大的遗憾,就是他始终过着比较拮据的生活。我父亲曾经也考虑过,将威赛德的老房子装修,使之变成英国风格的建筑。但这需要一大笔钱,我的父母无法承担这样的费用。因此,他们只能住着这样比较简朴的房子。我父亲之所以始终过着拮据的生活,很大程度上是因为他相信别人,愿意对那些向他借钱的人伸出援助之手。但是,很多人在这之后没有将这笔钱还回来。在我父母原本就收入不高的情况下,这无疑让我们家的经济状况变得更加糟糕。

我母亲始终以高贵的姿态面对着人生的各种逆境。在她的丈夫去世后,她这样写道:"我一直非常享受自己的人生,人生的艰难岁月始终无法腐蚀我的心灵。我之所以会有这样的想法,不仅仅是因为我天生是一个有着乐观精神与不挠不屈意志的人,更因为我个人的秉性加上我以安静沉默的方式去面对各种痛苦。这让我变成了一个更好的人,让我始终相信上帝的旨意是正确的,相信上帝带给我的永恒的爱意、耐心与美好。在我的一生中,我从未质疑过上帝的安排。这是因为我绝对不能因面对自己不愿意面对的一些事情而感到失望。我必须勇敢地面对一切事情,去做内心指引我去做的事情,最终让自己拥有更多智慧,成为一个更好的人。我始终会聆听内心那默默发出的声音。要是人们不喋喋不休地抱怨,那么我们就能经常听到上帝给我们的指导。我这辈子最大的经验就是要保持耐心。这样的念头让我变成了一个更加谦卑的人,因为我知道上帝对我的仁慈远远超乎我的想象。我从小就是在充满柔和爱意的环境中生活的。我的母亲可以说是世界上最好的母亲,她始终是我人生中最美好的天使。她的面容与说话的口吻以及她高贵的气质,都对童年时期的我产生了极为深远的影响,塑造了我的品格。之后,上帝让我遇到了我丈夫,让我们俩的命运紧紧地联系在一起了。当我遇到了我丈夫之后,之前经历的一切苦难都结束了。相比于快乐的家庭生活,任何贫穷与痛苦都变得轻如鸿毛。我的世界不再会出现任何乌云,因为阳光始终会照在我的身上,让我感到无限温暖。只有当我们各自闭上眼睛之后,乌云才有可能出现在蔚蓝的天空中。我认为这一切的恩赐不是我理所应当得到的,而是来自上帝之手。因此,我也必须顺从上帝要夺走这些恩赐的决定。"

在我看来,最让我感到可怕且给我留下极为深刻印象的事情,就是我父亲慢慢变老、失去往日的活力,最后成为一个头发花白、行将就木的人。当他的步伐开始变得踉跄、身躯开始变成像幽灵那样柔弱的时候,也依然保持着骄傲和个人的尊严,依然像威武的军人那样要求自己,腰板甚至要比之前挺得更直。他始终会穿着那件最好的黑色外套来餐厅吃饭,不会给家人任何异样的感觉。父亲憎恨失败、憎恨依赖别人、憎恨混乱以及缺乏自律,正如他一直以来憎恨懦夫一样。我无法表达父亲在我眼中是一个多么勇敢的人。我最后一次见到他的时候,他正准备离开家,开始一段有助于恢复他健康的旅途,但他却在这段旅途中突然离开了人世。当时,我的母亲送他前往火车站。据说,在我父亲去世的时候,虽然母亲相隔父亲非常遥远,但她似乎也预知到了这样的事情。她踉跄着脚步,发出一声悲哀的呻吟,这似乎消耗了她所有的能量。在安葬父亲的那一天,我不忍心看到母亲那佝偻的身影。父亲在离开家的时候也许就知道,他这一次是不可能再回来了。当然,母亲也已经隐约感受到了这点。

这就像外面大雪飘飞的时候,一个意志坚定的老人站在窗外,目不转睛地看着我。母亲将父亲的灵柩送到墓地的时候,一直悲伤地啜泣。在往后的岁月里,无论是在阳光下、风雨中,还是在黎明与黄昏,我们都永远思念着他。

霍桑在给家人朗读

霍桑的签名

附录1
霍桑大事年表

1804年7月4日,纳撒尼尔·霍桑出生于美国马萨诸塞州塞勒姆镇。三兄妹中排行第二。

1808年,霍桑的父亲去世,撇下3个孩子,霍桑母亲投靠娘家亲戚。

1819年,年轻的霍桑返回塞勒姆,为上大学做准备。

1821—1825年,就读于波登大学文学院,与朗费罗和后来成为美国总统的富兰克林·皮尔斯是同学。

1825—1837年,毕业后,回到故乡塞勒姆,隐居12年,潜心阅读和写作。

1828年,匿名自费出版第一部小说《范肖》,几乎没有引起任何社会反响。霍桑后来将没卖掉的小说全部付之一炬。

1830年,开始发表短篇小说,首先刊载于塞勒姆的报纸,随后登载于礼品赠刊《象征》上。

1837年,出版《重述的故事》。同年,遇见并爱上索菲亚·皮博迪。

1839年，与索菲亚秘密订婚。

1839—1840年，任波士顿海关督察员。

1839—1842年，霍桑写给索菲亚的情书超过100封。

1841年1月，由于共和党执政，辞去海关工作。

1841年4月12日—1842年10月，加入布鲁克农场。

1842—1845年，与索菲亚结婚后迁居康科德，与爱默生、梭罗、布朗森·奥尔科特为邻。

1846年，出版《古屋青苔》。

1846—1849年，任塞勒姆海关督察员。

1849年，由于共和党执政被解职，同年7月母亲去世。开始其多产创作时期。

1850年，出版《红字》。同年，在野餐中偶然遇到了居住在附近的麦尔维尔并成为好友，麦尔维尔对霍桑的《古屋青苔》赞赏有加，并且在给霍桑的信里提到了自己的小说《白鲸》的写作情况。

1851年，出版《七个尖角阁的老宅》与《雪人及其他重述的故事》。

1852年，出版《福谷传奇》和《皮尔斯传》。

1853—1857年，携全家在英国利物浦居住，任美国驻利物浦总领事。

1857—1859年，携全家在罗马和佛罗伦萨居住。

1860年，出版《玉石雕像》。霍桑一家从欧洲回到美国，当时霍桑56岁，索菲亚50岁，乌娜16岁，朱利安14岁，罗斯9岁。回国后的4年时间里，霍桑努力完成另一部罗曼史，但没有成功。去世时留下4部未完成的作品：《祖先的脚步》《格里姆沙威医生的秘密》《塞普提米乌斯·菲尔顿》《多利弗的浪漫故事》。

1862年，为了获得第一手资料，在出版家威廉·提克诺尔的陪同下到华盛顿旅行，见到了林肯总统和很多高层人物，完成《关于战争问题》，其中的反战态度遭到各界的批评。

1863年，出版英国游记《我们的老家》。

1864年5月19日，在新罕布什尔州的普利茅斯去世，葬于康科德的睡谷墓地。享年60岁。

1976年，美国成立"纳撒尼尔·霍桑学会"，学术刊物《霍桑评论》每年春季、秋季各出版一期。

附录 2
霍桑主要作品索引

《贝尼山纪事》(*Monte Beni*)

《村里的大叔》(*The Village Uncle*)

《大卫·斯旺》(*David Swan*)

《德朗的木雕人像》(*Drowne's Wooden Image*)

《地球大燔祭》(*Earth's Holocaust*)

《独处》(*Solitude*)

《恩迪克特和红十字》(*Endicott and the Red Cross*)

《烦扰的心灵》(*The Haunted Mind*)

《范肖》(*Fanshave*)

《福谷传奇》(*The Blithedale Romance*)

《孤独人的日记片段》(*Fragments from the Journal of a Solitary Man*)

《古屋青苔》《*Mosses from an Old Manse*》

《哈钦森夫人》(*Mrs. Hutchinson*)

《海滨的脚印》(*Footprints on the Sea-Shore*)

《海关》(*The Customs House*)

《好小伙布朗》(*Young Goodman Brown*)

《红字》(The Scarlet Letter)

《花香鸟语》(Buds and Bird Voices)

《欢乐山的五朔节花柱》(The Maypole of Merry Mount)

《火的崇拜》(Fire Worship)

《霍桑集：故事与小品》(Selected Stories and Essays of Nathaniel Hawthorne)

《霍桑书信集》(Selected Letters of Nathaniel Hawthorne)

《霍桑小说集》(Selected Novels of Nathaniel Hawthorne)

《旧消息》(Old News)

《巨石人面》(The Great Stone Face)

《空中楼阁之宴》(A Select Party)

《拉帕西尼医生的女儿》(Rappaccini's Daughter)

《老苹果贩子》(The Old Apple-Dealer)

《利己主义或胸中之蛇》(Egotism, or, The Bosom-Serpent)

《美国笔记》(The American Notebooks)

《皮尔斯传》(Franklin Pierce)

《七个尖角阁的老宅》(The House of the Seven Gables)

《奇幻大厅》(The Hall of Fancy)

《生活的行列》(The Procession of Life)

《圣诞宴会》(Christmas Banquet)

《石人——一则寓言》(The Man of Adamant)

《塔顶览胜》(Sights from a Steeple)

《胎记》(The Birthmark)

《通天铁路》(The Celestial Railroad)

《温顺男孩》(*The Gentle Boy*)

《我的亲戚毛利少校》(*My Kinsman, Major Molineux*)

《我们的老家》(*Our Old Home*)

《小镇唧筒的自述》(*A Rill from the Town-Pump*)

《新亚当和夏娃》(*The New Adam and Eve*)

《雪人及其他重述的故事》(*The Snow-Image, and Other Twice-Told Tales*)

《夜间随笔——在伞下》(*Night Sketches Beneath an Umbrella*)

《一位古玩收藏家的搜集》(*A Virtuoso's Collection*)

《伊桑·布兰德》(*Ethan Brand*)

《英国笔记》(*The English Notebooks*)

《玉石雕像》(*The Marble Faun*)

《预卜吉凶的画像》(*The Prophetic Pictures*)

《在家里过礼拜日》(*Sunday at Home*)

《智能办公室》(*The Intelligence Office*)

《重述的故事》(*Twice-Told Tales*)

《追求美的艺术家》(*The Artist of the Beautiful*)

《多利弗的浪漫故事》(*The Dolliver Romance*)(未完成)

《格里姆沙威医生的秘密》(*Dr. Grimshawe's Secret*)(未完成)

《塞普提米乌斯·菲尔顿》(*Septimius Felton*)(未完成)

附录 3
人物索引（原英文书页码）

Aikens, Mr., 244.

Ainsworth, Mrs., 465.

Alcott, A. Bronson, 92, 178—181, 184, 412, 414—418, 427, 431.

Alcott, Mrs. A. B., 427—429.

Alcott, Louisa M., 425.

Alderson, Baron, 326, 330.

AUston, Washington, 28, 29, 30.

Appleton, Thomas G., 423, 424.

Atherton, 77, 195.

Bacon, Miss Delia, 253, 316, 31.

Bancroft, George, 30.

Barber, Mr., 237.

Barstow, B., 104.

Barstow, Ellen, 9.

Bartol, Mr., 424.

Bartol, Mrs., 145, 424.

Bennoch, P'rancis, 257, 308—310.

Birch, Sir Thomas, 268.

Blodget, Mrs., 235, 297, 330.

Boott, Miss Elizabeth, 398.

Boott, Frank, 397.

Bradford, George, 69, 87.

Bremer, Miss Frederika, 200.

Bridge, Horatio, 115, 209, 363.

Bridge, Mrs. Horatio, 115, 209.

Bright, Henry, 224—233, 235, 255, 268, 314, 315, 424, 464—466.

Browne, William, 326, 328.

Browning, Mr., 323, 363, 364, 382, 396, 397, 398.

Brownnig, Mrs., 323, 382, 397, 398.

Brownson, Orestes, 180, 181.

Bryant, Mr. and Aliss, 382.

Buchanan, President, 283, 290.

Burchmore, Captain Stephen, 112, 430.

Burchmore, T., 104, 107.

Burley, Miss, 14, 24, 25, 26.

Burns, Colonel, 244.

Burns, Major, 244.

Capen, Dr., 19.

Cecil, Mr., 270.

Channing, Dr., 12, 13, 228.

Channing, Dr. W. E., 284.

Channing, Edward, 12, 13, 412, 418—420, 433, 457.

Channing, Ellery, 60, 68, 87, 211.

Chorley, Henry N., 467—471.

Clarke, Sarah, 210, 222.

Cleveland, Henry, 51.

Clough, A. H., 457.

Cochran, Misses, 281.

Colton, Mr., 79.

Crampton, Mr., 221, 222.

Cranch, Christopher P., 364.

Craiich, Judge, 2.

Crawford, Mr., 87.

Crittendon, Mr., 223, 234, 269.

Curtis, Burrill, 162.

Curtis, George W., 85—88, 147.

Cushman, Charlotte, 261, 262.

De Quincey, Thomas, 243.

Dike, Mr., 78.

Doughty, Mr., 11.

Dufferin, Lord, 255.

Dysie, Air., 424.

Ely, Mrs. R. S., 234.
Emerson, Charles, 16, 183.
Emerson, Mrs. R. W., 191, 192, 196.
Emerson, R. W., 16, 20, 29, 51, 53, 57, 59. 69, 178, 181—186, 190—192, 194—196, 209, 211, 412—414, 430, 455—457.
Fields, James T., 218, 244, 423, 424.
Fields, Mrs. James T., 423, 424, 432;
Fleming, Lady le, 320.
Foote, Mrs. Caleb, 49, 50—61, 75, 76, 82, 83.
Fuller, Margaret, 68, 94, 186—189, 340, 368.

Gardiner, Miss Sally, 12, 19.
Gaskell, Mrs., 260.
Goodrich, S. G., 335.
Greene, Mrs. Anna, 143.
Greenough, Mr., 457.

H., Mrs., 229, 266, 268, 465.
Hawthorne, Mrs., 4, 5, 21, 78.
Hawthorne, Elizabeth M., 4, 5, 10, 13, 14, 17, 18, 21—23, 27, 28, 452, 472—477.
Hawthorne, Louisa, 20, 22, 58, 59, 71, 74, 195, 199.

Hillard, George S., 11, 19, 50, 58, 121, 122.

Hillard, Mrs. Susan, 19, 58.

Hoar, E. Rockwood, 211, 433.

Hoar, Miss Elizabeth, 51, 56, 60, 118, 183, 185, 363, 365—368, 427.

Holden, George H., 109—111.

Holland, Mr. and Mrs. Charles, 244.

Holmes, Dr. O. W., 162, 457—460.

Hooper, Ellen, 46, 47, 50, 68.

Hooper, Samuel, 99.

Hosmer, Harriet, 364, 365.

Hosmer, Mr., 206, 207.

Houghton, Lord, 210, 211, 323, 527, 465.

Howes, Mr., 99.

Huglies, Thomas, 465.

Jackson, Miss, 19.

James, G. P. R., 148, 149.

Jerdan, V illiam, 257, 259.

Jones, G orge, 363.

King, John, 17.

Lane, Miss Harriet, 290, 314.

Leitch, Captain, 220.

Lincoln, President, 437.

Lindsay, Richard, 113.

Littledale, Mr., 247.

Liverpool, Mayor of, 239.

Longfellow, Henry W., 148, 457, 463.

Loring, Dr. George B., 431.

Loring, Mrs. George, 245.

Lowell, James R., ng, 457.

Lowell, Mrs. James R., 119—121.

Lynch, Miss, 223, 236.

Mann, Horace, 63, 72, 76, 91, 101—108.

Mann, Mrs. Horace, 62, 63, 90.

Manning, Miss Mary, 22.

Manning, Richard, 22.

Manning, Samuel, 22.

Mansfield, L. W., 139—141.

Martineau, Miss Harriet, 7, 185.

Martineau, Mrs. James, 228, 258, 259.

Melville, Herman, 143, 145, 155—161, 200.

Meredith, Mr., 102.

Miller, Colonel, 100.

Miller, Mr., 198—200.

Miller, Mrs., 248.

Mills, Mr.. 102.

Mitchell, Miss Maria, 240, 365.

Moore, Bramley, 265, 267.

Motley, John Lothrop, 363, 364, 404—410.

Motley, Mrs. J. L., 46, 404, 405.

Mullet, George W., 110—114.

Nurse, Rebecca, 6.

Ogden, Mr., 252.

O'Sullivan, John, 77, 287.

Palmer, General, 2, 3.

Palmer, Mrs. General, 2, 3.

Parker, Theodore, 457.

Peabody, Dr., 93, 95—97, 218—224, 227—262, 265—277, 2S4, 2S5.

Peabody, Elizabeth P., 5, 20, 21, 23, 125, 126, 128, I2q, 149, 150, 167, 277—283, 285, 286, 288—291, 318—346, 354—356, 381, 382, 394—398.

Peabody, George, 6, 7, 19, 24.

Peabody, Mary T., 4, 7, 8, 12, 62, 63, 90.

Peabody, Mrs., 2, 57, 63—75, 77—79. 80—82, 84, 85, 89, 90, 93—

95, 97—108, 126—138, 167—173, 189—212.

 Phillebrown, Mr., 147.

 Phillips, Jonathan, 56.

 Pierce, President, 77, 202, 203, 271, 429.

 Pike, William B., 37—40, 92, 150—155, 431.

 Porter, Mary A., 175—177.

 Powers, Hiram, 384.

 Prescott, Mrs., 80.

 Procter, B. W., 312, 465.

 Putnam, Captain, 102.

Rathbone, Mrs. Richard, 235.

Rathbone, Mrs. William, 235.

Sanders, Mrs., 267.

Sedgwick, Mrs., 143, 145.

Seymour, Governor, 364.

Shaw, Miss Anna, 59, 79.

Shaw, Frank, 77.

Shaw, Sarah, 144.

Shepard, Miss Ada, 371, 397.

Silsbee, Mr., 220.

Squarey, Mr., 249.

Squarey, Mrs., 240.

Stevens, Paran, 456.

Stoddard, Mrs. Elizabeth, 457.

Story, William W., 374.

Story, Mrs. William W., 363, 368, 370.

Sturgis, M. L., 46, 404, 405.

Sturgis, Mrs. Russell, 313.

Sumner, Charles, 101, 365, 457.

Synge, W. W., 209, 467.

Tabley, Lord Warremore de, 259.

Talfourd, Field, 222.

Talfourd, Sir Thomas, 222, 267.

Tappan, Mr., 145, 164, 167, 171, 173.

Tappan, Mrs., 122, 163—167.

Tennyson, Lord, 321—334.

Thompson, C. G., 147, 371—373.

Thoreau, Henry D., 53, 57, 92, 190, 412, 420, 421, 431.

Ticknor, George, 198, 219, 243, 260, 430, 461.

Thaxter, Mr. and Mrs., 204.

Upham, C. W., 96, 100, l01, 107, 108.

Very, Jones, 24, 26, 29, 30, 183.

Ward, Mr. Samuel G., 162, 457.

Ward, Mrs. S. G., 59, 79, 165, 166.

Warren, Samuel, 267.

Webster, Daniel, 89—91, 207.

Whipple, Colonel, 193, 194.

White, William, 20.

Wordsworth, Mrs., 320.